Lehr- und Handbücher der Betriebswirtschaftslehre herausgegeben von Univ.-Prof. Dr. habil. Hans Corsten

Bisher erschienene Titel:

Betsch, Groh, Schmidt, Gründungs- und Wachstumsfinanzierung innovativer Unternehmen
Bieg, Kußmaul, Waschbusch, Externes Rechnungswesen
Bronner, Empirische Personal- und Organisationsforschung
Bronner, Planung und Entscheidung
Burger, Ulbrich, Ahlemeyer, Beteiligungscontrolling
Burger, Jahresabschlussanalyse
Burger, Kostenmanagement
Burger, Buchhart, Risiko-Controlling
Buzacott, Corsten, Gössinger, Schneider, Produktionsplanung und -steuerung
Buzacott, Corsten, Gössinger, Schneider: Production Planning and Control
Corsten, Reiß, Betriebswirtschaftslehre Band I
Corsten, Reiß, Betriebswirtschaftslehre Band II
Corsten, Gössinger, Dienstleistungsmanagement
Corsten, Einführung in das Electronic Business
Corsten, Gössinger, Lexikon der Betriebswirtschaftslehre
Corsten, Gössinger, Produktionswirtschaft
Corsten, Corsten, Gössinger, Projektmanagement
Corsten, Gössinger, Einführung in das Supply Chain Management
Corsten, Reiß, Übungsbuch zur Betriebswirtschaftslehre
Corsten, Gössinger, Übungsbuch zur Produktionswirtschaft
Corsten, Unternehmungsnetzwerke
Friedl, Kostenrechnung
Friedl, Göthlich, Himme, Kostenrechnung – Übungsbuch

Hildebrand, Informationsmanagement
Jokisch, Mayer, Grundlagen finanzwirtschaftlicher Entscheidungen
Klandt, Gründungsmanagement: Der Integrierte Unternehmensplan
Kußmaul, Betriebswirtschaftslehre für Existenzgründer
Kußmaul, Betriebswirtschaftliche Steuerlehre
Loitlsberger, Grundkonzepte der Betriebswirtschaftslehre
Matschke, Olbrich, Internationale und Außenhandelsfinanzierung
Matschke, Hering, Kommunale Finanzierung
Nebl, Produktionswirtschaft
Nebl, Prüß, Anlagenwirtschaft
Nebl, Schröder, Übungsaufgaben zur Produktionswirtschaft
Nolte, Organisation
Ossadnik, Controlling
Ossadnik, Controlling – Übungsbuch
Palupski, Marketing kommunaler Verwaltungen
Ringlstetter, Organisation von Unternehmen und Unternehmensverbindungen
Schiemenz, Schönert, Entscheidung und Produktion
Schneider, Buzzacott, Rücker, Operative Produktionsplanung und -steuerung
Schulte, Kostenmanagement
Stölzle, Beschaffungs- und Logistik-Management: Industrial Relationships
Wehling, Röhling, Schneider, Werner, Fallstudien zu Personal und Unternehmensführung
Zelewski, Hohmann, Hügens, Peters, Produktionsplanungs- und -steuerungssysteme

Steuern
Einführung in
die Betriebswirtschaftliche Steuerlehre

von
Univ.-Prof. Dr. Heinz Kußmaul
Universität des Saarlandes in Saarbrücken

Oldenbourg Verlag München

Bibliografische Information der Deutschen Nationalbibliothek

Die Deutsche Nationalbibliothek verzeichnet diese Publikation in der Deutschen
Nationalbibliografie; detaillierte bibliografische Daten sind im Internet über
http://dnb.d-nb.de abrufbar.

© 2013 Oldenbourg Wissenschaftsverlag GmbH
Rosenheimer Straße 143, D-81671 München
Telefon: (089) 45051-0
www.oldenbourg-verlag.de

Das Werk einschließlich aller Abbildungen ist urheberrechtlich geschützt. Jede Verwertung
außerhalb der Grenzen des Urheberrechtsgesetzes ist ohne Zustimmung des Verlages unzulässig
und strafbar. Das gilt insbesondere für Vervielfältigungen, Übersetzungen, Mikroverfilmungen
und die Einspeicherung und Bearbeitung in elektronischen Systemen.

Lektorat: Thomas Ammon
Herstellung: Tina Bonertz
Titelbild: www.thinkstockphotos.de
Einbandgestaltung: hauser lacour
Gesamtherstellung: freiburger graphische betriebe GmbH & Co. KG, Freiburg im Breisgau

Dieses Papier ist alterungsbeständig nach DIN/ISO 9706.

ISBN   978-3-486-72116-4

Vorwort zur 1. Auflage

Das neu konzipierte Lehrbuch vermittelt grundlegende Kenntnisse der einzelnen Steuerarten sowie Einflüsse der Besteuerung auf die Rechtsformwahl der Unternehmen. Im Einzelnen beinhaltet das Werk nach einer Darstellung der Grundlagen und einer Einordnung der deutschen Steuersystematik folgende Themen:

- Die Steuern auf das Einkommen und das Vermögen (Einkommensteuer, Körperschaftsteuer, Gewerbesteuer, Erbschaft- und Schenkungsteuer sowie Grundsteuer);
- die wesentlichen Steuern auf die Verwendung von Einkommen und Vermögen (Umsatzsteuer sowie weitere wichtige Verkehr- und Verbrauchsteuern);
- rechtsformspezifische Besonderheiten bei Personenunternehmen und Kapitalgesellschaften im Hinblick auf die Besteuerung anhand von Beispielen.

Nach einer allgemeinen Darstellung unter Heranziehung zahlreicher Beispiele und Abbildungen erfolgt am Schluss eine wiederholende Betrachtung anhand von Fallbeispielen mit integrierter Lösung zum gesamten behandelten Stoffrahmen. Berücksichtigt wurde der Rechtsstand des Jahres 2013.

Das Buch orientiert sich am Standardwerk „Betriebswirtschaftliche Steuerlehre" desselben Autors und aus demselben Verlag und widmet sich in diesem Zusammenhang den einführenden und damit vor allem die Steuerarten betreffenden Fragestellungen. Es zeichnet sich aus durch eine besondere didaktische Aufarbeitung anhand von wiederholenden Fällen, sodass es sich insbesondere an Leser wendet, die sich mit grundlegenden Fragen der Betriebswirtschaftlichen Steuerlehre auseinandersetzen wollen, seien es Lehrende und Studierende – insbesondere Studierende der Bachelor-Studiengänge – an Universitäten, Fachhochschulen, Dualen Hochschulen, Verwaltungs- und Wirtschaftsakademien und ähnlichen Einrichtungen, seien es interessierte Praktiker oder Existenzgründer.

Für die tatkräftige inhaltliche und formale Unterstützung bei der Erstellung dieses Buches, einschließlich der Zurverfügungstellung einer druckfertigen Vorlage für den Verlag, gilt mein Dank Herrn CHRISTIAN SCHWARZ, M.Sc., der inhaltlich für Kapitel 1 und Kapitel 9 zuständig gewesen ist, Herrn Dipl.-Kfm. CHRISTIAN DELARBER, der den Kapiteln 3 bis 6 inhaltlich zugeordnet gewesen ist, sowie Herrn TIM PALM, M.Sc., der die Kapitel 7 und 8 betreut hat. In besonderer Weise gilt mein Dank Herrn Dipl.-Kfm. CHRISTIAN DELARBER, der für die gesamte Koordination und dabei insbesondere für die formale Umsetzung verantwortlich gewesen ist und durch dessen außerordentlichen Einsatz und nie erlahmenden Eifer es möglich war, dass die völlig neugestaltete Druckformatvorlage in der vorliegenden Form an den Verlag gehen konnte. Für die Unterstützung im Umfeld der Publikation geht mein Dank an Frau HEIKE MANG genauso wie an Herrn Dipl.-Kfm. THOMAS AMMON für die kompetente lektoratsmäßige Betreuung.

Saarbrücken, im März 2013   HEINZ KUßMAUL

Inhaltsverzeichnis

Vorwort zur 1. Auflage V
Inhaltsverzeichnis VII
Abbildungsverzeichnis XV
Abkürzungsverzeichnis XVII
Symbolverzeichnis XXI

1   Steuerrechtliche Grundlagen und Steuersystem 1
   1.1   Steuerrechtliche Grundlagen... 1
      1.1.1   Begriff und Abgrenzung der Steuer...................................... 1
         1.1.1.1   Der Begriff der Steuern und seine Merkmale (§ 3 Abs. 1 AO) 1
         1.1.1.2   Die Abgrenzung zu anderen Abgaben 2
      1.1.2   Die Steuerhoheit 2
         1.1.2.1   Allgemeine Grundlagen.. 2
         1.1.2.2   Die räumliche Steuerhoheit 3
         1.1.2.3   Die sachliche Steuerhoheit 3
            1.1.2.3.1   Die Steuergesetzgebungshoheit (Art. 105 GG).............. 3
            1.1.2.3.2   Die Steuerertragshoheit (Art. 106 und 107 GG) 3
            1.1.2.3.3   Die Steuerverwaltungshoheit (Art. 108 GG) 6
      1.1.3   Das Steuerrechtsverhältnis 7
      1.1.4   Der Steuertatbestand im weiteren Sinne................................ 8
         1.1.4.1   Das Steuersubjekt 9
         1.1.4.2   Das Steuerobjekt (Steuertatbestand im engeren Sinne).................. 9
         1.1.4.3   Die Zurechnung eines Steuerobjekts zu einem Steuersubjekt 9
         1.1.4.4   Die abstrakten Merkmale des inländischen Steuerschuldverhältnisses 9
         1.1.4.5   Die Steuerbemessungsgrundlage 10
         1.1.4.6   Der Steuersatz und der Steuertarif........................ 10
      1.1.5   Die Rechtsnormen des Steuerrechts 10
      1.1.6   Die Rechtsanwendung im Steuerrecht................................. 12
   1.2   Überblick über das Steuersystem Deutschlands 13
      1.2.1   Steuerarten und Steueraufkommen..................................... 13
      1.2.2   Systematisierung der Steuerarten 15
      1.2.3   Meilensteine in der Entwicklung des Steuerrechts.............. 17

2 Einkommensteuer 21
2.1 Charakteristik und Entwicklung 21
2.2 Das Steuersubjekt 22
2.2.1 Natürliche Personen als Steuersubjekte..22
2.2.2 Die internationale Abgrenzung der Steuerpflicht 23
2.3 Das Steuerobjekt und die Steuerbemessungsgrundlage...24
2.3.1 Der Einkommensbegriff des § 2 EStG 24
2.3.1.1 Überblick und Systematik...24
2.3.1.2 Das wirtschaftliche Steuerobjekt der Einkommensteuer: „Einkommen" nach Quellen- und Reinvermögenszugangstheorie..............................27
2.3.1.3 Das rechtliche Steuerobjekt der Einkommensteuer 27
2.3.1.3.1 Steuerbare und nicht steuerbare Einkünfte 27
2.3.1.3.2 Steuerpflichtige und steuerfreie Einkünfte 28
2.3.1.3.3 Das objektive Nettoprinzip: Berücksichtigung einkunftsbedingter Abflüsse 29
2.3.1.3.4 Persönliche und zeitliche Zurechnung von Einkünften 30
2.3.1.4 Das subjektive Nettoprinzip: Berücksichtigung bestimmter privater Abzüge..31
2.3.2 Die Summe der Einkünfte (§ 2 Abs. 1 und 2 EStG)...................................31
2.3.2.1 Die einzelnen Einkunftsarten..31
2.3.2.1.1 Die Gewinneinkunftsarten 31
####### 2.3.2.1.1.1 Überblick über die Gewinneinkunftsarten 31
####### 2.3.2.1.1.2 Einkünfte aus Land- und Forstwirtschaft (§§ 13-14a EStG)....36
####### 2.3.2.1.1.3 Einkünfte aus Gewerbebetrieb (§§ 15-17 EStG).....................36
####### 2.3.2.1.1.4 Einkünfte aus selbstständiger Arbeit (§ 18 EStG) 38
2.3.2.1.2 Die Überschusseinkunftsarten 39
####### 2.3.2.1.2.1 Einkünfte aus nichtselbstständiger Arbeit (§ 19 EStG) 39
####### 2.3.2.1.2.2 Einkünfte aus Kapitalvermögen (§ 20 EStG)..........................41
####### 2.3.2.1.2.3 Einkünfte aus Vermietung und Verpachtung (§ 21 EStG)......46
####### 2.3.2.1.2.4 Sonstige Einkünfte (§§ 22 und 23 EStG).................................47
2.3.2.1.3 Gemeinsame Vorschriften zu allen Einkunftsarten (§ 24 EStG) 53
2.3.2.1.4 Konkurrenz mehrerer Einkunftsarten...53
2.3.2.2 Die Ermittlung der Einkünfte 54
2.3.2.2.1 Methoden der Einkünfteermittlung..................................54

        2.3.2.2.2.2 Grundbegriffe der Einkünfteermittlung 55

                2.3.2.2.2.1 Vorbemerkungen und Abgrenzungsprobleme 55

                2.3.2.2.2.2 Der Betriebsausgaben- und der Werbungskostenbegriff 58

                2.3.2.2.2.3 Die Besonderheiten bei der Berücksichtigung von Erwerbsaufwendungen 59

                2.3.2.2.2.4 Die nicht abziehbaren Erwerbsaufwendungen 60

                2.3.2.2.2.5 Bedeutsame abziehbare Erwerbsaufwendungen 62

        2.3.2.3 Der Verlustausgleich 67

    2.3.3 Der Gesamtbetrag der Einkünfte (§ 2 Abs. 3 EStG) 69

    2.3.4 Das Einkommen (§ 2 Abs. 4 EStG) 70

        2.3.4.1 Der Verlustabzug nach § 10d EStG 70

        2.3.4.2 Die Sonderausgaben (§§ 10, 10a, 10b, 10c EStG) 71

        2.3.4.3 Den Sonderausgaben gleichgestellte Aufwendungen (§§ 10f und 10g EStG) 82

        2.3.4.4 Die außergewöhnlichen Belastungen (§§ 33-33b EStG) 82

    2.3.5 Das zu versteuernde Einkommen (§ 2 Abs. 5 EStG) 83

2.4 Der Steuertarif 84

    2.4.1 Wirtschaftliche Leistungsfähigkeit und progressiver Tarif 84

    2.4.2 Der Aufbau des Einkommensteuertarifs 85

    2.4.3 Die Elemente der Familienbesteuerung 87

    2.4.4 Die Steuertarif- und die Steuerbetragsermäßigungen 88

        2.4.4.1 Die Steuertarifermäßigungen 88

        2.4.4.2 Die Steuerbetragsermäßigungen 93

2.5 Die Erhebung der Einkommensteuer 98

2.6 Die Annexsteuern 103

    2.6.1 Die Kirchensteuer 103

    2.6.2 Der Solidaritätszuschlag 106

3 Körperschaftsteuer 109

3.1 Charakteristik, Entwicklung und Rechtfertigung 109

3.2 Das Steuersubjekt 110

3.3 Das Steuerobjekt und die Steuerbemessungsgrundlage 112

    3.3.1 Überblick und Systematik 112

    3.3.2 Spezielle Einkommensermittlungsvorschriften des KStG 115

        3.3.2.1 Verdeckte Gewinnausschüttungen i.S.v. § 8 Abs. 3 S. 2 KStG 115

3.3.2.2 Betriebsausgabenabzug für Zinsaufwendungen bei Körperschaften (§ 8a KStG) 119
3.3.2.3 Abziehbare und nicht abziehbare Aufwendungen 124
3.3.2.4 Abziehbare Erträge 124
3.3.2.5 Besonderheiten beim Verlustabzug 126
3.4 Der Steuertarif und das Besteuerungsverfahren der Körperschaftsteuer 126
  3.4.1 Der Steuertarif 126
  3.4.2 Das bis Ende 2000 gültige Anrechnungsverfahren 126
    3.4.2.1 Die Grundkonzeption des Anrechnungsverfahrens 126
    3.4.2.2 Das Anrechnungsverfahren auf Ebene der Gesellschaft und auf Ebene der Gesellschafter 127
  3.4.3 Das neue klassische Körperschaftsteuersystem 128
    3.4.3.1 Besteuerung auf Ebene der Kapitalgesellschaft 128
      3.4.3.1.1 Das Besteuerungsverfahren 128
      3.4.3.1.2 Gliederung des steuerbilanziellen Eigenkapitals 129
        3.4.3.1.2.1 Der ausschüttbare Gewinn 129
        3.4.3.1.2.2 Das steuerliche Einlagekonto 129
    3.4.3.2 Die Besteuerung auf Ebene des Anteilseigners 130
      3.4.3.2.1 Anteilseigner ist eine natürliche Person 130
      3.4.3.2.2 Anteilseigner ist eine juristische Person 132

4 Gewerbesteuer 135
4.1 Charakteristik, Entwicklung und Rechtfertigung 135
4.2 Das Steuersubjekt 136
4.3 Das Steuerobjekt 136
  4.3.1 Überblick und Systematik 136
  4.3.2 Der Gewerbeertrag nach § 7 GewStG 137
    4.3.2.1 Schema zur Gliederung des Gewerbeertrags 137
    4.3.2.2 Der Gewinn als Grundlage für die Gewerbeertragsermittlung 138
    4.3.2.3 Die Hinzurechnungen nach § 8 GewStG 138
    4.3.2.4 Die Kürzungen nach § 9 GewStG 142
    4.3.2.5 Der Gewerbeverlust nach § 10a GewStG 144
  4.3.3 Die Bemessungsgrundlage (Steuermessbetrag) 145
4.4 Der Steuertarif und die Hebesatzanwendung 145
4.5 Die Zerlegung des Steuermessbetrages 146

4.6	Das Besteuerungsverfahren	147
4.7	Kritik am geltenden Gewerbesteuerrecht	148

5 Erbschaft- und Schenkungsteuer 149

5.1	Charakteristik und Rechtfertigung	149
5.2	Das Steuersubjekt	149
5.3	Das Steuerobjekt und die Bemessungsgrundlage	150
5.4	Der Steuertarif	155
5.5	Das Besteuerungsverfahren	157

6 Grundsteuer 159

6.1	Charakteristik und Rechtfertigung	159
6.2	Das Steuersubjekt, das Steuerobjekt und die Steuerbefreiungen	159
6.3	Die Steuerbemessungsgrundlage und der Steuertarif	159

7 Umsatzsteuer 161

7.1	Charakteristik, Rechtfertigung, Entwicklung und Einflüsse des Gemeinschaftsrechts	161
7.2	Grenzüberschreitende Geschäftstätigkeiten	162
7.3	Die Umsatzsteuersysteme	162
7.4	Das Steuersubjekt	164
7.5	Das Steuerobjekt	167
	7.5.1 Die steuerbaren Umsätze (§ 1 Abs. 1 UStG)	167
	7.5.2 Die Steuerbefreiungen (§ 4 UStG)	171
	7.5.3 Die Ein- und Ausfuhrumsätze und ihre Besonderheiten	172
	7.5.3.1 Einfuhrumsätze	172
	7.5.3.2 Ausfuhrumsätze	173
	7.5.3.3 Der nichtkommerzielle Handel im Verhältnis zum Drittlandsgebiet	174
	7.5.4 Der innergemeinschaftliche Handel und seine Besonderheiten	175
	7.5.4.1 Vorbemerkungen	175
	7.5.4.2 Der innergemeinschaftliche Erwerb	177
	7.5.4.3 Die innergemeinschaftliche Lieferung	178
	7.5.4.4 Der nicht kommerzielle Handel in der Europäischen Union	179
7.6	Die Bemessungsgrundlage (§ 10 UStG)	182
7.7	Die Steuersätze (12 UStG)	183
7.8	Der Vorsteuerabzug (§ 15 UStG)	183
	7.8.1 Voraussetzungen des Vorsteuerabzugs (§ 15 Abs. 1 UStG)	183
	7.8.2 Ausschluss des Vorsteuerabzugs (§ 15 Abs. 1a UStG)	184

7.8.3 Vorsteuerabzug für gemischt genutzte Grundstücke (§ 15 Abs. 1b UStG) 184
7.8.4 Steuerbefreiungen und Vorsteuerabzug (§ 15 Abs. 2 und 3 UStG) 185
7.8.5 Teilweiser Ausschluss vom Vorsteuerabzug (§ 15 Abs. 4 UStG) 186
7.8.6 Berichtigung des Vorsteuerabzugs (§ 15a UStG) 186
7.9 Die Besteuerungsformen 187
7.10 Das Besteuerungsverfahren 188

8 Weitere Steuerarten 191

8.1 Verkehrsteuern 191
    8.1.1 Die Grunderwerbsteuer 191
    8.1.2 Die Kraftfahrzeugsteuer 193
    8.1.3 Die Versicherungsteuer 195
        8.1.3.1 Charakteristik und Begrifflichkeiten 195
        8.1.3.2 Entstehung der Steuerpflicht und Steuerbefreiungen 196
        8.1.3.3 Bemessungsgrundlage, Steuersatz und Steuererhebungsverfahren 197
8.2 Verbrauchsteuern 198
    8.2.1 Die Energiesteuer 198
    8.2.2 Die Biersteuer 200
        8.2.2.1 Charakteristik, Steuergegenstand und Steuerbegünstigungen 200
        8.2.2.2 Beförderungen unter Aussetzung der Steuer (§§ 10, 11 und 12 BierStG) 200
        8.2.2.3 Steuerentstehung, Steuerschuldner und Steuererhebungsverfahren 202
        8.2.2.4 Einfuhr von Bier aus Drittländern oder Drittgebieten (§§ 16, 17 und 18 BierStG) 203
        8.2.2.5 Beförderung und Besteuerung von Bier des steuerrechtlich freien Verkehrs anderer Mitgliedstaaten (§§ 19, 20, 21 und 22 BierStG) 203
        8.2.2.6 Steuertarif, Bemessungsgrundlage und Steuerentlastungen 204
    8.2.3 Die Tabaksteuer 205
        8.2.3.1 Charakteristik, Steuergegenstand und Steuerbegünstigungen 205
        8.2.3.2 Beförderungen unter Aussetzung der Steuer (§§ 11, 12 und 13 TabStG) 206
        8.2.3.3 Steuerentstehung, Steuerschuldner und Steuererhebungsverfahren 208
        8.2.3.4 Einfuhr von Tabakwaren aus Drittländern oder Drittgebieten (§§ 19, 20 und 21 TabStG) 209
        8.2.3.5 Beförderung und Besteuerung von Tabakwaren des steuerrechtlich freien Verkehrs anderer Mitgliedstaaten (§§ 22, 23 TabStG) 210
        8.2.3.6 Steuertarif, Bemessungsgrundlage und Steuerentlastungen 211

9 Rechtsformen 213

9.1 Der Einfluss der Besteuerung auf unternehmerische Entscheidungen 213

9.1.1 Beispiel zur Steuerbelastung einer inländischen Kapitalgesellschaft.......................213

9.1.2 Beispiel zur Steuerbelastung eines inländischen Einzelunternehmens.....................217

9.1.3 Einflussfaktoren der Steuerbelastung und Systematik des Einflusses der Besteuerung auf unternehmerische Entscheidungen 219

9.2 Wesentliche Unterschiede im Rahmen der laufenden Besteuerung zwischen Personen- und Kapitalgesellschaften 222

Fallbeispiele mit integrierter Lösung..227

Literaturverzeichnis 259

Stichwortverzeichnis 265

Abbildungsverzeichnis

Abb. 1:	Die Verteilung des Steueraufkommens	6
Abb. 2:	Überblick über das Steuerrechtsverhältnis und seine Beteiligten	8
Abb. 3:	Methoden der Gesetzesauslegung	13
Abb. 4:	Steuerspirale 2010	14
Abb. 5:	Steuerspirale 2011	15
Abb. 6:	Systematisierung der Steuerarten nach TIPKE/LANG	17
Abb. 7:	Überblick über die Ableitung des zu versteuernden Einkommens und die Höhe der Einkommensteuer	25
Abb. 8:	Grundlegende Zusammenhänge bei der Ableitung des zu versteuernden Einkommens	26
Abb. 9:	Die einkommensteuerliche Ermittlungsbegünstigung für Veräußerungs- und Aufgabegewinne	34
Abb. 10:	Arten von Einkünften i.S.d. § 22 EStG	48
Abb. 11:	Die personelle Zuordnung der Gewinnermittlungsarten	54
Abb. 12:	Methoden der Einkünfteermittlung im Überblick	55
Abb. 13:	Abgrenzungsprobleme bei der Einkünfteermittlung	56
Abb. 14:	Das terminologische System von Erwerbsbezügen und Erwerbsaufwendungen	58
Abb. 15:	Verlustverrechnung i.R.d. Einkommensteuer	67
Abb. 16:	Verlustausgleichsbeschränkung bei einzelnen Einkunftsarten	68
Abb. 17:	Einkommensteuertarif 2013	86
Abb. 18:	Entwicklung von Grundfreibetrag, Eingangssteuersatz und Spitzensteuersatz in den VAZ 2001 bis 2013	87
Abb. 19:	Wesentliche einkommensteuerliche Zahlungen	102
Abb. 20:	Ermittlung der Bemessungsgrundlagen der Annexsteuern	104
Abb. 21:	Vereinfachtes Schema der Körperschaftsteuerermittlung für Kapitalgesellschaften im Normalfall	114
Abb. 22:	Schema zur Ermittlung des verrechenbaren EBITDA	121
Abb. 23:	Ermittlung des Mindestbetrags des steuerlichen Einlagekontos gem. § 27 Abs. 1 S. 3 KStG	130
Abb. 24:	Erbschaftsteuertarif	156
Abb. 25:	Die Mehrwertsteuer als Allphasen-Nettoumsatzsteuer	164
Abb. 26:	Entstehung der Umsatzsteuer in Abhängigkeit vom Steuersubjekt	167
Abb. 27:	Bestimmungslandprinzip versus Ursprungslandprinzip	181
Abb. 28:	Steuerlich beeinflusste unternehmerische Entscheidungen im Überblick	221
Abb. 29:	Stellung der Steuern im System der öffentlich-rechtlichen Lasten	229

Abkürzungsverzeichnis

A

a.F.	alte Fassung
Abb.	Abbildung
ABl	Amtsblatt
ABl EU	Amtsblatt der Europäischen Union (schließt für frühere Jahre auch das Amtsblatt der Europäischen Gemeinschaft ein)
Abs.	Absatz
Abschn.	Abschnitt
abzgl.	abzüglich
AfA	Absetzung für Abnutzung
AG	Aktiengesellschaft
AG	Arbeitgeber
AlkopopStG	Alkopopsteuergesetz
AltEinkG	Alterseinkünftegesetz
AltZertG	Altersvorsorgeverträge-Zertifizierungsgesetz
AN	Arbeitnehmer
AO	Abgabenordnung
Art.	Artikel
AStG	Außensteuergesetz
Aufl.	Auflage
AVmG	Altersvermögensgesetz

B

BB	Der Betriebs-Berater (Zeitschrift)
Bd.	Band
BEEG	Bundeselterngeld- und Elternzeitgesetz
begr.	begründet
BewG	Bewertungsgesetz
BFH	Bundesfinanzhof
BFH/NV	Nicht-veröffentlichte Entscheidungen des Bundesfinanzhofes
BGB	Bürgerliches Gesetzbuch
BGBl	Bundesgesetzblatt
BierStG	Biersteuergesetz
BilMoG	Bilanzrechtsmodernisierungsgesetz
BLI	Betriebswirtschaftliches Institut für Steuerlehre und Entrepreneurship, Lehrstuhl für Betriebswirtschaftslehre, insb. Betriebswirtschaftliche Steuerlehre, Institut für Existenzgründung/Mittelstand
BKGG	Bundeskindergeldgesetz
BMF	Bundesministerium der Finanzen
BMG	Bemessungsgrundlage
Bsp.	Beispiel
bspw.	beispielsweise
BStBl	Bundessteuerblatt
BT-Drs.	Bundestags-Drucksache
Buchst.	Buchstabe
BVerfG	Bundesverfassungsgericht
BVerfGE	Bundesverfassungsgericht-Entscheidungen
BVerfGG	Gesetz über das Bundesverfassungsgericht
bzgl.	bezüglich
bzw.	beziehungsweise

C

CCCTB	Common Consolidated Corporate Tax Base (siehe GKKB)

D

d.h.	das heißt
DB	Der Betrieb (Zeitschrift)
DBA	Doppelbesteuerungsabkommen
Dipl.-Kfm.	Diplom-Kaufmann
DM	Deutsche Mark
Doppelbuchst.	Doppelbuchstabe
Dr.	Doktor
DStR	Deutsches Steuerrecht (Zeitschrift)
DStR-E	Deutsches Steuerrecht Entscheidungsdienst (Zeitschrift)

E

e.G.	eingetragene Genossenschaft
e.V.	eingetragener Verein

EaKV .... Einkünfte aus Kapitalvermögen
EaL .... Einkünfte aus sonstigen Leistungen
EansA .... Einkünfte aus nichtselbstständiger Arbeit
EBITDA .... Earnings before Interest, Taxes, Depreciation and Amortisation
EFG .... Entscheidungen der Finanzgerichte (Zeitschrift)
EK .... Eigenkapital
EnergieStG ...... Energiesteuergesetz
ErbSt .... Erbschaftsteuer
ErbStG .... Erbschaftsteuergesetz
ESt .... Einkommensteuer
EStDV .... Einkommensteuer-Durchführungsverordnung
EStG .... Einkommensteuergesetz
EStH .... Einkommensteuerhinweise
EStR .... Einkommensteuerrichtlinien
etc. .... et cetera
EU .... Europäische Union (einschließlich der früheren Bezeichnung „Europäische Gemeinschaft")
EuGH .... Europäischer Gerichtshof
evtl. .... eventuell
EWG .... Europäische Wirtschaftsgemeinschaft
EWR .... Europäischer Wirtschaftsraum

F
f. .... folgende (Seite)
FAG .... Finanzausgleichsgesetz
ff. .... fortfolgende (Seiten)
FG .... Finanzgericht
FM .... Finanzministerium
Fn. .... Fußnote

G
GdE .... Gesamtbetrag der Einkünfte
gem. .... gemäß
GenG .... Genossenschaftsgesetz
GewSt .... Gewerbesteuer
GewStDV .... Gewerbesteuer-Durchführungsverordnung
GewStG .... Gewerbesteuergesetz

GewStR .... Gewerbesteuerrichtlinien
GG .... Grundgesetz
ggf. .... gegebenenfalls
GKKB .... Gemeinsame Konsolidierte Körperschaftsteuerbemessungsgrundlage (siehe CCCTB)
GmbH .... Gesellschaft mit beschränkter Haftung
GmbHR .... GmbH-Rundschau (Zeitschrift)
GoB .... Grundsätze ordnungsmäßiger Buchführung
grds. .... grundsätzlich
GrEStG .... Grunderwerbsteuergesetz
GrSt .... Grundsteuer
GrStG .... Grundsteuergesetz
GuV .... Gewinn und Verlust
GWG .... geringwertige Wirtschaftsgüter

H
h.M. .... herrschende Meinung
HBeglG .... Haushaltsbegleitgesetz
HGB .... Handelsgesetzbuch
hl .... Hektoliter
hrsg. .... herausgegeben
HS .... Halbsatz

I
i.d.F. .... in der Fassung
i.d.R. .... in der Regel
i.e.S. .... im engeren Sinne
i.H.d. .... in Höhe des/der
i.H.v. .... in Höhe von
i.R. .... im Rahmen
i.R.d. .... im Rahmen des/der
i.R.v. .... im Rahmen von
i.S.d. .... im Sinne des/der
i.S.v. .... im Sinne von
i.V.m. .... in Verbindung mit
i.w.S. .... im weiteren Sinne
i.Z.m. .... im Zusammenhang mit
inkl. .... inklusive
insb. .... insbesondere
InvZulG .... Investitionszulagengesetz
IStR .... Internationales Steuerrecht (Zeitschrift)

J
JStG .... Jahressteuergesetz

K
KapESt .... Kapitalertragsteuer
KfzSt .... Kraftfahrzeugsteuer
kg .... Kilogramm
KG .... Kommanditgesellschaft
KGaA .... Kommanditgesellschaft auf Aktien
KiSt .... Kirchensteuer
KOM .... Mitteilung der Europäischen Kommission
KÖSDI .... Kölner Steuerdialog (Zeitschrift)
KraftStG .... Kraftfahrzeugsteuergesetz
KSt .... Körperschaftsteuer
KStG .... Körperschaftsteuergesetz
KStR .... Körperschaftsteuerrichtlinien

L
Lifo .... last in, first out
LSt .... Lohnsteuer
LStDV .... Lohnsteuer-Durchführungsverordnung
LStR .... Lohnsteuerrichtlinien
lt.. .... laut

M
m.a.W. .... mit anderen Worten
m.w.N. .... mit weiteren Nachweisen
max. .... maximal
mind. .... mindestens
Mio. .... Million
mod. .... modifiziert
Mrd. .... Milliarde
M.Sc. .... Master of Science

N
Nr. .... Nummer
NV .... Nicht veröffentlicht
NWB .... Neue Wirtschaftsbriefe (Zeitschrift)

O
o.Ä. .... oder Ähnliches
o.g. .... oben genannte
OHG .... Offene Handelsgesellschaft

P
p.a. .... per annum
PC .... Personalcomputer
PKW .... Personenkraftwagen
PublG .... Publizitätsgesetz

R
R .... Richtlinie
RGBl .... Reichsgesetzblatt
Rn. .... Randnummer
RV .... Rentenversicherung

S
S. .... Seite, auch: Satz
s. .... siehe
s.b.S. .... siehe besonders Seite
SchaumwStG.... Schaumweinsteuergesetz
s.o. .... siehe oben
s.u. .... siehe unten
SGB .... Sozialgesetzbuch
sog. .... so genannte
SolZ .... Solidaritätszuschlag
SolZG .... Solidaritätszuschlagsgesetz
StB .... Der Steuerberater (Zeitschrift)
SteuerStud .... Steuer und Studium (Zeitschrift)
StuB .... Steuern und Bilanzen (Zeitschrift)
StuW .... Steuer und Wirtschaft (Zeitschrift)
StVergAbG ...... Steuervergünstigungsabbaugesetz

T
TabStG .... Tabaksteuergesetz

U
u.Ä. .... und Ähnliches
u.a. .... unter anderem, auch: und andere
Ubg .... Unternehmensbesteuerung (Zeitschrift)
u.U. .... unter Umständen
UntStRefG .... Unternehmensteuerreformgesetz
US-GAAP .... United States Generally Accepted Accounting Principles

USt .... Umsatzsteuer
UStDV .... Umsatzsteuerdurch-
　　　　　　　führungsverordnung
UStG .... Umsatzsteuergesetz
usw. .... und so weiter

V
v.a. .... vor allem
VAZ .... Veranlagungszeitraum
vEK .... verwendbares Eigenkapital
VersStG .... Versicherungssteuergesetz
VG .... Veräußerungsgewinn
vGA .... verdeckte Gewinnausschüt-
　　　　　　　tung
vgl. .... vergleiche
VSt .... Vermögensteuer

VVaG .... Versicherungsverein auf
　　　　　　　Gegenseitigkeit

W
WK .... Werbungskosten

Z
z.B. .... zum Beispiel
z.T. .... zum Teil
ZEV .... Zeitschrift für Erbrecht und
　　　　　　　Vermögensnachfolge (Zeit-
　　　　　　　schrift)
ZSteu .... Zeitschrift für Steuern und
　　　　　　　Recht (Zeitschrift)
zzgl. .... zuzüglich

Symbolverzeichnis

€ .... Euro
& .... und
G_t .... steuerpflichtiger Gewinn einer Periode t
H .... gewerbesteuerlicher Hebesatz
m .... Steuermesszahl
s_{er} .... Ertragsteuersatz
s_{ge} .... effektiver Gewerbesteuersatz
s_{gr} .... Grundsteuersatz
s_{ki} .... Kirchensteuersatz
s_s .... Substanzsteuersatz
s_{SolZ} .... Solidaritätszuschlagsatz
zvE .... zu versteuerndes Einkommen

1 Steuerrechtliche Grundlagen und Steuersystem[1]

1.1 Steuerrechtliche Grundlagen

1.1.1 Begriff und Abgrenzung der Steuer

1.1.1.1 Der Begriff der Steuern und seine Merkmale (§ 3 Abs. 1 AO)

„Steuern sind Geldleistungen, die nicht eine Gegenleistung für eine besondere Leistung darstellen und von einem öffentlich-rechtlichen Gemeinwesen zur Erzielung von Einnahmen allen auferlegt werden, bei denen der Tatbestand zutrifft, an den das Gesetz die Leistungspflicht knüpft; die Erzielung von Einnahmen kann Nebenzweck sein" (§ 3 Abs. 1 AO). Einfuhr- und Ausfuhrabgaben gem. Art. 4 Nr. 10 und 11 des Zollkodexes[2] sind ebenfalls Steuern i.S.d. AO (§ 3 Abs. 3 AO).

Steuern sind also **Zwangsabgaben** (keine vertraglichen Zahlungen sowie Zahlungen an andere Institutionen als Bund, Länder, Gemeinden und steuerberechtigte Kirchen) in Form von **Geldleistungen** (keine Dienstleistungen oder Naturalleistungen). Es gelten die Grundsätze der **Gleichmäßigkeit** (Allgemeinheit) und der **Tatbestandsmäßigkeit** (Gesetzmäßigkeit) der Besteuerung.

Außerdem gilt der Grundsatz der **Nonaffektation** (keine Gegenleistung für eine besondere Leistung, keine Zweckbindung der Mittel; im Gegensatz zu Gebühren und Beiträgen). Dieses Prinzip wird jedoch durch zahlreiche Ausnahmen durchbrochen. So ist die Energiesteuer z.T. zweckgebunden für die Straßenbaufinanzierung zu verwenden; die Steuermehreinnahmen durch die „Ökologische Steuerreform" (Einführung einer Stromsteuer und Anhebung der Mineralölsteuer, welche zum 01.08.2006 in der Energiesteuer aufgegangen ist) sind ganz überwiegend zur Stabilisierung der Beiträge zur gesetzlichen Rentenversicherung einzusetzen (§ 213 Abs. 4 SGB VI)[3]. Die Steuermehreinnahmen durch das „Gesetz zur Finanzierung der Terrorbekämpfung"[4] (Anhebung der Tabak- und Versicherungsteuer) sollen zweckgebunden zur Finanzierung von Instrumenten zur Erhöhung der inneren Sicherheit eingesetzt werden (politisches Wollen); das Netto-Mehraufkommen aus dem Alkopopsteuergesetz[5] ist zur Fi-

---

[1] Vgl. als Grundlage für dieses Kapitel: KUßMAUL, HEINZ: Betriebswirtschaftliche Steuerlehre, 6. Aufl., München 2010, S. 207 ff. m.w.N.
[2] Vgl. Verordnung (EWG) Nr. 2913/92 des Rates vom 12.10.1992, ABl EU 1992, Nr. L 302, S. 1, geändert durch diverse Rechtsakte. Art. 4 Nr. 10 und 11 des Zollkodexes umfassen einerseits Zölle und Abgaben mit gleicher Wirkung und andererseits Abschöpfungen und sonstige bei der Ein- und Ausfuhr erhobene Abgaben, die i.R.d. gemeinsamen Agrarpolitik oder aufgrund der für bestimmte landwirtschaftliche Verarbeitungserzeugnisse geltenden Sonderregelungen vorgesehen sind.
[3] Vgl. BONGARTZ, MATTHIAS: Vorbemerkungen zum Energiesteuergesetz, in: Energiesteuer, Stromsteuer, Zolltarif und Nebengesetze, hrsg. von MATTHIAS BONGARTZ, München (Loseblatt), Stand: November 2012, Rn. 18.
[4] Gesetz vom 30.11.2001, BGBl I 2001, S. 3436.
[5] „Gesetz über die Erhebung einer Sondersteuer auf alkoholhaltige Süßgetränke (Alkopops) zum Schutz junger Menschen (Alkopopsteuergesetz – AlkopopStG)" vom 23.07.2004, BGBl I 2004, S. 1857.

nanzierung von Maßnahmen zur Suchtprävention der Bundeszentrale für gesundheitliche Aufklärung zu verwenden (§ 4 S. 1 AlkopopStG).

Hauptzweck von Steuern ist die **Erzielung von Einnahmen** (keine Geldstrafen, Bußgelder, Zwangsgelder, Säumnis- und Verspätungszuschläge). Die Einnahmenerzielung kann Nebenzweck sein, wobei dann der Lenkungszweck im Vordergrund steht, wie bspw. bei Verbrauchsteuern zum Schutz der Umwelt (bspw. „Ökosteuer") und der Gesundheit (bspw. Tabaksteuer).

1.1.1.2 Die Abgrenzung zu anderen Abgaben

Abgaben sind kraft öffentlicher Finanzhoheit zur Erzielung von Einnahmen erhobene Zahlungen; sie stellen den **Oberbegriff** für Steuern, Gebühren, Beiträge dar. In einer weiten Begriffsabgrenzung zählen hierzu auch Sozialversicherungsabgaben (Beiträge zur Rentenversicherung, Arbeitslosenversicherung, Krankenversicherung, Pflegeversicherung, Unfallversicherung) und Sonderabgaben (z.B. Schwerbehindertenabgabe, Fehlbelegungsabgabe).

Gebühren sind Geldleistungen, die zur Finanzbedarfsdeckung hoheitlich auferlegt werden, und zwar **als Gegenleistung für eine besondere Leistung** der Verwaltung (sog. Verwaltungsgebühren, z.B. für Amtshandlungen wie die Erteilung von Bescheinigungen, Genehmigungen, Erlaubnissen oder Bauabnahmen)[6] oder für die Inanspruchnahme von öffentlichen Einrichtungen oder Anlagen (sog. Benutzungsgebühren, z.B. für die Nutzung von Krankenhäusern, Büchereien, Parks, öffentlichen Parkplätzen, Schlachthöfen). Die **tatsächliche Inanspruchnahme ist erforderlich**.

Beiträge sind hoheitlich zur Finanzbedarfsdeckung auferlegte Aufwendungsersatzleistungen für die Herstellung, Anschaffung oder Erweiterung öffentlicher Einrichtungen und Anlagen. Sie werden erhoben, weil (kausale Verknüpfung) eine konkrete Gegenleistung, ein konkreter wirtschaftlicher Vorteil, in Anspruch genommen werden kann (Kammerbeiträge, Straßenanliegerbeiträge). Die **Möglichkeit der Nutzung ist ausreichend**.

1.1.2 Die Steuerhoheit[7]

1.1.2.1 Allgemeine Grundlagen

Das Grundgesetz geht von der Existenz eines staatlichen Besteuerungsrechts aus, da die im Grundgesetz verankerten Staatszwecke nicht ohne ein staatliches Besteuerungsrecht verwirklicht werden können. Es setzt somit die mit dem Besteuerungsrecht notwendig verbundene materiell-rechtliche Befugnis des Staates voraus, im Wege der Besteuerung nach Maßgabe der Gesetze in das Vermögen des Einzelnen einzugreifen.

---

[6] Verwaltungsgebühren können gem. § 3 Abs. 4 AO auch steuerliche Nebenleistungen sein. Dies gilt bspw. für Kosten bei besonderer Inanspruchnahme der Zollbehörden (§ 178 AO) und Kosten des Verwaltungsvollstreckungsverfahrens (§§ 337-346 AO).

[7] Vgl. SEER, ROMAN: § 2, in: Steuerrecht, hrsg. von KLAUS TIPKE und JOACHIM LANG, 21. Aufl., Köln 2013, Rn. 32-81.

1.1.2.2 Die räumliche Steuerhoheit

Fragen der **räumlichen Steuerhoheit** sind:

- Inwieweit dürfen ausländische Einkünfte und ausländisches Vermögen von inländischen Staatsangehörigen oder von im Inland Ansässigen besteuert werden?
- Inwieweit dürfen ausländische Staatsangehörige und im Ausland Ansässige mit inländischen Einkünften und inländischem Vermögen besteuert werden?

Nach h.M. darf jeder Staat grundsätzlich frei bestimmen, ob und inwieweit Ausländer innerhalb seines Gebietes und Staatsangehörige außerhalb seines Gebietes zur Steuer herangezogen werden sollen.

1.1.2.3 Die sachliche Steuerhoheit

Fragen der **sachlichen Steuerhoheit** betreffen die Steuergesetzgebungshoheit, die Steuerertragshoheit und die Steuerverwaltungshoheit.

1.1.2.3.1 Die Steuergesetzgebungshoheit (Art. 105 GG)

Der **Bund** hat nach Art. 105 Abs. 1 GG die ausschließliche Gesetzgebung über Zölle und Finanzmonopole, außerdem nach Art. 105 Abs. 2 GG die konkurrierende Gesetzgebung über alle übrigen Steuern, vorausgesetzt, dass ihm das Aufkommen dieser Steuern ganz oder z.T. zusteht (vgl. dazu folgend „Steuerertragshoheit") oder die Voraussetzungen des Art. 72 Abs. 2 GG vorliegen.

Die **Länder** haben nach Art. 105 Abs. 2 GG die Befugnis zur Gesetzgebung, solange und soweit der Bund nicht i.R.d. konkurrierenden Gesetzgebung von seinem Gesetzgebungsrecht Gebrauch macht (Art. 72 Abs. 1 GG). Ihnen steht gem. Art. 105 Abs. 2a S. 1 GG die ausschließliche Gesetzgebungsbefugnis über die örtlichen Verbrauch- und Aufwandsteuern zu, solange und soweit diese nicht bundesgesetzlich geregelten Steuern gleichartig sind (z.B. Getränkesteuer, Vergnügungsteuer, Hundesteuer, Schankerlaubnissteuer, Jagdsteuer). Zudem obliegt den Ländern die Befugnis zur Bestimmung des Steuersatzes bei der Grunderwerbsteuer (Art. 105 Abs. 2a S. 2 GG).

Den **Gemeinden** steht nach der abschließenden Regelung des Art. 105 GG kein eigenes Recht zur Steuergesetzgebung zu. Gem. Art. 106 Abs. 6 S. 2 GG wird ihnen lediglich das Recht eingeräumt, die Hebesätze der Grund- und Gewerbesteuer festzusetzen.

Es besteht somit eine eindeutige **Dominanz des Bundes**. Bundesgesetze über Steuern, deren Aufkommen den Ländern oder Gemeinden in Gänze oder z.T. zufließt, bedürfen allerdings der **Zustimmung des Bundesrats** (Art. 105 Abs. 3 GG).

1.1.2.3.2 Die Steuerertragshoheit (Art. 106 und 107 GG)

Die Steuerertragshoheit – somit die Verteilung des Steueraufkommens – ist in Art. 106 GG geregelt. Im Hinblick auf die Verteilung zwischen Bund und Ländern wird dieser durch das Finanzausgleichsgesetz ergänzt. Die Verteilung des Steueraufkommens gliedert sich nach einzelnen Steuern in solche, die dem Bund, den Ländern oder den Gemeinden je allein zustehen, und solche, die dem Bund und den Ländern als Gemeinschaftsteuern gemeinsam zustehen.

Dem **Bund** steht neben einem Anteil an der Gewerbesteuer (sog. Gewerbesteuerumlage) das gesamte Aufkommen folgender Steuern zu (Art. 106 Abs. 1 GG):

– der Zölle,
– der Verbrauchsteuern, soweit sie nicht nach Abs. 2 den Ländern (z.B. Biersteuer), nach Abs. 3 dem Bund und den Ländern gemeinsam (z.B. Umsatzsteuer) oder nach Abs. 6 den Gemeinden (z.B. Getränkesteuer) zustehen, so z.B. Energiesteuer, Stromsteuer, Tabaksteuer, Schaumweinsteuer,
– der Straßengüterverkehrsteuer, der Kraftfahrzeugsteuer und sonstigen auf motorische Verkehrsmittel bezogenen Verkehrsteuern,
– der Kapitalverkehrsteuern,
– der Versicherungsteuer und der Wechselsteuer,
– der einmaligen Vermögensabgaben und der zur Durchführung des Lastenausgleichs erhobenen Ausgleichsabgaben,
– der Ergänzungsabgabe zur Einkommensteuer und zur Körperschaftsteuer (derzeit sog. Solidaritätszuschlag) sowie
– der Abgaben i.R.d. EU (z.B. Agrarabgabe).

Den **Ländern** steht neben einem Anteil an der Gewerbesteuer das gesamte Aufkommen folgender Steuern zu (Art. 106 Abs. 2 GG):

– der Erbschaftsteuer,
– der Verkehrsteuern, soweit sie nicht nach Abs. 1 dem Bund (z.B. Versicherungsteuer) oder nach Abs. 3 dem Bund und den Ländern gemeinsam (z.B. Umsatzsteuer) zustehen, so z.B. Grunderwerbsteuer, Rennwett- und Lotteriesteuer,
– der Biersteuer,
– der Spielbankabgabe sowie
– der Vermögensteuer.[8]

Zum **Ausgleich des Steuergefälles** zwischen steuerstarken und steuerschwachen Ländern dienen ein horizontaler und ein vertikaler Finanzausgleich. Der **horizontale Finanzausgleich** zwischen den Ländern) besteht zum einen aus der Beteiligung der einzelnen Länder am Länderanteil der Umsatzsteuer (grundsätzlich nach der Einwohnerzahl; sog. Umsatzsteuer-Ergänzungsanteile gem. Art. 107 Abs. 1 GG) und zum anderen aus zusätzlichen Ausgleichsleistungen zwischen den Ländern (Kriterium: Finanzkraft der Länder; sog. Länderfinanzausgleich gem. Art. 107 Abs. 2 S. 1 und 2 GG). Der **vertikale Finanzausgleich** (zwischen dem Bund und den Ländern) sieht daneben Ergänzungszuweisungen des Bundes vor (Art. 107 Abs. 2 S. 3 GG).

---

[8] Die Vermögensteuer wird aufgrund des BVerfG-Beschlusses vom 22.06.1995, BStBl II 1995, S. 653 und mangels einer Neuregelung seit dem 01.01.1997 nicht mehr erhoben.

Die **Gemeinden** erhalten:

- einen Anteil am Aufkommen der Einkommensteuer (Art. 106 Abs. 5 GG),
- einen Anteil am Aufkommen der Umsatzsteuer (Art. 106 Abs. 5a GG),
- das Aufkommen der Realsteuern (Gewerbesteuer und Grundsteuer; Art. 106 Abs. 6 S. 1 1. Halbsatz GG); Bund und Länder werden jedoch durch Gesetz an dem Gewerbesteueraufkommen beteiligt (sog. Gewerbesteuerumlage),
- das Aufkommen der örtlichen Verbrauch- und Aufwandsteuern (Art. 106 Abs. 6 S. 1 2. Halbsatz GG),
- einen Anteil am Länderanteil der Gemeinschaftsteuern i.H. eines von der Landesgesetzgebung festzulegenden Prozentsatzes und einen Anteil am Aufkommen der Landessteuern, soweit dies die Landesgesetzgebung vorsieht (Art. 106 Abs. 7 GG).

Gemeinschaftsteuern (Steuern, deren Aufkommen Bund und Ländern gemeinsam zusteht) sind (Art. 106 Abs. 3 GG):

- die Einkommensteuer (veranlagte Einkommensteuer, Lohnsteuer, Kapitalertragsteuer), die grundsätzlich dem Bund und den Ländern gemeinsam zusteht. Die Gemeinden erhalten jedoch einen Anteil am Aufkommen der Einkommensteuer (Art. 106 Abs. 5 GG i.V.m. § 1 Gemeindefinanzreformgesetz). Hiernach steht den Gemeinden 15 % des Aufkommens an Lohnsteuer und veranlagter Einkommensteuer sowie 12 % des Aufkommens aus bestimmten Anteilen an der Kapitalertragsteuer zu;
- die Körperschaftsteuer;
- die Umsatzsteuer, die grundsätzlich dem Bund und den Ländern gemeinsam zusteht. Allerdings ist gem. § 1 FAG Folgendes zu berücksichtigen:[9, 10]
  - der Bund erhält vorab vom Umsatzsteueraufkommen einen Anteil von 4,45 % als Ausgleich für die Belastungen aufgrund der Senkung des Beitragssatzes zur Arbeitslosenversicherung sowie 5,05 % zum Ausgleich für die Belastungen aufgrund eines zusätzlichen Zuschusses des Bundes an die Rentenversicherung der Arbeitnehmer und Angestellten (§ 1 S. 1 und 2 FAG);
  - als Ausgleich für den Wegfall der Gewerbekapitalsteuer zum 01.01.1998 steht den Gemeinden vom verbleibenden Aufkommen ein Anteil von 2,2 % (= 1,99 % des Gesamtaufkommens) zu (Art. 106 Abs. 5a GG i.V.m. § 1 S. 3 FAG);
  - der Rest verteilt sich zu 50,5 % zzgl. 966,212 Mio. € auf den Bund und zu 49,5 % abzgl. 966,212 Mio. € auf die Länder (§ 1 S. 4 FAG).[11]

Wie sich im Ergebnis das Steueraufkommen verteilt, zeigt Abb. 1.

---

[9] Vgl. SCHEFFLER, WOLFRAM: Besteuerung von Unternehmen, Bd. 1: Ertrag-, Substanz- und Verkehrsteuern, 12. Aufl., Heidelberg 2012, S. 415-416.

[10] Bei einer Steuersatzerhöhung oder Steuersatzsenkung wird in dem Jahr ihres Wirksamwerdens der Vomhundertsatz in dem der Erhöhung oder Senkung entsprechenden Umfang verringert oder erhöht.

[11] Die Hinzurechnung/Kürzung beträgt bis zum Jahr 2013 966,212 Mio. € und erhöht sich gem. § 1 FAG ab dem Jahr 2014 auf 980,712 Mio. €.

1.1.2.3.3 Die Steuerverwaltungshoheit (Art. 108 GG)

Verwaltung bedeutet Gesetzesvollzug. Die Steuern werden entweder von Bundesfinanzbehörden oder von Landesfinanzbehörden verwaltet. Behörde ist jede Stelle, die Aufgaben der öffentlichen Verwaltung wahrnimmt:
- Bundesfinanzbehörden sind insb. das Bundesministerium der Finanzen, das Bundesamt für Finanzen und die Hauptzollämter;
- Landesfinanzbehörden sind die Landesfinanzministerien, die Oberfinanzdirektionen und die Finanzämter.

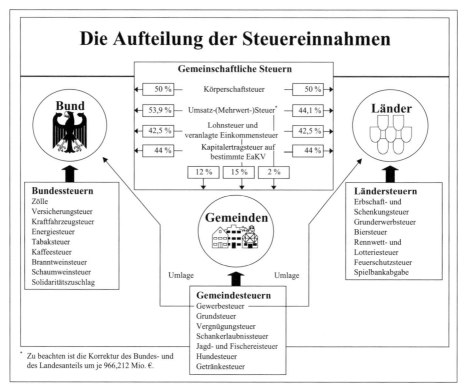

Abb. 1: *Die Verteilung des Steueraufkommens*[12]

Bspw. verwalten die Bundesfinanzbehörden die Zölle, die Einfuhrumsatzsteuer und die Abgaben i.R.d. EU; die Landesfinanzbehörden verwalten bspw. die Erbschaftsteuer und die Gewerbesteuer sowie im Auftrag des Bundes die Einkommensteuer, die Körperschaftsteuer und die Umsatzsteuer.

---

[12] Vgl. hierzu § 1 Gemeindefinanzreformgesetz; SCHEFFLER, WOLFRAM: Besteuerung von Unternehmen, Bd. 1: Ertrag-, Substanz- und Verkehrsteuern, 12. Aufl., Heidelberg 2012, S. 36; SEER, ROMAN: § 2, in: Steuerrecht, hrsg. von KLAUS TIPKE und JOACHIM LANG, 21. Aufl., Köln 2013, Rn. 72.

1.1.3 Das Steuerrechtsverhältnis

Das Steuerrechtsverhältnis ist ein gesetzliches Rechtsverhältnis des öffentlichen Rechts. Bei ihm handelt es sich um den Inbegriff der Rechte und Pflichten, die die Beteiligten dieses Verhältnisses haben.

Beteiligte des Steuerrechtsverhältnisses sind der **Steuerberechtigte** und der **Steuerpflichtige**. **Steuerberechtigter** ist der Inhaber der Ertrags- oder Verwaltungshoheit, d.h. Gebietskörperschaften (Bund, Länder und Gemeinden) und steuerberechtigte Kirchen. **Steuerpflichtiger** (§ 33 Abs. 1 AO) ist die Person, die im Steuerrechtsverhältnis Träger von Rechten und Pflichten ist. Die Definition lautet gem. § 33 Abs. 1 AO: „Steuerpflichtiger ist, wer eine Steuer schuldet, für eine Steuer haftet, eine Steuer für Rechnung eines Dritten einzubehalten und abzuführen hat, wer eine Steuererklärung abzugeben, Sicherheit zu leisten, Bücher und Aufzeichnungen zu führen oder andere ihm durch die Steuergesetze auferlegte Verpflichtungen zu erfüllen hat."

Beteiligte des Steuerschuldverhältnisses i.e.S. sind der **Steuergläubiger**, der **Steuerschuldner** und der **Steuerzahler/Steuerentrichtungspflichtige**. Der **Steuergläubiger** (synonym: Steuerberechtigte) ist der Gläubiger der Steuerschuld (Ebene des Steuerschuldverhältnisses i.e.S.). **Steuerschuldner** ist, wer den Tatbestand verwirklicht, an den ein Einzelsteuergesetz die Leistungspflicht knüpft. Er ist nur Träger vermögensrechtlicher Rechte und Pflichten. Jeder Steuerschuldner ist auch Steuerpflichtiger, ein Steuerpflichtiger ist aber nicht immer Steuerschuldner (bspw. der Arbeitgeber bei der Lohnsteuer, § 38 Abs. 2 und 3 EStG). Der **Steuerzahler/Steuerentrichtungspflichtige** hat die Steuer einzubehalten und abzuführen (§ 43 S. 2 AO) und ist somit Steuerpflichtiger i.S.d. § 33 Abs. 1 AO, nicht aber zwingend auch Steuerschuldner (bspw. der Arbeitgeber bei der Lohnsteuer; § 38 Abs. 2 und 3 EStG). I.d.R. sind Steuerzahler und Steuerschuldner identisch. Ausnahmsweise kann jedoch eine personelle Trennung bestehen, wie bspw. bei der Lohnsteuer (§ 38 Abs. 3 EStG), der Kapitalertragsteuer (§ 44 Abs. 5 S. 1 EStG) oder der Versicherungsteuer (§ 7 Abs. 1 VersStG).

Beteiligte des Steuerrechtsverhältnisses aus der Sicht der Betriebswirtschaftlichen Steuerlehre sind der **Steuerdestinatar**, d.h. diejenige Person, die nach dem Willen des Gesetzgebers die Steuer wirtschaftlich tragen soll („Wunsch"), und der **Steuerträger** als diejenige Person, die bei wirtschaftlicher Betrachtungsweise die Steuer tatsächlich trägt („Wirklichkeit").

Steuerdestinatar und Steuerschuldner sind i.d.R. identisch. Ausnahmen bestehen insb. bei Steuern auf den privaten Konsum wie z.B. Umsatzsteuer, Energiesteuer und Tabaksteuer. Hier soll zwar der Konsument die Steuer tragen, Steuerschuldner ist aber bspw. bei der Umsatzsteuer regelmäßig der Unternehmer (§ 13a UStG), bei anderen Konsumsteuern der Hersteller oder Importeur.

I.d.R. ist auch der Steuerträger identisch mit dem Steuerdestinatar, m.a.W. sind derjenige, den der Gesetzgeber treffen will, und derjenige, den es tatsächlich trifft, dieselbe Person. Bezüglich dieser Konstellation existieren 2 mögliche Ausnahmen:

1. **Ausnahme** (insb. im unternehmerischen Bereich): Der Gesetzgeber will den Steuerschuldner treffen, diesem gelingt aber die Überwälzung der Steuern bspw. in Form von erhöhten Preisen und damit eine vom Gesetzgeber nicht gewollte Überwälzung auf andere Wirtschaftssubjekte (z.B. Kostensteuern).
2. **Ausnahme:** Der Gesetzgeber trifft, entgegen seiner Absicht, den Steuerschuldner, da es diesem nicht gelingt, die Steuer auf den Steuerdestinatar zu überwälzen (z.B. bei der Erhöhung der Umsatzsteuer von 16 % auf 19 %, die evtl. „am Markt" nicht vollständig durchgesetzt werden kann).

Abb. 2 fasst das Steuerrechtsverhältnis und seine Beteiligten nochmals überblicksartig zusammen.

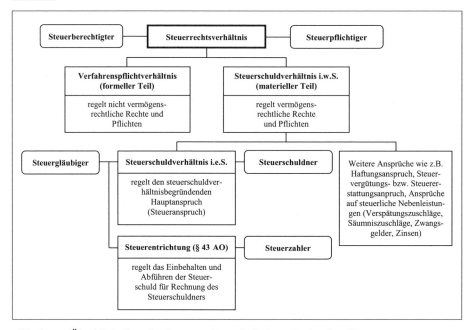

Abb. 2: *Überblick über das Steuerrechtsverhältnis und seine Beteiligten*

1.1.4 Der Steuertatbestand im weiteren Sinne

§ 38 AO statuiert, dass „die Ansprüche aus dem Steuerschuldverhältnis entstehen, sobald der Tatbestand verwirklicht ist, an den das Gesetz die Leistungspflicht knüpft."

Da dieser Tatbestand vergleichsweise komplex ist, spricht man auch vom Steuertatbestand i.w.S. und unterscheidet weiter in das **Steuersubjekt**, das **Steuerobjekt** (Steuertatbestand i.e.S.), die **Zurechnung des Steuerobjekts zu einem Steuersubjekt**, die **abstrakten Merkmale des inländischen Steuerschuldverhältnisses**, die **Steuerbemessungsgrundlage** und den **Steuersatz** bzw. den **Steuertarif**.

1.1.4.1 Das Steuersubjekt

Das Steuersubjekt ist Rechtsperson eines Steuergesetzes, der ein Steuerobjekt und die damit verbundene Steuerschuld zugerechnet wird. Die Frage lautet: **„Wer ist Steuerschuldner?"**

Werden aus der allgemeinen Bestimmung des Kreises der Steuerschuldner bestimmte Steuerschuldner eliminiert, so spricht man von **subjektiver oder persönlicher Steuerbefreiung** (bspw. durch § 5 KStG).

1.1.4.2 Das Steuerobjekt (Steuertatbestand im engeren Sinne)

Das Steuerobjekt ist der Inbegriff der sachlichen Voraussetzungen der Entstehung der Steuerschuld. Die Frage lautet hier: **„Was ist besteuerbar?"**

Durch das **Steuerobjekt** beschreibt der Gesetzgeber, in welcher Weise er das **Steuergut** (wirtschaftliche Vorgänge oder Zustände, die dem Gesetzgeber für eine Besteuerung geeignet erscheinen; bspw. Einkommen oder Vermögen) erfassen will. Dadurch wird das (wirtschaftliche) Steuergut zum (rechtlichen) Steuerobjekt.

Werden besondere Tatbestände eliminiert, so dass die angeordnete Rechtsfolge für einen Teil des Steuerobjekts nicht eintritt, spricht man von **objektiver oder sachlicher Steuerbefreiung** (bspw. durch § 3 EStG).

1.1.4.3 Die Zurechnung eines Steuerobjekts zu einem Steuersubjekt

I.d.R. ergibt sich diese Zurechnung aus der Bestimmung des Steuerschuldners selbst: das EStG schreibt bspw. vor, dass natürliche Personen das von ihnen erzielte Einkommen zu versteuern haben. Derjenige, der das Einkommen erzielt, ist Steuerschuldner, ihm wird das Einkommen auch zugerechnet. Schwierigkeiten ergeben sich bei Einkommensverlagerungen (insb. innerhalb der Familie).

1.1.4.4 Die abstrakten Merkmale des inländischen Steuerschuldverhältnisses

Die abstrakten Merkmale des inländischen Steuerschuldverhältnisses bestimmen die Grenzen der Zugehörigkeit zur inländischen Steuergewalt. Allgemein wird unterschieden zwischen **unbeschränkter Steuerpflicht**, die an Staatsangehörigkeit, Wohnsitz, gewöhnlichen Aufenthalt, Sitz oder Geschäftsleitung anknüpft (persönliche Zugehörigkeit) und in einer vollen Zurechnung des Steuerobjekts besteht, und **beschränkter Steuerpflicht**, die nur das inländische Steuerobjekt erfasst (wirtschaftliche Zugehörigkeit).

Die Fragen lauten: **„Wer ist im Inland steuerpflichtig?"** bzw. **„Was ist im Inland (be-)steuerbar?"**

1.1.4.5 Die Steuerbemessungsgrundlage

Der numerische Charakter der Steuer setzt voraus, dass das, was zu besteuern ist, in einer Zahl ausgedrückt wird. Dies geschieht durch die **Steuerbemessungsgrundlage**. Sie **quantifiziert das Steuerobjekt**.

Unterscheiden lassen sich Steuerbemessungsgrundlagen, die an den **Wert** des Merkmals eines Steuerobjekts anknüpfen (Wert, Entgelt, **Gegenleistung), und technische Bemessungsgrundlagen** (Stückzahl, Menge, Gewicht, Hohlmaß, Flächenmaß).

> Beispiele: (Steuerobjekte und Bemessungsgrundlagen verschiedener Steuerarten)
> - Steuerobjekt der Umsatzsteuer sind u.a. die Lieferungen eines Unternehmers gegen Entgelt. Bemessungsgrundlage ist das, was der Leistungsempfänger aufwendet, um die Leistung zu erhalten (Entgelt).
> - Steuerobjekt der Schaumweinsteuer ist der Verbrauch von Schaumwein. Bemessungsgrundlage ist der Hektoliter. Der Steuersatz beträgt gem. § 2 Abs. 1 SchaumwZwStG 136 €/hl (für Schaumwein mit einem Alkoholgehalt von weniger als 6 Volumenprozent beträgt der Steuersatz nach § 2 Abs. 2 SchaumwZwStG 51 €/hl).

Die Bemessungsgrundlage wird u.a. durch Freibeträge und Freigrenzen gemindert. **Freibetrag** ist der Betrag, der von der Bemessungsgrundlage abgezogen wird und stets steuerfrei bleibt. **Freigrenze** ist der Betrag, bis zu dem die Bemessungsgrundlage steuerfrei bleibt, bei dessen Überschreitung dann aber die volle Bemessungsgrundlage besteuert wird.

1.1.4.6 Der Steuersatz und der Steuertarif

Der **Steuersatz** ist eine funktionale Beziehung zwischen Steuerbemessungsgrundlage und Steuerschuld/Steuerbetrag. Dies erfolgt entweder in Form eines bestimmten Prozent- oder Promillesatzes der Bemessungsgrundlage oder als fester Geldbetrag pro Einheit der Bemessungsgrundlage.

Eine Mehrheit von Steuersätzen bezeichnet man als **Steuertarif**. Dies ist eine Liste oder eine Formel, die für jede Höhe der Bemessungsgrundlage einer Steuerart den zugehörigen Steuersatz angibt.

In Abhängigkeit vom Verhältnis des Durchschnittsteuersatzes zur Bemessungsgrundlage unterscheidet man verschiedene **Steuertarife**:

- **proportionaler Tarif**: Durchschnittsteuersatz ist gleich bleibend;
- **progressiver Tarif**: Durchschnittsteuersatz steigt mit wachsender Bemessungsgrundlage;
- **regressiver Tarif**: Durchschnittsteuersatz fällt mit steigender Bemessungsgrundlage.

1.1.5 Die Rechtsnormen des Steuerrechts

Rechtsnormen sind **förmliche Gesetze**, die in einem förmlichen Gesetzgebungsverfahren zustande kommen, ordnungsgemäß ausgefertigt und in den dafür vorgeschriebenen amtlichen Blättern verkündet werden. Auf dem Gebiet der Besteuerung sind neben den **Einzelsteuergesetzen** (z.B. EStG, KStG, GewStG) v.a. relevant:

- Das **Grundgesetz** insb. bzgl. bestimmter Grundrechte (Gleichheitsgrundsatz, Schutz von Ehe und Familie) und Bestimmungen zur Steuerhoheit.
- Die **Abgabenordnung** beinhaltet das allgemeine Steuerrecht. In ihrer jetzigen Fassung regelt die AO diejenigen Materien, die für mehrere Steuern gelten. Dadurch erfolgt eine **Entlastung** der Einzelsteuergesetze durch **Vermeidung** von Wiederholungen und widersprüchlichen Regelungen. Die AO **gilt nicht für alle Steuern**, sondern gem. § 1 Abs. 1 AO nur für solche Steuern, die durch Bundesrecht oder das Recht der EU geregelt und entweder von Bundes- oder Landesfinanzbehörden verwaltet werden. Für die von den Gemeinden verwalteten kommunalen Steuern (insb. Vergnügungsteuer, Hundesteuer, Getränkesteuer, Jagdsteuer, Schankerlaubnissteuer, Verpackungsteuer) gilt die AO nur, soweit sie in den Landesgesetzen über die kommunalen Steuern für anwendbar erklärt worden ist. Die AO enthält Regelungen zu den folgenden Themen:
  - im **1. Teil (§§ 1-32 AO)**: Regelung der Grundbegriffe des Steuerrechts;
  - im **2. Teil (§§ 33-77 AO)**: Regelung des Steuerschuldrechts;
  - im **3. bis 7. Teil (§§ 78-367 AO)**: Regelung des Steuerverfahrensrechts;
  - im **8. Teil (§§ 369-412 AO)**: Regelung des Steuerstrafverfahrensrechts;
  - im **9. Teil (§§ 413-415 AO)**: Schlussvorschriften.
- Das **Bewertungsgesetz** regelt Bewertungsfragen für die bewertungsabhängigen Steuern (insb. Grundsteuer, Erbschaft- und Schenkungsteuer).
- Weiter relevant sind Rechtsnormen, die nicht in einem förmlichen Gesetzgebungsverfahren zustande kommen, sondern von der Exekutive (Bundesregierung, Bundesfinanzminister) erlassen werden (sog. **Rechtsverordnungen** wie bspw. die EStDV).
- Außerdem von Bedeutung sind **Doppelbesteuerungsabkommen**, d.h. völkerrechtliche Verträge mit anderen Staaten über die Vermeidung der Doppelbesteuerung. Diese gehen im Sinne eines lex specialis den anderen Steuergesetzen vor (§ 2 AO).
- **Supranationales Recht** ergibt sich aus Rechtsnormen, die von supranationalen Organisationen kraft ihrer eigenen Rechtsetzungsbefugnis (übertragen durch völkerrechtlichen Vertrag) erlassen werden und die zu ihrer Wirksamkeit keiner nationalstaatlichen Zustimmung mehr bedürfen. Relevant für das deutsche Steuerrecht sind:
  - **Verordnungen der EU**: sie wenden sich an „jedermann" und sind im gesamten Gemeinschaftsbereich unmittelbar geltendes Recht;
  - **Richtlinien der EU**: sie wenden sich an die Mitgliedstaaten der Gemeinschaft und müssen in nationales Recht umgesetzt (ratifiziert) werden, um ihre Wirkung für und gegen den einzelnen Bürger entfalten zu können.

Keine Rechtsnormen sind Vorschriften, die von übergeordneten Behörden kraft ihrer Organisations- und Geschäftsleitungsgewalt erlassen werden (sog. **Verwaltungsanweisungen**, wie bspw. Richtlinien, Erlasse, Schreiben, Verfügungen). Sie behandeln problematische Gesetzesanwendungsfragen von allgemeiner Bedeutung, ggf. unter Berücksichtigung der Rechtsprechung. Diese Verwaltungsanweisungen sind nur für die Verwaltungsbehörden verbindlich und entfalten insb. keine Bindungswirkung für Staatsbürger und/oder Gerichte.

Urteile von Gerichten (sog. **Rechtsprechung**) haben außer für die Verfahrensbeteiligten grundsätzlich keine allgemeine rechtliche Bindung (keine Quellen objektiven Rechts).[13] Sie besitzen aber große Breitenwirkung, da viele Entscheidungen der Steuergerichte, insb. solche des Bundesfinanzhofs, grundsätzliche Bedeutung haben und von der Finanzverwaltung in die Verwaltungsanweisungen aufgenommen und nach Bekanntwerden der Entscheidung auf gleichartige Fälle angewendet werden (Ausnahme: Nicht-Anwendungserlasse). Der Gesetzgeber ist jedoch nicht an Gerichtsentscheidungen gebunden. In den vergangenen Jahren ist es immer wieder vorgekommen, dass der Gesetzgeber auf die aus seiner Sicht unerwünschte Rechtsprechung mit Gesetzesänderungen zu seinen Gunsten reagiert hat.

1.1.6 Die Rechtsanwendung im Steuerrecht

Die **Bestandteile einer Rechtsnorm** sind der Tatbestand, der Sachverhalt und die Rechtsfolgeanordnung. Die Rechtsanwendung im Steuerrecht besteht darin, zu prüfen, ob ein konkreter Lebenssachverhalt unter den abstrakten Gesetzestatbestand dieser Rechtsnorm fällt (Subsumtion). Die Rechtsanwendung erfolgt in **3 Stufen**:

– Obersatz: Für einen Tatbestand gilt eine bestimmte Rechtsfolgeanordnung.
– Untersatz: Der Sachverhalt entspricht diesem Tatbestand (Subsumtion).
– Schlussfolgerung: Für den Sachverhalt gilt die bestimmte Rechtsfolgeanordnung.

Voraussetzung der **Subsumtion** ist die Auslegung des Gesetzestatbestands mit dem **Ziel**, den Sinn der Gesetzesworte zu ermitteln und klarzustellen, ohne dabei den Bereich des möglichen Wortverständnisses zu verlassen. Dies ist z.B. notwendig bei den Begriffen „Gewinnerzielungsabsicht" (§ 15 EStG), „künstlerische Tätigkeit" (§ 18 Abs. 1 Nr. 1 EStG), „ähnliche Berufe" (§ 18 Abs. 1 Nr. 1 EStG) oder „Unternehmer" (§ 2 UStG). Die **Methode** der Gesetzesauslegung ist gesetzlich nicht festgelegt. Allgemein wird davon ausgegangen, dass die Auslegung vom Gesetzeswortlaut auszugehen hat (**grammatikalische** Methode), aber von der Entstehungsgeschichte des Gesetzes (**historische** Methode), von der Stellung der auszulegenden Vorschrift im Gesetz (**systematische** Methode) und vom Zweck der auszulegenden Vorschrift (**teleologische** Methode) mitbestimmt wird (vgl. Abb. 3).

Die Gesetzesauslegung ist nicht anwendbar bei **Gesetzeslücken** und im sog. **rechtsfreien Raum**. **Gesetzeslücken** entstehen durch eine Diskrepanz zwischen gesetzgeberischem Wollen (Zweck) und tatbestandsmäßiger Umsetzung im Gesetzestext, die durch Gesetzesauslegung nicht zu heilen ist, weil eine teleologische Auslegung den möglichen Wortsinn sprengen würde. Bei Ausfüllung solcher Gesetzeslücken wird das Gesetz ergänzt, vervollständigt oder abgewandelt (Rechtschöpfung, Rechtsfindung). Dazu bedarf es einer disziplinierenden Methode (Analogie, teleologische Reduktion). Gesetzeslücken dürfen vom Rechtsanwender nicht willkürlich ausgefüllt werden. Ein **rechtsfreier Raum** ist hingegen ein Bereich, der vom Ge-

---

[13] Eine der Ausnahmen stellen die Entscheidungen des BVerfG dar. Diese binden in jedem Falle die Verfassungsorgane des Bundes und der Länder sowie alle Gerichte und Behörden (§ 31 Abs. 1 BVerfGG) und haben in einigen Fällen sogar Gesetzeskraft (§ 31 Abs. 2 BVerfGG). Beispiele für weitere mögliche Ausnahmen sind Entscheidungen von Landesverfassungsgerichten und Oberverwaltungsgerichten.

setzgeber bewusst und planvoll nicht erfasst wird. Ein Eindringen in diesen wäre unzulässige Rechtsschöpfung.

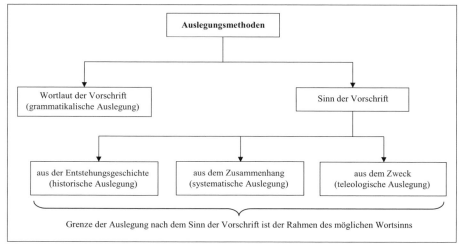

Abb. 3:   Methoden der Gesetzesauslegung[14]

1.2 Überblick über das Steuersystem Deutschlands[15]

1.2.1 Steuerarten und Steueraufkommen

Die Steuereinnahmen der Jahre 2010 und 2011 sind in Abb. 4 und Abb. 5 aufgeführt.

---

[14] Modifiziert entnommen aus HELMSCHROTT, HANS/SCHAEBERLE, JÜRGEN: Abgabenordnung, 14. Aufl., Stuttgart 2009, S. 14-15; in der Neuauflage nicht mehr enthalten.
[15] Vgl. als Grundlage für dieses Kapitel KUßMAUL, HEINZ: Betriebswirtschaftliche Steuerlehre, 6. Aufl., München 2010, S. 221 ff. m.w.N.

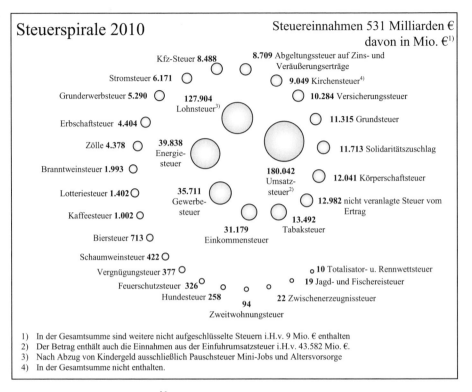

Abb. 4:   Steuerspirale 2010[16]

---

[16] Modifiziert entnommen aus NWB vom 25.07.2011, Rubrik: Eilnachrichten, S. 2531.

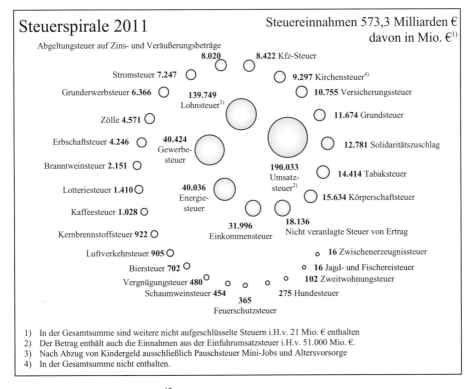

Abb. 5:   Steuerspirale 2011[17]

1.2.2 Systematisierung der Steuerarten

Steuern sollen die Vermögensverhältnisse des Bürgers (als Ausdruck seiner Leistungsfähigkeit) belasten. Als Maßgrößen oder Indikatoren steuerlicher Leistungsfähigkeit kommen in Betracht:

- das Steuergut **„Einkommen"** als dynamische Stromgröße, die das Vermögen erhöht;
- das Steuergut **„Vermögen"** als statische Bestandsgröße in den Ausprägungen **Vermögenstransfer** sowie **Vermögenssubstanz**;
- das Steuergut **„Konsum"**, d.h. die **Verwendung von Einkommen und Vermögen**, als dynamische Stromgröße.

Das **Einkommen** wird in seiner Gesamtheit durch die **Einkommensteuer** einerseits (Einkommen natürlicher Personen) und die **Körperschaftsteuer** andererseits (Einkommen juristischer Personen, insb. Kapitalgesellschaften) erfasst, zudem durch **Annexsteuern** zur Einkommensteuer und Körperschaftsteuer. Dies sind Steuern, die nach der Einkommen- bzw. Körperschaftsteuerschuld bemessen werden. Annexsteuer zur Einkommensteuer ist die **Kirchensteuer** und Annexsteuer zur Einkommen- und zur Körperschaftsteuer ist der sog. „Soli-

---

[17]   Modifiziert entnommen aus NWB vom 09.07.2012, Rubrik: Eilnachrichten, S. 2291.

daritätszuschlag". Einkommen bzw. Gewinne gewerblicher Unternehmen werden darüber hinaus durch die **Gewerbesteuer** belastet (allerdings erfolgen Modifikationen der Bemessungsgrundlage).

Steuern auf den Vermögenstransfer (Erbschaft- und Schenkungsteuer) sind keine Steuern auf erwirtschaftetes, sondern auf zugewendetes Einkommen, denn bei gemeinsamer Betrachtung von Zuwendendem und Zuwendungsempfänger zeigt sich, dass insgesamt kein zusätzliches Einkommen entstanden, sondern lediglich Vermögen transferiert worden ist. Deshalb steht die Erbschaft- und Schenkungsteuer zwischen den Steuern auf das Einkommen und den Steuern auf das Vermögen.

Steuern auf die Vermögenssubstanz knüpfen technisch an das Vermögen an, nach ihrem Zweck sind es jedoch Steuern auf das Einkommen, da sie nach der Vorstellung des Gesetzgebers aus Vermögenseinkünften bestritten werden sollen (Soll-Ertragsteuern im Gegensatz zu Ist-Ertragsteuern). Dazu zählten bzw. zählen:

– die **Vermögensteuer**, die bis 1996 die Soll-Ertragskraft des gesamten Vermögens besteuerte,
– die **Gewerbekapitalsteuer**, die bis 1997 die Soll-Ertragskraft bestimmter Vermögensteile belastete, und
– die **Grundsteuer**, die die Soll-Ertragskraft bestimmter Vermögensteile belastet.

Steuern auf die Verwendung von Einkommen und Vermögen stellen die Umsatzsteuer, besondere Verkehrsteuern sowie Verbrauch- und Aufwandsteuern dar. Die Klassifikation der Umsatzsteuer ist umstritten. Nach der **technischen Anknüpfung** (entgeltliche Leistungen eines Unternehmers) ist die Umsatzsteuer eine allgemeine Verkehrsteuer, nach **dem Zweck und der Belastungswirkung** ist sie eine allgemeine Verbrauchsteuer. Daher spricht man von der Umsatzsteuer als einer „Verbrauchsteuer im Gewande einer Verkehrsteuer".

Neben der Umsatzsteuer als allgemeiner Verkehrsteuer knüpfen die **besonderen Verkehrsteuern (auch: Rechtsverkehrsteuern)** an Vorgänge des Rechtsverkehrs an (z.B. Grunderwerbsteuer, Versicherungsteuer, Rennwett- und Lotteriesteuer, Kraftfahrzeugsteuer, Feuerschutzsteuer). Die gleichzeitige Belastung mit Umsatzsteuer wird durch objektive Steuerbefreiungen im UStG vermieden.

Verbrauchsteuern sind Warensteuern, die den Verbrauch bestimmter Waren belasten (z.B. Bier, Branntwein, Schaumwein, Tabakwaren, Kaffee, Mineralöl). Anknüpfungspunkt ist nicht der Verbraucher, sondern der Hersteller bzw. Importeur. Sie werden neben der Umsatzsteuer erhoben; eine Doppelbelastung wird bewusst in Kauf genommen.

Anknüpfungspunkt von **Aufwandsteuern** ist der Gebrauch von Wirtschaftsgütern und Dienstleistungen. Besteuert werden soll die in diesem Gebrauch zum Ausdruck kommende Leistungsfähigkeit. Aufwandsteuern sind v.a. kommunale Steuern wie Hundesteuer, Jagdsteuer, Vergnügungsteuer oder Fremdenverkehrsteuer.

Eine **zusammenfassende Übersicht** gibt Abb. 6.

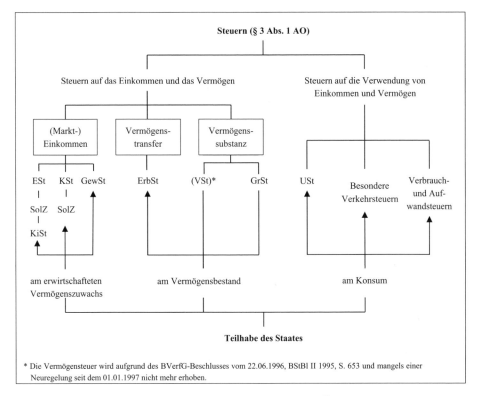

Abb. 6: *Systematisierung der Steuerarten nach TIPKE/LANG[18]*

1.2.3 Meilensteine in der Entwicklung des Steuerrechts

Das Steuerrecht Deutschlands unterlag in den letzten Jahren mannigfaltigen Änderungen; so wurden in den Jahren 1993 bis 2013 mehr als 80 Gesetze erlassen, die sich auf das Steuerrecht auswirkten. Da die Einzeländerungen einen großen Umfang eingenommen haben und darüber hinaus fast regelmäßig neue Änderungsgesetze erlassen werden, werden an dieser Stelle nur Meilensteine in der Entwicklung des Steuerrechts aufgeführt.

Innerhalb der **Einkommensteuer** ist als Meilenstein der vergangenen Jahre die massive Reduktion der Steuersätze (mit der Einschränkung durch die sog. „Reichensteuer") zu nennen. Durch das stetige Anheben des Grundfreibetrages und das gleichzeitige Absenken von Eingangs- und Spitzensteuersatz kam es – in Fortsetzung einer etwa 10 Jahre zuvor eingeleiteten Entwicklung – insb. seit dem VAZ 1999 zu Entlastungen v.a. in den niedrigen und den hohen Einkommensbereichen. So wurde im Verhältnis von VAZ 1999 zum VAZ 2013 der Grund-

---

[18] Modifiziert entnommen aus LANG, JOACHIM: § 8, in: Steuerrecht, hrsg. von KLAUS TIPKE und JOACHIM LANG, 20. Aufl., Köln 2010, Rn. 29, in der Neuauflage in dieser Form nicht mehr enthalten; vgl. HEY, JOHANNA: § 7, in: Steuerrecht, hrsg. von KLAUS TIPKE und JOACHIM LANG, 21. Aufl., Köln 2013, Rn. 29.

freibetrag von 6.681 € (13.067 DM) auf 8.130 €[19] erhöht, der Eingangssteuersatz von 23,9 % auf 14 % gesenkt und der Spitzensteuersatz von 53 % auf 45 % reduziert (vgl. Abb. 18).

I.R.d. **Körperschaftsteuer** sind 2 Meilensteine von Bedeutung:

– Die Einführung des Anrechnungsverfahrens zum 01.01.1977;[20]
– die Ersetzung des Anrechnungsverfahrens mit Wirkung zum 01.01.2001 durch ein modifiziertes klassisches Körperschaftsteuersystem mit Anteilseignerentlastung (sog. Halbeinkünfte- bzw. modifiziertes Nulleinkünfteverfahren)[21] sowie als große Variante die Ersetzung des Halbeinkünfteverfahrens für Privatpersonen außerhalb des Betriebsvermögens mit Wirkung zum 01.01.2009 durch das System der Abgeltungsteuer.[22]

Die letzte große Veränderung der **Umsatzsteuer** war die Abschaffung der bis zum 01.01.1968 geltenden Ausgestaltung als Allphasen-Bruttoumsatzsteuer und die Einführung der Allphasen-Nettoumsatzsteuer mit Vorsteuerabzug.[23]

Neben den obigen Veränderungen auf nationaler Ebene haben in den vergangenen Jahren auch die **Entwicklungen auf EU-Ebene** an Bedeutung gewonnen und sich i.R.d. Harmonisierung der indirekten und der direkten Steuern auf das nationale Steuerrecht ausgewirkt:[24]

Nach Art. 113 des Vertrags über die Arbeitsweise der EU sind die Umsatzsteuer und die speziellen Verbrauchsteuern zu harmonisieren (**Harmonisierung der indirekten Steuern**). Die Harmonisierung der **Umsatzsteuer** ist am weitesten fortgeschritten. Alle Mitgliedstaaten wenden das Allphasen-Nettoumsatzsteuer-System an und ermitteln die Steuerbemessungsgrundlage einheitlich. Dagegen differieren die Steuersätze für den Normaltarif zwischen 15 % und 27 % und für den ermäßigten Tarif zwischen 5 % und 18 %.[25] Bis zur Realisation des Europäischen Binnenmarktes zum 01.01.1993 galt bei innergemeinschaftlichen Umsätzen für die Aufteilung des Umsatzsteueraufkommens zwischen den beteiligten Staaten uneingeschränkt das Bestimmungslandprinzip, wonach der Exportstaat als Ursprungsland die grenzüberschreitenden Umsätze von der Umsatzsteuer zu befreien hatte und dem Importstaat als Bestimmungsland das Besteuerungsrecht zukam. Der Idee des Europäischen Binnenmarktes wird hingegen lediglich mit einer Besteuerung innergemeinschaftlicher Umsätze nach dem Ursprungslandprinzip entsprochen, wonach dem Exportstaat die Besteuerung der Umsätze zukommt, während im Importstaat die Belastung mit Einfuhrumsatzsteuer entfällt. Um eine Mehrfachbelastung mit Umsatzsteuer zu vermeiden, muss der Importstaat den auf seinem Territorium ansässigen Unternehmern die Möglichkeit zum Vorsteuerabzug i.H.d. Umsatzsteuer des Exportstaates gewähren. Für den Zeitraum der Überführung des Bestimmungsland-

---

[19] Ab dem Jahr 2014 erfolgt eine weitere Erhöhung auf 8.354 €.
[20] „Körperschaftsteuerreformgesetz" vom 31.08.1976, BGBl I 1976, S. 2597.
[21] „Steuersenkungsgesetz" vom 23.10.2000, BGBl I 2000, S. 1433.
[22] „Unternehmensteuerreformgesetz 2008" vom 14.08.2007, BGBl I 2007, S. 1912.
[23] „Umsatzsteuergesetz 1967" vom 29.05.1967, BGBl I 1967, S. 545.
[24] Die nachstehenden Ausführungen erfolgen in Anlehnung an JACOBS, OTTO H.: Internationale Unternehmensbesteuerung, 7. Aufl., München 2011, S. 162-183.
[25] Vgl. hierzu: Die Mehrwertsteuersätze in den Mitgliedstaaten der Europäischen Union, abrufbar unter: ec.europa.eu/taxation_customs/resources/documents/taxation/vat/how_vat_works/rates/vat_rates_de.pdf, Stand: 14.01.2013.

prinzips in das Ursprungslandprinzip gilt auf der Grundlage der sog. Binnenmarkt-Richtlinie[26] des Rates der EU eine Übergangsregelung, die statt einer Einfuhrumsatzsteuer die sog. Steuer auf den innergemeinschaftlichen Erwerb vorsieht. Hiermit wurde dem Wegfall der Grenzkontrollen zum 01.01.1993 Rechnung getragen. Die Übergangsregelung galt zunächst bis zum 31.12.1996, wird allerdings solange verlängert, bis der Rat der EU eine Entscheidung für die endgültige Regelung getroffen hat. An dem Ziel, ein gemeinsames Mehrwertsteuersystem auf Basis des Ursprungslandprinzips zu verwirklichen, hält die Europäische Kommission fest.[27]

I.R.d. **Harmonisierung der besonderen Verbrauchsteuern** fand ein Vorschlag der EU-Kommission aus dem Jahr 1987, alle speziellen Verbrauchsteuern bis auf Alkohol-, Tabak- und Mineralölsteuer (jetzt Energiesteuer) abzuschaffen, keine Zustimmung. Allerdings wurden mit dem Verbrauchsteuer-Binnenmarktgesetz[28] zahlreiche Richtlinien des Europäischen Rates aus dem Jahr 1992 in nationales Recht umgesetzt, die im Wesentlichen eine Angleichung der Steuern auf Alkohol und alkoholische Getränke, Tabakwaren und Mineralöle vorsahen. Darüber hinaus können die Mitgliedstaaten auch weiterhin Verbrauchsteuern auf andere Waren erheben, solange im grenzüberschreitenden Warenverkehr keine Grenzformalitäten anfallen.[29] Die aktuelle europarechtliche Grundlage der nationalen Verbrauchsbesteuerung bildet die Richtlinie über das allgemeine Verbrauchsteuersystem vom 16.12.2008.[30] Örtliche Verbrauch- bzw. Aufwandsteuern wie bspw. die Hundesteuer werden vom Harmonisierungsauftrag des Vertrags über die Arbeitsweise der EU nicht erfasst, da sie im grenzüberschreitenden Warenverkehr keine Wirkung entfalten. Um Wettbewerbsverzerrungen aufgrund unterschiedlicher Steuersätze zwischen den EU-Mitgliedstaaten und zwischen verschiedenen Energieerzeugnissen zu verringern, gelten seit dem 01.01.2004 für alle Energieträger, die als Heiz- und Kraftstoffe verwendet werden (Mineralöl, Strom, Erdgas und Kohle), Mindeststeuersätze.[31]

Anders als im Fall der indirekten Steuern besteht im Vertrag über die Arbeitsweise der EU kein unmittelbarer Auftrag zur **Harmonisierung der direkten Steuern**. Trotz diverser Vorschläge der EU-Kommission – wie bspw. zur Schaffung einer gemeinsamen konsolidierten Körperschaftsteuer-Bemessungsgrundlage (GKKB bzw. CCCTB)[32] – wird gegenwärtig auch keine Harmonisierung angestrebt (Grundsatz der Subsidiarität; Wettbewerb der Steuer-

---

[26] Vgl. Richtlinie Nr. 91/680/EWG des Rates vom 16.12.1991, ABl EU 1991, Nr. L 376, S. 1.

[27] Vgl. Mitteilung der Europäischen Kommission an den Rat, das Europäische Parlament und den Wirtschafts- und Sozialausschuss: Steuerpolitik in der Europäischen Union – Prioritäten für die nächsten Jahre vom 23.05.2001, KOM (2001) 260 endgültig, S. 12.

[28] Vgl. „Gesetz zur Anpassung von Verbrauchsteuer und anderen Gesetzen an das Gemeinschaftsrecht sowie zur Änderung anderer Gesetze (Verbrauchsteuer-Binnenmarktgesetz)" vom 21.12.1992, BGBl I 1992, S. 2150.

[29] Auf dieser Grundlage erhebt Deutschland weiterhin die Kaffeesteuer. Steuern auf Leuchtmittel, Salz, Tee und Zucker wurden hingegen abgeschafft.

[30] Vgl. Richtlinie Nr. 2008/118/EG des Rates vom 16.12.2008, ABl EU 2009, Nr. L 9, S. 12.

[31] Vgl. Richtlinie Nr. 203/96/EG des Rates vom 27.10.2003, ABl EU 2003, Nr. L 283, S. 51.

[32] Vgl. hierzu KUẞMAUL, HEINZ/NIEHREN, CHRISTOPH/PFEIFER, GREGOR: CCCTB – Illusion oder Wirklichkeit? Ein internationales Modell ruft (inter)nationale Reaktionen hervor, in: StuW 2010, S. 177-184; KUẞMAUL, HEINZ/NIEHREN, CHRISTOPH/PFEIFER, GREGOR: Zur angestrebten Reform der Gruppenbesteuerung durch die CCCTB unter Berücksichtigung der deutschen Organschaft, in: Ubg 2010, S. 266-274.

systeme). Allerdings erfolgte die Verabschiedung von 3 ausschließlich die direkte Besteuerung betreffenden Richtlinien bzw. Übereinkommen am 23.07.1990 (Fusions-Richtlinie[33], Mutter/Tochter-Richtlinie[34] und Schiedsverfahrens-Konvention[35]) und einer weiteren Richtlinie am 03.06.2003 (Zins- und Lizenzgebühren-Richtlinie[36]).

Die **Unternehmensteuerreform 2008** führt zu einer deutlichen Senkung der Unternehmensteuertarife im Wege der Reduktion des KSt- und GewSt-Satzes sowie der Einführung eines ermäßigten Thesaurierungssteuersatzes für Personenunternehmen. Einen großen Eingriff in das Steuersystem stellt die Einführung einer Abgeltungsteuer für Einkünfte aus Kapitalvermögen dar. Die markantesten Neuregelungen im Kontext der Gegenfinanzierungsmaßnahmen sind die Einführung einer Zinsschranke sowie die Vorschriften über die steuerliche Behandlung grenzüberschreitender Funktionsverlagerungen. Damit setzt der Gesetzgeber auf die altbekannte Strategie der Steuersatzsenkung bei gleichzeitiger Verbreiterung der Bemessungsgrundlage und folgt damit nicht dem Bedürfnis nach einer systemimmanenten Vereinfachung des Steuerrechts, sondern beugt sich vielmehr dem Staatenwettbewerb um die Erfassung mobiler Besteuerungsquellen.

---

[33] Vgl. Richtlinie Nr. 90/434/EWG des Rates vom 23.07.1990, ABl EU 1990, Nr. L 225, S. 1.
[34] Vgl. Richtlinie Nr. 90/435/EWG des Rates vom 23.07.1990, ABl EU 1990, Nr. L 225, S. 6.
[35] Vgl. Übereinkommen Nr. 90/436/EWG vom 23.07.1990, ABl EU 1990, Nr. L 225, S. 10.
[36] Vgl. Richtlinie Nr. 2003/49/EG vom 03.06.2003, ABl EU 2003, Nr. L 157, S. 49.

2 Einkommensteuer[37]

2.1 Charakteristik und Entwicklung

Die Einkommensteuer ist eine **direkte Steuer und Personensteuer**. Anknüpfungspunkt ist die Leistungsfähigkeit des Steuerschuldners, auch wenn im geltenden Einkommensteuerrecht der Gerechtigkeitsgrundsatz vielfach durch unterschiedliche Bemessungsfaktoren und Sondervorschriften konterkariert wird. Sie ist eine **Gemeinschaftsteuer** und wird zwischen Bund, Ländern und Gemeinden aufgeteilt. Die **Verwaltungshoheit** liegt bei den Ländern, der Bund verfügt über die konkurrierende **Gesetzgebung** (Art. 72, 105 Abs. 2 GG).

Kernstück der Einkommensteuer ist der **progressive Steuertarif**. Die Einkommensteuer weist, zusammen mit der Umsatzsteuer, unter allen Steuern die **höchste Ergiebigkeit** auf und beinhaltet infolge ihrer starken Konjunkturabhängigkeit eine enge Beziehung zur jeweiligen wirtschaftlichen Lage.

Allein **fiskalische Gründe** und nicht das Gerechtigkeitsmotiv begründen die Herkunft der Einkommensteuer. Die Einführung einer Einkommensteuer in Deutschland war – wie sonst häufig auch – durch Kriegsereignisse induziert und wurde im Jahre 1808, namentlich durch HEINRICH FRIEDRICH KARL REICHSFREIHERR VOM UND ZUM STEIN forciert, in Preußen, Litauen und Königsberg eingeführt. Mangels einer ausreichenden Steuererhebungstechnik scheiterte jedoch diese Einkommensbesteuerung.

Unter Federführung des Finanzministers JOHANNES VON MIQUEL wurde ein Durchbruch zur modernen Einkommensbesteuerung im Jahre 1891 im preußischen Einkommensteuergesetz kodifiziert. Sie beruhte auf der sog. **Quellentheorie** und besteuerte somit nur Einkünfte aus regelmäßig fließenden Quellen.

Infolge des verlorenen Ersten Weltkrieges wurde im Jahre 1920 durch die ERZBERGERsche[38] Steuerreform die erste Reichseinkommensteuer geschaffen, mit einem fünffach höheren Steueraufkommen als zuvor, an der neben den Ländern auch das Reich beteiligt wurde. Zuvor war die Einkommensteuer eine reine Ländersteuer. Die Reichseinkommensteuer basierte auf der sog. **Reinvermögenszugangstheorie**, nach der neben regelmäßig fließenden Einkünften auch einmalige Einkünfte der Besteuerung unterworfen werden. Schließlich begründete das Einkommensteuergesetz von 1934[39] die Gesetzesstruktur des heutigen Systems, in welches sowohl die Quellentheorie als auch die Reinvermögenszugangstheorie Eingang gefunden haben. **Das 1934 eingeführte Einkommensteuergesetz wurde durch keine systemverändernde große Steuerreform betroffen** und hat daher bis heute Bestand.

Die Einkommensteuer trifft die Betriebe als solche überhaupt nicht. Lediglich die Unternehmer und Gesellschafter haben ihre Einkünfte, die sie aus dem Betrieb beziehen, der Einkom-

---

[37] Vgl. als Grundlage für dieses Kapitel: KUßMAUL, HEINZ: Betriebswirtschaftliche Steuerlehre, 6. Aufl., München 2010, S. 229 ff. m.w.N.
[38] Zurückgehend auf den damaligen Reichsfinanzminister MATTHIAS ERZBERGER.
[39] Gesetz vom 16.10.1934, RGBl. I 1934, S. 1005.

mensteuer zu unterwerfen. Es ist aber dennoch sinnvoll und notwendig, sich i.R.d. Betriebswirtschaftlichen Steuerlehre mit der Einkommensteuer zu beschäftigen:

- Die Ermittlung des steuerpflichtigen Einkommens von Einzelunternehmern und Personengesellschaften erfolgt mit Hilfe des betrieblichen Rechnungswesens. Der Einfluss, den die einkommensteuerlichen Regelungen auf das betriebliche Rechnungswesen haben – insb. die Entscheidungsprobleme, die bei der Gestaltung der Bemessungsgrundlagen auftreten (Ansatz, Bewertung, Abschreibung) –, ist Gegenstand der Betriebswirtschaftlichen Steuerlehre.
- Durch den Verweis auf einkommensteuerliche Vorschriften im KStG werden die Regelungen des EStG über Bilanzierung, Bewertung, Abschreibung usw. auch für solche Gesellschaften relevant, die als juristische Personen nicht der Einkommensteuer, sondern der Körperschaftsteuer unterliegen.
- Ausgangsgröße für die rein betriebliche Gewerbesteuer ist der nach den Vorschriften des EStG bzw. des KStG ermittelte Gewinn aus Gewerbebetrieb.
- Der Betrieb ist zudem verpflichtet, bestimmte Steuern für Dritte einzubehalten und abzuführen. Dies gilt insb. für die Lohnsteuer und die Kapitalertragsteuer, die beide Erhebungsformen der Einkommensteuer sind.
- Die Einkommensteuer hat schließlich erheblichen Einfluss auf betriebliche Entscheidungen, denn bei personenbezogenen Gesellschaften hat sich eine „Nach-Steuern-Betrachtung" an den persönlichen Einkommensverhältnissen des Gesellschafters zu orientieren.

2.2 Das Steuersubjekt

2.2.1 Natürliche Personen als Steuersubjekte

Steuersubjekt/Steuerschuldner der Einkommensteuer ist nach § 1 EStG die **natürliche Person**. Wenngleich § 26b EStG etwas anderes vermuten lässt, sind auch zusammenveranlagte Ehegatten jeder für sich Steuersubjekt.

In gleicher Weise können **Körperschaften**, die Steuersubjekt der Körperschaftsteuer sind, insofern Einkommensteuersubjekte sein, als sie (als Arbeitgeber) nach § 41a EStG die Lohnsteuer oder (als Schuldner von Kapitalerträgen) nach § 44 EStG die Kapitalertragsteuer einzubehalten und abzuführen haben.

Personengesellschaften als solche sind – abgesehen von den eben im Kontext der Körperschaften erwähnten Quellensteuerpflichten – nicht Steuersubjekt der Einkommensteuer, aber auch nicht der Körperschaftsteuer. Die von ihnen erzielten Gewinne werden den Gesellschaftern zugerechnet und bei diesen einkommensteuerlich oder körperschaftsteuerlich erfasst (sog. Transparenzprinzip).

2.2.2 Die internationale Abgrenzung der Steuerpflicht

Unbeschränkt steuerpflichtig sind (sog. **unbeschränkte Steuerpflicht**):

- Steuerpflichtige, die einen Wohnsitz oder gewöhnlichen Aufenthalt im Inland haben (**unbeschränkte Steuerpflicht i.e.S.**; § 1 Abs. 1 EStG);
- bestimmte Auslandsbedienstete inländischer juristischer Personen des öffentlichen Rechts (Diplomaten u.Ä.) inkl. ihrer Angehörigen (**erweiterte unbeschränkte Steuerpflicht**; § 1 Abs. 2 EStG);
- auf Antrag natürliche Personen, die im Inland weder einen Wohnsitz noch ihren gewöhnlichen Aufenthalt haben, soweit sie inländische Einkünfte i.S.d. § 49 EStG beziehen und ihre Einkünfte zu mindestens 90 % der deutschen Einkommensteuer unterliegen oder die nicht der deutschen Einkommensteuer unterliegenden Einkünfte den Grundfreibetrag nach § 32a Abs. 1 S. 2 Nr. 1 EStG (im Jahr 2013 8.130 €) nicht übersteigen (**fiktive unbeschränkte Steuerpflicht**;[40] § 1 Abs. 3 EStG). Ihnen steht allerdings – sofern es sich um natürliche Personen ohne EU-Staatsangehörigkeit handelt – weder das Ehegattensplitting noch das Realsplitting zu.[41]

Steuerobjekt der unbeschränkten Steuerpflicht ist grundsätzlich das „Welteinkommen" der unbeschränkt steuerpflichtigen Person. Ausgenommen sind die Einkommensteile, die nach einem Abkommen zur Vermeidung einer Doppelbesteuerung (DBA) im Inland steuerfrei gestellt werden, und bei der fiktiven unbeschränkten Steuerpflicht die Einkommensteile, die nicht unter den Einkommenskatalog des § 49 Abs. 1 EStG fallen.

Beschränkt steuerpflichtig (sog. **beschränkte Steuerpflicht**) sind natürliche Personen, die keinen Wohnsitz oder gewöhnlichen Aufenthalt im Inland haben und nicht unter eine der obigen Personengruppen fallen, aber Einkünfte i.S.d. § 49 EStG erzielen (§ 1 Abs. 4 EStG). Steuerobjekt sind nach § 1 Abs. 4 EStG nur die inländischen Einkünfte i.S.d. § 49 EStG, d.h. sog. inlandsradizierte Einkünfte (im Inland wurzelnde Einkünfte).

Der **erweiterten beschränkten Steuerpflicht** unterliegen Steuerpflichtige, die in ein sog. Niedrigsteuerland ausgewandert sind, aber die Bindung zum Inland aufgrund wesentlicher wirtschaftlicher Interessen nicht aufgegeben haben, sofern sie in den letzten 10 Jahren vor der Wohnsitzverlagerung mindestens 5 Jahre als Deutscher der unbeschränkten Steuerpflicht unterlegen haben (§ 2 AStG). Steuerobjekt ist das Welteinkommen abzgl. der ausländischen Einkünfte i.S.d. § 34c Abs. 1 i.V.m. § 34d EStG (dies umfasst mehr als nur die inländischen Einkünfte i.S.d. § 49 EStG), soweit es je VAZ 16.500 € übersteigt. Die Dauer dieser Steuerpflicht beträgt 10 Jahre nach Wegzug.

---

[40] Es wird auch von der „unbeschränkten Steuerpflicht auf Antrag" gesprochen; vgl. SIEGEL, THEODOR/BAREIS, PETER: Strukturen der Besteuerung – Betriebswirtschaftliches Arbeitsbuch Steuerrecht: Grundzüge des Steuersystems in Strukturübersichten, Beispielen und Aufgaben, 4. Aufl., München/Wien 2004, S. 53.

[41] Personen, die Staatsangehörige der EU sind, können gem. § 1a i.V.m. § 1 Abs. 3 EStG diese Vergünstigungen unter bestimmten Voraussetzungen in Anspruch nehmen.

2.3 Das Steuerobjekt und die Steuerbemessungsgrundlage

2.3.1 Der Einkommensbegriff des § 2 EStG

2.3.1.1 Überblick und Systematik

Einen Überblick über die Ableitung des zu versteuernden Einkommens und der sich schließlich ergebenden Einkommensteuer gibt Abb. 7, während Abb. 8 die Systematik des Einkommensbegriffs nach § 2 EStG und die grundlegenden Zusammenhänge bei der Ableitung des zu versteuernden Einkommens darstellt.

Das **Steuerobjekt der Einkommensteuer** wird in § 2 EStG bestimmt. Mit der „Summe der Einkünfte" gem. § 2 Abs. 1 und 2 EStG wird das wirtschaftliche Steuergut „Einkommen" zum rechtlichen Steuerobjekt. Die „Summe der Einkünfte" misst die **objektive Leistungsfähigkeit** des Steuerpflichtigen. Es gilt grundsätzlich das sog. **objektive Nettoprinzip**, es werden also nur die Reineinkünfte besteuert und Verluste prinzipiell berücksichtigt.[42] Dem folgt die Möglichkeit, **Verluste einer Einkunftsart** mit positiven Einkünften aus anderen Einkunftsarten verrechnen zu können. Das objektive Nettoprinzip wird allerdings durch Abzugsbeschränkungen durchbrochen.

In § 2 Abs. 3-5 EStG wird anschließend über die Stufen „Gesamtbetrag der Einkünfte" und „Einkommen" das „zu versteuernde Einkommen", die **Bemessungsgrundlage der Einkommensteuer** bestimmt. Das „zu versteuernde Einkommen" soll die **subjektive Leistungsfähigkeit** des Steuerpflichtigen messen. Es gilt das sog. **subjektive Nettoprinzip**, demzufolge bestimmte Privataufwendungen von der „Summe der Einkünfte" abgezogen werden können.[43]

---

[42] Vgl. WEBER-GRELLET, HEINRICH: § 2 EStG, in: Einkommensteuergesetz, begr. von LUDWIG SCHMIDT, 31. Aufl., München 2012, Rn. 10.

[43] Vgl. WEBER-GRELLET, HEINRICH: § 2 EStG, in: Einkommensteuergesetz, begr. von LUDWIG SCHMIDT, 31. Aufl., München 2012, Rn. 11 und 12.

```
   Summe der Einkünfte aus jeder Einkunftsart
     Gewinneinkunftsarten (§ 2 Abs. 2 Nr. 1 EStG)
     (Gewinn als Differenz zwischen Betriebseinnahmen und Betriebsausgaben)
        Einkünfte aus Land- und Forstwirtschaft (§§ 13-14a EStG)
      + Einkünfte aus Gewerbebetrieb (§§ 15-17 EStG)
      + Einkünfte aus selbstständiger Arbeit (§ 18 EStG)
   + Überschusseinkunftsarten (§ 2 Abs. 2 Nr. 2 EStG)
     (Überschuss als Differenz zwischen Einnahmen und Werbungskosten)
        Einkünfte aus nichtselbstständiger Arbeit (§ 19 EStG)
      + Einkünfte aus Kapitalvermögen (§ 20 EStG)*
      + Einkünfte aus Vermietung und Verpachtung (§ 21 EStG)
      + Sonstige Einkünfte (§§ 22 und 23 EStG)
   = Summe der Einkünfte (§ 2 Abs. 1 und 2 EStG)
  ./. Altersentlastungsbetrag (§ 24a EStG)
  ./. Entlastungsbetrag für Alleinerziehende (§ 24b EStG)
  ./. Freibetrag für Land- und Forstwirte (§ 13 Abs. 3 EStG)
   = Gesamtbetrag der Einkünfte (§ 2 Abs. 3 EStG) vor § 10d EStG
  ./. Verlustabzug gem. § 10d EStG
   = Gesamtbetrag der Einkünfte nach § 10d EStG
  ./. Sonderausgaben (§§ 9c, 10, 10a, 10b, 10c EStG)
  ./. Sonderausgaben gleichgestellte Aufwendungen (§§ 10f und 10g EStG)
  ./. Außergewöhnliche Belastungen (§§ 33-33b EStG)
   = Einkommen (§ 2 Abs. 4 EStG)
  ./. Freibeträge für Kinder, soweit günstiger als das Kindergeld (§§ 31, 32 Abs. 6
      EStG)
  ./. Härteausgleich (§ 46 Abs. 3 EStG, § 70 EStDV)
   = Zu versteuerndes Einkommen (§ 2 Abs. 5 EStG)
  * Ohne die Einnahmen, die der Abgeltungssteuer unterliegen
```

⇓

```
     Anwendung des Einkommensteuertarifs (Grundtarif/Splittingtarif)
   = Tarifliche Einkommensteuer (§ 32a Abs. 1 und Abs. 5 EStG)
  ./. Steuerermäßigungen (u. a. ausländische Steuern, Gewerbesteueranrechnung, poli-
      tische Spenden, haushaltsnahe Beschäftigungsverhältnisse und Dienstleistungen)
   = Festzusetzende Einkommensteuer (§ 2 Abs. 6 EStG)
  ./. Anrechnungsbeträge (§ 36 Abs. 2 EStG)
      (Einkommensteuervorauszahlungen, einbehaltene Lohnsteuer, einbehaltene Kapi-
      talertragsteuer, sofern nicht abgeltend)
   = Einkommensteuerabschlusszahlung/Einkommensteuererstattungsbetrag
      (§ 36 Abs. 4 EStG)
```

Abb. 7: Überblick über die Ableitung des zu versteuernden Einkommens und die Höhe der Einkommensteuer

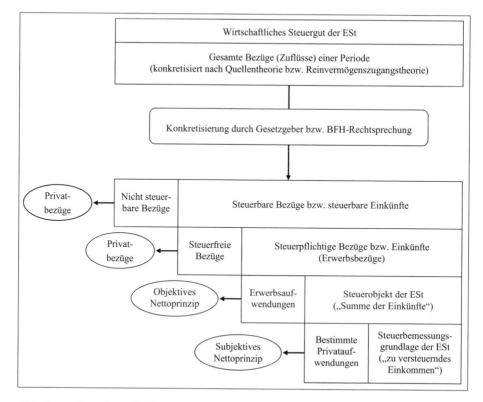

Abb. 8: *Grundlegende Zusammenhänge bei der Ableitung des zu versteuernden Einkommens[44]*

Im Idealfall unterliegt nur der **disponible** Teil des Einkommens der Besteuerung. Disponibel ist insb. der Teil, der für Sparen, privates Investieren, Reisen, Luxuskonsum usw. zur Verfügung steht. Nicht disponibel sind Ausgaben des Steuerpflichtigen für seine eigene Existenz und die Existenz seiner Familie (z.B. notwendige Aufwendungen für Ernährung, Kleidung, Wohnung, Versicherungen, Unterhaltsleistungen, außergewöhnliche Belastungen u.Ä.). Das sog. Existenzminimum kann allerdings nicht von der steuerlichen Bemessungsgrundlage abgesetzt werden, es ist stattdessen in den Einkommensteuertarif in Form des sog. Grundfreibetrags (im Jahr 2013 8.130 €) eingebaut.

Diesem **dualistischen Aufbau** (Erwerbseinkommen abzgl. privater Abzüge) folgt § 2 EStG allerdings nur bedingt. Einige Korrekturposten nach der „Summe der Einkünfte" betreffen das Steuerobjekt (z.B. Freibetrag für Land- und Forstwirte) oder haben den Charakter von Steuervergünstigungen (z.B. Altersentlastungsbetrag).

---

[44] Aufbauend auf SELCHERT, FRIEDRICH WILHELM: Grundlagen der betriebswirtschaftlichen Steuerlehre, 5. Aufl., München/Wien 2001, S. 45.

2.3.1.2 Das wirtschaftliche Steuerobjekt der Einkommensteuer: „Einkommen" nach Quellen- und Reinvermögenszugangstheorie

Gem. der **Quellentheorie** werden Vermögensmehrungen zur Ermittlung des Einkommens unterschieden in laufende, regelmäßige Einkünfte, die als Einkommen zu qualifizieren sind, und Wertveränderungen im sog. Stammvermögen (Quellenvermögen), einschließlich der Wertrealisation durch Veräußerung, die wegen fehlender „Aussicht auf Wiederholung" nicht zum Einkommen gehören. Hauptvertreter dieser Ideologie war BERNHARD FUISTING.[45]

Einkommen i.S.d. **Reinvermögenszugangstheorie** ist der Zugang von Reinvermögen während einer gegebenen Periode. Leistungsfähigkeit i.S.v. Konsummöglichkeiten wird demnach auch zugeführt durch „unregelmäßige" Zuflüsse wie Geschenke, Erbschaften, Lotteriegewinne u.a. Auf Kriterien wie Regelmäßigkeit oder „Aussicht auf Wiederholung" wird nicht abgestellt. Hauptvertreter dieser Ideologie war GEORG VON SCHANZ.[46]

Sowohl die Quellentheorie als auch die Reinvermögenszugangstheorie fanden Eingang in die gesetzliche Kodifizierung des Einkommensteuerobjekts. Die **Gewinneinkunftsarten** orientieren sich im Wesentlichen an der Reinvermögenszugangstheorie. Die **Überschusseinkunftsarten** orientieren sich an der Quellentheorie; eine Ausnahme stellen § 20 Abs. 2 EStG („Veräußerungsgewinne im Kapitalvermögen") und § 23 EStG („private Veräußerungsgeschäfte") dar, welche auch im Bereich der Überschusseinkunftsarten der Reinvermögenszugangstheorie folgen.

2.3.1.3 Das rechtliche Steuerobjekt der Einkommensteuer

2.3.1.3.1 Steuerbare und nicht steuerbare Einkünfte[47]

Steuerbare Einkünfte werden durch 2 Merkmale gekennzeichnet. Sie erfüllen den Tatbestand einer **Einkunftsart** i.S.d. § 2 Abs. 1 EStG und werden durch eine Erwerbstätigkeit **erwirtschaftet**.

Ob Einkünfte durch eine Erwerbstätigkeit erwirtschaftet werden, ist anhand von **objektiven** und **subjektiven** Tatbeständen zu überprüfen. **Objektiver Tatbestand** ist die Beteiligung am allgemeinen wirtschaftlichen Verkehr. Dieses Kriterium erfüllen u.a. nicht Erbschaften und Schenkungen, Entschädigungen (Schadenersatz, Schmerzensgeld), Aussteuern, Einkünfte aus Sport und Spiel (z.B. Preisausschreiben, Fernsehshows) sowie Lotterien und Wetten.

Subjektiver Tatbestand ist die Absicht, während der Erwerbstätigkeit einen Überschuss der Bezüge über die Aufwendungen zu erzielen (**Einkünfteerzielungsabsicht**). Die Einkünfteer-

---

[45] Vgl. FUISTING, BERNHARD: Die preußischen direkten Steuern, Bd. 4: Grundzüge der Steuerlehre, Berlin 1902, S. 147-153. Vgl. zu den Einkommenstheorien in diesem und im nächsten Absatz HEY, JOHANNA: § 8, in: Steuerrecht, hrsg. von KLAUS TIPKE und JOACHIM LANG, 21. Aufl., Köln 2013, Rn. 50-52.

[46] Vgl. SCHANZ, GEORG VON: Der Einkommensbegriff und die Einkommensteuergesetze, in: Finanzarchiv 1896, S. 1-87. Vgl. weiterführend HEY, JOHANNA: § 7, in: Steuerrecht, hrsg. von KLAUS TIPKE und JOACHIM LANG, 21. Aufl., Köln 2013, Rn. 30.

[47] Vgl. m.w.N. HEY, JOHANNA: § 8, in: Steuerrecht, hrsg. von KLAUS TIPKE und JOACHIM LANG, 21. Aufl., Köln 2013, Rn. 121-136.

zielungsabsicht ist eine **innere Tatsache**, die sich nur anhand äußerlicher Merkmale beurteilen lässt. Zur Beurteilung sind wiederum objektive Merkmale zu prüfen.

Besteht ein **Zusammenhang der Tätigkeit mit der privaten Lebensführung** des Steuerpflichtigen (z.B. bei der Vermietung von Segelyachten, Wohnmobilen u.Ä.), so kann dies gegen eine Einkünfteerzielungsabsicht sprechen. Es handelt sich dann insoweit um Ausgaben der privaten Lebensführung.

Die **Art der Ausübung der Tätigkeit** kann ebenfalls gegen eine Einkünfteerzielungsabsicht sprechen, bspw. bei fehlender betriebswirtschaftlicher Unternehmensführung, mangelnder Marktorientierung oder Unterlassung notwendiger Umstrukturierungen.

Auch die **Dauer der Verlusterzielung** kann auf fehlende Einkünfteerzielungsabsicht hinweisen, allerdings sind bloße Anlaufverluste hinzunehmen.

Wegen fehlender Einkünfteerzielungsabsicht sind Einkünfte aus **gemeinnütziger** Tätigkeit und Einkünfte aus **Liebhaberei** (Tätigkeit aus privater Hingabe oder Neigung) generell **nicht steuerbar**. Damit sind einerseits zwar die Einnahmen nicht zu versteuern, andererseits können allerdings auch die Verluste nicht berücksichtigt werden. Zur Liebhaberei zählen insb. Hobbybetriebe im Bereich der Land- und Forstwirtschaft (Gestüte, Jagden, als Landsitz dienende Gutshöfe, Bienenzucht, Fischzucht) und Hobbybetriebe mit gewerblichem Charakter (Pferderennställe, Autorennställe, Yachtvercharterung, Charterflugbetriebe, Reit-, Tennis- und Golfanlagen).

2.3.1.3.2 Steuerpflichtige und steuerfreie Einkünfte

Steuerbare Einkünfte sind grundsätzlich auch steuerpflichtige Einkünfte. Der Steuergesetzgeber hat allerdings die Möglichkeit vorgesehen, bestimmte Einkünfte aus dem Steuerobjekt auszuklammern (objektive Befreiungen). Dies geschieht insb. in den §§ 3, 3b EStG. Unter den **befreiten Einnahmen** befinden sich z.B.:

- besondere Leistungen an Arbeitnehmer: Sonn- und Feiertagszuschläge (in begrenztem Umfang; vgl. § 3b EStG), Versicherungsbeiträge des Arbeitgebers für die kapitalgedeckte betriebliche Altersversorgung (in begrenztem Umfang; vgl. § 3 Nr. 56 EStG), Arbeitgeberbeiträge zur Sozialversicherung, Arbeitslosengeld, Kurzarbeitsgeld, Winterausfallgeld, Elterngeld[48], Abfindungen aus der Rentenversicherung, Trinkgelder;

---

[48] Das Elterngeld nach dem Bundeselterngeld- und Elternzeitgesetz (BEEG) beläuft sich auf 67 % des in den 12 Kalendermonaten vor dem Monat der Geburt des Kindes durchschnittlich erzielten monatlichen Einkommens. Es ist nach oben gedeckelt auf einen Betrag von 1.800 €, nach unten auf 300 €, auch wenn vor der Geburt keine Erwerbstätigkeit vorlag (z.B. „Hausfrauen", Studierende, Arbeitslose). Gezahlt wird das Elterngeld für die Dauer von max. 14 Monaten ab dem Tag der Geburt. wobei ein Elternteil max. 12 Monate Elterngeld beziehen kann. Alleinerzieher können 14 Monate lang Elterngeld beziehen.
Sofern das monatliche Gehalt aus der Erwerbstätigkeit vor der Geburt höher war als 1.200 €, sinkt der Prozentsatz von 67 % um 0,1 % für je 2 €, um die das maßgebliche Einkommen den Betrag von 1.200 € überschreitet, auf bis zu 65 %. Anderenfalls (monatliches Einkommen vor der Geburt geringer als 1.000 €) erhöht sich der Prozentsatz von 67 % um je 0,1 % für je 2 €, um die das maßgebliche Einkommen den Betrag von 1.000 € unterschreitet. Bei Grundsicherungsleistungen wird das Elterngeld jetzt grundsätzlich als Einkommen berücksichtigt. Allerdings besteht ein Elterngeldfreibetrag i.H.v. 300 €; bis zu dieser Höhe bleibt das Elterngeld als Einkommen unberücksichtigt.

– in bestimmtem Umfang die Zuwendungen des Arbeitgebers nach § 19 Abs. 1 S. 1 Nr. 3 S. 1 EStG an eine Pensionskasse zum Aufbau einer nicht kapitalgedeckten betrieblichen Altersvorsorge;
– Einnahmen aus nebenberuflichen Tätigkeiten als Übungsleiter, Ausbilder, Erzieher, Betreuer oder aus vergleichbaren nebenberuflichen Tätigkeiten, aus nebenberuflichen künstlerischen Tätigkeiten oder der nebenberuflichen Pflege alter, kranker oder behinderter Menschen im Dienst oder Auftrag einer inländischen oder in einem Staat der EU bzw. des EWR belegenen juristischen Person des öffentlichen Rechts oder Einrichtungen zur Förderung gemeinnütziger, mildtätiger und kirchlicher Zwecke bis zu einem Betrag von 2.400 € („Übungsleiterpauschale");
– Einnahmen aus nebenberuflichen Tätigkeiten im Dienst oder Auftrag einer inländischen oder in einem Staat der EU bzw. des EWR belegenen juristischen Person des öffentlichen Rechts oder Einrichtungen zur Förderung gemeinnütziger, mildtätiger und kirchlicher Zwecke bis zur Höhe von insgesamt 500 € im Jahr („Ehrenamtsfreibetrag").

Zu beachten ist, dass gem. § 32b EStG bei bestimmten steuerfreien Einnahmen (z.B. beim Arbeitslosengeld oder Elterngeld) für das übrige zu versteuernde Einkommen ein **Progressionsvorbehalt** greift. Außerdem sind gem. § 3c Abs. 1 EStG Ausgaben, soweit sie mit steuerfreien Einnahmen in unmittelbarem wirtschaftlichen Zusammenhang stehen, nicht als Betriebsausgaben oder Werbungskosten abziehbar.

2.3.1.3.3 Das objektive Nettoprinzip: Berücksichtigung einkunftsbedingter Abflüsse

Im Zusammenhang mit einer Erwerbstätigkeit können positive wie negative Vermögensveränderungen auftreten. Positive Vermögensveränderungen bezeichnet man als **Erwerbsbezüge**, negative Vermögensveränderungen als **Erwerbsaufwendungen**.

Ausdruck steuerlicher Leistungsfähigkeit sind niemals nur die erwirtschafteten Vermögenszugänge, sondern auch die mit einer Erwerbstätigkeit in Zusammenhang stehenden Vermögensabgänge. Steuerlich belastbar ist nur das Gesamtergebnis einer Erwerbstätigkeit als Saldo aus positiven und negativen Größen.

Dieses Prinzip bezeichnet man – wie oben dargelegt – als **objektives Nettoprinzip**. Die Einkommensteuer berücksichtigt dieses Prinzip. Nach § 2 Abs. 2 S. 1 EStG unterliegen der Einkommensteuer nur Reineinkünfte. Bei den Gewinneinkunftsarten ist das der „Gewinn" und bei den Überschusseinkunftsarten der „Überschuss der Einnahmen über die Werbungskosten".

Steuerlich belastbar ist nur das wirtschaftliche Ergebnis einer Erwerbstätigkeit: die Einkünfte sind die Salden aus positiven und negativen Faktoren. Das objektive Nettoprinzip gebietet die uneingeschränkte Berücksichtigung der Erwerbsaufwendungen und folglich auch der Verluste.[49] Allerdings gibt es nicht wenige **Ausnahmen**, in denen der Steuergesetzgeber das objek-

---

[49] Vgl. HEY, JOHANNA: § 8, in: Steuerrecht, hrsg. von KLAUS TIPKE und JOACHIM LANG, 21. Aufl., Köln 2013, Rn. 54.

tive Nettoprinzip durchbricht, so z.B. durch die Festlegung nicht oder nur beschränkt abzugsfähiger Erwerbsaufwendungen (z.B. nach § 4 Abs. 5 S. 1 EStG Geschenke an Nicht-Arbeitnehmer über 35 €, 30 % der angemessenen betrieblich veranlassten Bewirtungskosten, Aufwendungen für Gästehäuser, Verpflegungsmehraufwendungen auf Dienstreisen, sofern sie eine bestimmte Grenze übersteigen) sowie durch Verlustausgleichs- und Verlustabzugsverbote, insb. durch die Regelungen der §§ 10d und 15b EStG. Überdies ist der Ansatz von Werbungskosten nach § 2 Abs. 2 S. 2 EStG i.V.m. § 20 Abs. 9 EStG bei den Einkünften aus Kapitalvermögen mit der Gewährung des Sparer-Pauschbetrags abgegolten.

2.3.1.3.4 Persönliche und zeitliche Zurechnung von Einkünften

Gem. der **allgemeinen Regel** für die **persönliche Zurechnung** (§ 2 Abs. 1 S. 1 EStG) sind die Einkünfte der Person zuzurechnen, die sie erzielt bzw. erwirtschaftet hat. Erwirtschaftet werden Einkünfte von dem, der die Einkünfte aufgrund seiner Betätigung (Arbeitseinsatz oder Vermögenseinsatz) unter Beteiligung am wirtschaftlichen Verkehr erzielt.

Bei der **Zurechnung von Einkünften unter Familienangehörigen** sind Besonderheiten zu beachten, wenn Familienmitglieder durch Rechtsgeschäfte Einkünfte innerhalb der Familie verlagern (Übertragung von Kapitalanlagen, Übertragung von Nutzungen, Beteiligung an einem Unternehmen oder an einer Gesellschaft).[50]

Hinsichtlich der **zeitlichen Zuordnung von Einkünften** ist zu beachten, dass die Einkommensteuer nicht erst das Totaleinkommen einer natürlichen Person nach der gesamten Erwerbszeit erfasst, sondern periodisch und sukzessiv das **Jahreseinkommen**. Die Einkommensteuer ist eine **periodische** Steuer in Gestalt einer **Jahressteuer** (§ 2 Abs. 7 S. 1 EStG).

Bei der zeitlichen Zuordnung von Einkünften sind **2 Systeme** zu unterscheiden. Grundsätzlich gilt das in § 11 EStG verankerte **System der Vereinnahmung und Verausgabung**. Dieses System ist beherrscht vom **Zuflussprinzip** und vom **Abflussprinzip** (Einzahlungen und Auszahlungen). Überschusseinkünfte werden ausnahmslos durch Überschussrechnung (Einnahmen abzgl. Werbungskosten), Gewinneinkünfte ausnahmsweise durch Überschussrechnung (Betriebseinnahmen abzgl. Betriebsausgaben), i.d.R. jedoch durch Betriebsvermögensvergleich ermittelt.

Bei (steuerlich) bilanzierungspflichtigen und freiwillig bilanzierenden Unternehmern greift das **System der periodenrichtigen Gewinnermittlung**. Zahlungsstromschwankungen werden ausgeglichen, weil die Ergebnisse unabhängig von konkreten Zahlungen der Periode ihrer wirtschaftlichen Verursachung zugerechnet werden (Aufwendungen und Erträge statt Einzahlungen und Auszahlungen).

---

[50] Vgl. m.w.N. BECKMANN, STEFAN: Übertragung von Anteilen an einer Familienkapitalgesellschaft auf die nächste Generation: Lebzeitige und inlandsbezogene Gestaltungen zur Reduzierung der steuerlichen Belastung bei im Privatvermögen gehaltenen Anteilen, Hamburg 2004, S. 33 und 34.

2.3.1.4 Das subjektive Nettoprinzip: Berücksichtigung bestimmter privater Abzüge

Das Bundesverfassungsgericht hat in den Jahren 1982[51] und 1984[52] zur Berücksichtigung persönlicher Verhältnisse durch private Abzüge folgende 2 Postulate aufgestellt. Die Abziehbarkeit unvermeidbarer Privataufwendungen, sog. **allgemeines privates Nettoprinzip**, und daraus ableitend die realitätsgerechte Berücksichtigung von Unterhaltsverpflichtungen, sog. **spezielles Familien-Nettoprinzip**.[53]

Maßgröße steuerlicher Leistungsfähigkeit ist demnach nicht das Erwerbseinkommen, sondern nur das **für die Steuerzahlung disponible Einkommen**. Was der Steuerpflichtige aufwenden muss, um die eigene Existenz und die seiner Familie zu sichern, ist für die Steuerzahlung ebenso wenig disponibel wie das, was er für Erwerbszwecke aufwenden muss. Daher muss der indisponible Teil des Erwerbseinkommens durch private Abzüge aus der Besteuerungsgrundlage eliminiert werden.

Das Einkommensteuergesetz berücksichtigt private Abzüge bspw. durch den Entlastungsbetrag für Alleinerziehende, durch Sonderausgaben und außergewöhnliche Belastungen, durch Kinderfreibetrag oder Grundfreibetrag (allerdings geregelt im Tarif), wobei der Gesetzgeber – insb. wiederum durch das Bundesverfassungsgericht[54] – explizit dazu aufgefordert wurde, Ehe und Familie nicht schlechter zu stellen als andere Lebens- und Erziehungsgemeinschaften. Dieser Forderung kommt er u.a. durch den sog. Splitting-Tarif nach.

2.3.2 Die Summe der Einkünfte (§ 2 Abs. 1 und 2 EStG)

2.3.2.1 Die einzelnen Einkunftsarten

2.3.2.1.1 Die Gewinneinkunftsarten

2.3.2.1.1.1 Überblick über die Gewinneinkunftsarten

Die Gewinneinkunftsarten zeichnen sich durch **gemeinsame Begriffsmerkmale**, vergleichbare Besonderheiten bei der **Besteuerung von Veräußerungsgewinnen**, identische Regelungen bei der **Berücksichtigung von Verlusten bei beschränkter Haftung** und **Verlustverrechnungsbegrenzungen bzgl. Verlustzuweisungsgesellschaften** aus.

Die **Merkmale einer Gewinneinkunftsart** lassen sich durch die positiven Merkmale der Begriffsbestimmung des Gewerbebetriebs gem. § 15 Abs. 2 EStG bestimmen.[55] Die Definition des Gewerbebetriebs gem. § 15 Abs. 2 EStG lautet:

---

[51] Vgl. BVerfG-Beschluss vom 03.11.1982, BVerfGE Bd. 61, S. 319.
[52] Vgl. BVerfG-Beschluss vom 22.02.1984, BVerfGE Bd. 66, S. 214.
[53] Nachdrücklich in einer Entscheidung vom 25.09.1992 bestätigt; vgl. BVerfG-Beschluss vom 25.09.1992, BVerfGE Bd. 87, S. 152.
[54] Vgl. BVerfG-Beschluss vom 10.11.1998, in: DB 1999, S. 180-186.
[55] Vgl. WACKER, ROLAND: § 15 EStG, in: Einkommensteuergesetz, begr. von LUDWIG SCHMIDT, 31. Aufl., München 2012, Rn. 8-150.

„Eine selbständige nachhaltige Betätigung, die mit der Absicht, Gewinn zu erzielen, unternommen wird und sich als Beteiligung am allgemeinen wirtschaftlichen Verkehr darstellt, ist Gewerbebetrieb, wenn die Betätigung weder als Ausübung von Land- und Forstwirtschaft noch als Ausübung eines freien Berufs noch als eine andere selbständige Arbeit anzusehen ist."

Somit liegt eine Gewinneinkunftsart vor, wenn folgende **positive Begriffsmerkmale** kumulativ erfüllt sind: Selbstständige Betätigung, Nachhaltigkeit, Gewinnerzielungsabsicht und Beteiligung am allgemeinen wirtschaftlichen Verkehr. Die Merkmale lassen sich wie folgt charakterisieren.

Eine Tätigkeit ist dann **selbstständig**, wenn **auf eigene Rechnung und Gefahr** gehandelt wird. Der Steuerpflichtige selbst muss Unternehmerinitiative entfalten und das unternehmerische Risiko tragen.

Eine Tätigkeit ist **nachhaltig**, wenn sie von der Absicht getragen ist, sie zu wiederholen und daraus eine ständige Erwerbsquelle zu machen (**Wiederholungsabsicht als subjektives Tatbestandsmerkmal**), und wenn sie sich objektiv – i.d.R. durch Wiederholung – als nachhaltig darstellt (**objektives Tatbestandsmerkmal**).

Gewinnerzielungsabsicht ist das **Streben nach** einkommensteuerlich relevanter **Betriebsvermögensmehrung** in Gestalt eines Totalgewinns.[56] Gewinnerzielungsabsicht hat die Rechtsprechung z.B. in folgenden Fällen verneint: bei einem Vollblutpferderennstall oder -gestüt[57] (aber Steuerpflicht bei Trabrennstall mit langer Gewinnphase[58]); bei Vercharterung eines Motorboots, wenn der Besitzer einen Motorbootführerschein hat und nach der Art, wie die Vercharterung betrieben wird, auf Dauer gesehen nicht mit Überschüssen zu rechnen ist;[59] bei einem Modegeschäft, das 7 Jahre mit fortlaufend steigenden Verlusten betrieben wird;[60] bei einem 30 Jahre nur mit Verlust betriebenen Getränkegroßhandel[61].

Beteiligung am allgemeinen wirtschaftlichen Verkehr erfordert, dass eine Tätigkeit am Markt, also gegenüber einer unbestimmten Vielzahl von Nachfragern, gegen Entgelt und für Dritte äußerlich erkennbar angeboten wird, bspw. durch Werbemaßnahmen.

Die **Abgrenzung** der Einkünfte aus Gewerbebetrieb von den anderen Gewinneinkunftsarten erfolgt durch **negative Merkmale**. Es darf sich nicht um Land- und Forstwirtschaft, selbstständige Arbeit oder bloße Vermögensverwaltung (ständige Rechtsprechung,[62] insb. in Abgrenzung zum gewerblichen Grundstückshandel) handeln.

Veräußerungs- bzw. Aufgabegewinne von (Teil-)Betrieben oder Gesellschaftsanteilen werden grundsätzlich durch **Ermittlungs-** und durch **Tarifbegünstigungen** begünstigt. I.R. der

---

[56] Vgl. BFH-Urteil vom 02.06.1999, in: BFH/NV 2000, S. 23.
[57] Vgl. BFH-Urteil vom 04.03.1970, BStBl II 1970, S. 470.
[58] Vgl. BFH-Urteil vom 19.07.1990, BStBl II 1991, S. 333.
[59] Vgl. BFH-Urteil vom 28.08.1987, BStBl II 1988, S. 10. Jedoch wurde bei der Vercharterung von mehreren Booten die Gewinnerzielungsabsicht auch schon bejaht; vgl. BFH-Beschluss vom 10.04.2002, in: BFH/NV 2002, S. 1025.
[60] Vgl. FG Baden-Württemberg, Urteil vom 12.01.1995, in: EFG 1995, S. 713.
[61] Vgl. BFH-Urteil vom 23.05.1985, BStBl II 1985, S. 515.
[62] Vgl. bspw. BFH-Beschluss vom 25.06.1984, BStBl II 1984, S. 751.

Ermittlungsbegünstigungen bleiben je nach Einkunftskategorie bestimmte Teile des Veräußerungs- bzw. Aufgabegewinns steuerfrei (z.B. Freibeträge gem. § 14a, § 16 Abs. 4, § 17 Abs. 3 EStG). Begünstigt sind Veräußerungsgewinne folgender (Teil-)Betriebe oder Gesellschaftsanteile (vgl. auch Abb. 9):

– (Teil-)Betriebe der Land- und Forstwirtschaft bzw. Anteile am land- und forstwirtschaftlichen Betriebsvermögen (§§ 14, 14a Abs. 1 EStG);

– (Teil-)Gewerbebetriebe bzw. Mitunternehmeranteile[63] (§ 16 EStG); die Begünstigung wird nur gewährt, soweit nicht nur ein Teil eines Mitunternehmeranteils veräußert wird (§ 16 Abs. 1 S. 2 EStG), auf der Seite des Veräußerers und auf der Seite des Erwerbers nicht dieselben Personen Unternehmer oder Mitunternehmer sind (§ 16 Abs. 2 und 3 EStG) und der Veräußerer das 55. Lebensjahr vollendet hat oder dauernd berufsunfähig ist; diese Vergünstigung wird nur einmal im Leben gewährt (§ 16 Abs. 4 EStG);

– Beteiligungen an Kapitalgesellschaften, wenn die Beteiligung unmittelbar oder mittelbar innerhalb der letzten 5 Jahre für eine logische Sekunde mindestens 1 % betrug (§ 17 Abs. 1 EStG); zu beachten ist, dass hier neben dem Freibetrag als zusätzliche Begünstigung das Teileinkünfteverfahren gem. § 3 Nr. 40 Buchst. c EStG zur Anwendung kommt; des Weiteren muss der Freibetrag anteilig gekürzt werden, wenn nicht eine 100 %-ige Beteiligung veräußert wird;

– (Teil-)Vermögen bzw. Anteil am Vermögen, das einer selbstständigen Arbeit dient (§ 18 Abs. 3 EStG).

---

[63] Als Teilbetrieb gilt auch die im Betriebsvermögen gehaltene 100 %-ige Beteiligung an einer Kapitalgesellschaft (§ 16 Abs. 1 Nr. 1 S. 2 EStG).

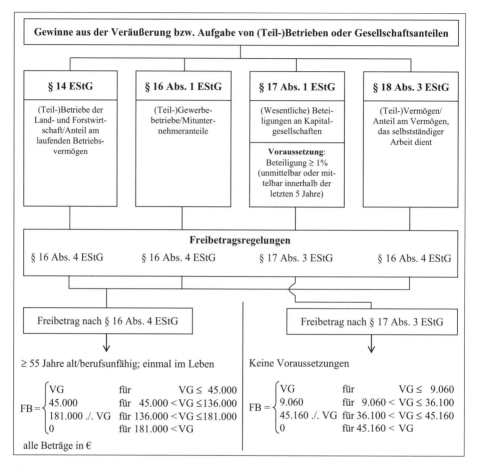

Abb. 9: Die einkommensteuerliche Ermittlungsbegünstigung für Veräußerungs- und Aufgabegewinne[64]

Die **Tarifbegünstigung** gem. § 34 EStG gilt grundsätzlich für alle außerordentlichen Einkünfte. Außerordentliche Einkünfte sind Entschädigungen i.S.d. § 24 Nr. 1 EStG, Nutzungsvergütungen i.S.d. § 24 Nr. 3 EStG für einen Zeitraum von mehr als 3 Jahren gem. R 34.3 EStR, Vergütungen für mehrjährige Tätigkeiten und Einkünfte aus außerordentlicher Holznutzung i.S.d. § 34b Abs. 1 Nr. 1 EStG sowie insb. **Veräußerungsgewinne** i.S.d. §§ 14, 14a Abs. 1 EStG und der §§ 16, 18 Abs. 3 EStG mit Ausnahme des Teils des Veräußerungsgewinns, der nach § 3 Nr. 40 Buchst. b EStG teilweise steuerbefreit ist. Die Gewinne aus der Veräußerung einer Beteiligung (Mindestbeteiligungshöhe: 1 %) an einer Kapitalgesellschaft (§ 17 EStG) werden hiernach nicht mehr begünstigt, da bereits durch § 3 Nr. 40 Buchst. b EStG 40 % des Gewinns von der Steuer befreit werden. Die Besteuerung erfolgt unter Umge-

---

[64] In Anlehnung an SIEGEL, THEODOR/BAREIS, PETER: Strukturen der Besteuerung – Betriebswirtschaftliches Arbeitsbuch Steuerrecht: Grundzüge des Steuersystems in Strukturübersichten, Beispielen und Aufgaben, 4. Aufl., München/Wien 2004, S. 128.

hung der partiellen Progression mittels der sog. „Fünftelungsregelung". Alternativ hierzu besteht unter bestimmten Voraussetzungen die Möglichkeit zur Besteuerung mit **56 % des durchschnittlichen Steuersatzes**.

Ziel dieser Vergünstigungen ist es, die Progression der Einkommensteuer für diese Einkünfte zu mildern, da die geballte Realisierung von mehrperiodig angesammelten stillen Reserven zu einer überproportionalen Steuerbelastung führt, die bei gleichmäßiger Vereinnahmung nicht angefallen wäre.[65]

Bei der Berücksichtigung von **Verlusten bei beschränkter Haftung** sind Besonderheiten zu berücksichtigen, da § 15a EStG die Verrechnung von Verlusten im gewerblichen Bereich beschränkt, soweit ein sog. negatives Kapitalkonto entsteht oder sich erhöht. Wie § 15a Abs. 1a EStG klarstellt, kann diese Beschränkung auch nicht durch nachträgliche Einlagen umgangen werden. Unter nachträglichen Einlagen sind solche Einlagen zu verstehen, die nach Ablauf des Wirtschaftsjahres geleistet werden, in welchem ein nicht verrechenbarer Verlust entstanden oder ein Gewinn nach § 15a Abs. 3 S. 1 EStG zugerechnet worden ist.

> Beispiel: (Auswirkungen von Verlusten auf das Kapitalkonto eines Kommanditisten)
>
> Das Kapitalkonto eines Kommanditisten beträgt zum Jahresbeginn 100.000 €, der zugerechnete Anteil am Verlust der Gesellschaft 120.000 €. Das Kapitalkonto weist somit am Jahresende einen Bestand von ./. 20.000 € auf.
>
> Der Verlustanteil ist nur i.H.v. 100.000 € mit anderen Einkünften ausgleichsfähig bzw. nach § 10d EStG rücktrags- und/oder vortragsfähig. Es entsteht ein negatives Kapitalkonto (20.000 €), so dass dieser Teil des Verlustes nicht sofort ausgleichs- bzw. abzugsfähig ist.
>
> Der nicht ausgleichs- bzw. abzugsfähige Verlust entfaltet zwar im Jahr der Verlustentstehung keine steuerlichen Auswirkungen, da er nicht in die Summe der Einkünfte eingeht. Er ist jedoch unbegrenzt vortragsfähig und mit späteren Erträgen der gleichen Einkunftsart verrechenbar.

Verluste, die nicht in den Verlustausgleich bzw. -abzug einbezogen werden dürfen, gehen dem beschränkt haftenden Gesellschafter nicht verloren. Sie sind nach § 15a Abs. 2 EStG innerbetrieblich vorzutragen und mit Gewinnen in späteren Jahren zu verrechnen.

Direkt betroffen von der Regelung des § 15a EStG sind beschränkt haftende Gesellschafter von gewerblichen Mitunternehmerschaften: typischerweise Kommanditisten, aber auch andere Unternehmer, soweit deren Haftung mit der eines Kommanditisten vergleichbar ist (stille Gesellschafter u.a.).

Durch die **Verweise** in den **§§ 13 Abs. 7** und **18 Abs. 4 EStG** wird der Anwendungsbereich des § 15a EStG auch auf beschränkt haftende Gesellschafter land- und forstwirtschaftlicher Mitunternehmerschaften und Mitunternehmerschaften im Bereich der selbstständigen Arbeit ausgedehnt.

Für Verluste im Zusammenhang mit Steuerstundungsmodellen gilt, dass diese weder mit Einkünften aus derselben Einkunftsart noch mit Einkünften aus anderen Einkunftsarten ausgegli-

---

[65] Vgl. SCHOOR, HANS WALTER: Steuerbegünstigte Veräußerung oder Aufgabe eines Mitunternehmeranteils, in: StuB 2001, S. 1051-1061, s.b.S. 1051.

chen werden dürfen. Sie dürfen auch nicht nach § 10d EStG abgezogen werden. Verluste im Zusammenhang mit Steuerstundungsmodellen dürfen nur Einkünfte aus derselben Einkunftsquelle, die der Steuerpflichtige in nachfolgenden Wirtschaftsjahren erzielt, mindern (§ 15b Abs. 1 EStG). Durch **Verweise** in den **§§ 13 Abs. 7, 18 Abs. 4, 20 Abs. 7 und 21 Abs. 1 S. 2 EStG** gilt die Vorschrift des § 15b EStG für alle Einkunftsarten außer Einkünften aus nichtselbstständiger Arbeit.

2.3.2.1.1.2 Einkünfte aus Land- und Forstwirtschaft (§§ 13-14a EStG)

Land- und Forstwirtschaft ist die planmäßige Nutzung der natürlichen Kräfte des Bodens und die Verwertung der dadurch gewonnenen Erzeugnisse. Beispiel hierfür sind Landwirtschaft, Forstwirtschaft, Weinbau, Gartenbau, Imkerei, Schäferei, Binnenfischerei.

Gem. § 13a EStG darf unter bestimmten Voraussetzungen (keine Buchführungspflicht, 20 Hektar land- und forstwirtschaftliche Nutzfläche ohne Sonderkulturen, Tierbestand bis 50 Vieheinheiten und Wert der selbst bewirtschafteten Sondernutzungen (z.B. weinbauliche oder gärtnerische Nutzung) nicht mehr als 1.023 €[66]; vgl. § 13a Abs. 1 EStG) die Gewinnermittlung nach Durchschnittssätzen erfolgen.

Sofern die Summe der Einkünfte 30.700 € bzw. 61.400 € bei Zusammenveranlagung nicht übersteigt, kann bei der Ermittlung des Gesamtbetrags der Einkünfte ein Freibetrag i.H.v. 670 € bzw. 1.340 € bei Zusammenveranlagung angesetzt werden (§ 13 Abs. 3 EStG).

2.3.2.1.1.3 Einkünfte aus Gewerbebetrieb (§§ 15-17 EStG)

Nach § 15 Abs. 2 EStG setzt der Begriff „Gewerbebetrieb" eine **Betätigung** (Tätigkeit) voraus, weiterhin **Selbstständigkeit** und **Nachhaltigkeit** der Tätigkeit sowie **Gewinnerzielungsabsicht**. Außerdem gehört die Teilnahme am allgemeinen Wirtschaftsverkehr dazu und es darf sich nicht um Land- und Forstwirtschaft, eine selbstständige Arbeit oder um eine Vermögensverwaltung handeln (vgl. S. 31).

Folgende Arten gewerblicher Einkünfte werden unterschieden:[67]

- **Einkünfte aus gewerblichen (Einzel-)Unternehmen**, z.B. Handwerker, Händler, Fabrikanten, Bergbautreibende, Gartenbauunternehmer, Handelsmakler (§ 15 Abs. 1 Nr. 1 EStG);
- **Einkünfte aus gewerblichen Mitunternehmergemeinschaften** (§ 15 Abs. 1 Nr. 2 EStG). Dies sind nach dem Gesetzeswortlaut die **Gewinnanteile** und **Sondervergütungen** der Gesellschafter einer OHG, einer KG (ebenfalls GmbH & Co. KG) oder einer anderen Gesellschaft, bei der der Gesellschafter **Mitunternehmer** ist (z.B. BGB-Gesellschaft, atypisch stille Gesellschaft). Ist eine Personengesellschaft sowohl land- und forstwirtschaftlich, freiberuflich oder vermögensverwaltend als auch gewerblich tätig (sog. **gemischt tätige Personengesellschaft**), gilt sie in vollem Umfang als Gewerbebetrieb (§ 15 Abs. 3 Nr. 1 EStG). Gleiches gilt für eine land- und forstwirtschaftlich, freiberuflich oder vermö-

---

[66] In § 13a Abs. 1 S. 1 Nr. 4 EStG ist nach wie vor der Betrag von 2.000 DM angegeben.
[67] Vgl. HEY, JOHANNA: § 8, in: Steuerrecht, hrsg. von KLAUS TIPKE und JOACHIM LANG, 21. Aufl., Köln 2013, Rn. 419-422.

gensverwaltend tätige Personengesellschaft, zu deren Gesamthandsvermögen eine Beteiligung an einer gewerblich tätigen Gesellschaft gehört. Sind bei einer tatsächlich land- und forstwirtschaftlich, freiberuflich oder vermögensverwaltend tätigen Personengesellschaft ausschließlich eine oder mehrere Kapitalgesellschaften Vollhafter und üben nur diese oder Personen, die nicht Gesellschafter sind, die Geschäftsführung aus, so gilt die Tätigkeit der Personengesellschaft vollumfänglich als gewerblich (§ 15 Abs. 3 Nr. 2 EStG; sog. **gewerblich geprägte Personengesellschaft**);

— **Einkünfte als persönlich haftender Gesellschafter einer KGaA** (§ 15 Abs. 1 Nr. 3 EStG);

— **Einkünfte aus der Veräußerung eines Gewerbebetriebs** (§ 16 EStG);

— **Einkünfte aus der Veräußerung von Anteilen an Kapitalgesellschaften** (§ 17 EStG), durch die eine Privatperson Einkünfte aus gewerblicher Tätigkeit erzielen kann, wenn die in § 17 EStG getroffenen Voraussetzungen erfüllt werden.[68] Gewinne aus der Veräußerung von Anteilen an Kapitalgesellschaften, die nicht unter § 17 EStG fallen, stellen Einkünfte aus Kapitalvermögen gem. § 20 Abs. 2 Nr. 1 EStG dar. Bei der steuerlichen Erfassung von Gewinnen einerseits und von Verlusten andererseits bestehen (gewollte) Ungleichbehandlungen:[69]

— **Veräußerungsgewinne** werden erfasst, wenn der Veräußerer in irgendeinem Zeitpunkt **innerhalb** der letzten 5 Jahre vor der Veräußerung unmittelbar oder mittelbar zu mindestens 1 % an der Kapitalgesellschaft beteiligt war. Unmaßgeblich ist, ob er auch im Veräußerungszeitpunkt die Beteiligung hält (**nachwirkende Steuerverhaftung**). Dabei führt die Veräußerung eines noch so kleinen Anteils bereits zur Steuerpflicht.

— **Veräußerungsverluste** hingegen sind nur zu berücksichtigen, wenn sie auf Unternehmensanteile entfallen, die der Anteilseigner seit 5 Jahren ununterbrochen hält, wobei auch hier mindestens eine 1 %-ige Beteiligung am Unternehmen vorausgesetzt wird. Daneben kann ein Veräußerungsverlust steuerlich berücksichtigt werden, wenn entweder

— die innerhalb des Fünfjahreszeitraums entgeltlich erworbenen Anteile zur Begründung einer mindestens 1 %-igen Beteiligung des Steuerpflichtigen geführt haben, oder bei denen vor dem Zukauf bereits eine mindestens 1 %-ige Beteiligung bestand (bei diesen 2 Kriterien ist der Verlustabzug anteilsbezogen), oder

— bei einem unentgeltlichen Erwerb der Rechtsvorgänger (Erblasser, Schenker) den Veräußerungsverlust hätte geltend machen können (§ 17 Abs. 2 S. 6 EStG).

Einkünfte aus Gewerbebetrieb unterliegen i.d.R. der Gewerbesteuer. Aus diesem Grund erfolgt die **Gewerbesteueranrechnung** im Sinne einer pauschalen Berücksichtigung der Gewerbesteuer durch Abzugsmöglichkeit von der Einkommensteuerschuld (§ 35 EStG).

---

[68] Bei der verdeckten Einlage von Anteilen an einer Kapitalgesellschaft in eine Kapitalgesellschaft gelten hinsichtlich der Ermittlung des Veräußerungsgewinnes diverse Besonderheiten; vgl. § 17 Abs. 2 EStG.

[69] Vgl. KUßMAUL, HEINZ/JUNKER, ANDY: Verlustberücksichtigung bei Veräußerung „wesentlicher" Beteiligungen aus dem Privatvermögen durch Aufstockung?, in: StuB 2001, S. 650-652; LANG, FRIEDBERT: Besteuerung von Körperschaften und ihren Anteilseignern nach der Unternehmenssteuerreform 2001, Achim 2000, S. 128-130.

2.3.2.1.1.4 Einkünfte aus selbstständiger Arbeit (§ 18 EStG)

Im EStG wird der Begriff der selbstständigen Arbeit nicht explizit definiert. Nach Rechtsprechung und Literatur ist eine selbstständige Arbeit i.S.d. § 18 EStG gegeben, wenn zwar die 4 positiven Merkmale eines Gewerbebetriebs (Selbstständigkeit, Nachhaltigkeit, Gewinnerzielungsabsicht und Teilnahme am allgemeinen wirtschaftlichen Verkehr) vorliegen, aber

- der Einsatz von Kapital gegenüber der geistigen und körperlichen Arbeit in den Hintergrund tritt und
- die Tätigkeit in starkem Maße auf der Ausbildung und dem Können des Steuerpflichtigen beruht.

Überwiegend handelt es sich um akademische Berufe. Die Abgrenzung kann im Einzelfall aber schwierig sein. Besondere steuerliche Bedeutung erlangt die Abgrenzung zwischen selbstständiger Arbeit und gewerblicher Tätigkeit dadurch, dass die Einkünfte aus selbstständiger Arbeit nicht der Gewerbesteuer unterliegen.

Die **freiberufliche Tätigkeit** stellt die **1. Gruppe** der selbstständigen Arbeit dar (§ 18 Abs. 1 Nr. 1 EStG). Sie erfüllt alle Merkmale der gewerblichen Tätigkeit, wird aber durch § 15 Abs. 2 EStG ausdrücklich aus der gewerblichen Tätigkeit ausgeklammert. Zur freiberuflichen Tätigkeit gehören:

- wissenschaftliche, künstlerische, schriftstellerische, unterrichtende oder erzieherische Tätigkeiten;
- Tätigkeiten i.R.d. **sog. Katalogberufe**:
    - Heilberufe (Ärzte, Zahnärzte, Tierärzte, Heilpraktiker, Krankengymnasten);
    - rechts- und wirtschaftsberatende Berufe (Rechtsanwälte, Notare, Patentanwälte, Wirtschaftsprüfer, Steuerberater, beratende Volks- und Betriebswirte, vereidigte Buchprüfer);
    - naturwissenschaftlich-technisch orientierte Berufe (Vermessungsingenieure, Ingenieure, Handelschemiker, Architekten) sowie
    - Journalisten und Dolmetscher.

Außerdem zählen dazu die Tätigkeiten in **den Katalogberufen ähnlichen Berufen**. Ähnlichkeit mit einem oder mehreren Berufen liegt vor, wenn die typischen Merkmale des ähnlichen Berufs Katalogberufsmerkmalen gleichen. Als ähnliche Berufe sind von der Rechtsprechung z. B. anerkannt: Hebammen, Heilmasseure, Systemanalytiker, Zahntechniker.

Die Tätigkeit der **Einnehmer einer staatlichen Lotterie**, wenn sie nicht Gewerbetreibende sind, ist die **2. Gruppe** der selbstständigen Arbeit (§ 18 Abs. 1 Nr. 2 EStG).

Die **3. Gruppe** umfasst die **sonstige selbstständige Arbeit** (§ 18 Abs. 1 Nr. 3 EStG). Es handelt sich um hauptsächlich gelegentliche (nebenberufliche) Tätigkeiten, jedoch können in Ausnahmefällen auch nachhaltig ausgeübte Tätigkeiten hierunter subsumiert werden.[70]

---

[70] Vgl. BRANDT, JÜRGEN: § 18 EStG, in: Einkommensteuer- und Körperschaftsteuergesetz, hrsg. von CARL HERRMANN u.a., Köln (Loseblatt), Stand: Dezember 2012, Rn. 252.

Einkünfte, die die Initiatoren sog. Wagniskapitalgesellschaften insb. mittels eigenkapitalähnlicher Beteiligungen **(Private Equity oder Venture Capital Fonds)** aus der Veräußerung von Unternehmensbeteiligungen im Interesse aller Anleger erzielen, stellen die **4. Gruppe** der selbstständigen Arbeit dar (§ 18 Abs. 1 Nr. 4 EStG). Diese Einkünfte sind zu 60 % steuerpflichtig (§ 18 Abs. 1 Nr. 4 EStG i.V.m. 3 Nr. 40a EStG).

An der freien Berufstätigkeit ändert sich durch die **Mithilfe fachlich vorgebildeter Arbeitskräfte** nichts, vorausgesetzt, dass der Freiberufler gegenüber diesen aufgrund eigener Fachkenntnisse leitend und eigenverantwortlich tätig wird. Die freiberufliche Tätigkeit kann auch von **Mitunternehmerschaften** (Sozietäten von Freiberuflern) ausgeführt werden.

Zu den Einkünften aus selbstständiger Arbeit gehört auch der Gewinn, der bei der Veräußerung des Vermögens, eines selbstständigen Teils des Vermögens oder eines Anteils am Vermögen erzielt wird, das der selbstständigen Arbeit dient (§ 18 Abs. 3 EStG).

2.3.2.1.2 Die Überschusseinkunftsarten

2.3.2.1.2.1 Einkünfte aus nichtselbstständiger Arbeit (§ 19 EStG)

Einkünfte aus nichtselbstständiger Arbeit werden von **Arbeitnehmern** erzielt. Arbeitnehmer im steuerlichen Sinne ist nach § 1 Abs. 1 LStDV jede Person, die im öffentlichen oder privaten Dienst angestellt ist oder war und aus diesem oder einem früheren Dienstverhältnis Arbeitslohn bezieht **(abhängig Beschäftigter)**.

Neben den Gehältern, Löhnen, Gratifikationen, Tantiemen und anderen Bezügen und Vorteilen, die für eine Beschäftigung im öffentlichen oder privaten Dienst gewährt werden, gehören nach § 2 LStDV auch Zuwendungen des Arbeitgebers in Form von laufenden Leistungen an einen Pensionsfonds, eine Pensionskasse oder eine Direktversicherung für die betriebliche Altersvorsorge sowie Pensionszahlungen (Wartegelder, Ruhegelder, Witwen- und Waisengelder und andere Bezüge und Vorteile aus früheren Dienstleistungen, wie z.B. Betriebsrenten) zu den Einkünften aus nichtselbstständiger Arbeit. Zum Arbeitslohn zählen auch die Leistungen aus einer freiwilligen Unfallversicherung, wenn der Unfall beruflich veranlasst ist und die Versicherungsbeiträge als Werbungskosten angesetzt worden sind.[71]

Empfängern von Versorgungsbezügen und Arbeitnehmern werden **Pauschbeträge** i.H.v. 102 € für Einnahmen aus Versorgungsbezügen i.S.v. § 19 Abs. 2 EStG und i.H.v. 1.000 € für alle übrigen Einnahmen aus nichtselbstständiger Arbeit (§ 9a S. 1 Nr. 1 EStG) gewährt, sofern der Steuerpflichtige nicht höhere Beträge nachweist. Durch diese Pauschbeträge dürfen keine negativen Einkünfte entstehen.

In den **Jahren 2005 bis 2040** bleiben Versorgungsbezüge i.S.v. § 19 Abs. 2 S. 2 EStG (z.B. Beamtenpensionen, Betriebsrenten) durch die **Gewährung eines Versorgungsfreibetrags und eines Zuschlags zum Versorgungsfreibetrag** (§ 19 Abs. 2 S. 1 EStG) teilweise steuerfrei. Diese Freibeträge werden bis 2040 nach dem sog. Kohortenprinzip abgeschmolzen, d.h. die Höhe des Versorgungsfreibetrags und des Zuschlags zum Versorgungsfreibetrag werden

---

[71] Vgl. BMF-Schreiben vom 17.07.2000, BStBl I 2000, S. 1205.

in Abhängigkeit vom Jahr des Beginns der Versorgungsbezüge einmal festgelegt und ändern sich, bezogen auf den einzelnen Steuerpflichtigen, in den Folgejahren nicht mehr. Stattdessen schmelzen die Vergünstigungen von Pensionsjahrgang zu Pensionsjahrgang sukzessive ab.

Für die Festsetzung ist gem. § 19 Abs. 2 S. 4 EStG bei Versorgungsbeginn vor 2005 das 12-fache des Versorgungsbezugs für Januar 2005, bei Versorgungsbeginn ab 01.01.2005 das 12-fache des Versorgungsbezugs für den ersten vollen Bezugsmonat maßgeblich; voraussichtliche Sonderzahlungen (z.B. Weihnachtsgeld) werden berücksichtigt.

Beispiel: (Besteuerung von Versorgungsbezügen)[72]

Claus Clever erhält ab dem 01.03.2013 monatlich Versorgungsbezüge i.H.v. 1.500 €. Ab dem 01.12.2013 erhöhen sich diese auf 1.600 €. Zudem erhält er im November 2013 Weihnachtsgeld i.H.v. 500 €. Damit ergeben sich im Jahr 2013 folgende zu versteuernde Einkünfte:

Pension ab 01.03.2013	9 · 1.500 € =	13.500 €	
Pension ab 01.12.2013	1 · 1.600 € =	1.600 €	
Weihnachtsgeld November 2013		500 €	
Summe der Einnahmen			**15.600 €**
./. Versorgungsfreibetrag			
1.500 € · 12 =	18.000 €		
Weihnachtsgeld	500 €		
Summe	18.500 €		
Davon gem. Tabelle 27,2 % (2013)		5.032 €	
Höchstbetrag gem. Tabelle (2013)		2.040 €	
Zuschlag gem. Tabelle (2013)		612 €	
Summe		2.652 €	
Zeitanteiliger für 2013 zu gewährender Freibetrag (10/12)			./. 2.210 €
./. WK-Pauschbetrag gem. § 9a S. 1 Nr. 1 Buchst. b EStG			./. 102 €
Zu versteuernde Einkünfte			**13.288 €**
Nachrichtlich: zukünftiger (gleich bleibender) jährlicher Freibetrag:			**2.652 €**

Der Versorgungsfreibetrag nimmt von 2006 bis 2020 jährlich um 1,6 % ab, danach um 0,8 %, der Höchstbetrag von 2006 bis 2020 jährlich um 120 € danach um 60 € und der Zuschlag zum Versorgungsfreibetrag von 2006 bis 2020 jährlich um 36 €, danach um 18 € (§ 19 Abs. 2 S. 3 EStG).

Damit wird für Personen, die ab dem Jahr 2040 erstmals Versorgungsbezüge empfangen, weder ein Versorgungsfreibetrag noch ein Zuschlag zum Versorgungsfreibetrag gewährt. Zu beachten ist, dass der Versorgungsfreibetrag und der Zuschlag zum Versorgungsfreibetrag max. i.H. der Versorgungsbezüge abgezogen werden dürfen (§ 19 Abs. 2 S. 5 EStG).

Erhält ein **Arbeitnehmer** Einnahmen in Form von **Waren oder Dienstleistungen**, wird dieser Vorteil nur mit 96 % der Endpreise bewertet, zu denen der Arbeitgeber oder der dem Abgabeort nächstansässige Abnehmer die Waren oder Dienstleistungen fremden Letztverbrau-

---

[72] Modifiziert entnommen aus KORN, KLAUS/STRAHL, MARTIN: Alterseinkünftegesetz: Änderungen und Empfehlungen, in: KÖSDI 2004, S. 14360-14373, s.b.S. 14367.

chern im allgemeinen Geschäftsverkehr anbietet (§ 8 Abs. 3 S. 1 EStG). Von dem sich ergebenden Betrag wird ein Freibetrag i.H.v. 1.080 € abgezogen (§ 8 Abs. 3 S. 2 EStG).

Werden einem **Arbeitnehmer** i.R. seines Dienstverhältnisses Vorteile durch die unentgeltliche oder verbilligte Überlassung von bestimmten **betrieblichen Beteiligungen** (direkte Beteiligung am Unternehmen des Arbeitnehmers oder Beteiligung an einem Mitarbeiterbeteiligungssondervermögen) zugewendet, sind diese bis zu einem Betrag von 360 € pro Jahr steuerfrei gestellt (§ 3 Nr. 39 EStG).

Eine ganze Reihe von Einnahmen ist steuerfrei wie beispielsweise der Arbeitgeberanteil zur Sozialversicherung (§ 3 Nr. 62 EStG), Trinkgelder (§ 3 Nr. 51 EStG), Kindergartenzuschüsse (§ 3 Nr. 33 EStG) oder Zuschläge für Sonn-, Feiertags- und Nachtarbeit in begrenztem Umfang (§ 3b EStG).

Bei den Einkünften aus nichtselbstständiger Arbeit wird die Einkommensteuer grundsätzlich durch Abzug vom Arbeitslohn erhoben (§§ 38-42f EStG). Diese im **Quellenabzugsverfahren** erhobene Einkommensteuer bezeichnet man als **Lohnsteuer** (LSt). Der Arbeitgeber hat die Lohnsteuer einzubehalten und an das zuständige Finanzamt abzuführen.

2.3.2.1.2.2 Einkünfte aus Kapitalvermögen (§ 20 EStG)

§ 20 Abs. 1 EStG gibt **weder** eine **Definition noch** eine **erschöpfende Aufzählung** der Einkünfte aus Kapitalvermögen. Die Vorschrift nennt vielmehr nur die wichtigsten zu dieser Einkunftsart gehörenden Einnahmen. Es wird jedoch aus den erwähnten Sachverhalten deutlich, dass in dieser Einkunftsart die „**Früchte**" **aus der Anlage von Geldkapital/-vermögen** erfasst werden sollen.

Beispiel: (Einkünfte aus Kapitalvermögen)

Stefanie Schlau kaufte im Jahr 2005 eine 6 %-ige Bundesanleihe mit Laufzeit bis 2013 zu einem gegenwärtigen Kurs von 90 %. Sie erhält dann bis 2013 jährlich 6 % Zinsen, die unter die Einkünfte aus Kapitalvermögen fallen. Im Jahr 2013 erhält sie bei Einlösung der Anleihe 100 % ausgezahlt, so dass sie einen Kursgewinn von 10 % realisiert. Dieser Kursgewinn ist steuerfrei, da die Anschaffung vor dem 01.01.2009 erfolgte.

Zu den Einkünften aus Kapitalvermögen zählen seit dem Jahr 2009 allerdings auch realisierte Wertänderungen des privaten Kapitalvermögens in Form von **Gewinnen und Verlusten aus der Veräußerung von Kapitalanlagen** unabhängig von einer etwaigen Haltedauer (§ 20 Abs. 2 EStG). Hierunter fallen auch insb. Veräußerungsgewinne bzw. -verluste von Anteilen an einer Kapitalgesellschaft, sofern diese nach dem 31.12.2008 angeschafft wurden (§ 20 Abs. 2 S. 1 Nr. 1 i.V.m. § 52a Abs. 10 S. 1 EStG). Werden allerdings die Kriterien des § 17 EStG erfüllt, so ist dieser (anders als dies bis zum Jahr 2008 gem. § 23 Abs. 2 S. 2 EStG der Fall war) vorrangig anzuwenden; es handelt sich dann um Einkünfte aus Gewerbebetrieb (§ 20 Abs. 8 EStG), die zu 40 % steuerfrei gestellt werden („Teileinkünfteverfahren") und nicht der noch darzustellenden Abgeltungssteuer unterliegen. Laufende Einkünfte aus „§ 17-Beteiligungen" zählen allerdings zu den Einkünften aus Kapitalvermögen.

Für Anteile an Kapitalgesellschaften, die vor dem 01.01.2009 angeschafft wurden, gilt weiterhin die bis zum In-Kraft-Treten des Unternehmensteuerreformgesetzes geltende Regelung, derzufolge Gewinne und Verluste aus der Veräußerung von Wertpapieren nur dann steuerlich berücksichtigt wurden, wenn An- und Verkauf innerhalb eines Jahres erfolgten (§ 23 Abs. 1 S. 1 Nr. 2 EStG a.F.). Folglich sind aus diesen Anteilen realisierte Veräußerungsgewinne seit dem VAZ 2010 stets steuerfrei, da die Jahresfrist in allen Fällen überschritten sein wird.

Der neue § 20 EStG beinhaltet in seinen Absätzen 1 und 2 eine Auflistung der steuerpflichtigen Kapitaleinnahmen. Die in § 20 Abs. 1 EStG genannten Einnahmen sind:

– Gewinnanteile, insb. aus Aktien, Anteilen an GmbH und Erwerbs- und Wirtschaftsgenossenschaften, vGA sowie Zahlungen des Verkäufers des Gewinnanteils an den Erwerber zur Kompensation dafür, dass ein zwischenzeitlich entstandener Dividendenanspruch nicht vermittelt wird (Nr. 1);[73]

– Bezüge aus Kapitalherabsetzungen – sofern dafür verwendbares Eigenkapital als verwendet gilt – oder nach Auflösung unbeschränkt steuerpflichtiger Körperschaften (Nr. 2);

– Einnahmen aus einer Beteiligung als stiller Gesellschafter und aus partiarischen Darlehen (gilt nur für nicht mitunternehmerische Beteiligungen) (Nr. 4);[74]

– Zinsen, insb. aus Hypotheken und Grundschulden und Renten aus Rentenschulden (Nr. 5);

– Erträge (als Differenz zwischen Auszahlungsbetrag und Summe der geleisteten Beiträge exklusive Anteilen für mitversicherte Zusatzrisiken wie z.B. Berufsunfähigkeit) aus Kapitallebensversicherungen, Rentenversicherungen mit Kapitalwahlrecht (soweit nicht die Rentenzahlung gewählt wird) und Kapitalversicherungen mit Sparanteil, die nach dem 31.12.2004 abgeschlossen wurden; diese unterliegen **grundsätzlich in voller Höhe der Besteuerung** (Nr. 6 S. 1 EStG). Gleiches gilt für entsprechende Erträge aus fondsgebundenen Lebensversicherungen (Nr. 6 S. 4 EStG). Wird die Versicherungsleistung nach Vollendung des 60. Lebensjahres des Steuerpflichtigen und nach Ablauf von 12 Jahren seit Vertragsabschluss ausgezahlt, unterliegt jedoch **nur die Hälfte** der Erträge der Besteuerung (Nr. 6 S. 2 EStG). Bei entgeltlichem Erwerb des Anspruchs auf die Versicherungsleistung treten die Anschaffungskosten an die Stelle der vor dem Erwerb entrichteten Beiträge (Nr. 6 S. 3 EStG);

– Erträge aus sonstigen Kapitalforderungen jeder Art, wenn die Rückzahlung des Kapitalvermögens oder ein Entgelt für die Überlassung des Kapitalvermögens zur Nutzung zugesagt oder gewährt worden ist, auch wenn die Höhe des Entgelts von einem ungewissen Ereignis abhängt; die Bezeichnung und die zivilrechtliche Ausgestaltung der Kapitalanlage ist unerheblich (Nr. 7);

– Diskontbeträge von Wechseln und Anweisungen (Nr. 8);

---

[73] Bezüge, soweit sie aus Ausschüttungen einer Körperschaft stammen, für die Beträge des steuerlichen Einlagekontos i.S.v. § 27 KStG als verwendet gelten, fallen nicht unter § 20 Abs. 1 Nr. 1 EStG.

[74] Hinsichtlich der Berücksichtigung von Verlusten sind die §§ 15 Abs. 4 S. 6-8, 15a EStG sinngemäß anzuwenden (§ 20 Abs. 1 Nr. 4 S. 2 EStG).

– Einnahmen aus einer nicht von der Körperschaftsteuer befreiten Körperschaft, soweit diese nicht bereits durch § 20 Abs. 1 Nr. 1 EStG erfasst werden (Nr. 9);
– Leistungen eines nicht von der Körperschaftsteuer befreiten Betriebs gewerblicher Art (Nr. 10);
– Stillhalterprämien für die Einräumung von Optionsrechten (Nr. 11).

Während in Absatz 1 die laufenden Einkünfte aufgeführt sind, nennt § 20 Abs. 2 EStG zahlreiche weitere Tatbestände, die zu Einkünften aus Kapitalvermögen führen. Dazu gehören unabhängig von der Haltedauer insb.:

– Gewinne aus der Veräußerung von Anteilen an Körperschaften, Genussrechten und ähnlichen Beteiligungs- und Anwartschaftswerten (Nr. 1);
– Gewinne aus der Veräußerung, Abtretung oder Einlösung von Dividendenscheinen, Zinsscheinen und Zinsforderungen (Nr. 2);
– Gewinne aus Termingeschäften (Nr. 3);
– Gewinne aus der Veräußerung von Wirtschaftsgütern i.S.d. § 20 Abs. 1 Nr. 4 (Nr. 4);
– Gewinne aus der Übertragung von Rechten i.S.d. § 20 Abs. 1 Nr. 5 (Nr. 5);
– Gewinne aus der Veräußerung von Ansprüchen auf eine Lebensversicherung (Nr. 6);
– Gewinne aus der Veräußerung sonstiger Kapitalforderungen (hierunter fallen sog. Finanzinnovationen, aber auch rein spekulative Kapitalanlagen, bei denen sowohl die Erträge als auch die Kapitalrückzahlung von einem ungewissen Ereignis abhängen; Nr. 7);
– Gewinne aus der Übertragung oder Aufgabe einer die Einnahmen i.S.d. § 20 Abs. 1 Nr. 9 EStG vermittelnden Rechtsposition (Nr. 8).

Bis VAZ 2008 galt für **Bezüge, die i.V.m. einer Beteiligung an einer Kapitalgesellschaft** standen (§ 20 Abs. 1 Nr. 1, 2 und 9 EStG a.F.), das sog. Halbeinkünfteverfahren, wonach die Einnahmen nur zur Hälfte der Einkommensteuer unterlagen (§ 3 Nr. 40 S. 1 Buchst. d und e EStG a.F.), die mit diesen Einnahmen in Zusammenhang stehenden Erwerbsaufwendungen aber auch nur zur Hälfte berücksichtigt werden durften (§ 3c Abs. 2 EStG a.F.).

Mit dem Unternehmensteuerreformgesetz 2008 wurde das Halbeinkünfteverfahren im Privatbereich abgeschafft und für die meisten Kapitaleinkünfte durch eine **Abgeltungssteuer** ersetzt. Es sind seit VAZ 2009 100 % der Einnahmen steuerpflichtig, allerdings kann ein sog. Sparer-Pauschbetrag i.H.v. 801 € (1.602 € bei Zusammenveranlagung) abgesetzt werden (§ 20 Abs. 9 EStG). Ein Abzug der tatsächlichen Werbungskosten kommt dafür auch dann nicht mehr in Frage, wenn diese tatsächlich höher sind als der Pauschbetrag (§ 20 Abs. 9 S. 1 EStG). Die Besteuerung der Einkünfte aus Kapitalvermögen erfolgt seit VAZ 2009 im Regelfall nicht mehr mit dem persönlichen Einkommensteuersatz nach dem Progressionstarif, sondern mit dem pauschalen Abgeltungssteuersatz von 25 % zzgl. SolZ und KiSt[75] (§ 32d Abs. 1 S. 1 EStG). Bei den meisten der Abgeltungssteuer unterliegenden Kapitaleinkünften ist diese mit dem Kapitalertragsteuerabzug, der eigens zu diesem Zweck ab VAZ 2009 auf 25 % (§ 43a Abs. 1 S. 1 Nr. 1 EStG) vereinheitlicht wurde, abgegolten (§ 43 Abs. 5 EStG). Ange-

---

[75] Vgl. zu den Besonderheiten des KiSt-Abzugs i.R.d. Abgeltungssteuer S. 103.

sichts der grundsätzlich abgeltenden Besteuerung mit „nur" der Kapitalertragsteuer spricht man von einer Abgeltungssteuer.

Steuerpflichtige Kapitaleinkünfte, die nicht der Kapitalertragsteuer unterlegen haben (z.B. Gewinne aus der Veräußerung von GmbH-Anteilen, Zinsen aus Privatdarlehen), für die aber trotzdem der Abgeltungssteuersatz gilt, hat der Steuerpflichtige in seiner Einkommensteuererklärung anzugeben. Für diese Kapitalerträge erhöht sich die Einkommensteuer um den nach § 32d Abs. 1 EStG ermittelten Betrag (also um die Abgeltungssteuer) (§ 32d Abs. 3 EStG). Kapitaleinkünfte, deren Besteuerung durch den Kapitalertragsteuerabzug abgegolten ist, sind nicht in das zu versteuernde Einkommen einzubeziehen und daher auch nicht in der Einkommensteuererklärung aufzuführen. Sie erhöhen damit nicht die Summe der Einkünfte, den Gesamtbetrag der Einkünfte, das Einkommen und das zu versteuernde Einkommen (§ 2 Abs. 5b S. 1 EStG).

Kapitaleinkünfte, die wegen der **Subsidiaritätsklausel** (§ 20 Abs. 8 EStG)[76] anderen Einkunftsarten zuzurechnen sind – dies gilt v.a. für im Betriebsvermögen gehaltene Gewinnanteile und Bezüge aus Aktien –, werden nicht mit dem Abgeltungssteuersatz besteuert. Stattdessen kommt das aus dem Halbeinkünfteverfahren hervorgegangene **Teileinkünfteverfahren** zur Anwendung, demzufolge 40 % der Einnahmen steuerfrei sind zu dem Preis, dass 40 % der mit den Einnahmen zusammenhängenden Aufwendungen nicht abgezogen werden können (§ 3 Nr. 40 EStG i.V.m. § 3c Abs. 2 EStG).

Daneben gilt der Abgeltungssteuersatz gem. § 20 Abs. 1 Nr. 6 Satz 6 Buchst. a nicht für Erträge aus Lebensversicherungsverträgen, wenn diese nur zur Hälfte steuerpflichtig sind, und er gilt nicht für Zinsen und Einnahmen aus stillen Beteiligungen. Letzterer Punkt setzt voraus, dass Schuldner und Gläubiger einander nahestehende Personen sind, soweit die den Kapitalerträgen entsprechenden Aufwendungen beim Schuldner Betriebsausgaben oder Werbungskosten im Zusammenhang mit Einkünften sind, die der betrieblichen Besteuerung unterliegen (§ 32d Abs. 2 Nr. 1 Buchst. a EStG), oder der Gesellschafter zumindest mit 10 % an der Kapitalgesellschaft beteiligt ist (§ 32d Abs. 2 Nr. 1 Buchst. b EStG). Mit letztgenannter Einschränkung soll verhindert werden, dass betriebliche Gewinne bspw. in Form von Darlehenszinsen abgesaugt werden und deren Besteuerung so auf den Abgeltungssteuersatz reduziert wird (ab einer Beteiligungsquote von 10 % wird dem Steuerpflichtigen also unterstellt, dass er einen ausreichenden Einfluss auf die Gesellschaft hat, um solche Gestaltungen zu initiieren). Im angesprochenen Fall des § 32d Abs. 2 S. 1 EStG gilt § 20 Abs. 9 EStG ausdrücklich nicht. Das bedeutet, statt des Sparer-Pauschbetrags können die tatsächlich angefallenen Aufwendungen angesetzt werden; ebenso gelten die in § 20 Abs. 6 EStG normierten (und in der Folge noch näher zu erläuternden) Verlustverrechnungsbeschränkungen nicht (§ 32d Abs. 2 Nr. 1 S. 2 EStG).

Daneben hat der Steuerpflichtige die Möglichkeit, auf Antrag – insb. bei Gewinnanteilen aus Beteiligungen an Kapitalgesellschaften – für die Besteuerung nach dem Teileinkünfteverfahren zu optieren, mit der Folge, dass der Werbungskostenabzug ebenfalls nicht auf den Sparer-

---

[76] Vgl. zur Verfahrensweise bei Konkurrenz mehrerer Einkunftsarten S. 53.

Pauschbetrag gedeckelt ist und dass die in der Folge zu erläuternden Verlustverrechnungsbeschränkungen ebenfalls nicht greifen. Voraussetzung hierfür ist allerdings, dass der Steuerpflichtige unmittelbar oder mittelbar zu mindestens 25 % an der Kapitalgesellschaft beteiligt ist oder zu mindestens 1 % an der Kapitalgesellschaft beteiligt ist und zugleich für diese beruflich tätig ist (§ 32d Abs. 2 Nr. 3 EStG).

Falls der persönliche Einkommensteuersatz unterhalb des Abgeltungssteuersatzes von 25 % liegt, besteht auf Antrag eine **Optionsmöglichkeit zur Normalveranlagung**, allerdings sind hierbei wiederum die tatsächlichen Werbungskosten nicht abziehbar (§ 32d Abs. 6 EStG). § 32d Abs. 4 EStG räumt dem Steuerpflichtigen im Übrigen eine Art „kleine Veranlagungsoption" ein, wonach eine gesonderte Steuerfestsetzung, allerdings mit dem Abgeltungssteuersatz, beantragt werden kann, wenn der Sparer-Pauschbetrag nicht vollständig ausgeschöpft wurde, ein Verlust aus Kapitalvermögen noch nicht berücksichtigt wurde, ausländische Steuern zu verrechnen sind oder bspw. der steuermindernde Effekt der Kirchensteuer bislang unberücksichtigt blieb.

Verluste aus Kapitalvermögen dürfen nicht mit Einkünften aus anderen Einkunftsarten ausgeglichen werden und auch nicht nach § 10d EStG abgezogen werden. Die Verluste mindern lediglich die Gewinne aus Kapitalvermögen des Steuerpflichtigen in anderen VAZ (§ 20 Abs. 6 S. 2 EStG). Ein Verlustrücktrag ist allerdings nicht möglich (§ 20 Abs. 6 S. 3 EStG). Verluste aus anderen Einkunftsarten können hingegen mit positiven Einkünften aus Kapitalvermögen verrechnet werden, sofern diese (z.B. über den Weg der Antragsveranlagung) der Normalveranlagung unterliegen.

Daneben wird ein besonderer Verlustverrechnungskreis für Verluste aus Kapitalvermögen aus der Veräußerung von Aktien aufgemacht. Derartige Verluste können nur mit (aktuellen oder zukünftigen) Gewinnen aus Kapitalvermögen, die aus der Veräußerung von Aktien entstehen, ausgeglichen werden (§ 20 Abs. 6 S. 5 EStG), eine Verrechnung mit anderen Einkünften aus Kapitalvermögen ist nicht zulässig.

> **Beispiel** (Einkünfte aus Kapitalvermögen – Verlustverrechnungsbeschränkung)
>
> Aus einem Aktienveräußerungsgeschäft erzielt ein Steuerpflichtiger einen Verlust von 1.500 €. Er hat daneben Zinseinnahmen von 2.500 €. Der Verlust kann nicht mit den Zinseinnahmen verrechnet werden, er kann lediglich vorgetragen werden. Der Steuerpflichtige muss die Zinseinnahmen nach Abzug des Sparer-Pauschbetrags versteuern.

Andererseits dürfen Gewinne aus Aktienverkäufen aber durch andere Verluste aus Kapitalvermögen ausgeglichen werden. Sinn der Begrenzung der Verrechnung von Veräußerungsverlusten ist die Minimierung von Haushaltsrisiken in Form eintretender Veräußerungsverluste.

Um die dargestellten Regelungen umsetzen zu können, muss bei den Verlusten innerhalb der Einkünfte aus Kapitalvermögen unterschieden werden zwischen Verlusten aus Aktienverkäufen und Verlusten aus übrigem Kapitalvermögen.

Erfolgt die Veräußerung von Wertpapieren über ein Kreditinstitut, hat dieses zunächst negative Kapitalerträge bis zur Höhe der positiven Kapitalerträge auszugleichen (§ 43a Abs. 3 S. 2 EStG). Der eigene Verlustverrechnungskreis für Verluste aus der Veräußerung von Aktien gilt auch in der Sphäre des Kreditinstituts. Folglich führt jedes Kreditinstitut für seine Kunden zwei (Verlust-)Verrechnungstöpfe, einen für Gewinne und Verluste aus Aktienveräußerungen und einen für Gewinne und Verluste aus sonstigem Kapitalvermögen.

Innerhalb der beiden Töpfe nicht ausgeglichene Verluste werden grundsätzlich auf das nächste Jahr vorgetragen (§ 43a Abs. 3 S. 3 EStG). Alternativ hat der Steuerpflichtige die Möglichkeit, eine Verlustbescheinigung bis zum 15.12. des Veranlagungsjahres zu beantragen, um die nicht ausgeglichenen Verluste mit anderen positiven Kapitalerträgen ausgleichen zu können (§ 43a Abs. 3 S. 4 EStG). Auch dabei gilt allerdings, dass Verluste aus Aktienverkäufen nur mit Gewinnen aus Aktienverkäufen ausgeglichen werden dürfen. Wird eine solche Verlustbescheinigung beantragt, dann ist der betreffende Verlustverrechnungstopf beim Kreditinstitut auf Null zu stellen, d.h. er wird geschlossen. Beantragt der Steuerpflichtige keine Bescheinigung, werden die Verluste weiterhin im Verrechnungstopf mit künftig zufließenden Kapitaleinkünften verrechnet, ohne dass sie bei einer Veranlagung zu berücksichtigen sind. Verbleiben bei gestelltem Antrag und vorgenommenem Verlustausgleich mit anderen Kapitalerträgen immer noch nicht ausgleichsfähige Verluste, so sind diese gem. § 10d Abs. 4 EStG gesondert festzustellen und in künftigen Jahren von Gewinnen aus Kapitalvermögen (bzw., wenn es sich um Aktienveräußerungsverluste handelt, von Gewinnen aus Aktienverkäufen) abzuziehen.

Bei einem Depotwechsel hat das alte Kreditinstitut dem neuen Kreditinstitut daher die Höhe der Verlustverrechnungstöpfe mitzuteilen (§ 43a Abs. 3 S. 6 EStG).

Bis Ende des Jahres 2013 ist folgende Besonderheit zu beachten. Altverluste aus privaten Veräußerungsgeschäften, die nach alter Rechtslage zu den sonstigen Einkünften gem. § 23 EStG a.F. gehörten, können bis dahin sowohl mit Gewinnen aus privaten Veräußerungsgeschäften (§ 23 EStG neuer Fassung) als auch mit Erträgen i.S.d. § 20 Abs. 2 EStG neuer Fassung (also mit verbleibenden positiven Einkünften aus Wertpapierveräußerungen) verrechnet werden (§ 52a Abs. 11 S. 11 EStG), obwohl Letztere mittlerweile zu den Einkünften aus Kapitalvermögen gehören.

Aufgrund der bestehenden Verlustverrechnungsbeschränkungen ist im Falle von Veräußerungsverlusten eine Zuordnung zu den Einkünften aus Gewerbebetrieb („§ 17-Beteiligung") für den Steuerpflichtigen günstiger als eine Zuordnung zu den Kapitaleinkünften.

2.3.2.1.2.3 Einkünfte aus Vermietung und Verpachtung (§ 21 EStG)

Bei den Einkünften aus Vermietung und Verpachtung handelt es sich um Einkünfte aus der **zeitlich begrenzten Überlassung von nicht geldlichen Vermögensteilen (Realvermögen)**, insb. von Sachen und Rechten, an andere Personen auf dem Wege der Vermietung oder Verpachtung bzw. durch ähnliche Absprachen.

Hauptgruppen der Einkünfte aus Vermietung und Verpachtung (§ 21 Abs. 1 EStG):

- Einkünfte aus Vermietung und Verpachtung von **unbeweglichem Vermögen** wie z.B. Grundstücke, Gebäude, Wohnungen und Zimmer (Nr. 1);
- Einkünfte aus der Vermietung und Verpachtung von **Sachinbegriffen** wie z.B. Bibliotheken, Fuhrparks, Großrechenanlagen, aufgegebene Gewerbebetriebe oder Wohnungseinrichtungen (Nr. 2);
- Einkünfte aus der zeitlich begrenzten **Überlassung von Rechten**, z.B. durch Überlassung von Urheberrechten oder von Erfindungen (Nr. 3), sowie
- Einkünfte aus der **Veräußerung von Miet- und Pachtzinsforderungen** (Nr. 4), da der Erlös aus der Veräußerung das Entgelt für eine Nutzungsüberlassung darstellt.

Auch Gesellschafter einer Personengesellschaft können Einkünfte aus Vermietung und Verpachtung beziehen, wenn diese ausschließlich **vermögensverwaltend** tätig und nicht gewerblich geprägt ist. Allerdings führt die **gewerbliche Vermögensverwaltung** (unternehmerische Organisation) zu Einkünften aus Gewerbebetrieb. Ein Gewerbebetrieb wird ebenfalls bei Vorliegen besonderer Sachverhalte (z.B. hotelmäßige Vermietung) und bei gewerblichem Grundstückshandel (grds. nur bei Veräußerung von mehr als 3 Grundstücken innerhalb von 5 Jahren[77]) angenommen.

Beträgt das Entgelt für die Überlassung von Wohnungen zu Wohnzwecken weniger als **66 % der ortsüblichen Marktmiete**, ist die Nutzungsüberlassung in einen entgeltlichen und einen unentgeltlichen Teil aufzuteilen, was auch eine entsprechende Verteilung der im Zusammenhang mit der Wohnung stehenden Aufwendungen und eine Nichtabziehbarkeit der auf den unentgeltlichen Teil entfallenden Aufwendungen nach sich zieht (§ 21 Abs. 2 EStG). Dies ist insb. bei der verbilligten Vermietung unter Angehörigen zu beachten.

2.3.2.1.2.4 Sonstige Einkünfte (§§ 22 und 23 EStG)

Die sonstigen Einkünfte des § 22 EStG (i.V.m. § 23 EStG) unterscheiden sich von den vorgenannten 6 Einkunftsarten dadurch, dass unter dieser einen Vorschrift völlig verschiedene Besteuerungstatbestände zusammengefasst werden. Die Bezeichnung „sonstige Einkünfte" ist missverständlich, denn zu dieser Einkunftsart gehören nicht alle denkbaren Einkünfte, die nicht von den ersten 6 Einkunftsarten erfasst werden, sondern nur die explizit in § 22 EStG aufgeführten. Die Hauptgruppen der sonstigen Einkünfte sind Abb. 10 zu entnehmen und werden im Folgenden erläutert.

---

[77] Jedoch kann ausnahmsweise auch der Verkauf von weniger als 3 Grundstücken zur Annahme eines gewerblichen Grundstückhandels führen; vgl. BFH-Urteil vom 10.12.2001, BStBl II 2002, S. 291 und dazu BMF-Schreiben vom 19.02.2003, BStBl I 2003, S. 171. Vgl. außerdem BMF-Schreiben vom 26.03.2004, BStBl I 2004, S. 434 und hinsichtlich der Zwischenschaltung einer GmbH und eines möglichen Durchgriffs durch diese BFH-Urteil vom 18.03.2004, in: BFH/NV 2004, S. 1132.

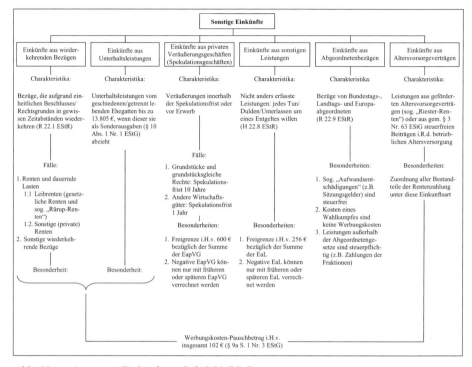

Abb. 10: Arten von Einkünften i.S.d. § 22 EStG

Einkünfte aus wiederkehrenden Bezügen (§ 22 Nr. 1 EStG):[78] Wiederkehrende Bezüge können gewährt werden:

- aufgrund eines besonderen rechtlichen Verpflichtungsgrundes (bspw. Gesetz, Vertrag, Testament);
- aufgrund von freiwillig begründeter Rechtspflicht (Vertrag, Testament);
- freiwillig, d.h. ohne besonderen Verpflichtungsgrund;
- von einer gesetzlich unterhaltspflichtigen Person;
- entgeltlich, d.h. als Gegenleistung für eine Leistung oder
- unentgeltlich, d.h. schenkungshalber (sog. Zuwendungen).

Eine besondere Stellung nehmen innerhalb der wiederkehrenden Bezüge die **Leibrenten** ein, da diese im Gegensatz zu den übrigen wiederkehrenden Bezügen gem. § 22 Nr. 1 S. 3 Buchst. a EStG (bis einschließlich 2039) nur i.H. eines bestimmten Anteils der Besteuerung unterliegen.

Diese Leibrenten sind in erster Linie **Leibrenten aus den gesetzlichen Rentenversicherungen**, aus landwirtschaftlichen Alterskassen, aus berufsständischen Versorgungseinrichtungen

---

[78] Vgl. auch BECKMANN, STEFAN: Übertragung von Anteilen an einer Familienkapitalgesellschaft auf die nächste Generation: Lebzeitige und inlandsbezogene Gestaltungen zur Reduzierung der steuerlichen Belastung bei im Privatvermögen gehaltenen Anteilen, Hamburg 2004, S. 34-38.

und **aus vergleichbaren privaten Rentenversicherungen (sog. „Rürup-Renten")** i.S.v. § 10 Abs. 1 Nr. 2 Buchst. b EStG (§ 22 Nr. 1 S. 3 Buchst. a Doppelbuchst. aa S. 1 EStG). Die Höhe des steuerpflichtigen Teils dieser Renten ist nicht vom Lebensalter beim Renteneintritt, sondern vom Jahr des Renteneintritts abhängig (§ 22 Nr. 1 S. 3 Buchst. a Doppelbuchst. aa S. 3 EStG); dies bezeichnet man auch als „Kohortenprinzip". Der Besteuerungsanteil beträgt für Renten, deren Zahlung spätestens im Jahr 2005 begonnen hat, 50 % und steigt dann für die Rentnerjahrgänge bis 2020 um jeweils 2 % und für die darauf folgenden Rentnerjahrgänge bis 2040 um jeweils 1 % an, bis schließlich die Renten, deren Beginn in das Jahr 2040 oder später fällt, vollständig besteuert werden (§ 22 Nr. 1 S. 3 Buchst. a Doppelbuchst. aa S. 3 EStG).

Beispiel: (Besteuerung einer Rente)

Paul Pfiffig geht zum 01.11.2013 in Rente. Er erhält monatlich 1.000 € Rente. Zum 01.07.2014 erfolgt eine (regelmäßige) Rentenanpassung auf 1.200 € und zum 01.07.2015 auf 1.500 €. Für einen Rentenbeginn im Jahr 2013 sieht § 22 Nr. 1 S. 3 Buchst. a Doppelbuchst. aa S. 3 EStG einen Besteuerungsanteil von 66 % vor. Folglich hat Paul Pfiffig folgende Beträge zu versteuern:

2013:	2 · 1.000 € =	2.000 €	
	Davon 66 %	1.320 €	
	Abzgl. WK-Pauschbetrag gem. § 9a S. 1 Nr. 3 EStG	./. 102 €	
	Zu versteuernde Einkünfte:		**1.218 €**
2014:	6 · 1.000 € =	6.000 €	
	6 · 1.200 € =	7.200 €	
	Summe	13.200 €	
	Davon 66 % (Renteneintritt 2013)	8.712 €	
	Abzgl. WK-Pauschbetrag gem. § 9a S. 1 Nr. 3 EStG	./. 102 €	
	Zu versteuernde Einkünfte:		**8.610 €**
	Nachrichtlich: Für die Folgejahre fixer, steuerfreier Betrag		
	(34 % von 13.200 €):	**4.488 €**	
2015:	6 · 1.200 € =	7.200 €	
	6 · 1.500 € =	9.000 €	
	Summe	16.200 €	
	Abzgl. steuerfreier Betrag	./. 4.488 €	
	Abzgl. WK-Pauschbetrag gem. § 9a S. 1 Nr. 3 EStG	./. 102 €	
	Zu versteuernde Einkünfte:		**11.610 €**

Erträge aus sonstigen **privaten Leibrentenversicherungen** (§ 22 Nr. 1 S. 3 Buchst. a Doppelbuchst. bb S. 1 EStG) unterliegen nur mit ihrem Ertragsanteil der Besteuerung, der in Abhängigkeit vom bei Beginn der Rente vollendeten Lebensjahr zwischen 59 % (Eintrittsalter zwischen 0 und 1 Jahr) und 1 % (Eintrittsalter ab 97 Jahre) beträgt (§ 22 Nr. 1 S. 3 Buchst. a Doppelbuchst. bb S. 3 und 4 EStG).[79]

---

[79] Bis zum 31.05. eines jeden Folgejahres haben die Träger der gesetzlichen Rentenversicherung, der Gesamtverband der landwirtschaftlichen Alterskassen für die Träger der Alterssicherung der Landwirte, die berufsständischen Versorgungseinrichtungen, die Pensionskassen und -fonds, die Versicherungsunternehmen, die Unternehmen, die Verträge i.S.v. § 10 Abs. 1 Nr. 2 Buchst. b EStG anbieten, und die Anbieter i.S.v. § 80 EStG der sog. zentralen Stelle (§ 81 EStG) eine Rentenbezugsmitteilung zu übermitteln (§ 22a EStG).

Beispiel: (Besteuerung einer Rente)

Lutz Listig bezieht seit Vollendung seines 63. Lebensjahres im Jahr 2002 eine private Rente aus einer Rentenversicherung mit Kapitalwahlrecht, auf dessen Ausübung er verzichtet hat. Die monatlichen Rentenzahlungen betragen im Jahr 2013 1.500 €.

2013:	12 · 1.500 € =	18.000 €
	Ertragsanteil (Rentenbeginn 63. Lj.) 20 %	3.600 €
	Abzgl. WK-Pauschbetrag gem. § 9a S. 1 Nr. 3 EStG	./. 102 €
	Zu versteuernde Einkünfte:	**3.498 €**

Bei diesen Rentenversicherungen gilt die sog. vorgelagerte Besteuerung, d.h. die Beiträge werden aus versteuertem Einkommen (kein Sonderausgabenabzug, keine Steuerfreiheit der Beiträge, keine „Riester-Förderung") geleistet. Dafür wird in der Bezugsphase nur der Ertragsteil, also der Teil der Leistungen, der nicht den Charakter einer Beitragsrückzahlung hat, besteuert.

Abzugrenzen von den gem. § 22 Nr. 1 S. 3 Buchst. a EStG zu besteuernden Leibrenten sind bis 2039 die **Versorgungsbezüge (Beamtenpensionen, Betriebsrenten)**, welche aufgrund einer betrieblichen Versorgungszusage aus betrieblichen Mitteln gewährt werden. Diese unterliegen beim Empfänger als Arbeitslohn gem. § 19 EStG – nach Abzug des Versorgungsfreibetrags und des Zuschlags zum Versorgungsfreibetrag – in voller Höhe der Einkommensteuer.

Einkünfte aus Unterhaltsleistungen (§ 22 Nr. 1a EStG): Hiernach sind Unterhaltsleistungen an den geschiedenen oder dauernd getrennt lebenden, unbeschränkt steuerpflichtigen Ehegatten von diesem als sonstige Einkünfte zu versteuern, soweit sie vom Leistenden als Sonderausgaben (§ 10 Abs. 1 Nr. 1 EStG) abgezogen wurden. Die Möglichkeit des Sonderausgabenabzugs – und damit zugleich die Notwendigkeit für die Besteuerung der Unterhaltsleistungen beim Empfänger – ist auf einen Betrag von max. 13.805 € pro Jahr begrenzt (§ 10 Abs. 1 Nr. 1 S. 1 EStG). Voraussetzung für den Sonderausgabenabzug ist die Zustimmung des Leistungsempfängers. Diese Vorgehensweise wird als **Realsplitting** bezeichnet.

Einkünfte aus privaten Veräußerungsgeschäften (§ 22 Nr. 2 i.V.m. § 23 EStG): In Abweichung von dem Grundsatz, dass realisierte Wertsteigerungen nur bei zu einem Betriebsvermögen – nicht aber bei zum Privatvermögen – gehörenden Wirtschaftsgütern steuerlich erfasst werden, unterwirft § 22 Nr. 2 i.V.m. § 23 EStG Einkünfte aus sog. privaten Veräußerungsgeschäften mit Wirtschaftsgütern, die zum Privatvermögen gehören, der Einkommensbesteuerung. Ob tatsächlich eine Spekulationsabsicht besteht, ist für die steuerliche Erfassung unerheblich. Gem. § 23 Abs. 1 EStG zählen zu den privaten Veräußerungsgeschäften Veräußerungen, bei denen der Zeitraum zwischen Anschaffung und Veräußerung.

– bei **Grundstücken** und grundstücksgleichen Rechten (z.B. Erbbau- und Mineralgewinnungsrechten) nicht mehr als 10 Jahre beträgt. Gebäude und Außenanlagen müssen einbezogen werden, wenn sie innerhalb dieses Zeitraums errichtet, ausgebaut oder erweitert worden sind.[80] Auch stellen die Einlage eines solchen Wirtschaftsguts in das Betriebsvermögen – wenn die Veräußerung aus dem Betriebsvermögen innerhalb eines Zeitraums von 10 Jahren seit Anschaffung erfolgte – und die verdeckte Einlage in eine Kapitalgesellschaft ein privates Veräußerungsgeschäft dar (§ 23 Abs. 1 S. 5 EStG). Hierbei ist zu berücksichtigen, dass **keine Besteuerung** erfolgt, wenn das Grundstück entweder ausschließlich oder im Veräußerungsjahr und den beiden vorherigen Jahren **eigenen Wohnzwecken** diente;

- bei **anderen Wirtschaftsgütern** nicht mehr als ein Jahr beträgt, wobei sich diese Frist bei solchen Wirtschaftsgütern auf 10 Jahre erhöht, aus deren Nutzung als Einkunftsquelle zumindest in einem Kalenderjahr Einkünfte erzielt werden. Zu den anderen Wirtschaftsgütern gehören z.B. Briefmarken, Edelmetalle, Kunstgegenstände, Schmuck, Devisen, Kraftfahrzeuge, Schiffe und Hausrat. **Keine Besteuerung** erfolgt bei Gegenständen des täglichen Gebrauchs (§ 23 Abs. 1 S. 1 Nr. 2 S. 2 EStG). Wertpapiere, die nach dem 31.12.2008 angeschafft worden sind, gehören nicht mehr hierzu, sondern werden den der Abgeltungssteuer unterliegenden Einkünften aus Kapitalvermögen zugerechnet.

Gewinn und Verlust aus Veräußerungsgeschäften ist die Differenz zwischen dem Veräußerungspreis und den Anschaffungs- oder Herstellungskosten und den Werbungskosten (§ 23 Abs. 3 S. 1 EStG). Die Anschaffungs- und Herstellungskosten **mindern sich dabei um die Absetzungen für Abnutzung**, die erhöhten Absetzungen und die Sonderabschreibungen, soweit sie bei der Ermittlung der Überschusseinkünfte abgezogen worden sind. Bei Entnahmen aus dem Betriebsvermögen ist innerhalb der steuerschädlichen Frist die Differenz zwischen dem Veräußerungspreis und dem bei der Entnahme angesetzten Wert verbindlich.

Liegt der Gesamtgewinn aus allen privaten Veräußerungsgeschäften im Kalenderjahr **unter 600 €**, so bleibt er gem. § 23 Abs. 3 S. 5 EStG steuerfrei. Erreicht oder übersteigt er 600 € pro Kalenderjahr, so unterliegt er voll der Einkommensbesteuerung (**Freigrenze**).

Verluste aus privaten Veräußerungsgeschäften dürfen nur bis zur Höhe des Gewinns, den der Steuerpflichtige mit anderen Veräußerungsgeschäften des gleichen Kalenderjahrs erzielt hat, ausgeglichen werden. Sie können jedoch innerhalb der Einkünfte aus privaten Veräußerungsgeschäften nach Maßgabe des § 10d EStG in den vorangegangenen VAZ zurückgetragen oder in die folgenden VAZ vorgetragen werden. Der Verlustvortrag ist gesondert festzustellen (§ 23 Abs. 3 S. 8 EStG i.V.m. § 10d Abs. 4 EStG). Bis Ende des Jahres 2013 können Altverluste (bis VAZ 2008 inkl. entstandene Verluste) aus privaten Veräußerungsgeschäften sowohl mit Gewinnen aus privaten Veräußerungsgeschäften (§ 23 EStG neuer Fassung) als auch mit Erträgen i.S.d. § 20 Abs. 2 EStG (also mit verbleibenden positiven Einkünften aus Wertpapierveräußerungen) verrechnet werden (§ 52a Abs. 11 S. 11 EStG), obwohl Letztere mittlerweile zu den Einkünften aus Kapitalvermögen gehören. Ab VAZ 2014 entfällt die Möglichkeit zur Verrechnung der Altverluste mit Einkünften i.S.d. § 20 Abs. 2 EStG. Danach ist nur noch eine Verrechnung mit Gewinnen aus § 23 EStG möglich.

---

[80] Das Gleiche gilt „für Gebäudeteile, die selbständige unbewegliche Wirtschaftsgüter sind, sowie für Eigentumswohnungen und im Teileigentum stehende Räume" (§ 23 Abs. 1 Nr. 1 S. 2 EStG).

Dass Einkünfte aus Veräußerungsgeschäften im betrieblichen Bereich grundsätzlich steuerpflichtig und im privaten Bereich dagegen grundsätzlich steuerfrei sind, aber bestimmte, oben erwähnte private Veräußerungsgewinne dann doch zur Besteuerung herangezogen werden, kann unter dem Aspekt der Steuergerechtigkeit grundsätzlich diskutiert werden.

Einkünfte aus sonstigen Leistungen (§ 22 Nr. 3 EStG): Als sonstige Leistung gilt jedes Tun, Dulden oder Unterlassen, das Gegenstand eines entgeltlichen Vertrags sein kann und um des Entgelts willen erbracht wird, sofern es sich nicht um Veräußerungsvorgänge oder veräußerungsähnliche Vorgänge im privaten Bereich handelt. Die Einkünfte aus einer solchen sonstigen Leistung dürfen weder zu einer anderen Einkunftsart noch zu einer anderen Gattung der sonstigen Einkünfte gehören. Bei der Berücksichtigung von Verlusten bestehen Sonderregelungen.

Das Gesetz erwähnt beispielhaft Einkünfte aus **gelegentlichen** (nicht nachhaltigen) Vermittlungen und aus der Vermietung einzelner beweglicher Gegenstände, die keinen Sachinbegriff darstellen und damit nicht von § 21 EStG erfasst werden.

Einkünfte aus sonstigen Leistungen bleiben gem. § 22 Nr. 3 S. 2 EStG steuerfrei, wenn sie weniger als 256 € im Kalenderjahr betragen haben. Ab einem Betrag von 256 € im Kalenderjahr unterliegt der Gesamtbetrag der Besteuerung (**Freigrenze**). Für negative Einkünfte aus sonstigen Leistungen gilt die gleiche Regelung wie bei privaten Veräußerungsgeschäften.

Einkünfte aus Abgeordnetenbezügen (§ 22 Nr. 4 EStG): Diese Vorschrift erfasst die Bezüge von Bundestags- und Landtagsabgeordneten sowie Abgeordneten des Europaparlaments, die aufgrund des Abgeordnetengesetzes oder des Europa-Abgeordnetengesetzes gezahlt werden. Als Besonderheit ist zu vermerken, dass durch das Mandat veranlasste Aufwendungen, sofern eine Aufwandsentschädigung gewährt wird, nicht von den Einnahmen abgesetzt werden dürfen. Insb. gelten Wahlkampfkosten nicht als Werbungskosten.

Einkünfte aus steuerlich geförderten Altersvorsorgeverträgen (§ 22 Nr. 5 EStG): Nach dieser Vorschrift unterliegen Leistungen aus Altersvorsorgeverträgen, Pensionsfonds, -kassen und Direktversicherungen der vollen nachgelagerten Besteuerung, sofern die Beitragszahlungen in der Ansammlungsphase steuerlich gefördert wurden. Dies ist insb. der Fall bei Altersvorsorgeverträgen, die in die „**Riester-Förderung**" nach den §§ 10a bzw. 79-99 EStG einbezogen wurden, sowie bei Leistungen aus der betrieblichen Altersversorgung, für die in der Beitragsphase die Steuerbefreiung gem. § 3 Nr. 63 EStG zum Tragen gekommen ist. Sollten Leistungen gezahlt werden, die nur teilweise auf steuerlich gefördertem Kapital basieren, so bestimmt § 22 Nr. 5 S. 2 EStG, dass die Besteuerung der nicht auf gefördertem Kapital basierenden Leistungen nach den Grundsätzen des § 22 Nr. 1 S. 3 Buchst. a EStG – also wie Leibrenten – zu erfolgen hat.[81]

---

[81] Vgl. ausführlich KUßMAUL, HEINZ/HENKES, JÖRG: Die Besteuerung von Altersvorsorgeaufwendungen und Altersbezügen nach dem Alterseinkünftegesetz – Steuerliche Rahmenbedingungen der privaten und betrieblichen Altersvorsorge –, in: Arbeitspapiere zur Existenzgründung, hrsg. von HEINZ KUßMAUL, Bd. 21, 2. Aufl., Saarbrücken 2007.

2.3.2.1.3 Gemeinsame Vorschriften zu allen Einkunftsarten (§ 24 EStG)

§ 24 EStG gehört – wie die Regelung des Altersentlastungsbetrages (§ 24a EStG) – zu den „gemeinsamen Vorschriften" für alle Einkunftsarten. Die Norm ergänzt jedoch lediglich die §§ 13-23 EStG und schafft **keine neue Einkunftsart**. Die Vorschrift stellt in ihren Nr. 1-3 klar, dass zu den einkommensteuerlich beachtlichen Einkünften auch gehören:

- **Entschädigungen**, die an die Stelle von Einnahmen i.S.d. § 2 Abs. 1 Nr. 1-7 EStG treten (sog. Surrogate) (Nr. 1);
- **Einkünfte aus einer ehemaligen Tätigkeit** oder einem früheren Rechtsverhältnis, auch dann, wenn sie dem Steuerpflichtigen als Rechtsnachfolger zufließen (Nr. 2);
- **Nutzungsvergütungen** für die erzwungene Inanspruchnahme von Grundstücken für öffentliche Zwecke und einschlägige Entschädigungen, ergänzend zu § 21 EStG (Nr. 3).

Unter § 24 Nr. 1, 3 EStG zu subsumierende Einkünfte gelten als „außerordentliche Einkünfte" (§ 34 Abs. 2 Nr. 2 und 3 EStG) und sind damit gem. § 34 EStG tarifbegünstigt.

2.3.2.1.4 Konkurrenz mehrerer Einkunftsarten

Der Begriff „**Gewerbebetrieb**" in § 15 Abs. 2 EStG ist so weit gefasst, dass die Land- und Forstwirtschaft (§ 13 EStG) und die selbstständige Arbeit (§ 18 EStG) wieder ausgegrenzt werden müssen. Daraus ergibt sich, dass die §§ 13 und 18 EStG vorgehen.

Die Einkünfte aus **Kapitalvermögen** haben gegenüber den Einkünften aus Land- und Forstwirtschaft, aus Gewerbebetrieb, aus selbstständiger Arbeit und Einkünften aus Vermietung und Verpachtung **subsidiären Charakter** (§ 20 Abs. 8 EStG).

Einkünfte aus **Vermietung und Verpachtung** sind anderen Einkunftsarten zuzurechnen, soweit sie zu diesen gehören (§ 21 Abs. 3 EStG).

Einkünfte aus **wiederkehrenden Bezügen** (§ 22 Nr. 1 S. 1 EStG) und aus **Leistungen** (§ 22 Nr. 3 S. 1 EStG) sind den anderen Einkunftsarten zuzurechnen, soweit sie zu diesen gehören (§ 22 Nr. 1 S. 1, Nr. 3 S. 1 EStG).

> Beispiel: (Konkurrenz mehrerer Einkunftsarten)
>
> Kaufmann Karl K. veräußert ein Betriebsgrundstück gegen Zusage einer Leibrente: Einnahmen aus Gewerbebetrieb.
>
> Rechtsanwalt Richard R. gestattet, dass eine Schreibmaschine seines Büros von einem benachbarten Steuerbüro gelegentlich und entgeltlich mitbenutzt wird: Einnahmen aus selbstständiger Arbeit.
>
> Pensionär Pit P. schreibt nachhaltig gegen Honorar Zeitungsartikel: Einnahmen aus selbstständiger Tätigkeit.
>
> Landwirt Lars L. erhält Zinsen aus seinem betrieblichen Sparbuch; diese sind Einkünfte aus Land- und Forstwirtschaft und nicht Einkünfte aus Kapitalvermögen (keine Anwendung der Abgeltungssteuer).

Die Erfassung von Veräußerungsgewinnen aus dem Verkauf von im Privatvermögen gehaltenen Anteilen an Kapitalgesellschaften erfolgt vorrangig als „Einkünfte aus Gewerbebetrieb" i.S.d. § 17 EStG, wenn dessen Voraussetzungen erfüllt sind. Die Regelung des § 20 Abs. 8 EStG bestimmt, dass **§ 17 EStG gegenüber § 20 EStG Vorrang hat**.

2.3.2.2 Die Ermittlung der Einkünfte

2.3.2.2.1 Methoden der Einkünfteermittlung

Die personelle Zuordnung der Gewinnermittlungsarten ist übersichtsartig in Abb. 11, die Methoden der Einkünfteermittlung sind in Abb. 12 aufgeführt.

Personenkreis	Gewinnermittlungsart
Land- und Forstwirte, gesetzlich buchführungspflichtig (insb. nach § 141 AO) oder freiwillig buchführend; Freiberufler, freiwillig buchführend	Allgemeiner Betriebsvermögensvergleich (§ 4 Abs. 1 EStG)
Gewerbetreibende, gesetzlich buchführungspflichtig (insb. Kaufleute und Handelsgesellschaften nach § 140 AO, Buchführungspflichtige nach § 141 AO) oder freiwillig buchführend	Betriebsvermögensvergleich für Gewerbetreibende (§ 5 EStG)
Land- und Forstwirte, die Voraussetzungen des § 13a Abs. 1 EStG erfüllend und nach § 13a Abs. 2 EStG keine andere Gewinnermittlungsart wählend	Gewinnermittlung nach Durchschnittssätzen (§ 13a EStG)
Betrieb von Handelsschiffen im internationalen Verkehr, soweit die Voraussetzungen des § 5a Abs. 1 S. 1 EStG erfüllt sind	Tonnagebesteuerung (§ 5a EStG)
Freiberufler, nicht buchführend; Gewerbetreibende, weder gesetzlich buchführungspflichtig (insb. Kleingewerbetreibende) noch freiwillig buchführend; Land- und Forstwirte, weder gesetzlich buchführungspflichtig noch freiwillig buchführend oder die Überschussrechnung nach § 13a Abs. 2 S. 1 und S. 2 EStG beantragend	Betriebseinnahmen/-ausgaben-Überschussrechnung (§ 4 Abs. 3 EStG)

Abb. 11: Die personelle Zuordnung der Gewinnermittlungsarten[82]

Den wesentlichen Belastungsunterschied bei der Einkommensteuer bewirkt die Tatsache, dass durch den **Dualismus der Einkünfteermittlung** Gewinneinkünfte und Überschusseinkünfte unterschiedlich behandelt werden.

---

[82] Modifiziert entnommen aus HEY, JOHANNA: § 8, in: Steuerrecht, hrsg. von KLAUS TIPKE und JOACHIM LANG, 21. Aufl., Köln 2013, Rn. 203.

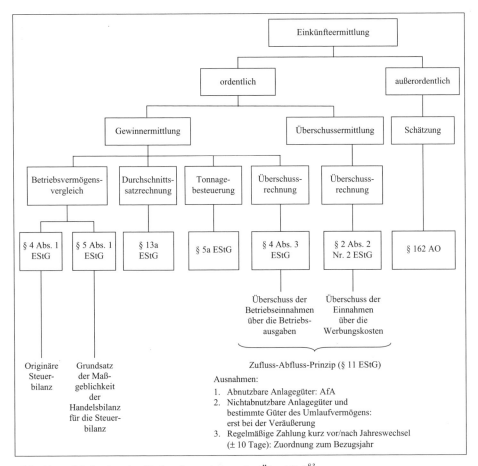

Abb. 12: Methoden der Einkünfteermittlung im Überblick[83]

2.3.2.2.2 Grundbegriffe der Einkünfteermittlung

2.3.2.2.2.1 Vorbemerkungen und Abgrenzungsprobleme

Das Handeln **zu Erwerbszwecken** verursacht betriebliche/berufliche Vermögenszugänge und -abgänge, die bei der Ermittlung des Steuerobjekts grundsätzlich beachtet werden. Das Handeln **zu Privatzwecken** verursacht hingegen private Vermögenszugänge und -abgänge, die nicht in das Steuerobjekt eingehen. Bestimmte Privataufwendungen können aber u.U. von der Steuerbemessungsgrundlage abgezogen werden.

---

[83] Modifiziert entnommen aus SIEGEL, THEODOR/BAREIS, PETER: Strukturen der Besteuerung – Betriebswirtschaftliches Arbeitsbuch Steuerrecht: Grundzüge des Steuersystems in Strukturübersichten, Beispielen und Aufgaben, 4. Aufl., München/Wien 2004, S. 81.

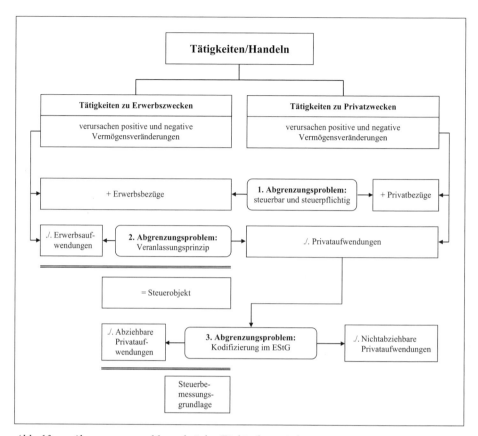

Abb. 13: Abgrenzungsprobleme bei der Einkünfteermittlung

Es ist i.d.R. im Interesse des **Steuerschuldners, Aufwendungen** als Erwerbsaufwendungen, mindestens aber als abziehbare Privataufwendungen zu qualifizieren, da dies seine Steuerbelastung mindert. Außerdem präferiert der Steuerschuldner eine Qualifizierung von **Bezügen** als Privatbezüge, da dann eine volle Vereinnahmung ohne Steuerabzug gewährleistet ist. Der **Steuergläubiger** hat aus fiskalischen Gründen i.d.R. gegenläufige Interessen.

Es bestehen bei der Einkünfteermittlung 3 Abgrenzungsprobleme (vgl. Abb. 13 und zu den Erwerbsbezügen und den Erwerbsaufwendungen Abb. 14):

1. **Abgrenzungsproblem:** Wann sind positive Vermögensveränderungen Erwerbsbezüge, wann Privatbezüge? Die Lösung erfolgt durch die bereits behandelte Abgrenzung steuerbar versus nicht steuerbar bzw. steuerpflichtig versus steuerfrei.

2. **Abgrenzungsproblem:** Wann sind negative Vermögensveränderungen Erwerbsaufwendungen, wann Privataufwendungen? Die Lösung basiert auf der noch zu behandelnden Interpretation der Erwerbsaufwendungen mit Hilfe des Veranlassungsprinzips („Aufwendungen, die durch die Erwerbstätigkeit wesentlich veranlasst sind") und gesetzlichen Klarstellungen.

Teilaspekte sind:
- Wann handelt es sich um Erwerbsaufwendungen (Auslegungs-, Interpretationsfrage)?
- Wie werden Aufwendungen behandelt, die sich auf Erwerbs- und Privatursachen zurückführen lassen?
3. **Abgrenzungsproblem:** Wann sind Privataufwendungen von dem Steuerobjekt der Einkommensteuer abziehbar? Die Lösung erfolgt durch die Kodifizierung von besonderen Abzugsvorschriften (insb. Sonderausgaben, außergewöhnliche Belastungen, Kinder- und Grundfreibeträge).

Je nach Zuordnung zu den Gewinn- oder zu den Überschusseinkunftsarten (§ 2 Abs. 2 EStG) handelt es sich bei Erwerbsaufwendungen um Betriebsausgaben (Gewinneinkünfte) oder um Werbungskosten (Überschusseinkünfte).

Art der Einkünfte-ermittlung	Erwerbsbezüge	Erwerbsaufwendungen
Betriebsvermögens-vergleich (§§ 4 Abs. 1, 5 EStG)	Erträge = Erhöhungen des Jahresüberschusses/Minderungen des Jahresfehlbetrages nach Maßgabe der GoB und unabhängig von den Zeitpunkten der entsprechenden Zahlungen (§ 252 Abs. 1 Nr. 5 HGB) Das Zuflussprinzip gilt nicht (§ 11 Abs. 1 S. 5 EStG) Steuerlich zu erfassen sind betrieblich veranlasste Erträge, ausgenommen die steuerfreien Betriebserträge, insb. § 3 EStG	Aufwendungen = Minderungen des Jahresüberschusses/Erhöhungen des Jahresfehlbetrages nach Maßgabe der GoB und unabhängig von den Zeitpunkten der entsprechenden Zahlungen (§ 252 Abs. 1 Nr. 5 HGB) Das Abflussprinzip gilt nicht (§ 11 Abs. 2 S. 5 EStG) Steuerlich zu erfassen sind betrieblich veranlasste Aufwendungen, ausgenommen nicht abziehbare Betriebsaufwendungen, z.B. gem. § 4 Abs. 5 EStG
Betriebseinnahmen-/-ausgaben-Überschussrechnung (§ 4 Abs. 3 EStG)	Betriebseinnahmen = betrieblich veranlasste Zuflüsse von Wirtschaftsgütern (§§ 4 Abs. 4, 8 Abs. 1 EStG analog; § 11 Abs. 1 S. 1 EStG)	Betriebsausgaben = betrieblich veranlasste Abflüsse von Wirtschaftsgütern (§§ 4 Abs. 4, 11 Abs. 2 S. 1 EStG)
Einnahmen-/Werbungskosten-Überschussrechnung (§§ 2 Abs. 2 Nr. 2, 8-9a EStG)	Einnahmen = durch Erwerbstätigkeit i.S.d. Überschusseinkunftsarten (§ 2 Abs. 2 Nr. 2 EStG) veranlasste Zuflüsse von Wirtschaftsgütern (§§ 8 Abs. 1, 11 Abs. 1 S. 1 EStG)	Werbungskosten = durch Erwerbstätigkeit i.S.d. Überschusseinkunftsarten (§ 2 Abs. 2 Nr. 2 EStG) veranlasste Abflüsse von Wirtschaftsgütern (§§ 9 Abs. 1 S. 1 und 2; 11 Abs. 2 S. 1 EStG)

Abb. 14: *Das terminologische System von Erwerbsbezügen und Erwerbsaufwendungen*[84]

2.3.2.2.2.2 Der Betriebsausgaben- und der Werbungskostenbegriff[85]

Die gesetzlichen Definitionen der Begriffe „Betriebsausgaben" (§ 4 Abs. 4 EStG) bzw. „Werbungskosten" (§ 9 Abs. 1 S. 1 EStG) lauten:

– „Betriebsausgaben sind die Aufwendungen, die durch den Betrieb veranlasst sind".

---

[84] Modifiziert entnommen aus HEY, JOHANNA: § 8, in: Steuerrecht, hrsg. von KLAUS TIPKE und JOACHIM LANG, 21. Aufl., Köln 2013, Rn. 229.
[85] Vgl. HEINICKE, WOLFGANG: § 4 EStG, in: Einkommensteuergesetz, begr. von LUDWIG SCHMIDT, 31. Aufl., München 2012, Rn. 470 und 471; LOSCHELDER, FRIEDRICH: § 9 EStG, in: Einkommensteuergesetz, begr. von LUDWIG SCHMIDT, 31. Aufl., München 2012, Rn. 1 und 2.

– „Werbungskosten sind Aufwendungen zur Erwerbung, Sicherung und Erhaltung der Einnahmen".

Trotz unterschiedlicher Formulierung (der Werbungskostenbegriff ist enger) findet in Anlehnung an die Formulierung der Betriebsausgaben eine **inhaltsgleiche Interpretation** der beiden Begriffe statt, womit es bei Erwerbsaufwendungen um Aufwendungen handelt, die durch die Erwerbstätigkeit (wesentlich) veranlasst sind.

2.3.2.2.2.3 Die Besonderheiten bei der Berücksichtigung von Erwerbsaufwendungen[86]

Wenn die Veranlassung durch die Erwerbstätigkeit feststeht, sind die Erwerbsaufwendungen in voller Höhe anzuerkennen. **Notwendigkeit, Üblichkeit** oder objektive **Zweckmäßigkeit** sind für die Anerkennung grundsätzlich irrelevant. Allerdings kann das Fehlen der Üblichkeit, Zweckmäßigkeit bzw. Notwendigkeit auf eine private Mitveranlassung hindeuten (Beweisfrage). So ist z.B. ein Oldtimer grundsätzlich nicht als Dienstfahrzeug anzuerkennen, da von einer überwiegend privaten Mitveranlassung ausgegangen wird. Andererseits sind aber auch **vergebliche Aufwendungen** anzuerkennen.

Kommen Aufwendungen aus Sicht des Steuerpflichtigen **willensunabhängig** zustande, wird nach dem objektiven Zusammenhang mit der Erwerbstätigkeit beurteilt (Berücksichtigung der Risikosphäre der Erwerbstätigkeit).

> Beispiele: (Erwerbsaufwendungen)
>
> Zerstörung von Betriebsmitteln durch Naturereignisse; Kosten eines Betriebsunfalls; Einbruchdiebstahl im Warenlager; Prozesskosten

Vorwerfbarkeitskriterien (Verschulden durch grobe Fahrlässigkeit) dürfen nicht zur Abgrenzung zwischen Privat- und Erwerbssphäre herangezogen werden. Vorsätzliches Handeln führt jedoch dazu, dass ein Abzug als Aufwand nicht zugelassen wird. So ist z.B. der Reparaturaufwand, der aus einer vorsätzlichen Beschädigung von Büromöbeln resultiert, nicht abzugsfähig. Eine **unwesentliche private Mitveranlassung** ist für die Abzugsfähigkeit nicht entscheidend (s.u.).

Probleme bereitet die **Zuordnung sog. gemischt veranlasster Aufwendungen**,[87] da sich Aufwendungen möglicherweise sowohl auf Erwerbs- als auch auf Privatursachen zurückführen lassen (sog. gemischte Kausalität).

---

[86] Vgl. HEINICKE, WOLFGANG: § 4 EStG, in: Einkommensteuergesetz, begr. von LUDWIG SCHMIDT, 31. Aufl., München 2012, Rn. 483.

[87] Vgl. LOSCHELDER, FRIEDRICH: § 12 EStG, in: Einkommensteuergesetz, begr. von LUDWIG SCHMIDT, 31. Aufl., München 2012, Rn. 12.

> **Beispiele:**[88] (Gemischt veranlasste Aufwendungen)
>
> Verkehrswidriges Verhalten eines betrunkenen Steuerpflichtigen während einer Berufsfahrt mit Unfallfolge (Privatursache); gleicher Fall, aber Ursache keine Trunkenheit, sondern herunterfallende Zigarette und dadurch bedingte Unaufmerksamkeit des Steuerpflichtigen (Erwerbsursache).

Als nicht abzugsfähige Aufwendungen gelten die Aufwendungen der Lebensführung des Steuerpflichtigen (§ 12 Nr. 1 EStG). Dazu zählen auch Aufwendungen der Lebensführung des Steuerpflichtigen, die zur Förderung des Berufs dienen, die aber auf die wirtschaftliche und gesellschaftliche Stellung des Steuerpflichtigen zurückzuführen sind (z.B. Repräsentationsaufwendungen) (§ 12 Nr. 1 S. 2 EStG). Nach neuerer Rechtsprechung dürften die Aufwendungen für gemischt beruflich und privat veranlasste Tätigkeiten in abziehbare Werbungskosten oder Betriebsausgaben und in nicht abziehbare Aufwendungen für die private Lebensführung anteilig aufgeteilt werden.[89] Voraussetzung hierfür ist, dass der Steuerpflichtige die betriebliche oder berufliche Veranlassung im Einzelnen umfassend darlegt und nachweist.[90] Ist die Aufteilung nach objektiven Kriterien nicht möglich, so hat die Aufteilung im Wege der Schätzung zu erfolgen; fehlt es an einer Schätzungsgrundlage, gelten die Aufwendungen insgesamt als privat veranlasst.[91] Bei einer untergeordneten betrieblichen Mitveranlassung (< 10 %) gelten die Aufwendungen vollständig als nicht abziehbar; bei einer untergeordneten privaten Mitveranlassung (< 10 %) sind die Aufwendungen vollständig als Betriebsausgaben oder Werbungskosten abziehbar.

> **Beispiel:** Gemischt veranlasste Aufwendungen[92]
>
> Steuerberater P flog 7 Tage nach London. An insgesamt 3 Tagen nahm er in London an einem Kongress zum Internationalen Steuerrecht teil.
>
> Hierbei handelt es um sog. gemischt veranlasste Aufwendungen. Die Flugkosten sind nach Maßgabe der Veranlassung entsprechend aufzuteilen. Als Aufteilungsmaßstab kommt das Verhältnis der betrieblichen und privaten Zeitanteile der Reise in Betracht. Demnach wären die Flugkosten zu 3/7 als Werbungskosten abziehbar. Die Übernachtungskosten für den Kongress an den 3 Tagen sind genauso wie die Kongressgebühren beruflich verlasst und daher vollständig abziehbar. Die angefallen Verpflegungskosten können in Höhe der jeweiligen Pauschbeträge für die 3 Tage des Kongresses geltend gemacht werden.

2.3.2.2.2.4 Die nicht abziehbaren Erwerbsaufwendungen

Bestimmte Aufwendungen, die grds. als Betriebsausgaben bzw. Werbungskosten gelten, da sie durch eine Erwerbstätigkeit veranlasst sind, werden nach dem Willen des Gesetzgebers bei der Berechnung des Steuerobjekts nicht oder nur teilweise berücksichtigt (teilweise tatsächlich durch die Erwerbstätigkeit veranlasst, teilweise offensichtlich oder verdeckt private Mit-

---

[88] Vgl. BFH-Beschluss vom 28.11.1977, BStBl II 1978, S. 105; BFH-Urteil vom 06.04.1984, BStBl II 1984, S. 434.
[89] Vgl. BFH-Beschluss vom 21.09.2009, BStBl II 2010, S. 672.
[90] Vgl. BMF-Schreiben vom 06.07.2010, BStBl I 2010, S. 614.
[91] Vgl. BMF-Schreiben vom 06.07.2010, BStBl I 2010, S. 614.
[92] Siehe hierzu BMF-Schreiben vom 06.07.2010, BStBl I 2010, S. 614.

veranlassung). Bei diesen Aufwendungen ist die Rede von „nicht abzugsfähigen Betriebsausgaben" bzw. „nicht abzugsfähigen Werbungskosten". Hierzu zählen:

- Ausgaben, die mit **steuerfreien Einnahmen** in unmittelbarem wirtschaftlichem Zusammenhang stehen (§ 3c Abs. 1 EStG).
- 40 % der Erwerbsaufwendungen, die mit Einnahmen in wirtschaftlichem Zusammenhang stehen, welche nur zu 40 % steuerfrei sind (§ 3c Abs. 2 EStG).
- Geschenke an Nicht-Arbeitnehmer über 35 €, unangemessene und nicht nachgewiesene Bewirtungskosten, 30 % der angemessenen und nachgewiesenen Bewirtungskosten sowie Aufwendungen für Gästehäuser, Jagd, Fischerei, Segel- und Motoryachten und bestimmte Verpflegungsmehraufwendungen (§ 4 Abs. 5 S. 1 Nr. 1-5 EStG).
- Aufwendungen für ein **häusliches Arbeitszimmer** (§ 4 Abs. 5 S. 1 Nr. 6b EStG), soweit das Arbeitszimmer nicht den Mittelpunkt der gesamten betrieblichen und beruflichen Betätigung bildet oder wenn für die Ausübung der betrieblichen und beruflichen Betätigung kein anderer Arbeitsplatz zur Verfügung steht.[93]
- Aufwendungen, die die Lebensführung des Steuerpflichtigen oder anderer Personen berühren, dürfen den Gewinn nicht mindern, soweit sie nach allgemeiner Verkehrsauffassung als unangemessen anzusehen sind (§ 4 Abs. 5 S. 1 Nr. 7 EStG).
- Aufwendungen des Steuerpflichtigen für seine **erstmalige Berufsausbildung oder sein Erststudium** sind generell weder als Betriebsausgaben noch als Werbungskosten abzugsfähig, es sei denn, die Ausbildung oder das Studium finden i.R. eines Dienstverhältnisses statt (Ausbildungsdienstverhältnis; § 4 Abs. 9 EStG, § 9 Abs. 6 EStG, § 12 Nr. 5 EStG), wie dies bei der in Deutschland praktizierten dualen Lehrlingsausbildung der Fall ist. Sofern einem Erststudium allerdings eine abgeschlossene Berufsausbildung vorausgegangen ist, gilt das Abzugsverbot nicht (s.u.). Im Fall der Nicht-Abzugsfähigkeit können diese Aufwendungen nur i.H.v. max. 6.000 € je Kalenderjahr als begrenzt abzugsfähige Sonderausgaben geltend gemacht werden (§ 10 Abs. 1 Nr. 7 S. 1 EStG). Dies gilt im Falle eines Erststudiums nicht nur für ein Studium direkt im Anschluss an den Erwerb der allgemeinen Hochschulreife, sondern auch für ein berufsbegleitendes Erststudium.[94]
- Schuldzinsen im Falle von Überentnahmen (§ 4 Abs. 4a EStG) oder im Rahmen der sog. Zinsschrankenregelung (§ 4h EStG).
- Erwerbsaufwendungen, bei denen der Steuerpflichtige den **Empfänger nicht benennt** (§ 160 AO).

---

[93] Im Juli 2010 hat das BVerfG (Beschluss vom 06.07.2010, BvL 13/09) entschieden, dass die bisherige Regelung zum häuslichen Arbeitszimmer verfassungswidrig ist und nicht mit Art. 3 Abs. 1 GG in Einklang steht. Bisher konnten nur Aufwendungen für ein betriebliches Arbeitszimmer abgesetzt werden, wenn dieses den Mittelpunkt der betrieblichen und beruflichen Tätigkeit bildet.
[94] Vgl. dazu ausführlich KUßMAUL, HEINZ/HENKES, JÖRG: Die steuerliche Behandlung von Aus- und Fortbildungskosten unter Berücksichtigung des BMF-Schreibens vom 4. November 2005, in: ZSteu 2006, S. 164-172.

- Zuschläge nach § 162 Abs. 4 AO, die wegen Nichterfüllung der Dokumentationspflicht nach § 90 Abs. 3 AO oder wegen verzögerter Vorlage der Dokumentation festgesetzt werden.
- Zum Schutz der **Gesamtrechtsordnung** sind außerdem Geldbußen, Ordnungsgelder, Verwarnungsgelder (§ 4 Abs. 5 S. 1 Nr. 8, § 9 Abs. 5 EStG), Geldstrafen (§ 12 Nr. 4 EStG), Zinsen auf hinterzogene Steuern (§ 4 Abs. 5 S. 1 Nr. 8a EStG) sowie Schmier- und Bestechungsgelder bei Vorliegen einer rechtswidrigen Handlung (§ 4 Abs. 5 S. 1 Nr. 10 EStG) nicht abziehbar.

Von den nicht abzugsfähigen Betriebsausgaben abzugrenzen sind Aufwendungen, die **nicht als Betriebsausgaben anerkannt** werden. Hierzu zählen die **Gewerbesteueraufwendungen** inkl. der darauf entfallenden Nebenaufwendungen (§ 4 Abs. 5b EStG) sowie Aufwendungen zur Förderung staatspolitischer Zwecke (§ 10b Abs. 2 EStG).

2.3.2.2.2.5 Bedeutsame abziehbare Erwerbsaufwendungen

Bedeutsame abziehbare Erwerbsaufwendungen sind:

- **Steuern vom Grundbesitz**, sonstige öffentliche Abgaben und Versicherungsbeiträge, soweit solche Ausgaben sich auf ein Gebäude oder auf Gegenstände beziehen, die dem Steuerpflichtigen zur Einnahmeerzielung dienen (§ 9 Abs. 1 S. 3 Nr. 2 EStG).
- **Beiträge zu Berufsständen** und sonstigen **Berufsverbänden**, deren Zweck nicht auf einen wirtschaftlichen Geschäftsbetrieb gerichtet ist (§ 9 Abs. 1 S. 3 Nr. 3 EStG).
- **Fahrten zwischen Wohnung und Erwerbsstätte** (§ 4 Abs. 5 S. 1 Nr. 6, § 9 Abs. 1 S. 3 Nr. 4 und Abs. 2 EStG): Aus verkehrspolitischen Gründen begrenzt der Gesetzgeber den Abzug von Werbungskosten bzw. Betriebsausgaben bei Fahrten zwischen Wohnung und Arbeitsstätte[95] auf 0,30 € für jeden vollen Entfernungskilometer pro Arbeitstag.[96] Diese Sätze gelten unabhängig davon, welches Verkehrsmittel der Steuerpflichtige benutzt, wobei der Werbungskosten- bzw. Betriebsausgabenabzug auf 4.500 € begrenzt ist, wenn nicht der eigene oder zur Nutzung überlassene PKW benutzt wird. Bei der Bestimmung der Strecke ist grundsätzlich der kürzeste Weg maßgeblich, es sei denn, eine abweichende (längere) Strecke, die vom Arbeitnehmer auch regelmäßig benutzt wird, ist aus verkehrstechnischen Gründen vorzuziehen. Der Abzug von Aufwendungen für öffentliche Verkehrsmittel ist unbegrenzt und somit in jedem Fall i.H.d. tatsächlichen Aufwendungen möglich (§ 9 Abs. 2 S. 2 EStG). Durch die Aufnahme des Begriffs des „Kalenderjahrs" in das Gesetz entfällt für den Steuerpflichtigen die Verpflichtung, taggenaue Aufzeichnungen zu führen (z.B. welche Strecke mit welchem Verkehrsmittel zurückgelegt wurde). Behinderte, deren Grad der Behinderung mindestens 70 % bzw. bei Beeinträchtigung der Bewe-

---

[95] Ab dem VAZ 2014 wird der Begriff der regelmäßigen Arbeitsstätte durch den Begriff der ersten Tätigkeitsstätte – hierbei handelt es sich um eine ortsfeste betriebliche Einrichtung eines Arbeitgebers, der der Arbeitnehmer dauerhaft zugeordnet ist – ersetzt (§ 9 Abs. 4 EStG).

[96] Mit „Entfernungskilometer" ist die einfache Strecke zwischen Wohnung und Arbeitsstätte gemeint. Die Entfernungspauschale gilt nicht für Flugstrecken und Strecken mit steuerfreier Sammelbeförderung nach § 3 Nr. 32 EStG (§ 9 Abs. 1 S. 3 Nr. 4 S. 3 EStG).

gungsfreiheit im Straßenverkehr 50 % beträgt, können anstelle der Entfernungspauschale die tatsächlichen Aufwendungen oder eine Pauschale von 0,30 € pro Fahrtkilometer ansetzen (§ 9 Abs. 2 S. 3 EStG).

– Aufwendungen für ein häusliches Arbeitszimmer sind, soweit für die betriebliche oder berufliche Tätigkeit kein anderer Arbeitsplatz zur Verfügung steht, bis zur Höhe von 1.250 € je Wirtschaftsjahr abziehbar. Dabei handelt es sich nicht um einen Pauschbetrag, sondern um einen objektbezogenen Höchstbetrag, der nicht mehrfach für verschiedene Tätigkeiten oder Personen in Anspruch genommen werden kann.[97]

– Mehraufwendungen wegen einer aus beruflichem Anlass begründeten **doppelten Haushaltsführung**, unabhängig von den Gründen, die zur Beibehaltung der doppelten Haushaltsführung führen (§ 9 Abs. 1 S. 3 Nr. 5 S. 1 EStG). Grundsätzlich liegt eine doppelte Haushaltsführung dann vor, wenn ein Arbeitnehmer außerhalb des Ortes, in dem er einen eigenen Hausstand unterhält, beschäftigt ist und auch an diesem Beschäftigungsort wohnt (§ 9 Abs. 1 S. 3 Nr. 5 S. 2 EStG).[98] Ab dem VAZ 2014 sieht § 9 Abs. 1 S. 3 Nr. 5 S. 4 EStG für Inlandsfälle eine Unterkunftskostenobergrenze von 1.000 € im Monat vor.

– **Aufwendungen für beruflich veranlasste Bildungsmaßnahmen (Fortbildung)**: Damit Aufwendungen für die Aneignung von Fachwissen als Erwerbsaufwendungen qualifiziert werden können, müssen sie in einem **Veranlassungszusammenhang zu einem Beruf** stehen. Dabei ist es unerheblich, ob ein neuer, ein anderer oder ein erstmaliger Beruf ausgeübt werden soll.[99] So kann ein Veranlassungszusammenhang **zu einem ausgeübten Beruf** (bspw. berufsbegleitendes Studium),[100] aber auch **zu einem angestrebten Beruf** (bspw. Umschulungsmaßnahmen) bestehen. Eine berufliche Veranlassung liegt grundsätzlich vor, wenn ein objektiver Zusammenhang mit dem Beruf besteht und die Aufwendungen subjektiv zur Förderung des Berufs getätigt werden.[101] Insb. ist es für das Vorliegen eines Zusammenhangs mit einem angestrebten Beruf notwendig, dass die Aufwendungen in einem hinreichend konkreten, objektiv feststellbaren Zusammenhang mit künftigen steuerbaren Einnahmen aus der angestrebten beruflichen Tätigkeit stehen.[102] Dies wird z.B. bei einem Seniorenstudium nicht mehr der Fall sein. Obwohl ein objektiver Zusammenhang mit dem Beruf und den künftigen Einnahmen auch bei einer **Erstausbildung** und einem **Erststudium** meist gegeben sein wird, hat der Gesetzgeber die dem Steuerpflichtigen hierfür entstehenden Aufwendungen vom Betriebsausgaben- oder Werbungskostenabzug ausgeschlossen (§ 12 Nr. 5 EStG) und sie den Sonderausgaben zugeordnet, wo sie im Ergebnis meist

---

[97] Vgl. BMF-Schreiben vom 02.03.2011, BStBl I 2011, S. 195.
[98] Ohne eigenen Hausstand kann eine doppelte Haushaltsführung ausnahmsweise bei sog. Einsatzwechseltätigkeiten vorliegen; vgl. BMF-Schreiben vom 30.06.2004, BStBl I 2004, S. 582.
[99] Vgl. BFH-Urteil vom 04.11.2003, in: BFH/NV 2004, S. 404.
[100] Vgl. BFH-Urteil vom 17.12.2002, BStBl II 2003, S. 407.
[101] Vgl. BFH-Urteil vom 04.12.2002, BStBl II 2003, S. 403. Indizien für das Vorliegen von Erwerbsaufwendungen können sein: Konkrete und berufsbezogene Vorbereitung auf die angestrebte spätere Tätigkeit; für den konkreten späteren Beruf ist eine spezielle berufliche Ausbildung zwingend erforderlich; Erweiterung der beruflichen Kenntnisse oder Festigung der Stellung im Unternehmen; vgl. THEISEN, MANUEL RENÉ/ZELLER, FLORIAN: Neues zur Behandlung von Promotionskosten – Zugleich Anmerkung zum BFH-Urteil vom 27.05.2003 VI R 33/01, DB 2003 S. 1485 –, in: DB 2003, S. 1753-1759, s.b.S. 1755.
[102] Vgl. BFH-Urteil vom 22.07.2003, in: BFH/NV 2003, S. 1381.

mangels ausreichender Einkünfte steuerlich nicht verwertbar sind (s.o.). Wenn einer Berufsausbildung eine weitere bereits abgeschlossene Berufsausbildung oder ein abgeschlossenes Erststudium vorausgegangen ist, sind die durch diese zweite Berufsausbildung veranlassten Aufwendungen als Werbungskosten bzw. Betriebsausgaben qualifiziert, sofern ein hinreichend konkreter, objektiv feststellbarer Zusammenhang mit später im Inland steuerpflichtigen Einnahmen aus der angestrebten beruflichen Tätigkeit entsteht. Ebenfalls als **Werbungskosten** bzw. **Betriebsausgaben** und unter denselben Voraussetzungen absetzbar sind die Aufwendungen, die für ein **Erststudium** nach einem bereits abgeschlossenen Studium oder einer bereits **abgeschlossenen Berufsausbildung** entstehen.[103]

– Aufwendungen für beruflich genutzte Wirtschaftsgüter (sog. **Arbeitsmittel**), z.B. Werkzeuge oder typische Berufskleidung (§ 9 Abs. 1 S. 2 Nr. 6 EStG); bei Wirtschaftsgütern mit einer Nutzungsdauer über einem Jahr hat eine Verteilung über Abschreibungen zu erfolgen (§ 9 Abs. 1 S. 2 Nr. 7 EStG).

– Aufwendungen für einen privat angeschafften und **sowohl beruflich als auch privat genutzten PC** sind im Hinblick auf den Anteil der beruflichen Nutzung als Werbungskosten abziehbar, soweit die nicht unwesentliche berufliche Nutzung des Gerätes nachgewiesen oder zumindest glaubhaft gemacht werden kann.[104] Insb. gibt es keine generelle Vermutung, dass ein privat angeschaffter und in der privaten Wohnung aufgestellter PC weit überwiegend privat genutzt wird (und damit nicht zu Erwerbsaufwendungen führt). Die Aufwendungen für einen privat angeschafften und sowohl beruflich als auch privat genutzten PC fallen also nicht unter das Aufteilungs- und Abzugsverbot des § 12 Nr. 1 S. 2 EStG. Bei einer privaten Mitbenutzung von nicht mehr als etwa 10 % ist der PC ein Arbeitsmittel (§ 9 Abs. 1 S. 3 Nr. 6 EStG), womit die gesamten Aufwendungen – verteilt auf die Nutzungsdauer – steuerlich geltend gemacht werden können. Ggf. ist der berücksichtigungsfähige Umfang der beruflichen Nutzung zu schätzen. Zu beachten ist, dass die PC-Peripheriegeräte (Tastatur, Maus, Drucker, Bildschirm) keine geringwertigen Wirtschaftsgüter sein können, da sie nicht selbstständig nutzbar sind. Sie sind daher mit dem PC zusammen über die Nutzungsdauer abzuschreiben.

– **Kleidung**: Erwerbsaufwendungen können nur Aufwendungen für typische Berufskleidung sein, wie z.B. Uniform, Amtstracht oder Schutzhelm.

– **Reisekosten** sind Erwerbsaufwendungen in Form von Fahrtkosten, Verpflegungsmehraufwendungen sowie Übernachtungskosten und Reisenebenkosten, die durch eine so gut wie ausschließlich beruflich veranlasste Auswärtstätigkeit des Arbeitnehmers entstehen, wobei eine berufliche Auswärtstätigkeit vorliegt, wenn der Arbeitnehmer vorübergehend außerhalb seiner Wohnung und regelmäßigen Arbeitsstätte beruflich tätig wird (R 9.4 Abs. 1 LStR). Bei gemischter Veranlassung (z.B. mit touristischem Beiprogramm) stellt die Rechtsprechung strenge Anforderungen an die Abzugsfähigkeit. Für berufli-

---

[103] Vgl. BFH-Urteil vom 18.06.2009, in: DStR 2009, S. 1952.
[104] Vgl. BFH-Urteil vom 19.02.2004, in: BFH/NV 2004, S. 872. Weist der Steuerpflichtige den Anteil der beruflich veranlassten Nutzung nach, so steht einer anteiligen Berücksichtigung der Aufwendungen auch aus Sicht der Finanzverwaltung nichts entgegen; vgl. Erlass des FM Nordrhein-Westfalen vom 08.12.2000, in: DB 2001, S. 231.

che/betriebliche Fahrten, die nicht Fahrten zwischen Wohnungs- und Arbeitsstätte bzw. Familienheimfahrten sind, kann der Steuerpflichtige einen pauschalen Satz von 0,30 € je Fahrtkilometer ansetzen,[105] wenn er seinen privaten Pkw benutzt und keinen Einzelnachweis der tatsächlich entstandenen **Fahrtkosten** erbringen will oder kann (R 9.5 und H 9.5 LStR). Aufwendungen für die Verpflegung können nicht in der tatsächlich entstandenen Höhe sondern nur i.R. von Pauschalen berücksichtigt werden (sog. **Verpflegungsmehraufwendungen**; R 9.6 Abs. 1 LStR i.V.m. § 4 Abs. 5 S. 1 Nr. 5 EStG). Bei einer beruflich veranlassten Auswärtstätigkeit im Inland betragen die Pauschbeträge für Verpflegungsmehraufwendungen 24 € bei einer Abwesenheit von 24 Stunden, 12 € bei einer Abwesenheit von mindestens 14 Stunden und 6 € bei einer Abwesenheit von mindestens 8 Stunden. Im Zuge der Umsetzung des Gesetzes zur Vereinfachung und Änderung der Unternehmensbesteuerung und des steuerlichen Reisekostenrechts ist eine Aufgabe der bisherigen Dreiteilung der Verpflegungsmehraufwendungen erfolgt; diese Änderung gilt ab dem VAZ 2014. Für eine Abwesenheit von mehr als 8 Stunden sowie für den An- und Abreisetag im Rahmen einer auswärtigen Übernachtung sollen die Verpflegungsmehraufwendungen 12 € betragen; bei einer Abwesenheit von 24 Stunden können 24 € berücksichtigt werden (§ 9 Abs. 4a EStG). Im Falle von beruflichen Auswärtstätigkeiten im Ausland gelten die vom BMF für die einzelnen Staaten festgelegten Auslandstagegelder.[106]

Muss ein Arbeitnehmer während seiner beruflichen Auswärtstätigkeit in einem Hotel oder einer Gaststätte übernachten, gehören die Aufwendungen für die Unterbringung zu den Werbungskosten. Nicht gesondert abziehbar sind die Kosten eines Frühstücks, da diese über die Verpflegungspauschale bereits abgegolten sind. Sind in der Hotelrechnung Übernachtungskosten und Kosten des Frühstücks nicht getrennt ausgewiesen, so ist der Gesamtrechnungsbetrag für ein Frühstück um 20 % und für ein Mittag- und Abendessen um jeweils 40 % der vollen Verpflegungspauschale zu kürzen, die für den jeweiligen Unterkunftsort bei einer 24-stündigen Abwesenheit gilt (R 9.7 Abs. 1 LStR).

Der Arbeitgeber kann anlässlich einer beruflichen Auswärtstätigkeit seinen Arbeitnehmern im Normalfall dieselben Beträge steuerfrei ersetzen, die der Arbeitnehmer als Werbungskosten geltend machen könnte (§ 3 Nr. 16 EStG).

– **Telefonkosten** sind im Falle der gemischten Veranlassung grundsätzlich im Einzelnen nachzuweisen oder glaubhaft zu machen,[107] jedoch können sie ausnahmsweise auch geschätzt werden.[108] Zudem gestattet die Finanzverwaltung gewisse Vereinfachungs- und Kleinbetragsregelungen (R 9.1 Abs. 5 LStR).

---

[105] Vgl. BMF-Schreiben vom 20.08.2001, BStBl II 2001, S. 541; durch das Gesetz zur Änderung und Vereinfachung der Unternehmensbesteuerung und des steuerlichen Reisekostenrechts wurden die bisher nur in Verwaltungsanweisungen niedergelegten Regelungen auch gesetzlich fixiert und finden ab 01.01.2014 Anwendung (§ 9 Abs. 1 S. 3 Nr. 4a EStG).
[106] Vgl. BMF-Schreiben vom 17.12.2012, BStBl I 2013, S. 60.
[107] Vgl. BFH-Beschluss vom 22.12.2000, in: BFH/NV 2001, S. 774.
[108] Vgl. BFH-Urteil vom 19.12.1977, BStBl II 1978, S. 287.

- Aufwendungen für eine freiwillige **Unfallversicherung**, die ausschließlich betriebliche Unfälle abdeckt, sind Erwerbsaufwendungen.[109] Wird auch das Unfallrisiko im Privatbereich mit abgedeckt, müssen die Aufwendungen entsprechend aufgeteilt werden, wobei im Zweifel eine hälftige Aufteilung erfolgt. Der nicht abziehbare Betrag wird den Sonderausgaben (Vorsorgeaufwendungen) zugeordnet.[110]
- **Zinsen** sind Werbungskosten, soweit sie mit einer Überschusseinkunftsart in wirtschaftlichem Zusammenhang stehen (§ 9 Abs. 1 Nr. 1 EStG), bzw. Betriebsausgaben bei Gewinneinkunftsarten, wenn diese einer zweistufigen Prüfung standhalten. In einem ersten Schritt muss geprüft werden, ob die Schuldzinsen betrieblich veranlasst sind (§ 4 Abs. 4 EStG). Bei Bejahung der betrieblichen Veranlassung wird in einem nächsten Schritt die Abzugsfähigkeit eingeschränkt, sofern der Unternehmer Entnahmen tätigt, die die Summe aus Gewinn und Einlagen des Wirtschaftsjahres übersteigen (sog. „Überentnahmen"). 6 % dieser Überentnahme stellen nicht abziehbare Schuldzinsen dar, wobei bei der Berechnung das aktuelle Wirtschaftsjahr und die vorherigen Wirtschaftsjahre betrachtet werden müssen. Dieser Betrag wird auf die um 2.050 € gekürzten, tatsächlich angefallenen Schuldzinsen begrenzt und dem Gewinn hinzugerechnet. Zinsen für Darlehen, welche für die Finanzierung von Wirtschaftsgütern des Anlagevermögens aufgenommen wurden, unterliegen nicht dieser Begrenzung und bleiben immer in voller Höhe abzugsfähig (§ 4 Abs. 4a EStG).[111]
- Neben der soeben angesprochenen Abzugsbeschränkung für Zinsen wurde durch das Unternehmensteuerreformgesetz 2008 in Form der sog. „**Zinsschranke**" (§ 4h EStG) eine weitere – rechtsformunabhängige – Zinsabzugsbeschränkung installiert.

Neben einem Einzelnachweis der Erwerbsaufwendungen hat der Gesetzgeber – insb. für Werbungskosten – **Pauschbeträge** im Gesetz verankert, die der Steuerpflichtige ohne Nachweis tatsächlicher Aufwendungen ansetzen kann (§ 9a EStG). Hierunter fallen:

- der Arbeitnehmer-Pauschbetrag i.H.v. 1.000 € (§ 9a S. 1 Nr. 1 Buchst. a EStG);
- der Werbungskosten-Pauschbetrag i.H.v. 102 € für Einnahmen aus Versorgungsbezügen i.S.v. § 19 Abs. 2 EStG (§ 9a S. 1 Nr. 1 Buchst. b EStG);
- der Werbungskosten-Pauschbetrag i.H.v. insgesamt 102 € bei sonstigen Einkünften i.S.d. § 22 Nr. 1, 1a und 5 EStG (§ 9a S. 1 Nr. 3 EStG).

Diese **Werbungskostenpauschalen** dürfen **max. bis zur Höhe der Einnahmen** angesetzt werden. Durch sie dürfen – im Gegensatz zum Einzelnachweis – keine negativen Einkünfte entstehen oder sich erhöhen (§ 9a S. 2 EStG).

Bei Kapitaleinkünften wird der Ansatz eines Sparer-Pauschbetrags i.H.v. 801 € anstelle der tatsächlichen Werbungskosten vorgeschrieben (§ 20 Abs. 9 EStG).

---

[109] Vgl. BMF-Schreiben vom 28.10.2009, BStBl I 2009, S. 1275.
[110] Vgl. BFH-Urteil vom 22.06.1990, BStBl II 1990, S. 901 und BMF-Schreiben vom 17.07.2000, BStBl I 2000, S. 1204.
[111] Vgl. BMF-Schreiben vom 22.05.2000, BStBl I 2000, S. 588; JAKOB, WOLFGANG: Schuldzinsenabzug bei kreditfinanzierter Entnahme – § 4 Abs. 4a EStG i.d.F. des Steuerbereinigungsgesetzes 1999, in: DStR 2000, S. 101-103, s.b.S. 102.

2.3.2.3 Der Verlustausgleich

Die Verlustverrechnung, d.h. die Verlustnutzung ist folgendermaßen ausgestaltet: zunächst erfolgt der **Verlustausgleich innerhalb des Veranlagungszeitraums** (horizontal bzw. vertikal); danach noch verbleibende negative Einkünfte können i.R.d. **Verlustabzugs** gem. § 10d EStG verwendet werden (Verlustrücktrag bzw. Verlustvortrag). Abb. 15 stellt diese Systematik der Verlustverrechnung dar. Abb. 16 beinhaltet eine Aufzählung der Regelungen, die zu einer Beschränkung der Verlustverrechnung bei den einzelnen Einkunftsarten führen.

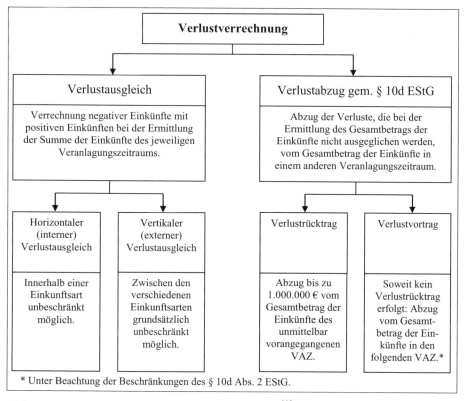

Abb. 15: Verlustverrechnung i.R.d. Einkommensteuer[112]

---

[112] Aufbauend auf SELCHERT, FRIEDRICH WILHELM: Grundlagen der betriebswirtschaftlichen Steuerlehre, 5. Aufl., München/Wien 2001, S. 105.

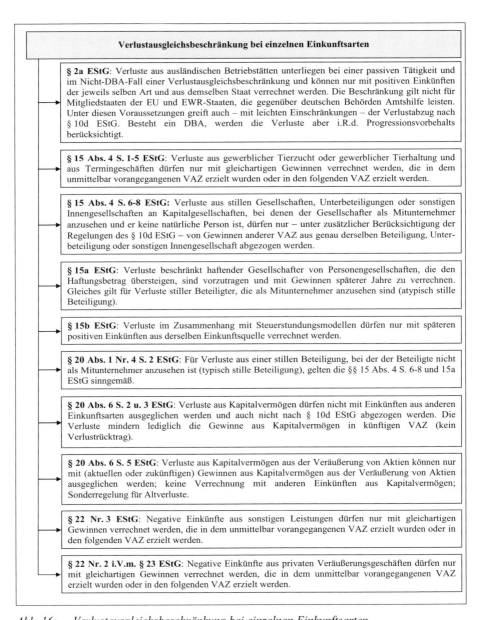

Abb. 16: Verlustausgleichsbeschränkung bei einzelnen Einkunftsarten

Bei dem Verlustausgleich ist zwischen dem horizontalen und dem vertikalen Verlustausgleich zu unterscheiden. Zunächst erfolgt der horizontale Verlustausgleich, der es gestattet, innerhalb einer Einkunftsart negative Einkünfte unbeschränkt mit positiven Einkünften zu verrechnen. Nach dem horizontalen Verlustausgleich innerhalb einer Einkunftsart verbleibende negative Einkünfte können im Anschluss i.R.d. vertikalen Verlustausgleichs ebenfalls unbeschränkt mit positiven Einkünften aus anderen Einkunftsarten verrechnet werden.

Durch eine ganze Reihe von Normen kommt es jedoch zu **Beschränkungen sowohl des horizontalen als auch des vertikalen Verlustausgleichs**. Bspw. gelten Einschränkungen für sog. negative Einkünfte aus **Steuerstundungsmodellen**. Steuerstundungsmodelle sind modellhafte Gestaltungen, mittels derer steuerliche Vorteile durch negative Einkünfte erzielt werden sollen. Verluste im Zusammenhang mit Steuerstundungsmodellen dürfen nur mit späteren positiven Einkünften aus derselben Einkunftsquelle verrechnet werden (§ 15b Abs. 1 EStG).

Ein Verlustausgleich bei Investitionen außerhalb dieser Modelle, wie z.B. beim Kauf einer Eigentumswohnung durch eine Privatperson von einem Bauträger ohne modellhafte Beteiligung Dritter (z.B. Treuhänder, Zwischenvermieter, Kapitalvermittler), wird durch § 15b EStG nicht eingeschränkt. Auch besonders risikoreiche Anlagen (z.B. Venture-Capital-Fonds) fallen nicht zwingend unter § 15b EStG, sofern nicht die Erzielung von steuerlichen Vorteilen im Vordergrund steht.

2.3.3 Der Gesamtbetrag der Einkünfte (§ 2 Abs. 3 EStG)

Bei der Ermittlung des **Gesamtbetrags der Einkünfte** ist die Summe der Einkünfte ggf. um den **Altersentlastungsbetrag**, den **Entlastungsbetrag für Alleinerziehende** und den **Freibetrag für Land- und Forstwirte** zu korrigieren.

Als **Altersentlastungsbetrag** (§ 24a EStG) kann bis zu einem Höchstbetrag ein bestimmter Prozentsatz des Arbeitslohns und der positiven Summe der Einkünfte, die nicht Einkünfte aus nichtselbstständiger Arbeit, Versorgungsbezüge i.S.d. § 19 Abs. 2 EStG, Leibrenten i.S.d. § 22 Nr. 1 S. 3 Buchst. a EStG, Einkünfte i.S.d. § 22 Nr. 4 S. 4 Buchst. b EStG oder Einkünfte i.S.d. § 22 Nr. 5 S. 1 EStG, soweit § 52 Abs. 34c EStG anzuwenden sind, abgezogen werden (§ 24a S. 1 und 2 EStG). Dazu muss der Steuerpflichtige vor dem Beginn des Kalenderjahres, in dem er sein Einkommen bezogen hat, das 64. Lebensjahr vollendet haben (§ 24a S. 3 EStG). Der Prozentsatz betrug im Jahr 2005 40 % und der Höchstbetrag 1.900 € (2013: 27,2 % und 1.292 €); beide werden bis zum Jahr 2039 abgeschmolzen, sodass ab dem Jahr 2040 kein Altersentlastungsbetrag mehr gewährt wird (§ 24a S. 5 EStG). Die Gewährung des Altersentlastungsbetrags dient dem Zweck, Besteuerungsnachteile der betroffenen Alterseinkünfte im Vergleich zu sonstigen Alterseinkünften (gesetzlichen Renten, Pensionen) auszugleichen. Da gesetzliche Renten und Pensionen ab dem Jahr 2040 in vollem Umfang der nachgelagerten Besteuerung unterliegen, hat diese Begünstigungsregelung dann keine Berechtigung mehr. Bei Zusammenveranlagung ist der Altersentlastungsbetrag gesondert für jeden Ehegatten zu ermitteln (§ 24a S. 4 EStG).

Beispiel: (Altersentlastungsbetrag)[113]

Ein Pensionär hat im Jahr 2012 das 64. Lebensjahr vollendet; er bezieht im Jahr 2013 Versorgungsbezüge i.H.v. monatlich 1.200 €. Daneben erzielt er im Jahr 2013 Einkünfte aus schriftstellerischer Tätigkeit i.H.v. 6.500 €.

Bei der Bemessung des Altersentlastungsbetrags bleiben die Versorgungsbezüge außer Betracht. Aus den Einkünften aus schriftstellerischer Tätigkeit ergibt sich ein Altersentlastungsbetrag i.H.v. (27,2 % von 6.500 € =) 1.768 €, der jedoch auf den Höchstbetrag von 1.292 € begrenzt wird.

Der **Entlastungsbetrag für Alleinerziehende** (§ 24b EStG) i.H.v. 1.308 € für sog. „Halbfamilien" ersetzt den früheren Haushaltsfreibetrag (§ 32 Abs. 7 EStG a.F.), der einem Beschluss des Bundesverfassungsgerichts[114] folgend nicht mehr gewährt wird. Den Entlastungsbetrag für Alleinerziehende können Alleinstehende abziehen, wenn zu deren Haushalt ein Kind gehört, für das der Freibetrag gem. § 32 Abs. 6 EStG bzw. Kindergeld zusteht (§ 24b Abs. 1 S. 1 EStG). Ein Kind gehört grundsätzlich dann zum Haushalt des Steuerpflichtigen, wenn es in dessen Wohnung gemeldet ist (§ 24b Abs. 1 S. 2 EStG). Allein stehend ist ein Steuerpflichtiger, wenn er nicht die Voraussetzungen des Splittingtarifs erfüllt oder verwitwet ist und zudem keine Haushaltsgemeinschaft mit einer anderen volljährigen Person besteht[115] (§ 24b Abs. 2 S. 1 EStG). Ist eine andere volljährige Person mit ihrem Haupt- oder Nebenwohnsitz in der Wohnung des Steuerpflichtigen gemeldet, wird zunächst vermutet, dass eine (schädliche) Haushaltsgemeinschaft besteht (§ 24b Abs. 2 S. 2 EStG). Diese Vermutung ist widerlegbar, wenn der Steuerpflichtige und die andere volljährige Person nicht in einer eheähnlichen Gemeinschaft oder einer eingetragenen Lebenspartnerschaft leben (§ 24b Abs. 2 S. 3 EStG).

Gem. § 13 Abs. 3 EStG werden – sofern die Summe der Einkünfte 30.700 € (bei Zusammenveranlagung: 61.400 €) nicht übersteigt – Einkünfte aus Land- und Forstwirtschaft nur berücksichtigt, soweit sie den Betrag von 670 € (bei Zusammenveranlagung: 1.340 €) übersteigen (sog. **Freibetrag für Land- und Forstwirte**).

2.3.4 Das Einkommen (§ 2 Abs. 4 EStG)

2.3.4.1 Der Verlustabzug nach § 10d EStG

Die 2. Säule der Verlustverrechnung innerhalb der Einkommensteuer stellt der **Verlustabzug** gem. § 10d EStG dar, mittels dem nach erfolgtem **Verlustausgleich** noch verbleibende negative Einkünfte verwendet werden können. Für diese nicht ausgeglichenen Verluste eines VAZ besteht, außer in den genannten Fällen negativer Einkünfte aus Kapitalvermögen, ein **Wahlrecht zwischen dem Verlustrücktrag und dem Verlustvortrag**.

---

[113] Modifiziert entnommen aus SCHMIDBAUER, WILHELM/SCHMIDBAUER, BERNHARD: Die Besteuerung von Renten und Pensionen nach dem Alterseinkünftegesetz, Berg 2004, S. 98.

[114] Vgl. BVerfG-Beschluss vom 10.11.1998, in: DB 1999, S. 180-186.

[115] Es sei denn, dieser Person steht der Freibetrag gem. § 32 Abs. 6 EStG bzw. Kindergeld zu oder es handelt sich um ein Kind i.S.d. § 63 Abs. 1 S. 1 EStG, das den gesetzlichen Grund- oder Zivildienst leistet, sich freiwillig für die Dauer von nicht mehr als 3 Jahren zum Wehrdienst verpflichtet hat oder eine Tätigkeit als Entwicklungshelfer ausübt (§ 32 Abs. 5 S. 1 EStG).

Der **Verlustrücktrag** (§ 10d Abs. 1 EStG) ist nur in den vorangegangenen VAZ möglich und darüber hinaus auf 1.000.000 € (bei Zusammenveranlagung: 2.000.000 €) beschränkt. Auf Antrag kann der Steuerpflichtige ganz oder teilweise auf den Verlustrücktrag verzichten (§ 10d Abs. 1 S. 5 EStG).

I.R.d. **Verlustvortrags** (§ 10d Abs. 2 EStG) können nicht ausgeglichene negative Einkünfte aus Vorjahren bis zur Höhe von 1 Mio. € (bei Zusammenveranlagung: 2 Mio. €) uneingeschränkt (sofern vorhanden) mit einem positiven Gesamtbetrag der Einkünfte verrechnet werden (sog. **Sockelbetrag**). Sollten darüber hinaus weitere, nicht ausgeglichene negative Einkünfte bestehen, so ist deren Verlustvortrag der Höhe nach beschränkt. Die den Sockelbetrag übersteigenden Verluste dürfen nur bis 60 % des verbleibenden Gesamtbetrags der Einkünfte steuermindernd genutzt werden. Im Ergebnis führt dies zu einer **Mindestbesteuerung**, da 40 % des über den Sockelbetrag hinausgehenden Gesamtbetrags der Einkünfte im VAZ, in den der Verlust vorgetragen wird, immer der Besteuerung unterliegen.

Ausgleichbar sind nur Verluste, die bei der Ermittlung des „Gesamtbetrags der Einkünfte" entstanden sind (vgl. die Herleitung des zu versteuernden Einkommens). Im Jahr der Verlustverrechnung ist der Verlustrück- bzw. -vortrag vom Gesamtbetrag der Einkünfte noch **vor den Sonderausgaben und außergewöhnlichen Belastungen vorzunehmen**. Im Verlustentstehungsjahr vorhandene Sonderausgaben, außergewöhnliche Belastungen usw. gehen also verloren; sie dürfen nicht vorgetragen werden. Ein nach Verlustvortrag und Verlustrücktrag am Ende eines VAZ noch verbleibender Verlust ist gesondert festzustellen und vorzutragen (§ 10d Abs. 4 S. 1 EStG).

2.3.4.2 Die Sonderausgaben (§§ 10, 10a, 10b, 10c EStG)

Einige Sonderausgaben können unbeschränkt abgezogen werden (sog. **unbeschränkt abzugsfähige Sonderausgaben**). Der Abzug des ganz überwiegenden Teils der Sonderausgaben ist indes der Höhe nach begrenzt (sog. **beschränkt abzugsfähige Sonderausgaben**).

Unbeschränkt abzugsfähige Sonderausgaben sind auf besonderen **Verpflichtungsgründen beruhende, lebenslange und wiederkehrende Versorgungsleistungen** (§ 10 Abs. 1 Nr. 1a EStG). Hierunter fällt die Zahlung von Versorgungsleistungen in Folge bestimmter Vermögensübergaben (Versorgungsrente; keine Unterhaltsrente) im Wege der vorweggenommenen Erbfolge. Während die Zahlungen beim Versorgungsverpflichteten in voller Höhe als Sonderausgaben abziehbar sind, sind diese beim Empfänger in voller Höhe als sonstige Einkünfte zu versteuern (§ 22 Nr. 1b EStG). Daher entfällt die früher vorgenommene Unterscheidung in Renten und dauernde Lasten. Unbeschränkt abzugsfähig sind daneben Leistungen aufgrund eines schuldrechtlichen Versorgungsausgleichs, soweit die ihnen zugrunde liegenden Einnahmen beim Ausgleichsverpflichteten der Besteuerung unterliegen (§ 10 Abs. 1 Nr. 1b EStG). Beruht die Leistung also auf voll nach § 19 EStG der Besteuerung unterliegenden Versorgungsbezügen, erfolgt ein Sonderausgabenabzug in voller Höhe; der Ausgleichsberechtigte muss dann die Leistung in voller Höhe der Besteuerung unterwerfen (§ 22 Nr. 1c EStG). Liegt der Leistung nur eine mit dem Ertragsanteil steuerbare Leibrente des Ausgleichsverpflichteten zugrunde, soll sich die Bemessungsgrundlage des Ausgleichsverpflichteten nur in

Höhe dieses Ertragsanteils mindern; der Berechtigte soll dann auch nur diesen Teil der Leistung versteuern (§ 22 Nr. 1c EStG).

Unbeschränkt als Sonderausgabe abziehbar ist auch die **gezahlte Kirchensteuer** (§ 10 Abs. 1 Nr. 4 EStG), nach Abzug der für das Vorjahr erstatteten Kirchensteuer.

Daneben sind Leistungen aufgrund eines schuldrechtlichen Versorgungsausgleichs unbeschränkt abzugsfähig, soweit die ihnen zugrunde liegenden Einnahmen beim Ausgleichsverpflichteten der Besteuerung unterliegen und die ausgleichsberechtigte Person unbeschränkt einkommensteuerpflichtig ist (§ 10 Abs. 1 Nr. 1b EStG).

Beschränkt abzugsfähige Sonderausgaben sind:

- **Unterhaltsleistungen** eines geschiedenen oder dauernd getrennt lebenden Ehegatten; sofern der Empfänger diese als Einkünfte aus wiederkehrenden Bezügen (sonstige Einkünfte) versteuert, kann der leistende Ehegatte diese i.H.v. max. 13.805 € pro Jahr als Sonderausgaben ansetzen (sog. Wahl-Realsplitting § 10 Abs. 1 Nr. 1 EStG). Alternativ können Unterhaltsleistungen als außergewöhnliche Belastung angesetzt werden, was aber i.d.R. zu einem ungünstigeren Ergebnis führen wird.
- **Vorsorgeaufwendungen**:[116] Seit dem Inkrafttreten des „Gesetzes zur Neuordnung der einkommensteuerrechtlichen Behandlung von Altersvorsorgeaufwendungen und -bezügen (Alterseinkünftegesetz – AltEinkG)"[117] ist zwischen Aufwendungen für die Alterssicherung einerseits und den übrigen Vorsorgeaufwendungen andererseits zu unterscheiden. Daneben ist bis 2019 eine (doppelte) Günstigerprüfung durchzuführen.

Aufwendungen für die Alterssicherung, sog. Altersvorsorgeaufwendungen (§ 10 Abs. 1 Nr. 2 EStG), dürfen als Sonderausgaben abgezogen werden, wenn die tatsächliche Verwendung für die Altersvorsorge sichergestellt ist. Dies ist bei den Beiträgen zur gesetzlichen Rentenversicherung und auch, soweit den gesetzlichen Rentenversicherungen vergleichbare Leistungen erbracht werden, bei Beiträgen zu landwirtschaftlichen Alterskassen und berufsständischen Versorgungseinrichtungen der Fall (§ 10 Abs. 1 Nr. 2 S. 1 Buchst. a EStG). Daneben können bestimmte private Zusatzversicherungen zum Aufbau einer kapitalgedeckten Altersversorgung (sog. „Rürup-Renten" bzw. „Basis-Renten") berücksichtigt werden, soweit die Zahlung einer lebenslangen Leibrente nicht vor Vollendung des 60. Lebensjahres vorgesehen ist und die Ansprüche nicht vererblich, übertragbar, beleihbar, veräußerbar oder kapitalisierbar sind; die ergänzende Absicherung des Eintritts der Berufsunfähigkeit, der verminderten Erwerbsfähigkeit oder von Hinterbliebenen ist nicht schädlich (§ 10 Abs. 1 Nr. 2 S. 1 Buchst. b EStG). Außerdem abzugsfähig ist der – gem. § 3 Nr. 62 EStG steuerfreie – Arbeitgeberanteil zur gesetzlichen Rentenversicherung und ein diesem gleichgestellter steuerfreier Zuschuss des Arbeitgebers (§ 10 Abs. 1 Nr. 2 S. 2 EStG). Die im Rahmen eines „Mini-Jobs" gezahlten Beiträge zur Rentenversicherung zählen auf An-

---

[116] Vgl. zu den folgenden Ausführungen und Beispielen MYSEN, MICHAEL: Das Alterseinkünftegesetz. Die steuerliche Berücksichtigung von Vorsorgeaufwendungen nach § 10 EStG, in: NWB vom 06.12.2004, Fach 3, S. 13095-13118.

[117] Gesetz vom 05.07.2004, BGBl I 2004, S. 1427.

trag des Steuerpflichtigen zu den Altersvorsorgeaufwendungen gem. § 10 Abs. 1 S. 1 Nr. 2 S. 2 EStG (§ 10 Abs. 1 Nr. 2 S. 3 EStG). Vorteilhaft ist ein solcher Antrag aber nur dann, wenn der Steuerpflichtige auf die Versicherungsfreiheit in der Rentenversicherung verzichtet und damit eigene Beiträge gezahlt hat.

Die Aufwendungen dürfen bei einzeln veranlagten Steuerpflichtigen als Sonderausgaben max. i.H.v. 20.000 € abgezogen werden, bei Ehegatten i.H.v. 40.000 € (§ 10 Abs. 3 S. 1 und 2 EStG). Dieser Höchstbetrag ist bei folgenden Personengruppen um einen fiktiven Gesamtrentenversicherungsbeitrag zu kürzen (§ 10 Abs. 3 S. 3 EStG):

- In der gesetzlichen Rentenversicherung versicherungsfreie oder auf Antrag des Arbeitgebers von der Versicherungspflicht befreite Arbeitnehmer, denen für den Fall ihres Ausscheidens aus der Beschäftigung aufgrund ihres Beschäftigungsverhältnisses eine lebenslängliche Versorgung oder an deren Stelle eine Abfindung zusteht oder die in der gesetzlichen Rentenversicherung nachzuversichern sind.
- Nicht der gesetzlichen Rentenversicherungspflicht unterliegende Arbeitnehmer, die eine Berufstätigkeit ausgeübt und im Zusammenhang damit aufgrund vertraglicher Vereinbarungen Anwartschaftsrechte auf eine Altersversorgung erworben haben.
- Steuerpflichtige, die Einkünfte gem. § 22 Nr. 4 EStG erzielen (z.B. Abgeordnete) und die ganz oder teilweise ohne eigene Beitragsleistungen einen Anspruch auf Altersversorgung erwerben.

Von der Kürzung betroffen sind damit insb. Beamte (Lehrer, Richter, Soldaten, Polizisten u.ä.) sowie nichtversicherungspflichtige Geschäftsführer oder Vorstände mit Pensionszusagen (v.a. GmbH-Gesellschafter-Geschäftsführer). Die Kürzung des zur Verfügung stehenden Höchstbetrages um einen fiktiven Gesamtrentenversicherungsbeitrag bei den genannten Personengruppen dient der Angleichung des Abzugsumfangs für eine zusätzliche Altersversorgung bei allen Steuerpflichtigen (vgl. unten stehendes Beispiel).

In den Jahren 2005 bis 2024 bleibt die Abzugsfähigkeit weiter begrenzt. Im Jahr 2005 waren die zulässigen Aufwendungen i.R.d. (evtl. um den fiktiven Gesamtrentenversicherungsbeitrag geminderten) Höchstbetrages nur i.H.v. 60 % abzugsfähig (§ 10 Abs. 3 S. 4 EStG). Dieser Prozentsatz steigt in jedem weiteren Jahr um 2 Prozentpunkte, so dass der (evtl. geminderte) Höchstbetrag erst ab dem Jahr 2025 vollständig als Sonderausgabe berücksichtigt werden kann (§ 10 Abs. 3 S. 6 EStG).

Der sich danach ergebende Betrag ist nach Abzug des nach § 3 Nr. 62 EStG steuerfreien Arbeitgeberanteils zur gesetzlichen Rentenversicherung als Sonderausgabe (Altersvorsorgeaufwand) anzusetzen (§ 10 Abs. 3 S. 5 EStG).

Beispiel: (Als Sonderausgaben abzugsfähige Vorsorgeaufwendungen eines Arbeitnehmers)

Ein Arbeitnehmer zahlt im Jahr 2013 einen Arbeitnehmeranteil zur gesetzlichen Rentenversicherung i.H.v. 3.980 €. Der steuerfreie Arbeitgeberanteil beläuft sich ebenfalls auf 3.980 €. Weitere Altersvorsorgeaufwendungen sind nicht getätigt worden. Damit ergibt sich folgendes Sonderausgabenabzugsvolumen für Altersvorsorgeaufwendungen:

Arbeitnehmeranteil zur gesetzlichen RV	3.980 €
Steuerfreier Arbeitgeberanteil zur gesetzlichen RV	3.980 €
Summe = Berücksichtigungsfähige Altersvorsorgeaufwendungen (maßgebend, da kleiner als der Höchstbetrag i.H.v. 20.000 €)	7.960,00 €
Davon 76 % (2013)	6.049,60 €
Abzgl. steuerfreier Arbeitgeberanteil	3.980,00 €
Saldo = Sonderausgabenabzug für Altersvorsorgeaufwendungen	**2.069,60 €**

Beispiel: (Altersvorsorgeaufwendungen bei Arbeitnehmern und Beamten)

A ist allein stehend und erzielt im Jahr 2013 als Arbeitnehmer einen Bruttoarbeitslohn i.H.v. 50.000 €. Der Beitragssatz zur gesetzlichen Rentenversicherung beträgt 18,9 %. A leistet einen Jahresbeitrag zu einer „Rürup-Rente" i.H.v. 12.000 €. Für B gelten selbige Ausgangsdaten, mit dem Unterschied, dass er verbeamtet ist. Die Ermittlung des Sonderausgabenabzugsbetrages für das Jahr 2013 gestaltet sich wie folgt:

	Arbeitnehmer A	Beamter B
Arbeit**nehmer**anteil zur gesetzlichen Rentenversicherung	4.725 €	–
+ Beitrag zur „Rürup-Rente"	12.000 €	12.000 €
+ Arbeit**geber**anteil an gesetzlicher Rentenversicherung	4.725 €	–
= Altersvorsorgeaufwendungen i.S.d. § 10 Abs. 1 Nr. 2 EStG	21.450 €	12.000 €
./. Fiktiver Gesamtrentenversicherungsbeitrag (18,9 % von 50.000 €)	–	9.450 €
Höchstbetrag: 20.000 € abzgl. fiktiver Gesamtrentenversicherungsbeitrag = verbleibender abzugsfähiger Betrag	20.000 €	10.550 €
davon 76 % (2013)	15.200 €	8.018 €
./. Arbeit**geber**anteil zur gesetzlichen Rentenversicherung	4.725 €	–
= Abziehbare Altersvorsorgeaufwendungen i.S.d § 10 Abs. 3 EStG	10.475 €	8.018 €

Der Sonderausgabenabzug beträgt bei B 76 % des gekürzten Beitrags zur „Rürup-Rente" (76 % von 10.550 € = 8.018 €). Der Sonderausgabenabzug bei A besteht aus dem anteiligen Abzug seines Rentenversicherungsbeitrages und dem anteiligen Abzug seines Beitrages zur „Rürup-Rente".

Die genannten Regelungen bewirken, dass der Arbeitgeberanteil zur Rentenversicherung in den Jahren 2005 bis 2024 zunächst in voller Höhe als Sonderausgabe erfasst wird, wodurch sich das restliche Abzugsvolumen für Altersvorsorgeaufwendungen vermindert; später wird er in voller Höhe von den nur anteilig (beginnend mit 60 %, steigend) ansetzbaren Sonderausgaben für Altersvorsorgeaufwendungen wieder abgezogen.

Selbstständigen, die als solche eigenverantwortlich für ihre Alterssicherung sind, steht ein entsprechend höheres Abzugsvolumen zur Verfügung, da kein Arbeitgeberanteil an der Sozialversicherung anfällt.

Beispiel: (Als Sonderausgaben abzugsfähige Altersvorsorgeaufwendungen eines Selbstständigen)

Ein Selbstständiger hat 2013 insgesamt 12.500 € für seine Alterssicherung an eine berufsständische Versorgungseinrichtung i.S.d § 10 Abs. 1 Nr. 2 Buchst. a EStG gezahlt. Darüber hinaus hat er noch eine private Leibrentenversicherung i.S.d § 10 Abs. 1 Nr. 2 Buchst. b EStG abgeschlossen und dort Beiträge i.H.v. 10.000 € eingezahlt.

Arbeitnehmerbeitrag zur gesetzlichen Rentenversicherung	0 €
Arbeitgeberbeitrag zur gesetzlichen Rentenversicherung	0 €
Zahlungen an berufsständische Versorgungseinrichtung	12.500 €
Zahlungen an private Leibrentenversicherung	10.000 €
Altersvorsorgeaufwendungen i.S.d. § 10 Abs. 1 Nr. 2 EStG	22.500 €
Höchstbetrag = anzusetzender Betrag	20.000 €
Davon 76 % (2013) = **Sonderausgabenabzug für Altersvorsorgeaufwendungen**	**15.200 €**

Die Altersvorsorgeaufwendungen können i.H.v. 15.200 € als Sonderausgaben angesetzt werden. Dem Selbstständigen, der seine Alterssicherung in vollem Umfang aus eigenen Beiträgen bestreitet, steht folglich das für 2013 maximale Abzugsvolumen zur Verfügung.

Bei Ehegatten ist für jeden Ehegatten gesondert zu prüfen, ob und in welcher Höhe der gemeinsame Höchstbetrag von bis zu 40.000 € zu kürzen ist.

Beispiel: (Fiktiver Gesamtrentenversicherungsbetrag und Zusammenveranlagung)

Die Eheleute Claudia und Claus Clever werden zusammenveranlagt. Claus ist als selbstständiger Arzt tätig und zahlt im Jahr 2013 insgesamt 25.000 € an eine berufsständische Versorgungseinrichtung. Claudia ist Beamtin. Sie erhält eine Besoldung i.H.v. 50.000 €. Sie hat im Jahr 2013 außerdem 2.000 € an eine private Basisrentenversicherung („Rürup-Rente") gezahlt. Der Beitragssatz zur gesetzlichen Rentenversicherung beträgt 18,9 %. Wie hoch sind die anzusetzenden Altersvorsorgeaufwendungen?

Beiträge zum berufsständischen Versorgungswerk	25.000 €	
Beiträge zur „Rürup-Rente" (Basisrentenversicherung)	2.000 €	
Gesamtbeiträge		27.000 €
Höchstbetrag		40.000 €
Kürzung um fiktiven Gesamtrentenversicherungsbeitrag für Claudia		
(18,9 % von 50.000 €)	./. 9.450 €	
Anzusetzender Höchstbetrag		30.550 €
Verbleibende zu berücksichtigende Beiträge		27.000 €
(davon 76 %)		20.520 €
Sonderausgabenabzug für Altersvorsorgeaufwendungen		20.520 €

Als **sonstige Vorsorgeaufwendungen** (§ 10 Abs. 1 Nr. 3 EStG) abzugsfähig sind Beiträge zu Kranken-, Pflege-, Unfall- und Haftpflichtversicherungen sowie Risikoversicherungen, die eine Leistung nur für den Todesfall vorsehen. Daneben sind Beiträge zu Versicherungen gegen Arbeitslosigkeit und Erwerbs- und Berufsunfähigkeitsversicherungen zu berücksichtigen, die nicht bereits als Aufwendungen für die Alterssicherung i.R. von § 10 Abs. 1 Nr. 2 S. 1 EStG abgezogen werden können (§ 10 Abs. 1 Nr. 3a EStG). Außerdem zählen zu den übrigen Vorsorgeaufwendungen 88 % der Beiträge zu Kapitallebensversicherungen und bestimmten Rentenversicherungen, die noch vor dem 31.12.2004 abgeschlossen wurden und die bisher unter die Regelung des § 10 Abs. 1 Nr. 2 Buchst. b Doppelbuchst. bb-dd EStG a.F. fielen (§ 10 Abs. 1 Nr. 3a EStG).

Diese Aufwendungen dürfen insgesamt als Sonderausgaben grundsätzlich max. i.H.v. 2.800 € abgezogen werden (§ 10 Abs. 4 S. 1 EStG). Erhält der Steuerpflichtige ohne eigene Aufwendungen ganz oder teilweise Anspruch auf vollständige oder teilweise Erstattung oder Übernahme von Krankheitskosten (z.B. beihilfeberechtigte Beamte) oder werden für die Krankenversicherung Leistungen i.S.d. § 3 Nr. 9, 14, 62 EStG erbracht (steuerfreier Arbeitgeberanteil, Sozialversicherungsrentner), dürfen lediglich 1.900 € abgezogen werden (§ 10 Abs. 4 S. 2 EStG). Dies gilt auch für Personen, die steuerfreie Leistungen der Künstlersozialkasse nach § 3 Nr. 57 EStG beziehen. Zusammenveranlagte Ehegatten sind gesondert zu betrachten und deren Teilhöchstbeträge sind zu addieren (§ 10 Abs. 4 S. 3 EStG).

Durch einen Beschluss des Bundesverfassungsgerichts im Februar 2008[118] war entschieden worden, dass die Regelungen zur steuerlichen Berücksichtigung von Kranken- und Pflegeversicherungsbeiträgen nicht die Steuerfreiheit des Existenzminimums gewährleisteten. Der Gesetzgeber kam der auferlegten Pflicht zur Behebung dieses Mangels im Rahmen des sog. „Bürgerentlastungsgesetz Krankenversicherung" nach, in welchem er regelte, dass Kranken- und Pflegeversicherungsbeiträge immer vollständig absetzbar sind, auch wenn sie den – ebenfalls durch das Bürgerentlastungsgesetz Krankenversicherung erhöhten – Höchstbetrag von 1.900 €/2.800 € (vormals 1.500 €/2.400 €) überschreiten (§ 10 Abs. 1 Nr. 3 i.V.m. Abs. 2 EStG). Allerdings werden nicht alle Krankenversicherungsbeiträge von dieser vollumfänglichen Abzugsmöglichkeit erfasst, sondern nur diejenigen, die zur Erlangung eines durch das SGB XII bestimmten, sozialhilfegleichen Versorgungsniveaus aufgewendet werden müssen (Basiskrankenversicherungsschutz; § 10 Abs. 1 Nr. 3 Buchst. a S. 1 EStG). Sofern der Beitrag an eine gesetzliche Krankenversicherung auch einen Krankengeldanspruch enthält, ist der geleistete Beitrag pauschal um 4 % zu kürzen (§ 10 Abs. 1 Nr. 3 Buchst. a S. 4 EStG). Eine pauschale Kürzung von Beiträgen an eine private Krankenversicherung unterbleibt. Beiträge des Basistarifs in privaten Krankenversicherungen sind vollumfänglich Sonderausgaben. Sofern im Rahmen der privaten Krankenversicherung eine über den Basisversicherungsschutz hinausgehende Absicherung erworben wird, sind die Beiträge nur in Höhe des Basistarifs als Sonderausgaben berücksichtigungsfähig.

Beiträge zu einer Pflegeversicherung sind ebenfalls unbegrenzt abziehbar, sowohl bei der sozialen Pflegeversicherung als auch bei der privaten Pflegepflichtversicherung (§ 10 Abs. 1 Nr. 3 Buchst. b EStG).

Gem. der neuen Rechtslage nach dem Bürgerentlastungsgesetz Krankenversicherung können die „**sonstigen Vorsorgeaufwendungen**" folglich unterteilt werden in:

– **Kranken- und Pflegeversicherungsbeiträge**, die grds. in voller Höhe absetzbar sind, und

– die sog. „**weiteren sonstigen**" Vorsorgeaufwendungen, die nur in der Höhe abgezogen werden können, in welcher die Beiträge zur Basiskranken- und Pflegeversicherung die Höchstbeträge von 1.900 €/2.800 € unterschreiten.

---

[118] Beschluss des BVerfG vom 13.02.2008, abrufbar unter: www.bundesverfassungsgericht.de/pressemitteilungen; Stand: 01.05.2010.

> **Beispiel:** (Sonstige Vorsorgeaufwendungen und Zusammenveranlagung)
>
> Lutz und Lara Listig werden zusammenveranlagt. Sie haben keine Kinder. Lutz ist als selbstständiger Steuerberater tätig und zahlt für seine private Kranken- und Pflegeversicherung im Jahr 2013 insgesamt 2.900 €. Außerdem hat er im Jahr 2000 eine Kapitallebensversicherung abgeschlossen, für die er jährliche Beiträge i.H.v. 600 € zahlt. Lara ist in der gesetzlichen Krankenversicherung pflichtversichert. Sie ist als Arbeitnehmerin beschäftigt und erhält von ihrem Arbeitgeber einen steuerfreien Arbeitgeberanteil zur Krankenversicherung. Dieser beträgt 1.000 €. Der von Lara gezahlte Krankenversicherungsbeitrag betrug für 2013 ebenso 1.000 €. In welchem Umfang können die sonstigen Vorsorgeaufwendungen berücksichtigt werden?
>
> | | | |
> |---|---|---|
> | Kranken-/Pflegeversicherungsbeiträge Lutz | 2.900 € | |
> | Kranken-/Pflegeversicherungsbeiträge Lara | 1.000 € | |
> | Beiträge zur Kapitallebensversicherung Lutz | | |
> | (88 % von 600 € = 528 €) | 528 € | |
> | **Gesamtbeiträge** | | **4.428 €** |
> | Abzugsvolumen Lutz | | |
> | Höchstbetrag | 2.800 € | |
> | **Aber: Kranken- und Pflegeversicherungsbeiträge vollständig absetzbar!** | 2.900 € | |
> | (die Beiträge zur Kapitallebensversicherung bleiben unberücksichtigt) | | |
> | Abzugsvolumen Lara | 1.000 € | |
> | **Max. zu berücksichtigen** | | **3.900 €** |

- **Aufwendungen des Steuerpflichtigen für seine erstmalige Berufsausbildung oder sein Erststudium** (selbst wenn es sich um ein berufsbegleitendes Erststudium handelt, das nicht im Rahmen eines Ausbildungsdienstvertrages abläuft) sind grundsätzlich weder als Betriebsausgaben noch als Werbungskosten abzugsfähig. Diese Aufwendungen können jedoch i.H.v. max. 6.000 € je Kalenderjahr als begrenzt abzugsfähige Sonderausgaben geltend gemacht werden (§ 10 Abs. 1 Nr. 7 S. 1 EStG). Auch für den Abzug als Sonderausgaben gelten die üblichen Beschränkungen für Verpflegungsmehraufwendungen (§ 4 Abs. 5 S. 1 Nr. 5 EStG), für ein häusliches Arbeitszimmer (§ 4 Abs. 5 S. 1 Nr. 6b EStG), für Fahrtkosten (§ 9 Abs. 2 EStG) und für notwendige Mehraufwendungen für eine doppelte Haushaltsführung (§ 9 Abs. 1 S. 3 Nr. 5, Abs. 2 EStG). Andere Aufwendungen für Bildungsmaßnahmen als solche für eine **erstmalige Berufsausbildung bzw. ein Erststudium** sind, soweit **beruflich veranlasst**, als Erwerbsaufwendungen (Fortbildungskosten) unbegrenzt abziehbar. Gleiches gilt für ein Erststudium, dem eine Berufsausbildung vorausgegangen ist.

- **Zwei Drittel der Betreuungskosten** zur Betreuung eines zum Haushalt des Steuerpflichtigen gehörenden Kindes, welches das 14. Lebensjahr noch nicht vollendet hat oder wegen einer vor Vollendung des 25. Lebensjahres eingetretenen körperlichen, geistigen oder seelischen Behinderung außerstande ist, sich selbst zu unterhalten, können als Sonderausgabe bis zu einem Betrag von 4.000 € abgezogen werden. Sofern das zu betreuende Kind nicht unbeschränkt einkommensteuerpflichtig ist, ist der genannte Betrag zu kürzen, soweit es nach den Verhältnissen im Wohnsitzstaat des Kindes angemessen ist (§ 10 Abs. 1 Nr. 5 EStG).[119] Damit sind Kinderbetreuungskosten fortan nicht mehr als Werbungskosten, sondern nur noch als Sonderausgaben abziehbar. Darüber hinaus entfällt die Unterscheidung nach erwerbsbedingten und nicht erwerbsbedingten Kinderbetreuungskosten.

- **Schulgelder** für Ersatz- oder Ergänzungsschulen können i.h.v. 30 % der getätigten Aufwendungen (max. 5.000 €) berücksichtigt werden (§ 10 Abs. 1 Nr. 9 EStG).
- **Zusätzliche Altersvorsorge (sog. „Riester-Rente"):**[120] Bei der „Riester-Rente" handelt es sich um eine Sonderform der privaten Altersvorsorge, die auf steuerlichem Wege staatlich gefördert wird. Die steuerliche Förderung erfolgt als **Zulage** zur Altersvorsorge (§§ 79-99 EStG) oder i.R. einer Günstigerprüfung durch Abzug der **Altersvorsorgebeiträge** i.S.d. § 82 EStG – zusätzlich zu den bereits genannten Möglichkeiten – als Sonderausgaben (§ 10a EStG). Beiträge für eine solche Altersvorsorge („Riester-Rente") werden steuerlich nur dann gefördert, wenn sie die Voraussetzungen des Altersvorsorgeverträge-Zertifizierungsgesetzes (AltzertG)[121] erfüllen.

Altersvorsorgebeträge i.S.d. § 82 EStG zzgl. der nach den §§ 79-99 EStG zustehenden Zulage können ab dem Veranlagungszeitraum 2008 i.H.v. max. 2.100 € **als Sonderausgaben** geltend gemacht werden (§ 10a Abs. 1 EStG). Der Sonderausgabenabzug ist dann vorzunehmen, wenn die hierdurch erzielte Entlastung von der Einkommensteuer größer ist als der Zulagenanspruch nach den §§ 79-99 EStG (§ 10a Abs. 3 EStG). Im Fall eines vorteilhaften Sonderausgabenabzugs erhöht sich die tarifliche Einkommensteuer um die gezahlte Zulage.

Die Zulage besteht aus der Grundzulage (§ 84 EStG) und der Kinderzulage (§ 85 EStG):
- **Grundzulage** ab dem Jahr 2008: 154 €;
- **Kinderzulage** für jedes Kind bzw. für ein ab 2008 geborenes Kind: 185 € bzw. 300 €.

Die Zulage wird gekürzt, wenn der Zulageberechtigte nicht einen **Mindesteigenbeitrag** leistet. Dieser beträgt seit dem VAZ 2008 4 % der Summe der im vorangegangenen Kalenderjahr erzielten beitragspflichtigen Einnahmen i.S.d. Rentenversicherung, der bezogenen Besoldung und Amtsbezüge und bestimmter beitragsfreier Einnahmen. Der Mindesteigenbeitrag beträgt jedoch mindestens 60 € (sog. **Sockelbetrag**, § 86 Abs. 1 S. 4 EStG). Er

---

[119] Der Abzug dieser Aufwendungen setzt voraus, dass der Steuerpflichtige für die Leistungen eine Rechnung erhalten hat und eine Zahlung an den Erbringer erfolgt ist (§ 10 Abs. 1 Nr. 5 S. 4 EStG).

[120] Vgl. ausführlich HARLE, GEORG: Rentenreform 2002: Steuerliche Aspekte der privaten und betrieblichen Altersversorgung, Herne/Berlin 2001, S. 21-125; KUßMAUL, HEINZ/HENKES, JÖRG: Die Besteuerung von Altersvorsorgeaufwendungen und Altersbezügen nach dem Alterseinkünftegesetz – Steuerliche Rahmenbedingungen der privaten und betrieblichen Altersvorsorge –, in: Arbeitspapiere zur Existenzgründung, hrsg. von HEINZ KUßMAUL, Bd. 21, 2. Aufl., Saarbrücken 2007; KUßMAUL, HEINZ/HENKES, JÖRG: Die Unvereinbarkeit der ursprünglichen steuerlichen Behandlung von Altersvorsorgeaufwendungen und Altersbezügen mit dem Gleichheitsgrundsatz des Grundgesetzes, in: ZSteu 2006, S. 180-183; NIERMANN, WALTER: Die Neuregelung der betrieblichen Altersvorsorgung durch das Altersvermögensgesetz (AVmG) aus steuerrechtlicher Sicht, in: DB 2001, S. 1380-1386; RISTHAUS, ANNE: Steuerliche Fördermöglichkeiten für eine zusätzliche private Altersvorsorge nach dem Altersvermögensgesetz (AVmG), in: DB 2001, S. 1269-1281.

[121] Gesetz über die Zertifizierung von Altersvorsorgeverträgen (Altersvorsorgeverträge-Zertifizierungsgesetz – AltzertG) vom 26.06.2001, BGBl I 2001, S. 1310.

ist nach oben auf die in § 10a Abs. 1 S. 1 EStG genannten Beträge (seit dem VAZ 2008: 2.100 €) abzgl. der Zulagen nach den §§ 84 und 85 EStG begrenzt (sog. **Höchstbetrag**).[122]

Beispiel: (Mindesteigenbetrag (Zuschlagsberechtigter ohne Kind 2013))

Beitragspflichtige Einnahmen Vorjahr (Bruttogehalt)	50.000 €
Mindesteigenbeitrag gem. § 86 Abs. 1 S. 2 EStG:	
4 % von 50.000 €, max. 2.100 €	2.000 €
Abzgl. Höchstzulage	154 €
= Erforderlicher Mindesteigenbeitrag für die volle Zulage	**1.846 €**
Angenommener Eigenbeitrag des Zulageberechtigten	**1.500 €**

Der Zulageberechtigte hat nicht den erforderlichen Mindesteigenbeitrag geleistet, daher wird die Zulage wie folgt gekürzt: $154\ € \cdot \dfrac{1.500\ €}{1.864\ €} = 123{,}92\ €$

Beispiel: (Sockelbetrag und Mindesteigenbetrag (Zuschlagsberechtigter mit 2 Kindern 2013))

Beitragspflichtige Einnahmen Vorjahr (Bruttogehalt)	10.000 €
Mindesteigenbeitrag gem. § 86 Abs. 1 S. 2 EStG:	
4 % von 10.000 €, max. 2.100 €	400 €
Abzgl. Höchstzulage (154 € + 2 · 185 €)	524 €
= Erforderlicher Mindesteigenbeitrag für die volle Zulage	./. 124 €

Der Mindesteigenbeitrag ist niedriger als der Sockelbetrag, daher ist der Sockelbetrag als Mindesteigenbetrag anzusetzen. Der Zulageberechtigte muss demnach 60 € als Eigenbeitrag auf seinen Altersvorsorgevertrag einzahlen, um die volle Zulage i.H.v. 524 € zu erhalten.

Leistungen (Rentenzahlungen) aus solchen steuerlich begünstigten Altersvorsorgeverträgen unterliegen, um eine doppelte Begünstigung zu vermeiden, gem. § 22 Nr. 5 EStG der **nachgelagerten Besteuerung**.

Wurden Beitragsleistungen in die „Riester-Förderung" einbezogen und kommt es später zu einer sog. schädlichen Verwendung i.S.v. § 93 EStG (bspw. Auszahlung als Einmalkapital), so sind – neben der vollen Versteuerung der Rentenbezüge – die erhaltenen Altersvorsorgezulagen sowie ggf. die durch den Sonderausgabenabzug nach § 10a EStG erzielten, über den Betrag der Altersvorsorgezulagen hinausgehenden, Steuerermäßigungen zu erstatten (§ 93 Abs. 1 S. 1 EStG).[123]

---

[122] Nach § 92a EStG kann das mit der „Riester-Förderung" gebildete Kapital auch für eine selbst genutzte Wohnung verwendet werden.

[123] Vgl. ausführlich KUßMAUL, HEINZ/HENKES, JÖRG: Die Besteuerung von Altersvorsorgeaufwendungen und Altersbezügen nach dem Alterseinkünftegesetz – Steuerliche Rahmenbedingungen der privaten und betrieblichen Altersvorsorge –, in: Arbeitspapiere zur Existenzgründung, hrsg. von HEINZ KUßMAUL, Bd. 21, 2. Aufl., Saarbrücken 2007.

– Der Abzug von **Zuwendungen** (**Spenden und Mitgliedsbeiträge**; § 10b EStG) ist begrenzt auf 20 % des Gesamtbetrags der Einkünfte oder wahlweise 0,4 % der Summe der gesamten Umsätze zzgl. der im Kalenderjahr aufgewendeten Löhne und Gehälter (§ 10b Abs. 1 S. 1 EStG). Ob eine Zuwendung in diesem Sinne als Sonderausgabe absetzbar ist, hängt davon ab, ob es sich um eine Zuwendung zur Förderung steuerbegünstigter Zwecke i.S.d. § 52-54 AO handelt. § 10b Abs. 1 S. 8 EStG beinhaltet eine Auflistung von Mitgliedsbeiträgen, die vom Sonderausgabenabzug ausgeschlossen sind (z.B. Mitgliedsbeiträge zu Sportvereinen).

Überschreitet eine Einzelzuwendung die genannten Grenzen, erfolgt ein unbeschränkter Spendenvortrag, d.h. der nicht genutzte Spendenteil kann in kommenden VAZ unter Beachtung der genannten Grenzen abgesetzt werden (§ 10b Abs. 1 S. 9 EStG). Daneben können Zuwendungen an Stiftungen des öffentlichen Rechts oder an steuerbefreite Stiftungen des privaten Rechts auf Antrag des Steuerpflichtigen im VAZ der Zuwendung und in den folgenden 9 VAZ bis zu einem Gesamtbetrag von 1 Mio. € zusätzlich zu den genannten Höchstbeträgen abgezogen werden (§ 10b Abs. 1a EStG). Für den Spendenabzug ist zu berücksichtigen, dass zuerst die Vorsorgeaufwendungen und der Verlustabzug vom Gesamtbetrag der Einkünfte abzuziehen sind und dann erst die Spenden vom verbleibenden Restbetrag abgezogen werden (§ 10b Abs. 1 S. 9 EStG).

Für Mitgliedsbeiträge und Spenden an **politische Parteien** gilt eine Sonderregelung: Nach § 34g EStG erfolgt eine Kürzung der Steuerschuld um 50 % der genannten Aufwendungen (max. um 825 € bzw. 1.650 € bei Zusammenveranlagung). Übersteigen die nachgewiesenen Mitgliedsbeiträge und Spenden an politische Parteien den Wert von 1.650 € (Zusammenveranlagung: 3.300 €), kann der übersteigende Betrag bis max. 1.650 € (3.300 € bei Zusammenveranlagung) als Sonderausgabe gem. § 10b Abs. 2 EStG geltend gemacht werden.[124]

> Beispiel: (Abzugsfähigkeit von Spenden und Mitgliedsbeiträgen an politische Parteien)
>
> Im VAZ 2013 weist ein lediger Steuerpflichtiger Mitgliedsbeiträge i.H.v. 150 € und Spenden i.H.v. 4.500 € nach, die an eine politische Partei gezahlt wurden.
>
> Zunächst können 1.650 € i.R. von § 34g EStG berücksichtigt werden und mindern somit i.H.v. 825 € die tarifliche Einkommensteuer. Da die nachgewiesenen Mitgliedsbeiträge und Spenden 1.650 € übersteigen, wird der übersteigende Betrag i.H.v. 3.000 € den durch § 10b EStG steuerbegünstigten Zwecken zugerechnet, darf jedoch als Spende an eine politische Partei nur bis zur Höhe von 1.650 € berücksichtigt werden (§ 10b Abs. 2 EStG). Der noch verbleibende Betrag i.H.v. 1.350 € (3.000 € ./. 1.650 € = 1.350 €) geht verloren. Somit mindern von den nachgewiesenen Spenden 1.650 € als Sonderausgaben den Gesamtbetrag der Einkünfte und 1.650 € hälftig (i.H.v. 825 €) die tarifliche Einkommensteuer.

Neben den unbeschränkt und den beschränkt abzugsfähigen Sonderausgaben sind der **Sonderausgaben-Pauschbetrag** (§ 10c EStG) und **die Vorsorgepauschale** (§ 39b EStG) von Bedeutung.

---

[124] Vgl. KULOSA, EGMONT: § 10b EStG, in: Einkommensteuer- und Körperschaftsteuergesetz, hrsg. von CARL HERRMANN u.a., Köln (Loseblatt), Stand: Dezember 2012, Rn. 116.

Der **Sonderausgaben-Pauschbetrag** i.H.v. 36 € (bei Zusammenveranlagung: 72 €) wird für alle Aufwendungen i.S.d. § 10 Abs. 1 Nr. 1, 1a, 4, 5, 7 und 9 und § 10b EStG gewährt.

Durch die **Vorsorgepauschale** werden i.d.R. anfallende Vorsorgeaufwendungen eines Arbeitnehmers beim Lohnsteuerabzug (vgl. § 39b Abs. 2 S. 5 Nr. 3 EStG) angesetzt. Bis zu dem im Jahr 2009 in Kraft getretenen „Bürgerentlastungsgesetz Krankenversicherung" wurde die Vorsorgepauschale auch im Veranlagungsverfahren herangezogen, wenn der Steuerpflichtige keine Aufwendungen nachwies, die zu einem höheren Abzug führten (§ 10c Abs. 2 S. 1 EStG a.F.). Nach neuer Rechtslage findet sie nur noch ausschließlich beim Lohnsteuerabzug Anwendung. Die Vorsorgepauschale knüpft an die Höhe der nach § 10 Abs. 1 Nr. 2 und 3, Abs. 3 und 4 EStG abziehbaren Vorsorgeaufwendungen, nicht jedoch an die ggf. als Sonderausgaben zu behandelnden zusätzlichen Altersvorsorgeaufwendungen nach § 10a EStG („Riester-Rente") und Beiträge, für die ein Sonderausgabenabzug nach § 10 Abs. 1 Nr. 2 Buchst. b EStG möglich ist („Rürup-Rente"). Die Vorsorgepauschale setzt sich aus mehreren Komponenten zusammen (§ 39b Abs. 2 S. 5 Nr. 3 EStG):

- **Ein Teilbetrag für die Rentenversicherung** bei Arbeitnehmern, die in der gesetzlichen Rentenversicherung pflichtversichert sind oder die wegen der Versicherung in einer berufsständischen Versorgungseinrichtung von der gesetzlichen Rentenversicherung befreit sind (§ 6 Abs. 1 Nr. 1 SGB VI).

- **Ein Teilbetrag für die Krankenversicherung** bei Arbeitnehmern, die in der gesetzlichen Krankenversicherung versichert sind. Die Höhe des anzusetzenden Betrages entspricht – bezogen auf den Arbeitslohn unter Berücksichtigung der Beitragsbemessungsgrenze (diese ist für Zwecke der gesetzlichen Krankenversicherung in Ost und West identisch) und den ermäßigten Beitragssatz (seit 01.01.2011: 14,9 %) – dem Arbeitnehmeranteil eines pflichtversicherten Arbeitnehmers.

- **Ein Teilbetrag für die Pflegeversicherung** bei Arbeitnehmern, die in der sozialen Pflegeversicherung versichert sind. Die Höhe des anzusetzenden Betrages entspricht, bezogen auf den Arbeitslohn unter Berücksichtigung der Beitragsbemessungsgrenze und den bundeseinheitlichen Beitragssatz, dem Arbeitnehmeranteil eines pflichtversicherten Arbeitnehmers, erhöht um den Beitragszuschlag des Arbeitnehmers nach § 55 Abs. 3 SGB XI.

- **Ein Teilbetrag für die Krankenversicherung und für die private Pflege-Pflichtversicherung** bei Arbeitnehmern, die nicht in der gesetzlichen Krankenversicherung versichert sind. Da diese Arbeitnehmer keine vom Arbeitslohn abhängigen Beiträge entrichten, muss der Arbeitgeber Informationen über die Höhe der jeweiligen und individuellen Beiträge des einzelnen Steuerpflichtigen erlangen, wozu sich der Steuerpflichtige auf Antrag entschließen kann (§ 39e Abs. 2 S. 1 Nr. 5 EStG). Sofern der Arbeitnehmer diese Informationen dem Arbeitgeber nicht zur Verfügung stellen möchte, kommt es zum Ansatz der sog. **Mindestvorsorgepauschale**.

Die Mindestvorsorgepauschale beträgt 12 % des Arbeitslohns, sie ist allerdings auf 1.900 € nach oben begrenzt; in Steuerklasse III beträgt sie dagegen 3.000 € (§ 39b Abs. 2 S. 5 Nr. 3 S. 2 EStG).

2.3.4.3 Den Sonderausgaben gleichgestellte Aufwendungen (§§ 10f und 10g EStG)

Die Berechtigung, Aufwendungen wie Sonderausgaben abziehen zu dürfen, beinhalten die §§ 10e, 10f, 10g, 10h, 10i EStG.[125]

§ 10f EStG gewährt unter bestimmten Voraussetzungen Steuerbegünstigungen für Bau- und Erhaltungsmaßnahmen an Gebäuden, die eigenen Wohnzwecken dienen und zum Privatvermögen gehören. Begünstigt sind **zu eigenen Wohnzwecken genutzte Baudenkmäler und Gebäude in Sanierungsgebieten und städtebaulichen Entwicklungsbereichen**. Im Kalenderjahr des Abschlusses der Bau- oder Erhaltungsmaßnahme und in den 9 folgenden Kalenderjahren kann der Steuerpflichtige jeweils bis zu 9 % der Aufwendungen wie Sonderausgaben abziehen.

Ähnlich wie § 10f EStG gewährt § 10g EStG unter bestimmten Voraussetzungen Steuerbegünstigungen für Herstellungs- und Erhaltungsmaßnahmen an **schutzwürdigen Kulturgütern**, die weder zur Einkunftserzielung noch zu eigenen Wohnzwecken genutzt werden und zum Privatvermögen gehören. Im Kalenderjahr des Abschlusses der Maßnahme und in den 9 folgenden Kalenderjahren kann der Steuerpflichtige je bis zu 9 % der Aufwendungen wie Sonderausgaben abziehen.

2.3.4.4 Die außergewöhnlichen Belastungen (§§ 33-33b EStG)

Außergewöhnliche Belastungen sind zwangsläufig erwachsende Aufwendungen eines Steuerpflichtigen, die bei der überwiegenden Zahl der Steuerpflichtigen gleicher Einkommensverhältnisse, gleicher Vermögensverhältnisse und gleichen Familienstandes nicht anfallen (§ 33 Abs. 1 EStG).

Aufwendungen erwachsenen einem Steuerpflichtigen dann zwangsläufig, wenn er sich diesen aus rechtlichen, tatsächlichen oder sittlichen Gründen nicht entziehen kann (§ 33 Abs. 2 EStG). Beispiele hierfür sind Krankheitskosten oder Aufwendungen infolge von Brand- oder Umweltschäden (soweit keine Übernahme durch die Krankenkasse oder eine Versicherung erfolgt).

Der Abzug von Aufwendungen als außergewöhnliche Belastung ist nur insoweit gestattet, als sie keine Betriebsausgaben, Werbungskosten oder Sonderausgaben darstellen und den Umständen nach notwendig sind und die **zumutbare Belastung** nach § 33 Abs. 3 EStG übersteigen (Eigenbeteiligung in Abhängigkeit vom Gesamtbetrag der Einkünfte und der familiären Situation; zwischen 7 % bei Steuerpflichtigen ohne Kinder mit einem Gesamtbetrag der Ein-

---

[125] Jedoch sind aktuell nur noch §§ 10f und 10g EStG von Bedeutung. § 10e EStG, der zu eigenen Wohnzwecken genutzte Wohnungen im eigenen Haus steuerlich begünstigt, ist nur noch anzuwenden, wenn der Steuerpflichtige vor dem 01.01.1996 mit der Herstellung einer Wohnung begonnen oder eine Wohnung angeschafft hat (§ 52 Abs. 26 EStG). Die Vergünstigung für unentgeltlich zu Wohnzwecken überlassene Wohnungen im eigenen Haus (§ 10h EStG) greift nur, wenn der Steuerpflichtige vor dem 01.01.1996 mit der Herstellung einer Wohnung begonnen hat (§ 52 Abs. 28 EStG). § 10i EStG wird nur angewendet, wenn der Steuerpflichtige vor dem 01.01.1999 mit der Herstellung einer Wohnung begonnen oder eine Wohnung angeschafft hat (§ 52 Abs. 29 EStG).

künfte über 51.130 € und 1 % bei Steuerpflichtigen mit 3 und mehr Kindern bei einem Gesamtbetrag der Einkünfte bis 51.130 €).

Zwecks Überwindung der zumutbaren Belastung nach § 33 Abs. 3 EStG kann es daher sinnvoll sein, in einem Jahr eine Kumulierung von Ausgaben für außergewöhnliche Belastungen aus mehreren Jahren herbeizuführen.

Die §§ 33a und 33b EStG normieren Fälle, in denen Höchstbeträge festgelegt sind, bei denen gleichzeitig aber keine zumutbare Belastung zu berücksichtigen ist. Betroffen sind **Unterhaltsleistungen** an eine – dem Steuerpflichtigen oder seinem Ehegatten gegenüber – gesetzlich unterhaltsberechtigte Person, für die kein Anspruch auf einen Kinderfreibetrag oder Kindergeld besteht (Höchstbetrag i.H.v. 8.130 € der um eigene Einkünfte und Bezüge der unterhaltenen Person zu kürzen ist; § 33a Abs. 1 EStG). Weitere Voraussetzung ist, dass die unterhaltene Person kein oder nur ein geringes Vermögen besitzt. Im Falle geschiedener oder getrennt lebender Ehegatten ist für den leistenden Ehegatten der Abzug als Sonderausgabe in Form des Realsplittings i.d.R. günstiger (s.o.).

Daneben werden ein **Sonderausbildungsfreibetrag** für auswärtig untergebrachte, in Ausbildung befindliche, volljährige Kinder (Freibetrag i.H.v. 924 €) sowie Pauschbeträge für **Behinderte** und **Hinterbliebene** (§ 33b EStG) gewährt, wobei dem Steuerpflichtigen ein Wahlrecht eingeräumt wird, entweder die Pauschbeträge zu nutzen oder die behinderungsbedingten Aufwendungen als „normale" außergewöhnliche Belastungen i.S.d. § 33 EStG unter Berücksichtigung der dortigen Zumutbarkeitsgrenzen geltend zu machen. Zu beachten ist, dass der Pauschbetrag nur laufende und typische behinderungsbedingte Aufwendungen (z.B. Pflege- und Heimkosten) umfasst. Wird also der Pauschbetrag angesetzt, können mit der Behinderung zusammenhängende einmalige Kosten sowie zusätzliche Krankheitskosten (z.B. Aufwendungen für Kur, spezielle Heilbehandlungen und bestimmte Kfz-Kosten) zusätzlich als außergewöhnliche Aufwendungen berücksichtigt werden.

2.3.5 Das zu versteuernde Einkommen (§ 2 Abs. 5 EStG)

Bei der **Ermittlung des zu versteuernden Einkommens** nach § 2 Abs. 5 EStG können unter bestimmten Voraussetzungen ein oder mehrere **Kinderfreibeträge** und ein **Härteausgleich** berücksichtigt werden.

Der **Kinderfreibetrag** beträgt 2.184 € (bei Zusammenveranlagung: 4.368 €) zzgl. des **Freibetrags für Betreuungs- und Erziehungs- oder Ausbildungsbedarf** i.H.v. 1.320 € je Elternteil, soweit das Kindergeld nicht günstiger ist (§ 32 Abs. 6 EStG). Dieses beträgt gem. § 66 Abs. 1 EStG bzw. § 6 BKGG monatlich 184 € für das 1. und 2. Kind, 190 € für das 3. Kind und für jedes weitere Kind 215 € pro Monat.

Hat der Steuerpflichtige auch Einkünfte, von denen ein Steuerabzug vom Arbeitslohn nicht vorgenommen worden ist, ist ein **Härteausgleich** vorzunehmen (§ 46 Abs. 3 EStG, § 70 EStDV). Zum einen muss bei den bezeichneten Einkünften keine Einkommensteuer gezahlt werden, wenn sie 410 € oder weniger betragen. Zum anderen wird mittels einer allmählichen Überleitung der sog. Fallbeileffekt abgemildert, falls diese Einkünfte 410 € übersteigen. Die

Überleitung erfolgt in der Art und Weise, dass vom Einkommen der Betrag abgezogen werden kann, der sich aus der Subtraktion der oben genannten Einkünfte von 820 € ergibt.[126]

2.4 Der Steuertarif

2.4.1 Wirtschaftliche Leistungsfähigkeit und progressiver Tarif[127]

Den Anforderungen, die an eine moderne Einkommensteuer gestellt werden, insb. der **Berücksichtigung der wirtschaftlichen Leistungsfähigkeit** des Steuerpflichtigen durch Freilassung eines Existenzminimums, durch Staffelung der Steuerbelastung nach dem Familienstand und der Zahl der Kinder und durch zunehmende durchschnittliche Steuerbelastung mit steigendem Einkommen (Steuerprogression), muss auch in der Gestaltung des Tarifs Rechnung getragen werden.

Aus dem Prinzip der Besteuerung nach der wirtschaftlichen Leistungsfähigkeit wird abgeleitet, dass eine **Besteuerung des Einkommens nicht proportional, sondern progressiv** zu sein hat, da der Bezieher eines hohen Einkommens erst dann ein relativ gleichwertiges Opfer wie ein Bezieher niedrigen Einkommens erbringt, wenn er einen prozentual größeren Teil seines Einkommens abgeben muss.

Da **Steuern auf die Einkommensverwendung**, wie z.B. Umsatz- und Verbrauchsteuern, im Endergebnis **regressiv** wirken, d.h. Bezieher kleiner Einkommen, die i.d.R. den größten Teil ihres Einkommens für Konsumgüter ausgeben müssen, relativ stärker belasten als die Bezieher hoher Einkommen, die Teile ihres Einkommens sparen können, muss die Progression der Einkommensteuer diese Regression der indirekten Steuern überkompensieren.

Der Abzug von Werbungskosten und Betriebsausgaben zur Minderung der Bemessungsgrundlage wird allgemein anerkannt, weil sich erst nach Abzug dieser Aufwendungen das tatsächlich erzielte Einkommen ergibt. In den anderen Fällen (Sonderausgaben usw.) wird kritisiert, dass es sich um die steuerliche Freistellung von Teilen der Einkommensverwendung handele, zumal abzugsfähige Aufwendungen im oberen Bereich der Progression zu einer prozentual höheren Steuerentlastung führen.

Da die Diskussion über die grundsätzliche Berechtigung der Tarifprogression sowie über Höhe und Verlauf eines progressiven Tarifs nur mit Hilfe von **Werturteilen** geführt werden kann, muss hier auf eine Antwort verzichtet werden. Lediglich 2 Fragen sollen zum Nachdenken anregen:

1. Frage: Ist es gerecht, einen Steuerpflichtigen, der nicht nach 40 Wochenstunden Feierabend macht, sondern 60 oder 70 Stunden pro Woche arbeitet – wie dies bei freien Berufen die Regel ist – überproportional zu besteuern? Verstößt das nicht eindeutig gegen das akzeptierte Leistungsprinzip? Der Staat sorgt durch progressive Besteuerung dafür, dass die nominal anerkannten leistungsbedingten Unterschiede in den Bruttolöhnen und

---

[126] Vgl. mit einem Beispiel H 46.3 EStR.
[127] Vgl. WÖHE, GÜNTER: Betriebswirtschaftliche Steuerlehre, Bd. 1, 1. Halbband: Die Steuern des Unternehmens – Das Besteuerungsverfahren, 6. Aufl., München 1988, S. 172-174.

-gehältern real durch progressive Steuersätze zu Lasten derjenigen nivelliert werden, die eine höhere Leistung erbringen.

2. **Frage**: Die Einkommensbesteuerung ist eine Abschnittsbesteuerung (Kalender- oder Wirtschaftsjahr). Ist es richtig, die wirtschaftliche Leistungsfähigkeit zur Steuerzahlung am Einkommen eines einzigen Abschnitts zu messen, oder müsste der Einkommensbesteuerung das Lebenseinkommen oder zumindest ein größerer Zeitabschnitt als ein Jahr zugrunde gelegt werden? Höhere Leistung im Beruf setzt in der Regel eine qualifizierte Ausbildung voraus. Bildet sich z.B. ein Bürger durch Besuch einer höheren Schule und der Universität 10 Jahre lang aus, so erzielt er in dieser Zeit nicht nur kein Einkommen, sondern seine Familie investiert hohe Beträge in seine Ausbildung oder er muss Kredite aufnehmen, die ihn in seinem späteren Berufsleben belasten. Zudem darf er im Regelfall seine Ausbildungskosten nicht einmal als vorweggenommene Werbungskosten geltend machen.

Mit diesen als Fragen formulierten Argumenten soll darauf hingewiesen werden, dass das Einkommen eines Jahres nicht unbedingt ein geeigneter Maßstab ist, einen Steuerpflichtigen im Verhältnis zu einem anderen überproportional zu besteuern, weil er evtl. nur bei einer kurzfristigen Betrachtung der „Besserverdienende" ist.

> **Beispiel:** (Belastungswirkungen eines progressiven Tarifs)
>
> Nehmen wir an, der qualifizierte Steuerpflichtige hat ein zu versteuerndes durchschnittliches Jahreseinkommen von 50.000 €, der weniger qualifizierte von 25.000 €. Wird unterstellt, dass der qualifizierte Steuerpflichtige für seine Ausbildung 10 einkommenslose Ausbildungsjahre mehr aufwenden musste, haben beide in 20 Lebensjahren 500.000 € verdient, der eine in 20 Arbeitsjahren, der andere – nach 10 einkommenslosen Ausbildungsjahren – in 10 Arbeitsjahren. Bei gleichem bisherigem Lebenseinkommen besteht aber in der Besteuerung ein drastischer Unterschied, wenn ein progressiver Tarif auf das jeweilige Jahreseinkommen angewendet wird. Das Lebenseinkommen des sog. „Besserverdienenden" übersteigt erst nach Ablauf von 20 Jahren das des „Geringerverdienenden". Es widerspricht ökonomischer Vernunft, vor Ablauf dieser Zeit zu behaupten, der besser Ausgebildete besitze eine höhere wirtschaftliche Leistungsfähigkeit und müsse deshalb progressiv besteuert werden, nur weil sein Monatseinkommen höher ist, obwohl sein bisheriges Lebenseinkommen weit unter dem des sog. „Geringerverdienenden" liegt.

2.4.2 Der Aufbau des Einkommensteuertarifs

Bei der Gestaltung des Einkommensteuertarifs hat der Gesetzgeber folgende Aspekte berücksichtigt:

– Das verfassungsrechtlich gebotene Existenzminimum wird – durch die Implementierung eines Grundfreibetrags – von der Belastung mit Einkommensteuer freigestellt.

– Dem Prinzip der Besteuerung nach der wirtschaftlichen Leistungsfähigkeit versucht der Gesetzgeber durch die Verwendung eines progressiven Tarifs gerecht zu werden.[128] Dabei

---

[128] Vgl. zu Überlegungen, das Leistungsfähigkeitsprinzip auf wirtschaftlich Bedürftige zu transferieren und den Einkommensteuertarif um einen Negativbereich für auszuzahlende Sozialleistungen zu erweitern (sog. negative Einkommensteuer), MITSCHKE, JOACHIM: Integration von Steuer- und Sozialleistungssystem – Chancen und Hürden, in: StuW 1994, S. 153-162; MITSCHKE, JOACHIM: Erneuerung des deutschen Einkommensteuerrechts – Gesetzentwurf und Begründung, Köln 2004.

ist kritisch anzumerken, dass es für die wirtschaftliche Leistungsfähigkeit und damit für den Verlauf des Progressionstarifs keinen objektiven Maßstab gibt.

Die wichtigsten Eckdaten des **Einkommensteuertarifs** des Jahres 2013: Der **Grundfreibetrag** beträgt 8.130 €, der **Eingangssteuersatz** 14 % und der **Spitzensteuersatz** 45 % für Einkünfte ab 250.000 €.[129] In Abb. 17 wird der Tarifverlauf des VAZ 2013 im Detail dargestellt, Abb. 18 gibt einen Überblick über die Entwicklung von Grundfreibetrag sowie Eingangs- und Spitzensteuersatz. Seit 2009 existiert neben dem dargestellten Tarif noch der proportionale Abgeltungssteuersatz von 25 % für bestimmte Kapitaleinkünfte.

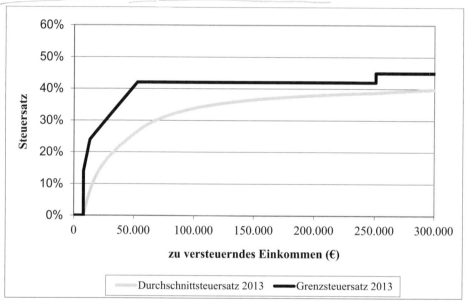

Abb. 17: Einkommensteuertarif 2013

---

[129] Hierbei ist zu beachten, dass die €-Beträge verdoppelt werden müssen, sofern die Zusammenveranlagung gewählt wird.

	Grundfreibetrag	Eingangssteuersatz	Spitzensteuersatz
VAZ 2001	7.206 € (14.093 DM)	19,9 %	48,5 %
VAZ 2002	7.235 €	19,9 %	48,5 %
VAZ 2003	7.426 €	17,0 %	48,5 %
VAZ 2004	7.664 €	16,0 %	45,0 %
VAZ 2005	7.664 €	15,0 %	42,0 %
VAZ 2006	7.664 €	15,0 %	42,0 %
VAZ 2007	7.664 €	15,0 %	45,0 %
VAZ 2008	7.664 €	15,0 %	45,0 %
VAZ 2009	7.834 €	14,0 %	45,0 %
VAZ 2010	8.004 €	14,0 %	45,0 %
VAZ 2011	8.004 €	14,0 %	45,0 %
VAZ 2012	8.004 €	14,0 %	45,0 %
VAZ 2013	8.130 €	14,0 %	45,0 %

Abb. 18: *Entwicklung von Grundfreibetrag, Eingangssteuersatz und Spitzensteuersatz in den VAZ 2001 bis 2013*

Mehrere **Ausnahmen vom Normaltarif** führen zu Steuerermäßigungen. Unterscheiden lassen sich die weiter unten erläuterten Steuertarifermäßigungen (§§ 34, 34a, 34b EStG) und Steuerbetragsermäßigungen (§§ 34c; 34f, 34g, 35, 35a EStG).

2.4.3 Die Elemente der Familienbesteuerung

Alle Personen, für die nicht die Ehegattenveranlagung in Betracht kommt, werden einzeln veranlagt (sog. **Einzelveranlagung**). Dies bedeutet eine Festsetzung der Einkommensteuer für eine einzelne steuerpflichtige Person unter Zugrundelegung ihrer Verhältnisse aufgrund ihres zu versteuernden Einkommens.

Ehegatten, die beide unbeschränkt einkommensteuerpflichtig sind, nicht dauernd getrennt leben und bei denen diese Voraussetzungen zu Beginn des VAZ vorgelegen haben oder während des VAZ eingetreten sind, räumt § 26 Abs. 1 S. 1 EStG ein Wahlrecht zwischen der **getrennten Veranlagung** (§ 26a EStG) und der **Zusammenveranlagung** (§ 26b EStG) ein.

Im Falle **getrennter Veranlagung** (§ 26a EStG) unterliegt das Einkommen eines jeden Ehegatten dem Grundtarif. Jeder Ehegatte hat die von ihm erwirtschafteten Einkünfte selbst zu versteuern. Sonderausgaben, außergewöhnliche Belastungen und die Steuerermäßigung nach § 35a EStG werden demjenigen Ehegatten zugerechnet, der sie wirtschaftlich getragen hat; auf übereinstimmenden Antrag der Ehegatten werden die genannten Bestandteile jeweils zur Hälfte abgezogen (§ 26 Abs. 2 S. 1 und S. 2 EStG).

Wird die **Zusammenveranlagung** (§ 26b EStG) gewählt, kommt der **Splittingtarif** (auch: das **Splittingverfahren**) zur Anwendung. Die Einkünfte beider Ehegatten werden zunächst getrennt ermittelt und erst dann zusammengerechnet; sodann werden die Ehegatten als ein Steuerpflichtiger behandelt. Nach § 32a Abs. 5 EStG beträgt die tarifliche Einkommensteuer dann das Doppelte des Steuerbetrags, der sich für die Hälfte ihres gemeinsam zu versteuernden Einkommens ergibt. Dadurch lassen sich Progressionsnachteile vermeiden.

> **Beispiel:** (Anwendung des Splittingtarifs)
>
> Ein Ehegatte hat ein zu versteuerndes Einkommen i.H.v. 60.000 €, der andere eines i.H.v. 10.000 €. Daraus ergibt sich bei Anwendung des Grundtarifs eine zu entrichtende Einkommensteuer für den VAZ 2013 i.H.v. 17.004 € bzw. 294 €, in der Summe also 17.298 €.
>
> Im Falle der Zusammenveranlagung ergibt sich folgende Steuerbelastung:
>
> $$2 \cdot \text{ESt}\left(\frac{60.000 + 10.000}{2}\right) = 2 \cdot \text{ESt}(35.000) = 2 \cdot 7.235 = 14.470\ \text{€}.$$
>
> Die – bis zum beiderseitigen Erreichen des Spitzensteuersatzes – mit zunehmendem Einkommensunterschied der Ehegatten steigende Ersparnis beträgt hier 2.828 € (= 17.298 € ./. 14.470 €).

Der Splittingtarif kann auch zur Anwendung kommen, wenn ein Ehegatte, der **Staatsangehöriger eines EU-Landes** ist, in Deutschland der unbeschränkten Steuerpflicht unterliegt und sein Ehepartner einen Wohnsitz oder ständigen Aufenthalt im Hoheitsgebiet eines EU-Staates hat. Darüber hinaus müssen die Voraussetzungen des § 1 Abs. 3 S. 2-4 EStG erfüllt sein. Hierzu sind die Einkünfte der Eheleute zusammenzurechnen; außerdem erfährt der dem Grundfreibetrag von derzeit 8.130 € entsprechende Betrag der nicht der deutschen Einkommensteuer unterliegenden Einkünfte, dessen Unterschreiten nach § 1 Abs. 3 S. 2 EStG eine der Voraussetzungen für die Anwendbarkeit der fiktiven unbeschränkten Steuerpflicht ist, eine Verdoppelung (§ 1a Abs. 1 Nr. 2 EStG).

2.4.4 Die Steuertarif- und die Steuerbetragsermäßigungen

2.4.4.1 Die Steuertarifermäßigungen

Zweck der Tarifermäßigungen ist die Progressionsmilderung für Erwerbsbezüge, die mehreren Jahren zurechenbar, aufgrund der zeitlichen Zuordnung aber in einem einzigen VAZ zu versteuern sind. Die Tarifermäßigungen werden für **außerordentliche Einkünfte** gewährt. Dies sind gem. § 34 Abs. 2 EStG:

– Gewinne aus der Veräußerung bzw. Aufgabe von (Teil-)Betrieben oder Gesellschaftsanteilen i.S.d. §§ 14, 14a Abs. 1, 16, 18 Abs. 3 EStG mit der Ausnahme des steuerpflichtigen Teils der Veräußerungsgewinne, die nach § 3 Nr. 40 S. 1 Buchst. b EStG i.V.m. § 3c Abs. 2 EStG teilweise steuerbefreit sind (Nr. 1);

– Entschädigungen i.S.v. § 24 Nr. 1 EStG als Ersatz für entgangene oder entgehende Einnahmen, für die Aufgabe oder Nicht-Ausübung einer Tätigkeit oder die Ausgleichszahlungen an Handelsvertreter gem. § 89b HGB (Nr. 2);

– Nutzungsvergütungen i.S.d. § 24 Nr. 3 EStG, soweit sie für einen Zeitraum von mehr als 3 Jahren nachgezahlt werden (Nr. 3);

– Vergütungen für mehrjährige Tätigkeiten[130] (Nr. 4).

Die anzusetzende Einkommensteuer beträgt für diese außerordentlichen Einkünfte das **Fünffache** des Unterschiedsbetrags zwischen der Einkommensteuer für das verbleibende Einkommen und der Einkommensteuer für das verbleibende Einkommen zzgl. eines **Fünftels der außerordentlichen Einkünfte** (§ 34 Abs. 1 EStG).

Kritisch anzumerken ist, dass diese Art der Tarifvergünstigung bei Steuerpflichtigen, die am **oberen Ende der Steuerprogression** veranlagt werden, **nicht** zu einer **Entlastung** führt.

Beispiel: (Tarifermäßigung gem. § 34 EStG)

Berechnung des zu versteuernden Einkommens:

	Laufender Gewinn aus Gewerbebetrieb		30.000 €
	Veräußerungsgewinn vor Freibetrag	76.800 €	
./.	Freibetrag gem. § 16 Abs. 4 EStG	45.000 €	
=	Veräußerungsgewinn nach Freibetrag		31.800 €
=	Einkünfte aus Gewerbebetrieb		61.800 €
+	Einkünfte aus Vermietung und Verpachtung		6.000 €
=	Summe der Einkünfte = zu versteuerndes Einkommen		67.800 €

Berechnung der Steuerbelastung für den Anteil der außerordentlichen Einkünfte:

Gem. § 34 Abs. 1 EStG beträgt die für die außerordentlichen Einkünfte anzusetzende Einkommensteuer das Fünffache des Unterschiedsbetrags zwischen der Einkommensteuer für das verbleibende Einkommen und der Einkommensteuer für das verbleibende Einkommen zzgl. eines Fünftels der außerordentlichen Einkünfte.

Für das o.g. Beispiel gilt:

$ESt_{\text{außerordentliche Einkünfte}} = 5 \cdot [ESt_{(\text{verbleibende Einkünfte} + 0{,}2 \cdot \text{außerordentliche Einkünfte})} ./. ESt_{\text{verbleibende Einkünfte}}]$

ESt (31.800) = 5 · [ESt (67.800 ./. 31.800 + 0,2 · 31.800) ./. ESt (67.800 ./. 31.800)]

ESt = 5 · [ESt (42.360) ./. ESt (36.000)]; die Steuerbeträge ergeben sich gem. § 32a Abs. 1 EStG

ESt = 5 · [9.848 ./. 7.575]

ESt = 11.365

Berechnung der Gesamtsteuerbelastung:

	Zu versteuerndes Einkommen		67.800 €
./.	Außerordentliche Einkünfte (Veräußerungsgewinn)		31.800 €
=	Verbleibendes zu versteuerndes Einkommen		36.000 €
	Darauf entfallende Einkommensteuer (Grundtarif 2013)		7.575 €
=	Zu versteuernder Veräußerungsgewinn		31.800 €
	Darauf entfallende Einkommensteuer gem. Berechnung		11.365 €
	Einkommensteuer-Gesamtbelastung		**18.940 €**

Ohne die Begünstigungsregelung wäre für ein zu versteuerndes Einkommen von 67.800 € gem. § 32a EStG eine Einkommensteuerbelastung i.H.v. 0,42 · 67.800 ./. 8.196 = 20.280 € fällig gewesen.

---

[130] Mehrjährig ist eine Tätigkeit, soweit sie sich über mind. 2 VAZ erstreckt und mehr als 12 Monate umfasst.

Die Verfünffachung der Steuer auf ein Fünftel der außerordentlichen Einkünfte mindert die Progression im Jahr des Anfalls der Einkünfte und wirkt wie eine rechnerische Verteilung der Einkünfte auf 5 Jahre.

Auf Antrag kann der Steuerpflichtige die Besteuerung der außerordentlichen Einkünfte i.S.v. § 34 Abs. 2 Nr. 1 EStG bis zu einem Betrag von 5 Mio. € nach dem früher so bezeichneten **Halbsteuersatzverfahren** durchführen, wobei dann die Anwendung der „Fünftelungsregel" ausgeschlossen ist (§ 34 Abs. 3 EStG).[131] **Voraussetzungen** hierfür sind:

- der Steuerpflichtige hat das 55. Lebensjahr vollendet oder ist im sozialversicherungsrechtlichen Sinne dauerhaft berufsunfähig und
- die Besteuerung der außerordentlichen Einkünfte wurde nicht schon einmal nach der sog. Halbsteuersatzregelung durchgeführt.

Der ermäßigte Steuersatz beträgt 56 % (früher: 50 %) des durchschnittlichen Steuersatzes, der sich ergeben würde, wenn auf das gesamte zu versteuernde Einkommen (unter Einbeziehung der außerordentlichen Einkünfte) zzgl. der dem Progressionsvorbehalt unterliegenden Einkünfte die Tarifbelastung angewendet werden würde, mindestens jedoch 14 %. Für die nicht begünstigten Einkünfte kommen die allgemeinen Tarifvorschriften zur Anwendung.

Mit dem Unternehmensteuerreformgesetz 2008 wurde für Einzelunternehmen und Personengesellschaften mit Einkünften aus Land- und Forstwirtschaft, Gewerbebetrieb oder selbstständiger Arbeit die Möglichkeit einer sog. **Thesaurierungsbegünstigung für nicht entnommene Gewinne gem. § 34a EStG** eingeführt. Voraussetzung für die Anwendbarkeit ist eine Gewinnermittlung mittels Betriebsvermögensvergleich; eine Einnahmen-Überschussrechnung oder eine Besteuerung nach § 5a EStG oder § 13a EStG berechtigen nicht zur Anwendung der Thesaurierungsbegünstigung. Mitunternehmer können von dieser Begünstigung nur profitieren, wenn ihr Mitunternehmeranteil mehr als 10 % beträgt oder ihr Gewinnanteil 10.000 € übersteigt. Im Übrigen darf es sich nicht um bestimmte, bereits anderweitig begünstigte Gewinne handeln (§ 34a Abs. 1 S. 1 2. Halbsatz EStG).

Liegen die Anwendungsvoraussetzungen für die Thesaurierungsbegünstigung vor, werden auf Antrag nicht entnommene Gewinne (ganz oder teilweise) nicht dem Progressionstarif gem. § 32a EStG unterworfen, sondern einem Einkommensteuersatz von 28,25 % zzgl. SolZ (dieser Satz entspricht der Ertragsteuerbelastung von Gewinnen einer Kapitalgesellschaft). Dieser Antrag kann von jedem Mitunternehmer für seinen Anteil gesondert gestellt werden. Bei späteren Entnahmen aus der „Thesaurierungsrücklage" erfolgt eine Nachversteuerung des Entnahmebetrages (entsprechend dem künftigen Abgeltungssteuersatz für Dividenden) mit 25 % zzgl. SolZ, allerdings ohne Option zur Normalveranlagung.

Der begünstigungsfähige nicht entnommene Gewinn errechnet sich aus dem laufenden steuerpflichtigen Gewinn gem. Betriebsvermögensvergleich abzgl. des positiven Saldos aus Entnahmen und Einlagen des Wirtschaftsjahres.

---

[131] Vgl. BREITHECKER, VOLKER/KLAPDOR, RALF/ZISOWSKI, UTE: Unternehmenssteuerreform: Auswirkungen und Gestaltungshinweise – mit dem Gesetz zur Ergänzung des Steuersenkungsgesetzes, Bielefeld 2001, S. 75-82; SCHEFFLER, WOLFRAM: Besteuerung von Unternehmen, Bd. 1: Ertrag-, Substanz- und Verkehrsteuern, 12. Aufl., Heidelberg 2012, S. 160-162; SCHMIDT, BÄRBEL: Wiedereinführung des halben durchschnittlichen Steuersatzes für Veräußerungsgewinne, in: DB 2000, S. 2401-2403, s.b.S. 2402.

Beispiel:	(Thesaurierungsbegünstigung gem. § 34a EStG)
Gewinn:	50.000 €
Entnahmen:	30.000 €
Einlagen:	10.000 €
Nicht entnommener Gewinn:	30.000 €

Der maximale Begünstigungsbetrag beläuft sich damit auf 30.000 €, der Antrag auf Thesaurierungsbegünstigung kann für Beträge zwischen 0 und 30.000 € gestellt werden.

Übersteigen die Einlagen die Entnahmen, erhöht der Differenzbetrag den begünstigungsfähigen nicht entnommenen Gewinn nicht.

Beispiel:	(Thesaurierungsbegünstigung gem. § 34a EStG)
Gewinn:	50.000 €
Entnahmen:	20.000 €
Einlagen:	25.000 €
Nicht entnommener Gewinn:	50.000 €

Der maximale Begünstigungsbetrag beläuft sich damit auf 50.000 €, der Antrag auf Thesaurierungsbegünstigung kann für Beträge zwischen 0 und 50.000 € gestellt werden.

Besteht der Gewinn teilweise aus steuerpflichtigen Bestandteilen und teilweise aus steuerfreien Bestandteilen, gilt der steuerfreie Gewinn als zuerst entnommen.

Beispiel:	(Thesaurierungsbegünstigung gem. § 34a EStG)
Steuerpflichtiger Gewinn:	50.000 €
Steuerfreier Gewinn:	20.000 €
Entnahmen:	20.000 €
Einlagen:	5.000 €
Nicht entnommener Gewinn:	55.000 €

Der maximale Begünstigungsbetrag beläuft sich auf 50.000 €, der Antrag auf Thesaurierungsbegünstigung kann für Beträge zwischen 0 und 50.000 € gestellt werden.

Soweit der Gewinn aufgrund außerbilanzieller Hinzurechnungen (z.B. der Gewerbesteuer) entstanden ist, kann die Steuerermäßigung nicht in Anspruch genommen werden, da diese Beträge tatsächlich verausgabt wurden und damit nicht thesaurierungsfähig sind.

Beispiel:	(Thesaurierungsbegünstigung gem. § 34a EStG)
Gewinn nach GewSt:	106.630 €
+ Nicht abzugsfähige Gewerbesteuer:	13.370 €
= Steuerpflichtiger Gewinn:	120.000 €

Entnahmen: 20.000 €

Einlagen: 5.000 €

Nicht entnommener Gewinn: 105.000 €

Der maximale Begünstigungsbetrag beläuft sich aber auf 106.630 € ./. 15.000 € = 91.630 €.

Für die Berechnung des nachversteuerungspflichtigen Betrags wird der Begünstigungsbetrag um die Steuerbelastung hierauf vermindert. Im Ergebnis entspricht dies wiederum der Situation bei Kapitalgesellschaften, bei denen die Gewinnausschüttungen auch erst nach Körperschaftsteuer und Gewerbesteuer beim Anteilseigner erneut besteuert werden. Der nachversteuerungspflichtige Betrag ist jährlich am Ende des VAZ für jeden Betrieb oder Mitunternehmeranteil fortzuschreiben; er erhöht sich um hinzukommende nachversteuerungspflichtige Beträge und vermindert sich um den Nachversteuerungsbetrag im Falle einer Nachversteuerung.

Ein nachversteuerungspflichtiger Betrag ergibt sich erst, wenn der Saldo der Entnahmen und Einlagen des laufenden Jahres den in diesem Wirtschaftsjahr erzielten laufenden Gewinn (inkl. der steuerfreien Gewinnanteile) übersteigt. Es gelten zuerst der Gewinn des laufenden Jahres, dann die begünstigten Vorjahresgewinne (nachversteuerungspflichtiger Betrag) und zuletzt die nicht begünstigten (progressiv besteuerten und steuerfreien) Vorjahresgewinne als entnommen. Im Falle des Vorhandenseins von Altrücklagen aus der Zeit vor der Thesaurierungsbegünstigung gilt damit auch zunächst der Begünstigungsbetrag als entnommen mit der Folge einer Nachversteuerung (Lifo-Verwendungsreihenfolge). In den Fällen des § 34a Abs. 6 EStG erfolgt eine Nachversteuerung auch ohne Vorliegen eines Entnahmeüberschusses.

Beispiel-Fortsetzung: (Thesaurierungsbegünstigung gem. § 34a EStG)

Der maximale Begünstigungsbetrag beläuft sich in obigem Beispiel auf 91.630 €. Der Steuerpflichtige stellt einen Antrag zur Thesaurierungsbesteuerung für 50.000 €. Die darauf entfallende Einkommensteuer (28,25 %) zzgl. SolZ (5,5 %) beträgt dann 14.902 €.

Es ergibt sich ein gesondert festzustellender nachversteuerungspflichtiger Betrag zum Ende des Jahres von 50.000 € ./. 14.902 € = 35.098 €.

Der regulär zu versteuernde Gewinn des Jahres beträgt 120.000 € ./. 50.000 € = 70.000 €. Die darauf entfallende Einkommensteuer (unter Vernachlässigung sonstiger Abzugsbeträge wie Sonderausgaben) zzgl. SolZ beträgt 22.370 €. Die gesamte Einkommensteuer beträgt damit 37.272 €.

Im Folgejahr ergibt sich folgende Ausgangsbasis:

Gewinn nach GewSt: 46.430 €

+ Nicht abzugsfähige Gewerbesteuer: 3.570 €

= Steuerpflichtiger Gewinn: 50.000 €

Entnahmen: 70.000 €

Einlagen: 20.000 €

Damit übersteigt der Entnahmeüberschuss (50.000 €) den Gewinn vor außerbilanziellen Hinzurechnungen (46.430 €), womit sich ein Nachversteuerungsbetrag von 3.570 € ergibt. Die hierauf entfallende Nachsteuer zzgl. SolZ beträgt 942 €. Am Jahresende ergibt sich ein gesondert festzustellender nachversteuerungspflichtiger Betrag von 35.098 € ./. 3.570 € = 31.528 €.

Der regulär zu versteuernde Gewinn des neuen Jahres beträgt 50.000 €. Die darauf entfallende Einkommensteuer zzgl. SolZ ergibt zusammen mit der Nachsteuer zzgl. SolZ die gesamte Steuerbelastung des neuen Jahres.

Eine Nachversteuerung kann nicht dadurch vermieden werden, dass nach Bildung des Begünstigungsbetrages entstehende Verluste mit den festgestellten Begünstigungsbeträgen verrechnet werden (§ 34a Abs. 8 EStG).

2.4.4.2 Die Steuerbetragsermäßigungen

Steuerbetragsermäßigungen sehen anders als Steuertarifermäßigungen keinen geminderten Steuersatz vor, sondern gewähren eine Kürzung von der Steuerschuld. Zu diesen Ermäßigungen zählen bspw. die Anrechnung der ausländischen Steuer auf die deutsche Einkommensteuer, sofern nicht ein Doppelbesteuerungsabkommen eine abweichende Maßnahme vorsieht (§ 34c EStG), die Steuerermäßigung für Steuerpflichtige mit Kindern bei Inanspruchnahme erhöhter Absetzungen für Wohngebäude oder der Steuerbegünstigung für eigengenutztes Wohneigentum (sog. Baukindergeld, § 34f EStG), die Steuerermäßigung für Mitgliedsbeiträge und Spenden an politische Parteien und an unabhängige Wählervereinigungen (sog. Parteispenden, § 34g EStG), die Steuerbetragsermäßigung bei Einkünften aus Gewerbebetrieb gem. § 35 EStG sowie die Steuerbetragsermäßigung bei Aufwendungen für haushaltsnahe Beschäftigungsverhältnisse sowie Pflege-, Betreuungs- und Handwerkerleistungen als haushaltsnahe Dienstleistungen (§ 35a EStG).

Beispielhaft werden hier die Steuerbetragsermäßigung für **Einkünfte aus Gewerbebetrieb**, für **haushaltsnahe Beschäftigungsverhältnisse** und für die Inanspruchnahme **haushaltsnaher Dienstleistungen** erläutert.

Die Steuerbetragsermäßigung für **Einkünfte aus Gewerbebetrieb** i.S.d. § 35 EStG[132] begünstigt, da § 50 EStG keine Einschränkung bezüglich der Anwendung des § 35 EStG enthält, unbeschränkt oder beschränkt steuerpflichtige natürliche Personen, die folgende Einkünfte erzielen:

– Einkünfte aus Gewerbebetrieb als Einzelunternehmer i.S.d. § 15 Abs. 1 S. 1 Nr. 1 EStG;

– Einkünfte aus Gewerbebetrieb als unmittelbarer bzw. mittelbar beteiligter Mitunternehmer i.S.d. § 15 Abs. 1 S. 1 Nr. 2 EStG oder i.S.d. § 15 Abs. 3 EStG oder

---

[132] Vgl. zu den folgenden Ausführungen insb. BMF-Schreiben vom 12.01.2007, BStBl I 2007, S. 108-118; BREITHECKER, VOLKER/KLAPDOR, RALF/ZISOWSKI, UTE: Unternehmenssteuerreform: Auswirkungen und Gestaltungshinweise – mit dem Gesetz zur Ergänzung des Steuersenkungsgesetzes, Bielefeld 2001, S. 50-56; DERLIEN, ULRICH: § 35 EStG, in: Das Einkommensteuerrecht, begr. von EBERHARD LITTMANN, hrsg. von HORST BITZ und HARTMUT PUST, Stuttgart (Loseblatt), Stand: November 2012, Rn. 60-110; DANELSING, WALTER: § 35 EStG, in: BLÜMICH: Einkommensteuer – Körperschaftsteuer – Gewerbesteuer, hrsg. von BERND HEUERMANN, München (Loseblatt), Stand: August 2012, Rn. 10-42; HERZIG, NORBERT/LOCHMANN, UWE: Steuersenkungsgesetz: Die Steuerermäßigung für gewerbliche Einkünfte bei der Einkommensteuer nach der endgültigen Regelung, in: DB 2000, S. 1728-1735; OTTERSBACH, JÖRG H.: Unternehmenssteuerreform 2001: Gewerbesteueranrechnung nach § 35 EStG, in: StB 2001, S. 242-245.

– Einkünfte aus Gewerbebetrieb als persönlich haftender Gesellschafter einer KGaA i.S.d. § 15 Abs. 1 S. 1 Nr. 3 EStG.

Mit der Möglichkeit der Gewerbesteueranrechnung soll eine Doppelbelastung der gleichen Einkünfte mit Gewerbesteuer und Einkommensteuer vermieden werden.

Gem. § 35 Abs. 1 S. 1 Nr. 1 EStG ermäßigt sich die tarifliche Einkommensteuer für **Einzelunternehmer** um das 3,8fache des Gewerbesteuermessbetrags.[133] Für unmittelbare sowie mittelbare **Mitunternehmer** (sog. **Mitunternehmerschaft**) ermäßigt sich die Einkommensteuer nach § 35 Abs. 1 S. 1 Nr. 2 EStG um das 3,8fache des anteiligen Gewerbesteuermessbetrags. Der Anteil am Gewerbesteuermessbetrag richtet sich gem. § 35 Abs. 3 EStG nach dem allgemeinen Gewinnverteilungsschlüssel der Mitunternehmerschaft, wobei Sondervergütungen nicht zu berücksichtigen sind. Auch bei Mitunternehmerschaften muss der einzelne Mitunternehmer den Anrechnungshöchstbetrag bestimmen (s.u.), den Steuermessbetrag für jeden Gewerbebetrieb getrennt berechnen und diese bei der Einkommensteuerveranlagung zusammenfassen. Für den Fall der **mehrstöckigen Mitunternehmerschaft** werden die Gewerbesteuermessbeträge der Untergesellschaften in die Berechnung des anteiligen Gewerbesteuermessbetrages mit einbezogen. Verluste aus der Beteiligung bleiben hierbei unberücksichtigt.

Beispiel: (Steuerbetragsermäßigung für Einkünfte aus Gewerbebetrieb)

Mit der Einzelunternehmung X erwirtschaftet der verheiratete A im Jahr 2013 einen Gewinn vor Gewerbesteuer von 150.000 €, für den 17.570 € Gewerbesteuer (Hebesatz 400 %; Gewerbesteuermessbetrag: 4.392,50 €) zu zahlen sind. Außerdem erzielt A Einkünfte aus Vermietung und Verpachtung i.H.v. 15.000 €. Die Sonderausgaben betragen 35.000 €, weiterhin kann A außergewöhnliche Belastungen von 20.000 € geltend machen.

	Einkünfte aus Gewerbebetrieb	150.000 €
+	Einkünfte aus Vermietung und Verpachtung	15.000 €
=	Summe der Einkünfte = Gesamtbetrag der Einkünfte	165.000 €
./.	Sonderausgaben	35.000 €
./.	Außergewöhnliche Belastungen	20.000 €
=	Einkommen = Zu versteuerndes Einkommen	110.000 €
⇒	**Einkommensteuer (Splittingtarif 2013)**	**29.808 €**
./.	3,8facher Gewerbesteuermessbetrag zur Gewerbesteueranrechnung (4.392,50 · 3,8 =)	16.691,50 €
=	**Festzusetzende Einkommensteuer**	**13.116,50 €**

Zu den **gewerblichen Einkünften i.S.d. § 35 EStG** zählen nur Einkommensteile, die bereits der Gewerbesteuer unterlagen. Dies sind u.a.:[134]

– Einkünfte aus Gewerbebetrieb i.S.d. § 15 EStG;
– der gewerbesteuerliche Gewinn aus der Veräußerung einer 100 %-igen Beteiligung an einer Kapitalgesellschaft (§ 16 Abs. 1 S. 1 Nr. 1 S. 2 EStG), wenn die Veräußerung nicht in engem Zusammenhang mit der Aufgabe des Gewerbebetriebs erfolgt;[135]

---

[133] Vgl. zur Definition des Gewerbesteuermessbetrags S. 145
[134] Vgl. BMF-Schreiben vom 12.01.2007, BStBl I 2007, S. 109.
[135] Vgl. BFH-Urteil vom 02.02.1972, BStBl II 1972, S. 740.

- der Gewinn aus der Veräußerung eines Teils eines Mitunternehmeranteils i.S.d. § 16 Abs. 1 S. 2 EStG, der einen laufenden Gewinn darstellt, und
- Veräußerungsgewinne, die gem. § 7 S. 2 GewStG dem Gewerbeertrag hinzuzurechnen sind.

Folglich gehören die Einkünfte i.S.d. § 16 EStG nur in Ausnahmefällen und die Einkünfte i.S.d. § 17 EStG nicht zu den begünstigten Einkünften.

Durch die pauschale Anrechnung der Gewerbesteuer kann es nur zu einer Minderung der tariflichen Einkommensteuer, nicht aber zu einer Erstattung kommen, wobei die tarifliche Einkommensteuer zuvor um die sonstigen Steuerermäßigungen mit Ausnahme der §§ 34f EStG (Baukindergeld), 34g EStG (Parteispenden) und § 35a EStG (haushaltsnahe Beschäftigungsverhältnisse und Dienstleistungen) zu kürzen ist (z.B. Anrechnung im Ausland gezahlter Steuern gem. § 34c EStG).

Darüber hinaus wird die **Steuerermäßigung** erstens dadurch **begrenzt**, dass die Gewerbesteueranrechnung max. in Höhe der gezahlten Gewerbesteuer erfolgen kann (§ 35 Abs. 1 S. 5 EStG) und zweitens die Gewerbesteuer nur auf den Teil der Einkommensteuer angerechnet werden kann, der anteilig auf die gewerblichen Einkünfte entfällt, die im zu versteuernden Einkommen enthalten sind („Ermäßigungshöchstbetrag") (§ 35 Abs. 1 S. 1 EStG). Der Ermäßigungshöchstbetrag errechnet sich gem. § 35 Abs. 1 S. 2 EStG nach der Formel:

$$\frac{\text{Summe der positiven gewerblichen Einkünfte}}{\text{Summe aller positiven Einkünfte}} \cdot \text{geminderte tarifliche Steuer,}$$

wobei die geminderte tarifliche Steuer der tariflichen Steuer nach Abzug von Beträgen aufgrund zwischenstaatlicher Abkommen und nach Anrechnung ausländischer Steuern nach § 34c Abs. 1 und 6 EStG und § 12 AStG entspricht (§ 35 Abs. 1 S. 4 EStG).

Neben der Reduzierung der Einkommensteuerschuld tritt durch die pauschale Anrechnung eine Entlastung bezüglich des Solidaritätszuschlags, nicht aber bezüglich der Kirchensteuer ein, da die Gewerbesteueranrechnung keine Auswirkung auf die Bemessungsgrundlage der Kirchensteuer hat (§ 51a Abs. 2 S. 3 EStG).[136]

Die Thesaurierungsbegünstigung nach § 34a EStG wirkt sich nicht nachteilig auf die Inanspruchnahme der Steuerermäßigung nach § 35 EStG aus, denn § 35 EStG stellt nur auf die Gewerbesteuerpflicht der Einkünfte ab, sodass dem Gewerbetreibenden auch für den Teil der gewerblichen Einkünfte eine Steuerermäßigung nach § 35 EStG zusteht, der nach § 34a EStG ermäßigt besteuert wurde. Eine Steuerermäßigung nach § 35 EStG kann folglich nicht für Gewinne gewährt werden, die nach § 34a Abs. 4 ff. EStG nachzuversteuern sind.

---

[136] Vgl. OTTERSBACH, JÖRG H.: Unternehmenssteuerreform 2001: Gewerbesteueranrechnung nach § 35 EStG, in: StB 2001, S. 242-245, s.b.S. 243 und übergreifend GREFE, CORD: Ermittlung der Zuschlagsteuern zur Einkommensteuer, in: SteuerStud 2001, S. 243-246.

Beispiel: (Gewerbesteueranrechnung)[137]

Sven Schlau erzielt im VAZ 2013 Einkünfte aus Gewerbebetrieb (nach außerbilanzieller Hinzurechnung der nicht abziehbaren Gewerbesteuer) i.H.v. 200.000 € und aus Vermietung und Verpachtung i.H.v. 20.000 €. An abziehbaren Sonderausgaben fallen 10.000 € an.

Für 50.000 € beantragt er die Thesaurierungsbegünstigung nach § 34a EStG. Der Hebesatz der Gemeinde, in der der Betrieb von Sven Schlau sitzt, beträgt 420 %.

Die Gewerbesteuer berechnet sich unter der Annahme, dass keine gewerbesteuerlichen Hinzurechnungs- und Kürzungsvorschriften zur Anwendung kommen, wie folgt:

	Einkünfte aus Gewerbebetrieb	200.000 €
./.	Freibetrag	24.500 €
=	Zwischensumme	175.500 €
·	Messzahl	3,5 %
=	Gewerbesteuermessbetrag	6.142,50 €
·	Hebesatz	420 %
=	Gewerbesteuer	25.798,50 €

Die Einkommensteuer berechnet sich wie folgt:

	Einkünfte aus Gewerbebetrieb (inkl. nicht abziehbarer GewSt)	200.000 €
+	Einkünfte aus Vermietung und Verpachtung	20.000 €
=	Summe der Einkünfte	220.000 €
./.	Sonderausgaben	10.000 €
=	Zu versteuerndes Einkommen	210.000 €
	Tarifliche Einkommensteuer für die begünstigten Einkünfte (28,25 %)	14.125 €
+	Einkommensteuer für die verbleibenden Einkünfte (160.000 €)	59.004 €
=	Gesamte tarifliche Einkommensteuer	73.129 €

Die Gewerbesteueranrechnung nach § 35 EStG ergibt sich dann wie folgt:

3,8 · Gewerbesteuermessbetrag (6.142,50 €)	23.341,50 €
1. Obergrenze:	
Höhe der tatsächlich zu zahlenden Gewerbesteuer	25.798,50 €
2. Obergrenze	
Ermäßigungshöchstbetrag:	
$\frac{\text{gewerbliche Einkünfte 200.000 €}}{\text{Summe der Einkünfte 220.000 €}}$ · gesamte tarifliche ESt 73.129 € =	66.480,91 €

---

[137] Modifiziert entnommen aus WICHERT, SILKE: Steuerermäßigung bei Einkünften aus Gewerbebetrieb, NWB vom 11.12.2007, Fach 3, S. 14849-14858, s.b.S. 14856-14857.

Damit können die 23.341,50 € ungekürzt angerechnet werden, sodass sich eine festzusetzende Einkommensteuer i.H.v. 49.787,50 € ergibt.

Wie bereits erwähnt, kann die Gewerbesteuer nur auf den Teil der Einkommensteuer angerechnet werden, der anteilig auf die gewerblichen Einkünfte entfällt, die im zu versteuernden Einkommen enthalten sind (§ 35 Abs. 1 S. 1 EStG). Aufgrund dieser (unglücklichen) Formulierung stellt sich die Frage, in welcher Höhe die gewerblichen Einkünfte noch im zu versteuernden Einkommen enthalten sind, wenn Verluste zu berücksichtigen sind. Um diese Frage zu klären, wurde bereits die o.g. Formel eingeführt: Ermäßigungshöchstbetrag =

$$\frac{\text{Summe der positiven gewerblichen Einkünfte}}{\text{Summe aller positiven Einkünfte}} \cdot \text{gesamte tarifliche Einkommensteuer}.$$

§ 35a EStG gewährt **Steuerbetragsermäßigungen für haushaltsnahe Beschäftigungsverhältnisse**, für die **Inanspruchnahme haushaltsnaher Dienstleistungen** und für **Handwerkerleistungen**.[138] Für haushaltsnahe Beschäftigungsverhältnisse, bei denen es sich um eine geringfügige Beschäftigung i.S.v. § 8a SGB IV handelt und die in einem Haushalt (in der EU/im EWR) des Steuerpflichtigen ausgeübt werden, ermäßigt sich die tarifliche Einkommensteuer auf Antrag um 20 % der Aufwendungen des Steuerpflichtigen, max. 510 € (§ 35a Abs. 1 EStG).

Bei **anderen haushaltsnahen Beschäftigungsverhältnissen**, die keine geringfügige Beschäftigung i.S.d. § 8a SGB IV sind, oder für die Inanspruchnahme von **haushaltsnahen Dienstleistungen**, die im Haushalt (in der EU/im EWR) des Steuerpflichtigen erbracht werden (und bei denen es sich nicht um Handwerkerleistungen i.R.v. Renovierungs-, Erhaltungs- und Modernisierungsmaßnahmen handelt), ermäßigt sich die tarifliche Einkommensteuer auf Antrag ebenfalls um 20 % der Aufwendungen, max. aber 4.000 € (z.B. Reinigungsarbeiten, Gartenpflegearbeiten, Streichen, Tapezieren, Ausbessern von Löchern in Wänden und Auswechseln einzelner Fliesen; § 35a Abs. 2 EStG).

Diese Steuerermäßigung kann auch in Anspruch genommen werden, wenn es sich um Aufwendungen handelt, die durch die Inanspruchnahme von Pflege- und Betreuungsleistungen für Personen entstehen, bei denen die Pflegestufe I, II oder III anerkannt worden ist oder die Leistungen aus der Pflegeversicherung beziehen. Berücksichtigungsfähig sind allerdings nur die Aufwendungen, die nicht durch Leistungen der Pflegeversicherung finanziert werden können (§ 35a Abs. 2 S. 2 EStG). Auch Angehörige pflegebedürftiger Personen können diese Steuerermäßigung in Anspruch nehmen, wenn sie für die Pflege- oder Betreuungsleistungen aufkommen.

Die Steuerermäßigungen des § 35a Abs. 2 EStG – „andere haushaltsnahe Beschäftigungsverhältnisse", „haushaltsnahe Dienstleistungen", „Pflege- und Betreuungsleistungen" – werden zusammen berechnet; begünstigt sind folglich insgesamt 20 % der gesamten Aufwendungen, max. 4.000 €.[139]

---

[138] Eingeführt durch das „Zweite Gesetz für moderne Dienstleistungen am Arbeitsmarkt" vom 23.12.2002, BGBl I 2002, S. 4621.

[139] Vgl. PLENKER, JÜRGEN/SCHAFFHAUSEN, HEINZ-WILLI: Steuerermäßigung für haushaltsnahe Beschäftigungsverhältnisse, haushaltsnahe Dienstleistungen und Handwerkerleistungen ab 2009, in: DB 2009, S. 191-197, s.b.S. 192.

Außerdem verringert sich die tarifliche Einkommensteuer um 20 % der Aufwendungen, maximal 1.200 €, die durch die Inanspruchnahme von Handwerkerleistungen im Rahmen von Renovierungs-, Erhaltungs- und Modernisierungsmaßnahmen (wie z.B. Arbeiten an Heizungsanlagen, Fensterreparaturen, Arbeiten an Bodenbelägen, also nicht bloßen Schönheitsreparaturen im obigen Sinne) in einem Haushalt (in der EU/im EWR) des Steuerpflichtigen entstehen (§ 35a Abs. 3 EStG). Dies gilt unabhängig davon, ob die Maßnahmen vom Eigentümer oder vom Mieter in Auftrag gegeben werden. Bei den nach § 35a Abs. 2 EStG begünstigten Aufwendungen muss es sich zudem um Arbeitskosten oder Fahrtkosten handeln; Materialkosten sind nicht begünstigt. Der Steuerpflichtige sollte also auf den gesonderten Ausweis der Arbeits- und Materialkosten in der Handwerkerrechnung bestehen.

Die Steuerermäßigungen des § 35a Abs. 1-3 EStG gelten nur, soweit die Aufwendungen nicht Betriebsausgaben oder Werbungskosten darstellen und soweit sie auch nicht als Sonderausgaben oder außergewöhnliche Belastungen berücksichtigt werden (§ 35a Abs. 5 EStG).

Zu beachten ist, dass die genannten Beträge keine personenbezogenen Beträge sind, sondern haushaltsbezogene, sodass sie von Ehegatten nicht in doppelter Höhe in Anspruch genommen werden können. Gleiches gilt gem. § 35a Abs. 5 S. 4 EStG auch für Alleinstehende, die in einem Haushalt zusammenleben.

Wenn die jeweiligen Voraussetzungen vorliegen, können die Steuerermäßigungen der Abs. 1-3 des § 35a EStG nebeneinander in Anspruch genommen werden.

Beispiel: (Steuerermäßigungen gem. § 35a EStG)

Einem Steuerpflichtigen sind im Jahr 2013 Aufwendungen i.H.v. 2.600 € für ein haushaltsnahes, nach § 8a SGB IV geringfügiges Beschäftigungsverhältnis, von 18.000 € für ein sozialversicherungspflichtiges Beschäftigungsverhältnis, von 4.000 € für Fensterputzer und Gärtner und von 6.500 € für die Renovierung des Badezimmers entstanden. Damit ergibt sich folgende Steuerermäßigung:

20 % von 2.600 €, jedoch max.	510 €
20 % von 22.000 €, jedoch max.	4.000 €
20 % von 6.500 €, jedoch max.	1.200 €
Summe:	**5.710 €**

2.5 Die Erhebung der Einkommensteuer

Grundsätzlich wird die Einkommensteuer im Wege der **Veranlagung** erhoben. Nach Ablauf eines Kalenderjahres hat der Steuerpflichtige eine Steuererklärung abzugeben, aufgrund derer die Steuer durch schriftlichen Bescheid festgesetzt wird. In welchen Fällen eine Einkommensteuererklärung abzugeben ist, regelt § 25 Abs. 3 EStG i.V.m. § 56 EStDV. In bestimmten, gesetzlich geregelten Fällen wird ein **Abzug an der Quelle** vorgenommen. Dies erfolgt mittels der **Kapitalertragsteuer**, der **Bauabzugsteuer** und der **Lohnsteuer**.

Bei den meisten Kapitalerträgen wird gem. § 43 EStG ein Steuerabzug in Form der **Kapitalertragsteuer** vorgenommen (§§ 43-45e EStG). Die Höhe der Kapitalertragsteuer war in VAZ vor 2009 abhängig von der Art der Kapitalerträge und davon, wer die Kapitalertragsteuer abzuführen hatte.[140] Mit dem Unternehmensteuerreformgesetz 2008 und insb. mit dem in diesem Zuge für Kapitaleinkünfte eingeführten 25 %-igen Abgeltungssteuersatz wurde auch der Kapitalertragsteuerabzug einheitlich auf 25 % festgesetzt (§ 43a Abs. 1 S. 1 Nr. 1 EStG) mit dem Effekt, dass bei den meisten Kapitaleinkünften die Steuerschuld bereits mit dem Kapitalertragsteuerabzug abgegolten ist. Lediglich i.R.v. Betrieben gewerblicher Art beträgt die Kapitalertragsteuer 15 % (§ 43a Abs. 1 S. 1 Nr. 2 EStG).

Dem Steuerabzug unterliegen die **vollen Kapitalerträge** ohne Abzugsmöglichkeiten (vgl. § 43a Abs. 2 S. 1 EStG). Die Kapitalertragsteuer ist grundsätzlich bis zum 10. Tag des auf die Einbehaltung folgenden Monats abzuführen. Lediglich Einbehaltungen aus Kapitalerträgen i.S.v. § 43 Abs. 1 S. 1 Nr. 1 EStG (namentlich Dividenden und Gewinnausschüttungen) sind in dem Zeitpunkt abzuführen, in dem die Kapitalerträge dem Gläubiger zufließen (§ 44 Abs. 1 S. 5 EStG).

Im Zuge des „Gesetzes zur Eindämmung illegaler Betätigung im Baugewerbe"[141] wurde eine **Bauabzugsteuer** als zusätzliche Erhebungsform der Einkommensteuer eingeführt (§§ 48-48d EStG).[142] Hiernach unterliegen Bauleistungen[143] einem Steuerabzug i.H.v. 15 % der Entgelte zzgl. der Umsatzsteuer (§ 48 Abs. 1 S. 1, Abs. 3 EStG), wenn folgende Voraussetzungen erfüllt sind:

- Die Bauleistung ist im Inland erbracht worden – unabhängig davon, ob der Leistende im Inland oder im Ausland ansässig ist –, und
- der Empfänger der Bauleistung (sog. Leistungsempfänger) ist Unternehmer i.S.d. § 2 UStG oder eine juristische Person des öffentlichen Rechts.

Zu den abzugspflichtigen Leistungsempfängern zählen auch sog. Kleinunternehmer (§ 19 UStG), Unternehmen mit ausschließlich steuerfreien Umsätzen, pauschalversteuernde Land- und Forstwirte (§ 24 UStG) und private Vermieter.

Der Einbehalt der Bauabzugsteuer kann in den folgenden Fällen unterbleiben:

- Der Bauleistende legt im Zeitpunkt der Leistung eine gültige Freistellungserklärung gem. § 48b EStG vor (§ 48 Abs. 2 S. 1 1. Halbsatz EStG),
- die Bagatellgrenze von 15.000 € (der Leistungsempfänger führt ausschließlich steuerfreie Umsätze aus Vermietung und Verpachtung i.S.d. § 4 Nr. 12 UStG aus) bzw. 5.000 € (in den übrigen Fällen) wird voraussichtlich nicht überschritten (§ 48 Abs. 2 S. 1 Nr. 1 und 2 EStG), oder
- es werden nicht mehr als 2 Wohnungen vermietet (§ 48 Abs. 1 S. 2 EStG).

Der Leistungsempfänger muss die von ihm einbehaltene Bauabzugsteuer bis zum 10. Tag nach Ablauf des Monats, in dem die Gegenleistung erbracht wurde, nach amtlich vorge-

---

[140] Vgl. dazu KUßMAUL, HEINZ: Betriebswirtschaftliche Steuerlehre, 4. Aufl., München/Wien 2006, S. 313 f.
[141] Gesetz vom 30.08.2001, BGBl I 2001, S. 2267.
[142] Vgl. hierzu und im Folgenden BMF-Schreiben vom 27.12.2002, BStBl I 2002, S. 1399; BRUSCHKE, GERHARD: Steuerabzug bei Bauleistungen, in: StB 2002, S. 130-140; SCHEFFLER, WOLFRAM: Besteuerung von Unternehmen, Bd. 1: Ertrag-, Substanz- und Verkehrsteuern, 12. Aufl., Heidelberg 2012, S. 173 f.
[143] „Bauleistungen sind alle Leistungen, die der Herstellung, Instandsetzung, Instandhaltung, Änderung oder Beseitigung von Bauwerken dienen" (§ 48 Abs. 1 S. 3 EStG).

schriebenem Vordruck dem zuständigen Finanzamt erklären und abführen (§ 48a Abs. 1 EStG). Kommt er seiner Pflicht nicht oder nur unzureichend nach, so haftet er für den unterlassenen oder zu niedrigen Steuerabzug (§ 48a Abs. 3 EStG). Der Leistende kann einen vom Leistungsempfänger einbehaltenen und angemeldeten Abzugsbetrag auf von ihm zu zahlende Steuern in der folgenden Reihenfolge anrechnen: einbehaltene und angemeldete Lohnsteuer; Einkommensteuer- bzw. Körperschaftsteuervorauszahlungen; Einkommensteuer bzw. Körperschaftsteuer des VAZ, in der die Leistung erbracht wurde; von ihm als Leistungsempfänger abzuführende Bauabzugsteuer (§ 48c Abs. 1 EStG).

Bei Einkünften aus nichtselbstständiger Arbeit wird die Einkommensteuer in Form eines Abzuges vom Arbeitslohn erhoben (**Lohnsteuer**). Die **Lohnsteuer** stellt die bedeutendste Erhebungsform der Einkommensteuer dar. Es sind folgende **Lohnsteuerklassen,** auf deren Grundlage der Einbehaltungsbetrag der **Lohnsteuer** berechnet wird, zu unterscheiden (§ 38b EStG):

- Steuerklasse I gilt grundsätzlich für unbeschränkt steuerpflichtige Personen, die ledig, verheiratet, verwitwet oder geschieden sind, sofern die Voraussetzungen für Steuerklasse III und IV nicht erfüllt sind, sowie für beschränkt einkommensteuerpflichtige Personen.
- Steuerklasse II gehören der Steuerklasse I zuzuordnende Arbeitnehmer an, bei denen der Entlastungsbetrag für Alleinerziehende (§ 24b EStG) zu berücksichtigen ist.
- Steuerklasse III gilt für verheiratete Arbeitnehmer, sofern nur ein Ehepartner berufstätig ist bzw. beide berufstätig sind und der Ehepartner auf Antrag beider Ehepartner Steuerklasse V wählt. Hierbei wird die abzuführende Lohnsteuer automatisch gem. dem Splittingtarif berechnet (§ 39b Abs. 2 S. 7 EStG).
- Steuerklasse IV ist für Ehepaare bestimmt, bei denen beide Partner berufstätig sind. Sinnvoll ist diese Steuerklasse, wenn der Arbeitslohn beider Ehegatten in etwa gleich hoch ist.
- Steuerklasse V ist Ehepaaren vorbehalten, bei denen der Ehepartner auf Antrag beider Ehepartner Steuerklasse III gewählt hat.
- Steuerklasse VI gilt bei Arbeitnehmern, die aus mehr als einem Dienstverhältnis Arbeitslohn beziehen, für das zweite und jedes weitere Arbeitsverhältnis. Hier erfolgt ein sehr hoher Lohnsteuerabzug, was zu einer Einkommensteuerveranlagung zwingen soll. Darüber hinaus greift die Lohnsteuerklasse VI in den Fällen des § 39c EStG. Hiernach hat der Arbeitgeber die Lohnsteuer nach Steuerklasse VI zu ermitteln, wenn der Arbeitnehmer dem Arbeitgeber zum Zweck der elektronischen Lohnsteuerabzugsmerkmale die ihm zugeteilte Identifikationsnummer sowie den Tag der Geburt schuldhaft nicht mitgeteilt hat oder das Bundeszentralamt für Steuern die Mitteilung der elektronischen Lohnsteuerabzugsmerkmale ablehnt.

Nach § 39f EStG kann bei Ehegatten, die in die Steuerklasse IV gehören, auf Antrag das sog. Faktorverfahren zur Anwendung kommen, das als Mischvariante der Steuerklassenkombinationen „III/V" und „IV/IV" anzusehen ist. Durch einen Faktor wird die auf Basis der Lohnsteuerklasse IV berechnete Lohnsteuer um die Wirkung des Splittingverfahrens gemindert. Dieser Faktor gibt das Verhältnis der nach Splittingverfahren ermittelten Steuer zu der nach Lohnsteuerklasse IV ermittelten Steuer wieder; das zuständige Finanzamt trägt ihn auf den Lohnsteuerkarten der Ehegatten ein.

Anstelle der individuellen Berechnung der Lohnsteuer kann nach den Vorschriften der §§ 40, 40a und 40b EStG das Verfahren der **Lohnsteuerpauschalierung** zur Anwendung kommen. Die Lohnsteuer wird dann entweder mit einem durchschnittlichen oder mit einem festen Steuersatz erhoben. Der feste pauschalierte Lohnsteuersatz liegt zwischen 2 % und 25 %. Kurzfristig beschäftigte Arbeitnehmer, bei denen die Beschäftigungshöchstdauer 18 Tage nicht übersteigt und deren Arbeitslohn während der Beschäftigungszeit durchschnittlich 62 € je Arbeitstag nicht überschreitet, unterliegen einem Pauschalsteuersatz von 25 %. Der besonders geringe Pauschalsteuersatz von 2 % gilt für geringfügig versicherungspflichtige Beschäftigte oder versicherungsfrei geringfügig Beschäftigte, deren monatlicher Arbeitslohn 450 € nicht übersteigt. Die pauschal erhobene Lohnsteuer hat Abgeltungscharakter. Sowohl pauschal besteuerter Lohn als auch pauschale Lohnsteuer bleiben bei der Einkommensteuerveranlagung ohne Berücksichtigung.

Abb. 19 stellt das wesentliche Erhebungssystem der Einkommensteuer dar, wobei die Bauabzugsteuer sowie die Pauschalierung bei der Lohnsteuer und bei Zuwendungen vernachlässigt werden.

Nach § 37b EStG kann die Einkommensteuer einheitlich **für alle** innerhalb eines Wirtschaftsjahres gewährten, **betrieblich veranlassten Zuwendungen**, die zusätzlich zur ohnehin vereinbarten Leistung erbracht werden, und für alle Geschenke i.S.d. § 4 Abs. 5 S. 1 Nr. 1 EStG, die nicht in Geld bestehen, mit einem **Pauschalsteuersatz** i.H.v. 30 % belegt werden.

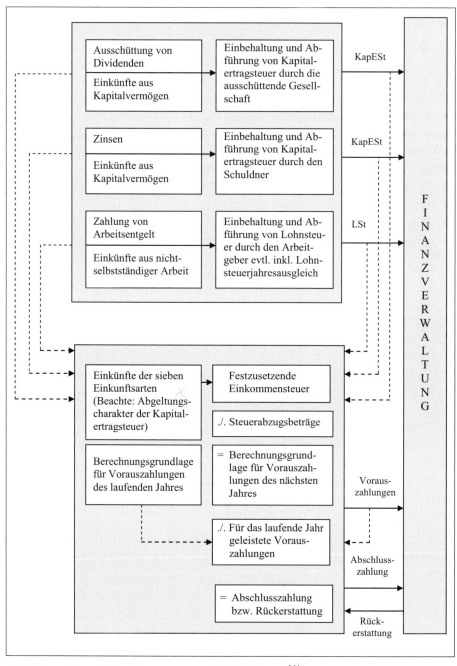

Abb. 19: Wesentliche einkommensteuerliche Zahlungen[144]

---

[144] Modifiziert entnommen aus SELCHERT, FRIEDRICH WILHELM: Grundlagen der betriebswirtschaftlichen Steuerlehre, 5. Aufl., München/Wien 2001, S. 119.

2.6 Die Annexsteuern

2.6.1 Die Kirchensteuer

Die Kirchensteuer ist eine Annexsteuer auf die Einkommensteuer/Lohnsteuer, teilweise auch auf die Grundsteuer. Sie wird aufgrund von Kirchensteuergesetzen erhoben, wobei die Gesetzgebungskompetenz bei den Ländern liegt.

Alle Mitglieder einer Kirchensteuer erhebenden kirchlichen Körperschaft des öffentlichen Rechts sind in dem Kirchengebiet, in dem sie wohnen, **Steuerpflichtige** der Kirchensteuer.

Für die Berechnung dieser Annexsteuer ist die **Bemessungsgrundlage** (Einkommensteuer- bzw. Lohnsteuerschuld) gem. § 51a Abs. 2 EStG um kindbedingte Freibeträge zu kürzen. Dies erfolgt unabhängig davon, ob Kindergeld in Anspruch genommen wurde oder nicht; unberücksichtigt bleibt ein gewerbesteuerlicher Anrechnungsbetrag gem. § 35 EStG.[145] Sind im zu versteuernden Einkommen Einkünfte enthalten, die nach § 3 Nr. 40 EStG zu 40 % steuerbefreit sind, sind diese der Bemessungsgrundlage wieder hinzuzurechnen, während Erwerbsaufwendungen (§ 3c Abs. 2 EStG), die hiermit im wirtschaftlichen Zusammenhang stehen und nicht abziehbar waren (40 %), zu kürzen sind. Die systematische Erfassung ist in Abb. 20 dargestellt, die ebenfalls die Bestimmung der Bemessungsgrundlage für den Solidaritätszuschlag enthält.

Bei einer glaubensverschiedenen Ehe – nur ein Ehegatte gehört einer Kirchensteuer erhebenden Religionsgemeinschaft an – teilt sich die Bemessungsgrundlage der Kirchensteuer im Verhältnis der fiktiven Steuerbeträge auf, die sich unter Anwendung des Steuertarifs auf den Gesamtbetrag der Einkünfte eines jeden Ehegatten ergeben. Somit muss der Gesamtbetrag der Einkünfte (GdE) für jeden Ehepartner getrennt ermittelt werden, worauf dann anschließend die Einkommensteuer berechnet wird. Der Anteil der Bemessungsgrundlage des kirchensteuerpflichtigen Ehepartners bestimmt sich durch folgende Formel:

$$\text{Anteil der BMG} = \frac{\text{ESt (GdE kirchensteuerpflichtiger Ehepartner)}}{\text{ESt (GdE Ehemann)} + \text{ESt (GdE Ehefrau)}}$$

In bestimmten Bundesländern muss die so ermittelte Kirchensteuer mindestens das sog. Kirchgeld übersteigen, welches in Abhängigkeit von der Höhe des zu versteuernden Einkommens zu ermitteln ist.

Bei einer konfessionsverschiedenen Ehe – die Ehegatten gehören unterschiedlichen Kirchensteuer erhebenden Religionsgemeinschaften an – wird eine hälftige Aufteilung der gemeinsam errechneten Kirchensteuer vorgenommen. Erfolgt unterjährig ein Kircheneintritt oder -austritt, wird die Kirchensteuer monatsgenau aufgeteilt.

---

[145] Vgl. BMF-Schreiben vom 12.01.2007, BStBl I 2007, S. 110.

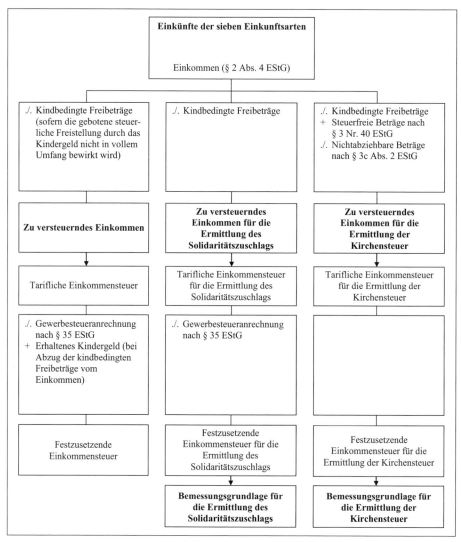

Abb. 20: *Ermittlung der Bemessungsgrundlagen der Annexsteuern*[146]

Der **Steuersatz beträgt** i.d.R. 8 % oder 9 % (je nach Bundesland).

Kirchensteuer und Einkommensteuer sind **interdependent**, da die Einkommensteuer die Bemessungsgrundlage der Kirchensteuer bildet, die Kirchensteuer aber (unbegrenzt) als Sonderausgabe bei der Einkommensteuerbemessungsgrundlage abzugsfähig ist (§ 10 Abs. 1 Nr. 4 EStG).

---

[146] Modifiziert entnommen aus GREFE, CORD: Ermittlung der Zuschlagsteuern zur Einkommensteuer, in: SteuerStud 2001, S. 243-246, s.b.S. 246.

Problematisch gestaltet sich die Erhebung der Kirchensteuer i.Z.m. der für Kapitaleinkünfte eingeführten Abgeltungssteuer mit im Regelfall abgeltendem Kapitalertragsteuerabzug. Dies ist deswegen schwierig, weil damit auch die Kirchensteuer auf die (meist im Wege des Kapitalertragsteuerabzugs erhobene) Abgeltungssteuer erhoben werden muss, da die der Abgeltungssteuer unterliegenden Kapitaleinkünfte ja nicht mehr in die Normalveranlagung eingehen. Bei der Berechnung der Kirchensteuer auf Basis der Abgeltungssteuer/Kapitalertragsteuer muss allerdings ihre Abzugsfähigkeit als Sonderausgabe berücksichtigt werden. Der Gesetzgeber hat eine Lösung dergestalt gefunden, dass die auf die Abgeltungssteuer/Kapitalertragsteuer aufgeschlagene Kirchensteuer nicht mehr als Sonderausgabe abziehbar ist (§ 10 Abs. 1 Nr. 4 EStG), der entfallende Sonderausgabenabzug dafür aber im Wege einer verringerten Bemessungsgrundlage kompensiert wird. Die Kirchensteuer wird folglich nicht mehr als prozentualer Aufschlag auf die Abgeltungssteuer/Kapitalertragsteuer berechnet, stattdessen wird die Abgeltungssteuer/Kapitalertragsteuer um 25 % der auf die Kapitalerträge entfallenden Kirchensteuer ermäßigt. Auf die ermäßigte Abgeltungssteuer/Kapitalertragsteuer wird dann die Kirchensteuer mit dem jeweiligen Prozentsatz berechnet (§§ 32d Abs. 1 EStG und 43a Abs. 1 S. 2 EStG).

Nach § 32d Abs. 1 EStG und § 43a Abs. 1 S. 2 EStG berechnet sich die Abgeltungssteuer/Kapitalertragsteuer nach der Formel $\frac{e-4q}{4+k}$, wobei „e" für die Kapitaleinkünfte, „q" für evtl. vorhandene, anrechenbare ausländische Steuer und „k" für den Kirchensteuersatz steht.

> **Beispiel:** (Abgeltungssteuer und Kirchensteuer)
>
> Ein Steuerpflichtiger erzielt Kapitaleinkünfte i.H.v. 10.000 €. Der Kirchensteuersatz beläuft sich auf 9 %. Die Abgeltungssteuer/Kapitalertragsteuer beträgt damit $\frac{10.000\ €}{4+0{,}09}$ = 2.445 €. Die darauf entfallende Kirchensteuer beträgt 220,05 €.
>
> Kontrollrechnung: Kapitaleinkünfte 10.000 €
>
> ./. Als Sonderausgaben abziehbare Kirchensteuer 220,05 €
>
> = Verbleibende Einkünfte 9.779,95 €
>
> 25 % (Abgeltungssteuer/Kapitalertragsteuer) 2.445 €.

Nach § 51a Abs. 2c und 2d EStG wird dem Kirchensteuerpflichtigen ein Wahlrecht eingeräumt, die nach den skizzierten Berechnungsgrundlagen ermittelte Kirchensteuer entweder im Kapitalertragsteuerabzugsverfahren oder im Wege einer speziellen Veranlagung abzuführen. Wird die Kirchensteuer im Kapitalertragsteuerverfahren nach den skizzierten Berechnungsgrundlagen erhoben, ist die Kirchensteuerschuld damit abgegolten.

Wird die Kirchensteuer nicht im Wege des Kapitalertragsteuerabzugs einbehalten, so wird die Kapitalertragsteuer abweichend von den skizzierten Berechnungsgrundlagen zunächst mit 25 % der Kapitaleinkünfte erhoben, ohne den Kirchensteuerabzug bereits durch o.g. Formel zu berücksichtigen. Der Steuerpflichtige hat in einem solchen Fall eine Bescheinigung seines Kreditinstituts über die Höhe der einbehaltenen Kapitalertragsteuer vorzulegen (§ 51a Abs. 2d

S. 3 EStG). Danach erfolgt die Berechnung der Kirchensteuer, allerdings nicht auf Basis der vollen Kapitalertragsteuer, sondern nach der oben dargestellten Formel (§ 51a Abs. 2d S. 1 EStG). Die so ermittelte Kirchensteuer ist dann ebenfalls nicht mehr als Sonderausgabe bei der Normalveranlagung abziehbar (§ 10 Abs. 1 Nr. 4 EStG).

2.6.2 Der Solidaritätszuschlag

Der Solidaritätszuschlag ist eine Ergänzungsabgabe i.S.d. Art. 106 Abs. 1 Nr. 6 GG, d.h. eine gesondert zu erhebende Steuer, die aus technischen Gründen an die Einkommen- bzw. Körperschaftsteuer anknüpft (Annexsteuer). Eine zeitliche Beschränkung ist zurzeit nicht vorgesehen.

Bemessungsgrundlagen des Solidaritätszuschlages sind:

- Gem. § 3 Abs. 2 SolZG die nach § 2 Abs. 6 EStG festzusetzende **Einkommensteuer**, deren Bemessungsgrundlage – unabhängig von der Günstigerprüfung – immer um kindbedingte Freibeträge zu kürzen ist (§ 3 Abs. 1 Nr. 1 SolZG i.V.m. § 3 Abs. 2 SolZG). Hieraus folgt auch, dass sich die Bemessungsgrundlage des Solidaritätszuschlags insb. um die anzurechnende Gewerbesteuer mindert (vgl. Abb. 20).[147]
- Die festgesetzte **Körperschaftsteuer**, vermindert um die anzurechnende oder vergütete Körperschaftsteuer, wenn ein positiver Betrag verbleibt (§ 3 Abs. 1 Nr. 1 SolZG).
- **Vorauszahlungen zur Einkommen-/Körperschaftsteuer** (§ 3 Abs. 1 Nr. 2 SolZG).
- Die **Lohnsteuer** (§ 3 Abs. 1 Nr. 3 SolZG); die Erhebung erfolgt unter Berücksichtigung der Nullzone (§ 3 Abs. 4 SolZG) und der Gleitregelung (§ 4 SolZG).
- Die **Kapitalertragsteuer** (§ 3 Abs. 1 Nr. 5 SolZG).
- Bei beschränkt Steuerpflichtigen der **Steuerabzugsbetrag gem. § 50a EStG**.

Der **Steuersatz (Zuschlagssatz)** beträgt 5,5 % (§ 4 SolZG).

Bei natürlichen Personen wird der Solidaritätszuschlag gem. § 3 Abs. 3 SolZG erst erhoben, wenn die festgesetzte Einkommensteuer einen Betrag von 972 € (bei Zusammenveranlagung: 1.944 €) übersteigt (sog. **Nullzone**). Oberhalb der Nullzone wird der volle Solidaritätszuschlag gem. § 4 SolZG erst erhoben, wenn er kleiner ist als 20 % des Teils der Bemessungsgrundlage, der über der Nullzonengrenze liegt (sog. **Gleitregelung**).

---

[147] Vgl. BMF-Schreiben vom 12.01.2007, BStBl I 2007, S. 110.

Beispiel: (Wirkung der Gleitregelung des § 4 SolZG)

Einkommensteuer:	1.200 €	1.500 €
Freigrenze bzw. Nullzonengrenze:	972 €	972 €
Einkommensteuer als Bemessungsgrundlage (BMG):	1.200 €	1.500 €
davon 5,5 %:	66 €	82,50 €
Differenz zwischen BMG und Freigrenze:	228 €	528 €
20 % der Differenz:	45,60 €	105,60 €
Solidaritätszuschlag = min{5,5 % der BMG; 20 % der Differenz BMG/Freigrenze}	**45,60 €**	**82,50 €**

3 Körperschaftsteuer[148]

3.1 Charakteristik, Entwicklung und Rechtfertigung

Das Einkommen von Einzelunternehmen und Personengesellschaften richtet sich nach den Vorschriften des Einkommensteuergesetzes und unterliegt bei dem Einzelunternehmer bzw. den Gesellschaftern der Besteuerung. Das Einkommen von Kapitalgesellschaften und sonstigen Körperschaften richtet sich hingegen nach den Vorschriften des Körperschaftsteuergesetzes und unterliegt der Körperschaftsteuer (**Dualismus der Unternehmensbesteuerung**).

Der Gewinn der Kapitalgesellschaft wird mit Körperschaftsteuer belastet, bei Ausschüttung wird beim Anteilseigner nochmals Einkommensteuer erhoben (Einkünfte aus Kapitalvermögen). Dies führt zu einer **potenziellen Doppelbelastung**.

Die Körperschaftsteuer unterlag in den vergangenen Jahrzehnten vielfältigen Änderungen. In den Jahren 1977 bis 2000 wurde eine Doppelbelastung durch das **Anrechnungsverfahren** vermieden. Die auf ausgeschüttete Gewinne abgeführte Körperschaftsteuer war auf die Einkommensteuerschuld des „normalen" Anteilseigners voll anrechenbar. Dies führte dazu, dass ausgeschüttete Gewinne letztlich nur mit dem individuellen Einkommensteuertarif des Gesellschafters belastet wurden.

Unter der Ägide des von 2001 bis 2008 geltenden sog. **Halbeinkünfteverfahrens** – und der damit einhergehenden Abschaffung des Anrechnungsverfahrens – wurden Gewinne auf Ebene der Kapitalgesellschaft unabhängig von der Gewinnverwendung mit 25 % belastet. Eine Doppelbesteuerung sollte dadurch vermindert bzw. vermieden werden, dass der Dividendenzufluss beim Anteilseigner zur Hälfte (bei natürlichen Personen) bzw. nahezu vollständig (bei juristischen Personen) von einer erneuten steuerlichen Erfassung befreit war.

Seit 2008 werden Gewinne auf Gesellschaftsebene verwendungsunabhängig mit 15 % besteuert. Die Ausschüttung dieser Gewinne wird bei natürlichen Personen als Anteilseigner seit 2009 entweder zu 60 % besteuert (Teileinkünfteverfahren), falls die Gesellschaftsanteile im Betriebsvermögen gehalten werden, oder – falls die Anteile im Privatvermögen gehalten werden – vollumfänglich im Rahmen der Abgeltungssteuer einer Besteuerung mit einem 25 %-igen Steuersatz zugeführt. Bei juristischen Personen als Anteilseignern verbleibt es bei der nahezu vollständigen Steuerbefreiung (§ 8b Abs. 1, 5 KStG).

Zur **Rechtfertigung der Körperschaftsteuer** wird zum einen **formaljuristisch** angeführt, dass Körperschaften gesonderte juristische Personen und als solche selbstständig steuerpflichtig sind. Zum anderen sei die Körperschaftsteuer **wirtschaftlich** gerechtfertigt, da Unternehmen an sich einen wirtschaftlichen Machtfaktor darstellen, der auch eine gewisse Steuerlast tragen kann bzw. soll.

---

[148] Vgl. als Grundlage für dieses Kapitel: KUßMAUL, HEINZ: Betriebswirtschaftliche Steuerlehre, 6. Aufl., München 2010, S. 321 ff. m.w.N.

3.2 Das Steuersubjekt

Steuersubjekte der Körperschaftsteuer sind **Körperschaften, Personenvereinigungen und Vermögensmassen** (vgl. die §§ 1-6 KStG). **Unbeschränkt körperschaftsteuerpflichtig** sind gem. § 1 Abs. 1 Nr. 1-6 KStG u.a.:

- sämtliche juristische Personen, die nach deutschem oder europäischem Recht gegründet wurden (GmbH, AG, KGaA, SE, Erwerbs-/Wirtschaftsgenossenschaften, SCE, VVaG, rechtsfähige Vereine und Stiftungen);
- Gesellschaften, die nicht nach deutschem oder europäischem Recht gegründet worden sind, ihrem Gründungsstatut nach aber einer deutschen Kapitalgesellschaft entsprechen;[149]
- nicht rechtsfähige Personenvereinigungen und Vermögensmassen (nicht rechtsfähige Zweckvermögen, nicht rechtsfähige Vereine) und
- Betriebe gewerblicher Art von juristischen Personen des öffentlichen Rechts (alle Einrichtungen der öffentlichen Hand, die das äußere Bild eines Gewerbebetriebs haben, z.B. Druckereien, Versorgungsbetriebe),

wenn sie ihre Geschäftsleitung oder ihren Sitz im Inland haben.[150] Der **Sitz** einer Körperschaft befindet sich an dem Ort, der durch Gesetz, Gesellschaftsvertrag, Satzung, Stiftungsgeschäft oder dergleichen bestimmt wird (§ 11 AO). Die **Geschäftsleitung** ist dort, wo sich der Mittelpunkt der geschäftlichen Oberleitung befindet (§ 10 AO).

Körperschaften, die gem. § 1 Abs. 1 KStG unbeschränkt steuerpflichtig sind, können einer **subjektiven Steuerbefreiung** i.S.d. § 5 Abs. 1 KStG unterliegen. Steuerbefreit sind insb. die Kreditanstalten des öffentlichen Rechts (Kreditanstalt für Wiederaufbau u.a.), Berufsverbände, politische Parteien sowie Steuersubjekte, die gemeinnützigen, mildtätigen oder kirchlichen Zwecken dienen. Jedoch gelten die subjektiven Steuerbefreiungen des § 5 Abs. 1 KStG gem. § 5 Abs. 2 Nr. 1 KStG nicht für inländische Einkünfte, die einem vollständigen oder teilweisen Steuerabzug unterliegen (z.B. Dividenden von einer Aktiengesellschaft), und Einkünfte i.S.d. § 32 Abs. 3 S. 1 2. Halbsatz KStG, wodurch gem. § 5 Abs. 1 KStG steuerbefreite Körperschaften grundsätzlich einer **partiellen Steuerpflicht** unterworfen werden. Allerdings wird keine Veranlagung vorgenommen, da die Körperschaftsteuer durch den Steuerabzug als abgegolten gilt (§ 5 Abs. 2 Nr. 1 i.V.m. § 32 Abs. 1 Nr. 1 KStG). Außerdem wird – wie im Folgenden erläutert – u.U. ganz oder zu 40 % von einem Steuerabzug Abstand genommen, oder der Steuerabzug kann ganz oder zu 40 % erstattet werden.

Bei **bestimmten inländischen Körperschaften** (gemeinnützigen oder kirchlichen Zwecken dienende Körperschaften wie bspw. bestimmte Stiftungen und juristische Personen des öffent-

---

[149] Ob eine Gesellschaft, die nicht nach deutschem oder europäischem Recht gegründet wurde, einer deutschen Kapitalgesellschaft entspricht, wird mittels des sog. Typenvergleichs beurteilt; vgl. KUẞMAUL, HEINZ/RUINER, CHRISTOPH: Ausgewählte Charakteristika der *Limited* mit ausschließlichem Verwaltungssitz in Deutschland im Licht der aktuellen Gesetzesänderungen, in: IStR 2007, S. 698.

[150] Vgl. ZENTHÖFER, WOLFGANG: Teil B, in: Körperschaftsteuer, hrsg. von EWALD DÖTSCH u.a., 16. Aufl., Stuttgart 2012, S. 12-29.

lichen Rechts; vgl. § 5 Abs. 1 Nr. 9 KStG) erfolgt bei den folgenden Kapitalerträgen **die vollständige Abstandnahme vom Steuerabzug** (§ 44a Abs. 7 S. 1 und 2 EStG):

- Kapitalerträge i.S.d. § 20 Abs. 1 Nr. 9 EStG (Einnahmen von einer nicht von der Körperschaftsteuer befreiten Körperschaft, soweit sie nicht durch § 20 Abs. 1 Nr. 1 EStG erfasst werden);
- Kapitalerträge i.S.d. § 20 Abs. 1 Nr. 10 EStG (Leistungen eines nicht von der Körperschaftsteuer befreiten Betriebs gewerblicher Art);
- Kapitalerträge i.S.d. § 20 Abs. 1 Nr. 1 und 2 EStG, soweit es sich um Erträge aus Anteilen an einer GmbH handelt;
- Zinsen u.a. aus Wandelanleihen, Gewinnobligationen und Genussrechten (§ 43 Abs. 1 S. 1 Nr. 2 EStG), wenn die auszahlende Stelle kein Kreditinstitut ist – und damit keine Berechtigung zum Sammelantrag nach § 45b EStG besteht –, sowie
- Einnahmen aus stillen Beteiligungen und partiarischen Darlehen (§ 20 Abs. 1 Nr. 4 EStG).

Zudem kann die Kapitalertragsteuer auf alle übrigen Kapitalerträge i.S.d. § 43 Abs. 1 S. 1 Nr. 1 und 2 EStG (insb. Gewinnanteile aus Aktien und aus bei einem Kreditinstitut verwahrten Wandelanleihen, Gewinnobligationen und Genussrechten) auf Antrag i.R.d. Sammelantragsverfahrens (§ 45b EStG) **vollständig zurückerstattet** werden (§ 44a Abs. 7 S. 3 EStG).

Bei den **übrigen steuerbefreiten Körperschaften und inländischen Personen des öffentlichen Rechts** (gem. § 5 Abs. 1 KStG mit Ausnahme der Nr. 9 oder nach anderen Gesetzen von der Körperschaftsteuer befreite Körperschaften, Personenvereinigungen oder Vermögensmassen oder inländische juristische Personen des öffentlichen Rechts, die nicht in § 44a Abs. 7 EStG bezeichnet sind; vgl. § 44a Abs. 8 S. 1 EStG) ist der Steuerabzug bei Kapitalerträgen i.S.d. § 43 Abs. 1 S. 1 Nr. 1 EStG – soweit es sich um Erträge aus Anteilen an einer GmbH oder um Namensaktien einer nicht börsennotierten AG bzw. Genossenschaft sowie um Erträge aus Genussrechten handelt – und bei Kapitalerträgen i.S.d. § 43 Abs. 1 S. 1 Nr. 2, 3 und 7a EStG[151] nur **i.H.v. 60 %** vorzunehmen. Im Übrigen kann die Kapitalertragsteuer auf alle übrigen Kapitalerträge i.S.d. § 43 Abs. 1 S. 1 Nr.1 EStG (insb. Gewinnanteile aus Aktien) auf Antrag i.R.d. Sammelantragsverfahrens (§ 45b EStG) **i.H.v. 40 % zurückerstattet** werden (§ 44a Abs. 8 S. 3 EStG).

Körperschaften, Personenvereinigungen und Vermögensmassen, die weder ihre Geschäftsleitung noch ihren Sitz im Inland haben (sog. **ausländische Körperschaften**), sind – sofern sie inländische Einkünfte i.S.d. § 49 EStG erzielen – **beschränkt körperschaftsteuerpflichtig** (§ 2 Nr. 1 KStG). Steuerobjekt sind die inländischen Einkünfte sowie Entgelte, die der sonstigen Körperschaft, Personenvereinigung oder Vermögensmasse im Rahmen eines Pensionsgeschäfts gewährt werden. Inländische Einkünfte stellen auch die in § 8b Abs. 10 S. 2 KStG genannten Einkünfte dar, die einer sonstigen Körperschaft, Personenvereinigung oder Vermögensmasse als Entgelt für die Überlassung von Anteilen an Kapitalgesellschaften mit Sitz oder Geschäftsleitung im Inland gewährt werden.

---

[151] Bei Kapitalerträgen i.S.d. § 43 Abs. 1 S. 1 Nr. 2 und 3 EStG gilt als zusätzliche Voraussetzung, dass die die Kapitalerträge auszahlende Stelle nicht Sammelantragsberechtigter nach § 45b EStG ist.

Körperschaften, Personenvereinigungen und Vermögensmassen mit Sitz im Inland, aber ohne Nennung in § 1 Abs. 1 KStG (z.B. Gebietskörperschaften wie Bund, Länder, Gemeinden) sind **grundsätzlich nicht körperschaftsteuerpflichtig**. Soweit sie aber inländische Einkünfte beziehen, von denen vollständig oder teilweise ein Steuerabzug vorzunehmen ist (v.a. Einkünfte aus Kapitalvermögen), sind sie auch **beschränkt steuerpflichtig** (§ 2 Nr. 2 KStG). Es erfolgt jedoch i.d.R. **keine Veranlagung**, da die Körperschaftsteuer durch den Steuerabzug als abgegolten gilt (§ 32 Abs. 1 Nr. 2 KStG). Außerdem wird, wie soeben ausgeführt, zu 40 % von einem Steuerabzug Abstand genommen, oder der Steuerabzug kann zu 40 % erstattet werden (§ 44a Abs. 8 S. 1 und S. 2 EStG).

3.3 Das Steuerobjekt und die Steuerbemessungsgrundlage

3.3.1 Überblick und Systematik

Steuerobjekt der Körperschaftsteuer ist das (in- und ausländische) **Einkommen** (sog. **Welteinkommen**) der Körperschaft bzw. Kapitalgesellschaft. Da das Körperschaftsteuergesetz über keine eigenständige Definition des Einkommensbegriffs verfügt, wird in § 8 Abs. 1 KStG hinsichtlich der Ermittlung des Einkommens auf die Vorschriften des EStG und besondere Vorschriften des Körperschaftsteuergesetzes verwiesen.[152]

(Rechtliches) **Steuerobjekt der Einkommensteuer** ist die Summe der Einkünfte eines Steuerpflichtigen. Diese Überlegungen gelten auch für die **Körperschaftsteuer,** wobei § 8 Abs. 2 KStG statuiert, dass bei unbeschränkt Steuerpflichtigen i.S.d. § 1 Abs. 1 Nr. 1 bis 3 KStG (Kapitalgesellschaften, Genossenschaften und VVaG) alle Einkünfte als Einkünfte aus Gewerbebetrieb zu behandeln sind.

Aus der handelsrechtlichen Buchführungspflicht für Kapitalgesellschaften ergibt sich, dass die Einkünfte aus Gewerbebetrieb durch einen Betriebsvermögensvergleich nach § 5 Abs. 1 EStG zu ermitteln sind. Der **Betriebsvermögensvergleich nach § 5 Abs. 1 EStG** ermittelt den steuerpflichtigen Gewinn durch Vergleich des Vermögens am Anfang und am Ende der Periode. Grundlage des Vermögensvergleichs ist eine aus der Handelsbilanz abgeleitete Steuerbilanz („**derivative Steuerbilanz**") Schematisch gestaltet sich die Ableitung des steuerpflichtigen Gewinns beim Vermögensvergleich wie folgt:

---

[152] Bei inländischen öffentlich-rechtlichen Rundfunkanstalten beträgt das Einkommen aus dem Geschäft der Veranstaltung von Werbesendungen 16 % der Entgelte aus Werbesendungen (§ 8 Abs. 1 S. 3 KStG).

	Vermögen laut Steuerbilanz am Ende des Jahres
./.	Schulden laut Steuerbilanz am Ende des Jahres
=	Reinvermögen (Eigenkapital) laut Steuerbilanz am Ende des Jahres
./.	Reinvermögen (Eigenkapital) laut Steuerbilanz am Ende des vorangegangenen Jahres
=	Steuerbilanz-Ergebnis (Reinvermögensveränderung, Unterschiedsbetrag)
./.	Einlagen des Steuerpflichtigen (§ 4 Abs. 1 S. 8 EStG)
+	Entnahmen des Steuerpflichtigen (§ 4 Abs. 1 S. 2 EStG)
=	Gewinn
+	Außerbilanzielle Hinzurechnungen (z.B. nicht abziehbare Betriebsausgaben nach § 4 Abs. 5 EStG)
./.	Außerbilanzielle Kürzungen (z.B. Investitionszulagen)
=	Einkommensteuerpflichtiger Gewinn (§ 2 Abs. 2 Nr. 1 EStG)

Der resultierende **steuerpflichtige Gewinn** entspricht – von besonderen Korrekturen im KStG abgesehen – dem **zu versteuernden Einkommen** der Kapitalgesellschaft. Die Besonderheiten bei der Ableitung des zu versteuernden Einkommens sind in vereinfachter Form der Abb. 21 (linke Spalte) zu entnehmen.

Ausgangsgröße des Schemas zur Ableitung des zu versteuernden Einkommens ist das **Steuerbilanz-Ergebnis**, also die Reinvermögensveränderung innerhalb einer Abrechnungsperiode. Bei der Bestimmung des Steuerbilanz-Ergebnisses ist zu beachten, dass **Kapitalgesellschaften** eine eigene Rechtspersönlichkeit haben, so dass sie mit ihren Gesellschaftern rechtswirksame Verträge abschließen können, die grundsätzlich auch steuerrechtlich anerkannt werden (**Trennungsprinzip**). Denkbare Verträge sind u.a. Dienstverträge, Miet- und Pachtverträge, Darlehensverträge oder Beraterverträge.

Die entsprechenden Vergütungen an den Gesellschafter können **bei der Gesellschaft** gewinnmindernd als Betriebsausgaben abgesetzt werden. Die dem **Gesellschafter** zufließenden Vergütungen sind bei diesem nach den allgemeinen Grundsätzen des Einkommensteuergesetzes den einzelnen Einkunftsarten zuzuordnen. Dienstverträge führen zu Einkünften aus nichtselbstständiger Arbeit, Miet- und Pachtverträge zu Einkünften aus Vermietung und Verpachtung, Darlehensverträge zu Einkünften aus Kapitalvermögen und Beraterverträge zu Einkünften aus selbstständiger Arbeit.

Bei **Personengesellschaften** gilt dagegen das **Mitunternehmerprinzip** und nicht das Trennungsprinzip. Nach § 15 Abs. 1 Nr. 2 EStG sind die Vergütungen, die ein Personengesellschafter für die Tätigkeit im Dienste der Gesellschaft, für die Hingabe von Darlehen oder die Überlassung von Wirtschaftsgütern bezieht, als Einkünfte aus Gewerbebetrieb zu qualifizieren.[153]

Das Steuerbilanz-Ergebnis ist um **anwendbare einkommensteuerliche Vorschriften** zu korrigieren. Wegen der generellen Anwendbarkeit einkommensteuerlicher Vorschriften im Kör-

---

[153] Vgl. zu einer Gegenüberstellung der Besteuerungsmerkmale unterschiedlicher Rechtsformen m.w.N. KUßMAUL, HEINZ: Betriebswirtschaftslehre für Existenzgründer, 7. Aufl., München 2011, S. 462-467.

perschaftsteuerrecht (§ 8 Abs. 1 KStG) gelten grundsätzlich auch die Regelungen des EStG zu **steuerfreien Einnahmen** (§§ 3-3c EStG) und **nicht abzugsfähigen Aufwendungen** (z.B. § 4 Abs. 5 EStG).

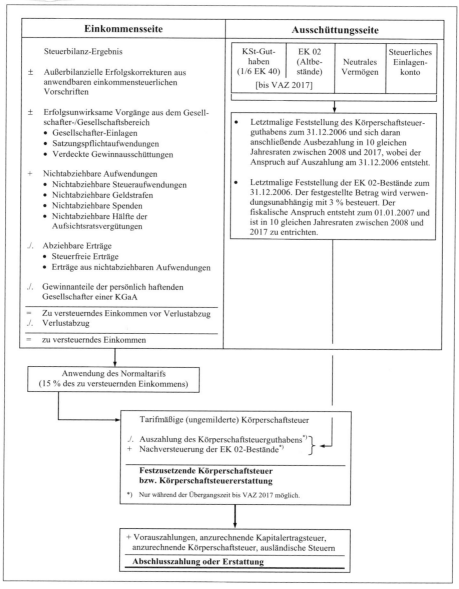

Abb. 21:   *Vereinfachtes Schema der Körperschaftsteuerermittlung für Kapitalgesellschaften im Normalfall[154]*

---

[154] In Anlehnung an ROSE, GERD: Betrieb und Steuer, 1. Buch: Die Ertragsteuern, 15. Aufl., Wiesbaden 1997, Tafel 4, S. 255 (in der neuesten Aufl. nicht mehr enthalten).

Einlagen und **Entnahmen** i.S.d. § 4 EStG kann es bei Kapitalgesellschaften zwar nicht geben, da „Steuerpflichtiger" die Kapitalgesellschaft selbst ist. An dieser Stelle können aber – in analoger Anwendung – **offene Einlagen** der Gesellschafter (Kapitalzuführung bei Gründung oder Kapitalerhöhung) und **offene Gewinnausschüttungen** der Gesellschaft an die Gesellschafter korrigiert werden. Diese Korrekturen sind zwingend notwendig, da ein von Gesellschafterbeziehungen unbeeinflusstes körperschaftsteuerpflichtiges Einkommen zu ermitteln ist (§ 8 Abs. 3 S. 1 KStG).

Die **weiteren vorzunehmenden Korrekturen** in Abb. 21 betreffen spezielle Einkommensermittlungsvorschriften des Körperschaftsteuergesetzes. Sie leiten über zum **zu versteuernden Einkommen** der Kapitalgesellschaft und werden im nächsten Gliederungspunkt genauer erläutert.

3.3.2 Spezielle Einkommensermittlungsvorschriften des KStG

3.3.2.1 Verdeckte Gewinnausschüttungen i.S.v. § 8 Abs. 3 S. 2 KStG

Der Begriff der **verdeckten Gewinnausschüttung** (vGA) ist gesetzlich nicht definiert. Das Körperschaftsteuergesetz regelt lediglich, dass eine vGA das körperschaftsteuerliche Einkommen nicht mindern darf (§ 8 Abs. 3 S. 2 KStG).[155]

Die Regelung des § 8 Abs. 3 KStG lautet:

„Für die Ermittlung des Einkommens ist es ohne Bedeutung, ob das Einkommen verteilt wird. Auch verdeckte Gewinnausschüttungen ... mindern das Einkommen nicht."

Zur Definition des Begriffs der vGA kann allerdings auf eine sehr umfangreiche Rechtsprechung verwiesen werden, die in die Körperschaftsteuerrichtlinien übernommen wurde. Gem. R 36 Abs. 1 S. 1 KStR ist eine vGA i.S.d. § 8 Abs. 3 S. 2 KStG eine Vermögensveränderung, d.h. Vermögensminderung bzw. verhinderte Vermögensmehrung, die durch das Gesellschaftsverhältnis veranlasst ist, sich auf die Höhe des Unterschiedsbetrags i.S.d. § 4 Abs. 1 S. 1 EStG auswirkt und nicht auf einem den gesellschaftsrechtlichen Vorschriften entsprechenden Gewinnverteilungsbeschluss beruht.

Bei vGA wird folglich von folgenden 3 Grundsätzen ausgegangen:

1. **Grundsatz**: Vermögensveränderungen, die auf schuldrechtliche Beziehungen zwischen Gesellschaft und Gesellschafter zurückgehen, werden grundsätzlich anerkannt (Trennungsprinzip).

2. **Grundsatz**: Durch das Gesellschaftsverhältnis begründete Vermögensveränderungen (Kapitalzuführungen durch Gesellschafter oder Ausschüttungen an Gesellschafter) sollen die Bemessungsgrundlage der Körperschaftsteuer nicht beeinflussen.

3. **Grundsatz**: Wegen zu vermutender Interessenidentität ist bei schuldrechtlichen Beziehungen zwischen Gesellschaft und Gesellschaftern trotz ihrer grundsätzlichen Anerkennung

---

[155] Vergütungen für von Gesellschaftern zur Verfügung gestelltes Fremdkapital stellen keine vGA dar; auf solche Zahlungen ist die Zinsschranke des § 4h EStG bzw. § 8a KStG anzuwenden; vgl. S. 119.

besonders zu prüfen, ob der Grund für die schuldrechtliche Vereinbarung nicht doch durch das Gesellschaftsverhältnis veranlasst ist.

Jede **Vermögensminderung**, deren **Veranlassung im Gesellschaftsverhältnis** liegt, die sich weiterhin auf die Höhe des Einkommens ausgewirkt hat und die in **keinem** Zusammenhang mit einer **offenen Gewinnausschüttung** steht, führt zur Rechtsfolge einer verdeckten Gewinnausschüttung, die außerhalb der Steuerbilanz wieder hinzugerechnet werden muss.[156] Die Regelungen zur verdeckten Gewinnausschüttung (§ 8 Abs. 3 S. 2 KStG) verhindern somit, dass unangemessene Vertragsgestaltungen zwischen Gesellschaft und Gesellschafter zu einer Minderung des zu versteuernden Einkommens auf Ebene der Gesellschaft führen.

> Beispiel: (Unangemessene Vertragsgestaltungen zwischen Gesellschaft und Gesellschafter)
>
> – Ein Gesellschafter-Geschäftsführer erhält ein unangemessen hohes Gehalt;
> – die Gesellschaft gibt dem Gesellschafter ein unverzinsliches Darlehen;
> – ein Gesellschafter liefert Waren an die Gesellschaft zu überhöhten Preisen.

Primär führt § 8 Abs. 3 S. 2 KStG **auf Gesellschaftsebene** zu einer Gewinnkorrektur. Die Gewinnerhöhung durch eine vGA ist dem Steuerbilanzgewinn außerhalb der Steuerbilanz hinzuzurechnen.[157] Soweit die vGA das zu versteuernde Einkommen der Kapitalgesellschaft gemindert hat, ist diese Minderung durch Hinzurechnung auszugleichen und der Körperschaftsteuer, dem Solidaritätszuschlag auf die Körperschaftsteuer sowie gem. § 7 GewStG – wonach Ausgangsgröße des Gewerbeertrags bei Kapitalgesellschaften das körperschaftsteuerpflichtige Einkommen ist – zusätzlich der Gewerbesteuer zu unterwerfen.

Die vGA wird wie eine offene Gewinnausschüttung behandelt, so dass die Kapitalgesellschaft grundsätzlich – im Zeitpunkt des tatsächlichen Zuflusses der vGA beim Gesellschafter (§ 44 Abs. 1 S. 2 EStG) – Kapitalertragsteuer und Solidaritätszuschlag auf die Kapitalertragsteuer einbehalten muss. Da sich die Beteiligten aber in den meisten Fällen nicht bewusst sind, dass eine vGA vorliegt, wird regelmäßig der Abzug nicht vorgenommen worden sein. Von einer Nacherhebung der Kapitalertragsteuer wird abgesehen, wenn sichergestellt ist, dass die vGA bei der Einkommensteuerveranlagung des Gesellschafters erfasst wird und keine besonderen Gründe entgegenstehen. Ein Grund für die Nacherhebung der Kapitalertragsteuer wäre bspw., dass der Gesellschafter nicht im Inland der unbeschränkten Steuerpflicht unterliegt. Eine Nacherhebung wird nicht erforderlich sein, wenn die vGA auf einem unangemessen hohen Gehalt beruht, wofür auch entsprechend hohe Lohnsteuer bezahlt wurde.

---

[156] Vgl. BFH-Urteil vom 22.02.1989, BStBl II 1989, S. 475.
[157] Vgl. BFH-Urteil vom 29.06.1984, BStBl II 2002, S. 366 und dazu BMF-Schreiben vom 28.05.2002, BStBl I 2002, S. 603.

Wird die Kapitalertragsteuer nacherhoben, ist nicht zwingend davon auszugehen, dass die Kapitalgesellschaft diese übernimmt; die Zuordnung richtet sich nach den Vereinbarungen zwischen Gesellschaft und Gesellschafter bzw. nach der tatsächlichen Handhabung.[158]

Handelt es sich beim Gesellschafter um eine **natürliche Person**, zählt die vGA **auf Gesellschafterebene** zu den Einnahmen aus Kapitalvermögen (§ 20 Abs. 1 Nr. 1 S. 2 EStG) und unterliegt – falls die Anteile im Privatvermögen gehalten werden – grundsätzlich der Abgeltungsteuer; unter bestimmten Voraussetzungen kann der Gesellschafter einen Antrag auf Nichtanwendung der Abgeltungssteuer stellen und zu einer Besteuerung i.R.d. Teileinkünfteverfahrens optieren (§ 32d Abs. 2 Nr. 3 EStG). Hierzu muss der Steuerpflichtige mind. 25 % der Anteile an der entsprechenden Kapitalgesellschaft halten bzw. zu mind. 1 % an der Kapitalgesellschaft beteiligt und darüber hinaus noch für diese beruflich tätig sein. Hält die natürliche Person die Anteile im Betriebsvermögen, so kommt aufgrund der Subsidiaritätsklausel des § 20 Abs. 8 EStG[159] das Teileinkünfteverfahren zur Anwendung.[160] Werden die Anteile von einer **Kapitalgesellschaft** gehalten, erfolgt für die in Dividenden umqualifizierten Fremdkapitalvergütungen gem. § 8b Abs. 1 KStG eine Freistellung (unter Berücksichtigung von § 8b Abs. 5 KStG).

Verdeckte Gewinnausschüttungen unterliegen dann nicht der Abgeltungssteuer, soweit sie bei der Kapitalgesellschaft das steuerpflichtige Einkommen gemindert haben (§ 32d Abs. 2 Nr. 4 EStG), d.h. nicht auf Ebene der Gesellschaft hinzugerechnet wurden. Sie werden dann beim Empfänger mit dem individuellen Steuersatz besteuert.

Im Hinblick auf die **Gewerbesteuer** ist zu beachten, dass die gem. § 8b Abs. 1 KStG und § 3 Nr. 40 EStG außer Ansatz bleibenden Ausschüttungen den Gewerbeertrag des Anteilseigners erhöhen (§ 8 Nr. 5 GewStG), sofern nicht das gewerbesteuerliche Schachtelprivileg zur Anwendung gelangt (§ 9 Nr. 2a GewStG).

Die auf Ebene der Gesellschaft einbehaltene **Kapitalertragsteuer** wird gem. § 36 Abs. 2 Nr. 2 EStG auf die Steuerschuld angerechnet. Die Kapitalertragsteuer auf die vGA erhöht nur dann die Einkünfte des Gesellschafters, wenn diese nacherhoben wird und von der Gesellschaft übernommen wurde.[161]

Problematisch ist, dass eine **nachträgliche Änderung** (nicht selten vergehen zwischen Veranlagung und einer die vGA aufdeckenden Betriebsprüfung einige Jahre) **von Steuerbescheiden** zurückliegender VAZ verfahrensrechtlich nur möglich ist, wenn die zugrunde liegenden

---

[158] Vgl. zu diesem Absatz BFH-Urteil vom 28.11.1961, BStBl III 1962, S. 107; BFH-Urteil vom 03.07.1968, BStBl II 1969, S. 4; BFH-Urteil vom 25.09.1970, BStBl II 1971, S. 53; ZENTHÖFER, WOLFGANG: Teil C 4, in: Körperschaftsteuer, hrsg. von EWALD DÖTSCH u.a., 16. Aufl., Stuttgart 2012, S. 143.

[159] Vgl. zur Subsidiaritätsklausel S. 53.

[160] Für den VAZ 2008 gilt auf Ebene der natürlichen Person als Anteilseigner das Halbeinkünfteverfahren.

[161] BFH-Urteil vom 25.09.1970, BStBl II 1971, S. 53; FELDER, BERND: vGA und Kapitalertragsteuer: Allgemeines, in: Verdeckte Gewinnausschüttung, Verdeckte Einlage: Kommentar zur verdeckten Gewinnausschüttung und zur verdeckten Einlage, hrsg. von BERND FELDER u.a., Stuttgart (Loseblatt), Stand: Januar 2000, S. 58-60, Rn. 261-265; JANSSEN, BERNHARD: Verdeckte Gewinnausschüttungen – Systematische Darstellung der Voraussetzungen und Auswirkungen, begr. von JOACHIM LANGE, 10. Aufl., Herne 2010, Rn. 283.

Bescheide noch nicht bestandskräftig sind oder ausnahmsweise gesetzliche Vorschriften (z.B. die §§ 164, 165, 172-177 AO) eine Durchbrechung der **Bestandskraft** zulassen.[162] Dies kann für den Gesellschafter dann von Nachteil sein, wenn die vor der Umqualifizierung erzielten Einnahmen vollständig einer Besteuerung zugeführt wurden (z.B. Einkünfte aus nichtselbstständiger Arbeit), nach der Umqualifizierung aber der Abgeltungssteuer bzw. dem Teileinkünfteverfahren (§ 3 Nr. 40 EStG) oder dem mod. Nulleinkünfteverfahren (§ 8b Abs. 1, 5 KStG) unterliegen. Sind die zugrunde liegenden Bescheide bestandskräftig und nicht mehr änderbar, könnte der Gesellschafter nicht von der Umqualifizierung profitieren. Diese Härte wurde durch die Einführung des § 32a KStG gemildert; ein Steuerbescheid gegenüber dem Gesellschafter kann geändert werden, soweit gegenüber der Körperschaft ein Steuerbescheid hinsichtlich der Berücksichtigung einer vGA erlassen, verändert oder aufgehoben wurde (sog. Korrespondenzprinzip).[163]

Durch die Umqualifizierung der verdeckten Gewinnausschüttung in eine offene Gewinnausschüttung unterliegen diese Bezüge nunmehr bei natürlichen Personen als Anteilseigner der Abgeltungssteuer bzw. dem Teileinkünfteverfahren; bei juristischen Personen als Anteilseigner kommt es zu einer im Ergebnis 95 %-igen Steuerfreistellung. Gleichzeitig erfolgt eine definitive steuerliche Vorbelastung durch die Körperschaftsteuer, durch den Solidaritätszuschlag auf die Körperschaftsteuer und – in Abhängigkeit vom Gewerbesteuerhebesatz – durch die Gewerbesteuer. Ob durch diese Umqualifizierung die Gesamtsteuerbelastung zu- oder abnimmt, ist aufgrund der unterschiedlichen steuerlichen Effekte zwar vom Einzelfall abhängig, tendenziell kommt es aber zu einer – häufig massiven – Erhöhung.

> **Beispiel:** (Wirkung der Aufdeckung einer vGA ohne Solidaritätszuschlag)
>
> Eine GmbH zahlt ihrem Gesellschafter-Geschäftsführer, der die Anteile an der GmbH im Privatvermögen hält, im Jahr 2013 ein Gehalt i.H.v. 500.000 €.[164] Der Gewinn vor Ertragsteuern beläuft sich auf 1.000.000 €.
>
> **Wirkungen vor vGA:**
>
> **Steuerbelastung der Gesellschaft:**
>
> | | | |
> |---|---:|---:|
> | Zu versteuerndes Einkommen | 1.000.000 € | |
> | Gewerbesteuer (Hebesatz: 400 %) | | 140.000 € |
> | Körperschaftsteuer (15 %) | | 150.000 € |

---

[162] Vgl. NIEMANN, URSULA: Verdeckte Gewinnausschüttung und Halbeinkünfteverfahren – Verfahrensrechtliche Fallstricke für die Ausschüttungsempfänger –, Bonn 2004, S. 4-6, 27-28.

[163] Vgl. DÖTSCH, EWALD/PUNG, ALEXANDRA: JStG 2007: Die Änderungen des KStG und des GewStG, in: DB 2007, S. 11-17.

[164] Es wird unterstellt, dass auf Seite des Gesellschafters weitere Einkünfte erzielt werden, die dazu führen, dass für die Betrachtung der maximale Grenzsteuersatz von 45 % relevant ist. Die Wirkung des Solidaritätszuschlags wird vernachlässigt.

Steuerbelastung des Gesellschafters:

Zu versteuerndes Einkommen	500.000 €	
Einkommensteuer (VAZ 2013; 45 %)		225.000 €
Gesamtsteuerbelastung		**515.000 €**

Bei einer Betriebsprüfung im Jahr 2014 wird festgestellt, dass das im Jahr 2013 gezahlte Gesellschafter-Geschäftsführergehalt um 100.000 € überhöht war.

Wirkungen nach vGA:

Steuerbelastung der Gesellschaft:

Zu versteuerndes Einkommen	1.100.000 €	
Gewerbesteuer (Hebesatz: 400 %)		154.000 €
Körperschaftsteuer (15 %)		165.000 €

Steuerbelastung des Gesellschafters:

Zu versteuerndes Einkommen	500.000 €	
Einkommensteuer		
EansA: 400.000 EansA → progressiver ESt-Tarif (VAZ 2013; 45 %)		180.000 €
EaKV: 100.000 → Abgeltungssteuer (25 %)		25.000 €
Gesamtsteuerbelastung		**524.000 €**

Die Umqualifizierung der Gehaltszahlung in eine vGA führt zu einer steuerlichen Mehrbelastung i.H.v. 9.000 €. Dies ist zum einen darauf zurückzuführen, dass die vGA definitiv mit Gewerbesteuer und Körperschaftsteuer belastet wird (Mehrbelastung auf Ebene der Gesellschaft: 29.000 €). Zum anderen ergibt sich auf Ebene des Gesellschafters eine Entlastung i.H.v. 20.000 €. Deutlich wird außerdem, welche Folgen es hätte, wenn der Einkommensteuerbescheid des Gesellschafters für den VAZ 2013 bestandskräftig wäre und keine Änderungsmöglichkeiten mehr bestünden (die gesamte steuerliche Mehrbelastung würde sich dann auf 29.000 € belaufen, da die Minderbelastung auf Gesellschafterebene keine Entlastungswirkung zeigen könnte).

3.3.2.2 Betriebsausgabenabzug für Zinsaufwendungen bei Körperschaften (§ 8a KStG)

Obwohl die Zinsschrankenregelung des § 4h EStG als einkommensteuerliche Vorschrift zur Gewinnermittlung bereits aufgrund der Generalnorm des § 8 Abs. 1 S. 1 KStG bei der Bemessung des körperschaftsteuerlichen Einkommens Berücksichtigung findet, wird in § 8a KStG nochmals ausdrücklich auf die Anwendung der Zinsschranke verwiesen.

Mit Einführung der Zinsschranke sind nach § 4h Abs. 1 S. 1 EStG grundsätzlich sämtliche Zinsaufwendungen eines Betriebs nur noch bis zur Höhe der Zinserträge desselben Wirtschaftsjahres uneingeschränkt als Betriebsausgaben abzugsfähig. Der **Abzug weiterer Zinsaufwendungen** ist dagegen **auf das sog. verrechenbare EBITDA**[165] begrenzt. Dieses beträgt

---

[165] Das Akronym EBITDA bedeutet „Earnings before Interest, Taxes, Depreciation and Amortisation" und bezeichnet damit das Ergebnis vor Zinsen, Steuern und Abschreibungen auf materielle sowie immaterielle Vermögenswerte.

30 % des um den gesamten Zinsaufwand sowie bestimmte Abschreibungen erhöhten und um den Zinsertrag geminderten maßgeblichen Gewinns i.S.v. § 4h Abs. 3 S. 1 EStG.[166]

Soweit das verrechenbare EBITDA die (Netto-) Zinsaufwendungen überschreitet, kann der Unterschiedsbetrag als sog. **EBITDA-Vortrag** in den nächsten VAZ vorgetragen werden (§ 4h Abs. 1 S. 3 EStG). Allerdings entsteht ein EBITDA-Vortrag dann nicht, wenn die Zinsschranke nicht zur Anwendung kam; dies ist immer dann der Fall, wenn einer der in § 4h Abs. 2 EStG normierten – und im Folgenden noch zu erläuternden – Ausnahmefälle vorliegt. Folglich können Zinsaufwendungen im darauffolgenden VAZ in einem höheren Maße abgezogen werden, als dies die oben geschilderte Grundregel erlaubt: Zinsaufwendungen sind abziehbar in Höhe der Zinserträge, in Höhe des verrechenbaren EBITDA plus in Höhe eines aus früheren VAZ vorgetragenen EBITDA-Vortrags (§ 4h Abs. 1 S. 4 EStG).

Bei der Nutzung unterschiedlicher in Vorjahren entstandener EBITDA-Vorträge gilt, dass stets der zuerst angefallene EBITDA-Vortrag zu verwenden ist (§ 4h Abs. 1 S. 4 EStG). Dies macht auch vor dem Hintergrund Sinn, dass ein EBITDA-Vortrag stets auf 5 Jahre begrenzt ist; nach Ablauf dieser 5 Jahre verfällt er (§ 4h Abs. 1 S. 3 EStG). Sofern also in den 5 Folgejahren überhaupt keine (bzw. keine zum vollständigen Verzehr des EBITDA-Vortrags ausreichenden) Nettozinsaufwendungen vorliegen oder die Zinsschranke in den 5 Folgejahren aufgrund der – noch zu erläuternden – Ausnahmevorschriften des § 4h Abs. 2 EStG nicht zur Anwendung kam, geht ein „angesparter" EBITDA-Vortrag unter.

Entgegen der personalen Prägung der Einkommensteuer zeichnet sich die Zinsschranke durch einen sachlichen Anknüpfungspunkt aus, da die Ermittlung der abzugsfähigen Zinsaufwendungen nicht für den Steuerpflichtigen selbst, sondern für dessen im Inland steuerpflichtigen „Betrieb" zu erfolgen hat.[167]

Abweichend vom üblichen Verständnis von Zinsen als in einem Bruchteil des Kapitals bemessenem Entgelt für die Zurverfügungstellung desselben sind unter Zinsaufwendungen i.S.v. § 4h Abs. 1 S. 2 i.V.m. Abs. 3 S. 2 EStG Vergütungen für Fremdkapital zu verstehen, wenn die Rückzahlung des Fremdkapitals oder ein Entgelt für die Überlassung des Fremdkapitals zugesagt oder gewährt worden ist, auch wenn die Höhe des Entgelts von einem ungewissen Ereignis abhängt. Jedwede Vergütung als Gegenleistung des Empfängers für die Überlassung von Kapital wird von der Zinsschrankenregelung erfasst, sodass sie nicht nur auf feste oder variable „klassische" Zinsen, Gewinn- und Umsatzbeteiligungen, sondern auch auf andere Zahlungen mit Entgeltcharakter, wie bspw. Disagien, Vorfälligkeitsentschädigungen, Provisionen und Gebühren (nicht aber Aval- und Bereitstellungsgebühren) anzuwenden ist. Spiegelbildlich zu obiger Definition umfassen die Zinserträge i.S.d. Zinsschranke auch sämtliche Erträge aus der vorübergehenden Überlassung von Geldkapital.

---

[166] Vgl. zu Gestaltungsmaßnahmen zur Umgehung der Zinsschranke bzw. zur Erhöhung des Betrags abzugsfähiger Zinsen u.a. KUßMAUL, HEINZ/RUINER, CHRISTOPH/SCHAPPE, CHRISTIAN: Ausgewählte Gestaltungsmaßnahmen zur Vermeidung der Anwendung der Zinsschranke, in: GmbHR 2008, S. 505-514.

[167] Hieraus ergeben sich bei der Anwendung der Zinsschranke, insb. bei Personengesellschaften, Probleme. Vgl. hierzu ausführlich KUßMAUL, HEINZ/RUINER, CHRISTOPH/SCHAPPE, CHRISTIAN: Problemfelder bei der Anwendung der Zinsschranke auf Personengesellschaften, in: DStR 2008, S. 904-910.

Die Grundlage der Ermittlung der über die Zinserträge hinausgehenden abzugsfähigen Zinsaufwendungen bildet der **maßgebliche Gewinn**. Dieser wird in § 4h Abs. 3 S. 1 EStG als der nach den einkommensteuerlichen Grundsätzen – mit Ausnahme der Zinsschranke – ermittelte steuerliche Gewinn eines Betriebs definiert. Folglich erfährt der maßgebliche Gewinn als steuerliche Gewinngröße weder eine Minderung durch Entnahmen, nicht abzugsfähige Betriebsausgaben und Verlustvorträge, noch eine Erhöhung durch Einlagen und steuerfreie Einnahmen. Der maßgebliche Gewinn ist um die Erfolgswirkungen jeglicher Zinsaufwendungen und -erträge i.S.v. § 4h Abs. 3 S. 2-4 EStG zu bereinigen und überdies um Absetzungen für Abnutzung oder Substanzverringerung gem. § 7 EStG, GWG-Sofortabschreibungen gem. § 6 Abs. 2 S. 1 EStG sowie um Auflösungsbeträge des Sammelpostens für GWG gem. § 6 Abs. 2a S. 2 EStG zu erhöhen (§ 4h Abs. 1 S. 2 EStG). Abb. 22 zeigt die Herleitung des verrechenbaren EBITDA.

Diverse Erträge (z.B. Umsatzerlöse, Bestandserhöhungen, Zinserträge usw.)
Diverse Aufwendungen (z.B. Bestandsverminderungen, Abschreibungen, Zinsaufwendungen usw.)
Jahresüberschuss lt. Handelsbilanz
Steuerliche Korrekturen (z.B. Rückstellungen für drohende Verluste aus schwebenden Geschäften, Rückstellungen wegen Verletzung fremder Patent-, Urheber- oder ähnlicher Schutzrechte usw.)
Jahresüberschuss lt. Steuerbilanz
Nicht abzugsfähige Betriebsausgaben (mit Ausnahme der infolge der Zinsschranke nicht abzugsfähigen Zinsaufwendungen)
Steuerfreie Erträge
Steuerpflichtiger Gewinn vor Zinsschranke = maßgeblicher Gewinn gem. § 4h Abs. 3 S. 1 EStG
Zinsaufwendungen
Bestimmte Abschreibungen (AfA, GWG-Sofortabschreibung, AfA auf GWG-Sammelposten)
Zinserträge
Steuerliches EBITDA
30 %
Verrechenbares EBITDA gem. § 4h Abs. 1 S. 1 EStG

Abb. 22:   Schema zur Ermittlung des verrechenbaren EBITDA[168]

Auf die Anwendung der Zinsschranke wird verzichtet, wenn es dem entsprechenden Betrieb gelingt, eine der 3 im Folgenden erläuterten Ausnahmetatbestände geltend zu machen (§ 4h Abs. 2 EStG):

– Die Zinsschranke wird nicht angewendet, wenn der Zinssaldo, d.h. derjenige Teil der Zinsaufwendungen, der die Zinserträge übersteigt, den Betrag von 3 Mio. € unterschreitet (Freigrenze). Bei einem **Zinssaldo von weniger als 3 Mio. €** können die Zinsaufwendungen also in voller Höhe als Betriebsausgaben geltend gemacht werden, während die Erreichung des Grenzbetrags die Anwendung der Zinsschranke auf den gesamten Zinsaufwand

---

[168] Vgl. ausführlich zu den Ausnahmetatbeständen und den Besonderheiten KUßMAUL, HEINZ/PFIRMANN, ARMIN/MEYERING, STEPHAN/SCHÄFER, RENÉ: Ausgewählte Anwendungsprobleme der Zinsschranke, in: BB 2008, S. 135-140.

zur Folge hat. Dies führt – wie aus dem Beispiel auf der folgenden Seite ersichtlich – im Grenzbereich von 3 Mio. € unweigerlich zu Härtefällen in der zeitlichen Entwicklung der Steuerbelastung.

- Die Zinsschranke findet – auch bei Überschreiten der Freigrenze von 3 Mio. € – keine Anwendung auf Betriebe, die nicht oder nur anteilsmäßig einem **Konzern zugehörig** sind. Diesbezüglich wird auf einen im Vergleich zur Bilanzierung erweiterten Konzernbegriff abgestellt,[169] der in § 4h Abs. 3 S. 5 und 6 EStG näher bestimmt ist und zum einen auf die mögliche Einbeziehung in einen Konzernabschluss, zum anderen auf das Bestehen einer Control-Möglichkeit gerichtet ist.

Konzernzugehörigkeit i.S.d. Zinsschranke liegt gem. § 4h Abs. 3 S. 5 EStG in jedem Falle vor, sofern der Betrieb nach dem für den Eigenkapitalvergleich gem. § 4h Abs. 2 Buchst. c EStG maßgeblichen Rechnungslegungsstandard in einen Konzernabschluss einzubeziehen ist oder einbezogen werden könnte. Diese Prüfung hat unter Berücksichtigung der durch § 4h Abs. 2 S. 1 Buchst. c S. 8 und 9 EStG vorgegebenen Normenhierarchie zu erfolgen, welche vorrangig die Anwendung der einschlägigen Vorschriften der IFRS gebietet. Alternativ dürfen der Prüfung unter den zusätzlichen Voraussetzungen des § 4h Abs. 2 Buchst. c S. 9 1. Halbsatz EStG handelsrechtliche Vorschriften eines EU-Mitgliedstaates zugrunde gelegt werden, wenn kein Konzernabschluss nach IFRS zu erstellen und offen zu legen ist und kein IFRS-Konzernabschluss in den letzten 5 Jahren erstellt wurde. Wird von diesem Wahlrecht Gebrauch gemacht und gelangt etwa das deutsche Handelsrecht zur Anwendung, so umfasst der Konsolidierungskreis das inländische Mutterunternehmen in der Rechtsform einer Kapitalgesellschaft bzw. einer solchen gem. § 264a HGB gleichgestellten Personengesellschaft sowie die Gesamtheit der Unternehmen, auf die das Mutterunternehmen gem. § 290 Abs. 1 HGB mittelbar oder unmittelbar beherrschenden Einfluss ausüben kann.[170] Zudem besteht eine Konzernrechnungslegungspflicht für inländische Nicht-Kapitalgesellschaften unter Einbeziehung aller Unternehmen, auf die mittelbar oder unmittelbar ein beherrschender Einfluss ausgeübt werden kann, wenn die Größenkriterien des § 11 Abs. 1 PublG erfüllt sind. Schließlich können unter der Maßgabe des § 4h Abs. 2 Buchst. c S. 9 2. Halbsatz EStG auch die entsprechenden Vorschriften der US-GAAP zur Abgrenzung des Konsolidierungskreises herangezogen werden. Ungeachtet des verwendeten Rechtsrahmens ist zu beachten, dass aufgrund der konjunktivischen Formulierung (konsolidiert „werden könnte") bei der Prüfung der Konzernzugehörigkeit stets auf den handelsbilanziell größtmöglichen Konsolidierungskreis abzustellen ist. Folglich kann die Konzernzugehörigkeit eines Tochterunternehmens nicht einfach dadurch umgangen werden, dass unter Verweis auf Wesentlichkeits- oder Wirtschaftlichkeitsüberlegungen – etwa

---

[169] Vgl. BT-Drs. 16/4841 vom 27.03.2007, S. 50.
[170] Vgl. hierzu weiterführend BIEG, HARTMUT/KUSSMAUL, HEINZ/PETERSEN, KARL/WASCHBUSCH, GERD/ZWIRNER, CHRISTIAN: Bilanzrechtsmodernisierungsgesetz–Bilanzierung, Berichterstattung und Prüfung nach dem BilMoG, München 2009, S. 172-176; EBELING, RALF MICHAEL/ERNST, SASCHA: Kapitel C 210: Konsolidierungskreis, in: Beck'sches Handbuch der Rechnungslegung, hrsg. von HANS-JOACHIM BÖCKING u.a., München (Loseblatt), Stand: November 2012, Rn. 5-10.

nach § 296 HGB – vom Wahlrecht zur Nichteinbeziehung in den Konzernabschluss Gebrauch gemacht wird.

Konzernzugehörigkeit für Zwecke der Zinsschrankenregelung ist trotz fehlender Einbeziehungsmöglichkeit in einen Konzernabschluss gem. § 4h Abs. 3 S. 6 EStG auch dann gegeben, wenn die Möglichkeit zur einheitlichen Bestimmung der Finanz- und Geschäftspolitik des in Rede stehenden Betriebs zusammen mit einem oder mehreren anderen Betrieben – etwa durch eine Einzelperson, die an den betreffenden Betrieben unmittelbar oder mittelbar mehrheitlich beteiligt ist – besteht, unabhängig davon, ob von dieser Beherrschungsmöglichkeit tatsächlich Gebrauch gemacht wird (sog. Control-Konzept).[171]

- Ein Betrieb, der sowohl die Freigrenze des § 4h Abs. 2 Buchst. a EStG überschreitet als auch gem. § 4h Abs. 2 Buchst. b EStG als Konzernunternehmen gilt, hat nach § 4h Abs. 2 Buchst. c S. 1 EStG gleichwohl die Möglichkeit, sich von der Anwendung der Zinsschranke zu befreien, indem belegt wird, dass er im Vergleich zum gesamten Konzern **nicht übermäßig mit Fremdkapital ausgestattet** wurde. Hierzu ist der Nachweis zu erbringen, dass die auf den Abschlussstichtag des vorangegangen Wirtschaftsjahrs[172] festgestellte Eigenkapitalquote des in Rede stehenden Betriebs mindestens so hoch wie diejenige des Konzerns, dem er angehört, ist, wobei nach § 4h Abs. 2 Buchst. c S. 2 EStG ein Unterschreiten der Konzerneigenkapitalquote um bis zu zwei Prozentpunkte unbeachtlich bleibt. Dabei berechnet sich die für besagten Vergleich maßgebliche Eigenkapitalquote gem. § 4h Abs. 2 Buchst. c S. 3 1. Halbsatz EStG jeweils für den Konzern und den Einzelbetrieb nach dem Verhältnis des Eigenkapitals zur Bilanzsumme. Die Berechnung der Eigenkapitalquote erfolgt für den Konzern nach § 4h Abs. 2 Buchst. c S. 3 2. Halbsatz EStG anhand desjenigen Konzernabschlusses, in den auch der betreffende Betrieb Eingang findet. Die Eigenkapitalquote des Betriebs ist dagegen auf der Grundlage des Jahres- bzw. Einzelabschlusses zu ermitteln. Hierbei ist zu beachten, dass sowohl der Einzel- als auch der Konzernabschluss grundsätzlich nach demselben Rechtsrahmen zu erstellen sind, wobei stets der dem Konzernabschluss nach § 4h Abs. 2 Buchst. c S. 8 f. EStG zugrunde zu legende Rechnungslegungsstandard maßgeblich ist.[173] Im Hinblick auf Ansatz und Bewertung ist zu beachten, dass Wahlrechte in beiden Abschlüssen einheitlich auszuüben sind. Weiterhin sind beide Größen noch gewissen steuerlichen Korrekturen zu unterziehen, welche in § 4h Abs. 2 Buchst. c S. 5 f. EStG aufgeführt sind.[174]

---

[171] Vgl. BT-Drs. 16/4841 vom 27.03.2007, S. 50.

[172] Vgl. zur Problematik abweichender Konzern- und Betriebswirtschaftsjahre BLUMENBERG, JENS/LECHNER, FLORIAN: Kapitel V: Zinsschranke, in: Die Unternehmensteuerreform 2008, hrsg. von JENS BLUMENBERG und SEBASTIAN BENZ, Köln 2007, S. 158.

[173] Weichen die Vorschriften, nach denen der Einzelabschluss erstellt wurde, hiervon ab, so ist – im Gegensatz zum Konzernabschluss – die Aufstellung eines neuen Einzelabschlusses jedoch nicht erforderlich, da bereits die Anpassung an die Konzernrechnungslegungsnormen im Wege einer formlosen Überleitungsrechnung dem gesetzlichen Anspruch genügt.

[174] Vgl. dazu ausführlich KUẞMAUL, HEINZ/RUINER, CHRISTOPH/SCHAPPE, CHRISTIAN: Die Einführung einer Zinsschranke im Rahmen der Unternehmensteuerreform 2008, in: Arbeitspapiere zur Existenzgründung, hrsg. von HEINZ KUẞMAUL, Bd. 25, Saarbrücken 2008, S. 23-26.

3.3.2.3 Abziehbare und nicht abziehbare Aufwendungen

Im Körperschaftsteuergesetz gelten prinzipiell die Vorschriften über **abziehbare Aufwendungen** des Einkommensteuergesetzes (Betriebsausgaben i.S.d. § 4 Abs. 4 EStG). Der Kreis der bereits einkommensteuerlich abziehbaren Aufwendungen wird durch § 9 KStG – nicht erschöpfend – erweitert:

- § 9 Abs. 1 Nr. 1 KStG berechtigt zum Abzug der **Gewinnanteile und Tätigkeitsvergütungen des Komplementärs einer KGaA** (und bei vergleichbaren Gesellschaften). Diese sind nach § 15 Abs. 1 Nr. 3 EStG den Einkünften aus Gewerbebetrieb hinzuzurechnen, da es sich um eine Mitunternehmerschaft handelt. Als solche ist diese aber nicht körperschaftsteuerpflichtig.
- § 9 Abs. 1 Nr. 2 KStG regelt den **Spendenabzug** und enthält eine ähnliche Höchstbetragsregelung wie § 10b EStG.

Durch den Verweis in § 8 Abs. 1 KStG gelten die im Einkommensteuergesetz geregelten Abzugsverbote (z.B. § 4 Abs. 5 S. 1 Nr. 1 EStG: Geschenke an Nicht-Arbeitnehmer bis max. 35 €; § 4 Abs. 5b EStG: Gewerbesteuer stellt keine Betriebsausgabe dar) ebenfalls. Daneben enthält § 10 KStG eine nicht erschöpfende Aufzählung der **nicht abziehbaren Aufwendungen**:

- **Satzungspflichtaufwendungen** (§ 10 Nr. 1 KStG). Diese Aufwendungen stellen eine Einkommensverwendung dar und dürfen das steuerpflichtige Einkommen daher nicht mindern. Für Kapitalgesellschaften hat diese Regelung lediglich deklaratorische Bedeutung, da Gewinnverwendungen nach § 8 Abs. 3 KStG das zu versteuernde Einkommen ohnehin nicht mindern dürfen.[175]
- **Nicht abziehbare Steueraufwendungen** (§ 10 Nr. 2 KStG). Dies sind v.a. Steuern vom Einkommen (Körperschaftsteuer, Kapitalertragsteuer) und sonstige Personensteuern (Solidaritätszuschlag).
- **Geldstrafen, Geldbußen** u.a. (§ 10 Nr. 3 KStG).
- Die Hälfte der **Aufsichtsratsvergütungen** (§ 10 Nr. 4 KStG).

3.3.2.4 Abziehbare Erträge

Abziehbar sind **steuerfreie Erträge**, wie bspw. Investitionszulagen.[176] Zu beachten ist, dass der Freibetrag nach § 16 Abs. 4 EStG als sachliche personenbezogene Steuerbefreiung gilt und daher bei Kapitalgesellschaften keine Anwendung findet.[177] Auch die übrigen „einkommensteuerlichen" Freibeträge (bei Veräußerung von Anteilen an Kapitalgesellschaften (Beteiligungsquote mindestens 1 %), von Vermögen, das der selbstständigen Arbeit dient, und von

---

[175] Vgl. ZENTHÖFER, WOLFGANG: Teil C 3, in: Körperschaftsteuer, hrsg. von EWALD DÖTSCH u.a., 16. Aufl., Stuttgart 2012, S. 90-92.
[176] Geregelt im „Investitionszulagengesetz (InvZulG 2010)" vom 07.12.2008, BGBl I 2008, S. 2350.
[177] Vgl. WACKER, ROLAND: § 16 EStG, in: Einkommensteuergesetz, begr. von LUDWIG SCHMIDT, 31. Aufl., München 2012, Rn. 579.

land- und forstwirtschaftlichem Vermögen) greifen bei Körperschaften i.S.d. § 1 Abs. 1 Nr. 1-3 KStG nicht, da § 8 Abs. 2 KStG alle Einkünfte als solche aus Gewerbebetrieb fingiert.

Abziehbar sind außerdem **Erträge aus nicht abziehbaren Aufwendungen** (z.B. Rückerstattungen von Solidaritätszuschlag oder Bußgeldern).

Dividendenbezüge[178] von einer in- oder ausländischen Kapitalgesellschaft bleiben gem. § 8b Abs. 1 KStG bei der Ermittlung des Einkommens außer Acht; dies gilt nach § 8b Abs. 2 KStG auch für **Veräußerungsgewinne**.[179] Für in Zusammenhang mit diesen Bezügen stehende Betriebsausgaben greift § 3c Abs. 1 EStG nicht (§ 8b Abs. 5 S. 2 KStG). Folglich können (neben den nur in mittelbarem wirtschaftlichem Zusammenhang stehenden Ausgaben) auch mit diesen Bezügen in unmittelbarem wirtschaftlichem Zusammenhang stehende Ausgaben als Betriebsausgaben abgezogen werden. Jedoch werden gem. § 8b Abs. 5 S. 1 KStG unabhängig von der Höhe der tatsächlichen Betriebsausgaben 5 % der Bezüge i.S.d. § 8b Abs. 1 KStG vor Abzug von Quellensteuern als nicht abziehbare Betriebsausgaben qualifiziert.[180] Somit werden materiell nur 95 % der Bezüge steuerbefreit (modifiziertes Nulleinkünfteverfahren) und es kommt zu einer steuerlichen Mehrfachbelastung, die von der Anzahl der Gesellschaftsstufen abhängig ist.[181]

Im **Konzernverbund** besteht das grundsätzliche Problem der Doppelbesteuerung von Gewinnen. Unter bestimmten Voraussetzungen wird das Einkommen der Organgesellschaft bei Bestehen einer sog. **Organschaft** (§ 14 KStG) dem Organträger zugerechnet und unterliegt ausschließlich dort der Besteuerung.

Durch die Einfügung des § 8b Abs. 10 KStG im Rahmen der Unternehmensteuerreform 2008 wurde die steuerliche Behandlung der Wertpapierleihe verschärft. Bei der Wertpapierleihe werden für einen begrenzten Zeitraum Wertpapiere gegen Entgelt verliehen, wobei sich der Entleiher verpflichtet, nach dem Ablauf der Leihfrist Wertpapiere gleicher Art, Güte und Menge zurückzugeben. Anlass für ein derartiges Geschäft kann die angestrebte 95 %-ige Steuerfreistellung sein, die in diesem Zusammenhang vom Leihnehmer, nicht aber vom Ver-

---

[178] Vgl. zu diesem Abschnitt KUSSMAUL, HEINZ/ZABEL, MICHAEL: Auswirkungen der Änderungen der §§ 8b und 15 KStG durch das Gesetz zur Umsetzung der Protokollerklärung der Bundesregierung zur Vermittlungsempfehlung zum Steuervergünstigungsabbaugesetz („Korb II"), in: BB 2004, S. 577-580.

[179] Aufgrund der jüngeren EuGH-Rechtsprechung, die die abgeltende Quellensteuer auf grenzüberschreitende Dividendenzahlungen bei gleichzeitiger Steuerfreiheit inländischer Dividenden als im Widerspruch zu den Grundfreiheiten stehend ansieht, wird der Gesetzgeber hier in naher Zukunft reagieren müssen. Vgl. u.a. EuGH-Urteil vom 14.12.2006, in: DStR-E 2007, S. 289.

[180] § 8b Abs. 3 S. 4 und 5 KStG stellt klar, dass zu den hierbei nicht zu berücksichtigenden Gewinnminderungen nach § 8b Abs. 3 S. 3 KStG auch Gewinnminderungen im Zusammenhang mit einer Darlehensforderung oder aus der Inanspruchnahme von Sicherheiten, die für ein Darlehen gegeben wurden, gehören, es sei denn, dass auch ein fremder Dritter das Darlehen gewährt hätte; vgl. BROCKMANN, KAI/HÖRSTER, RALF: Jahressteuergesetz 2008, in: NWB vom 07.01.2008, Fach 2, S. 9641-9656.

[181] Vgl. KUSSMAUL, HEINZ/RICHTER, LUTZ: Die Ersetzung des körperschaftsteuerlichen Vollanrechnungsverfahrens im Kontext von StSenkG, StVergAbG und HBeglG 2004, in: Arbeitspapiere zur Existenzgründung, hrsg. von HEINZ KUSSMAUL, Bd. 11, 2. Aufl., Saarbrücken 2004, S. 8.

leiher erreicht werden kann. Unter bestimmten Voraussetzungen sind sämtliche Entgelte für die Überlassung der Wertpapiere beim Entleiher nicht als Betriebsausgabe abzugsfähig.[182]

3.3.2.5 Besonderheiten beim Verlustabzug

Auch eine Kapitalgesellschaft hat die grundsätzlichen Möglichkeiten der Verlustverrechnung. Da regelmäßig aber nur Einkünfte aus Gewerbebetrieb erwirtschaftet werden, hat lediglich der **Verlustabzug** nach § 10d EStG praktische Bedeutung und damit das dortige **Wahlrecht zwischen Verlustrücktrag und Verlustvortrag**. Der **Verlustrücktrag** (§ 10d Abs. 1 EStG) ist auf 1.000.000 € beschränkt und auf Antrag kann die steuerpflichtige Körperschaft ganz oder teilweise auf dessen Anwendung verzichten (§ 10d Abs. 1 S. 5 EStG). I.R.d. **Verlustvortrags** (§ 10d Abs. 2 EStG) können nicht ausgeglichene negative Einkünfte in nachfolgenden Wirtschaftsjahren bis zur Höhe von 1 Mio. € pro Wirtschaftsjahr uneingeschränkt mit einem positiven Gesamtbetrag der Einkünfte verrechnet werden (sog. **Sockelbetrag**). Sollten darüber hinaus weitere nicht ausgeglichene negative Einkünfte bestehen, dürfen diese nur bis zu 60 % des im Wirtschaftsjahr verbleibenden Gesamtbetrags der Einkünfte steuermindernd genutzt werden. Die verbleibenden negativen Einkünfte sind weiter vorzutragen.

Gem. § 8c KStG erfolgt im Falle eines Anteilseignerwechsels eine (teilweise oder gänzliche) **Versagung des Verlustabzugs**, da sich nach Auffassung des Gesetzgebers mit dem Anteilseignerwechsel auch das wirtschaftliche Engagement der Gesellschaft verändert (sog. „**Mantelkauf**").

Im **Konzernverbund** können erwirtschaftete Verluste bei bestehender Organschaft **innerhalb des Organkreises** unmittelbar verrechnet werden, da das Einkommen der Organgesellschaft dem Organträger zugerechnet wird.

3.4 Der Steuertarif und das Besteuerungsverfahren der Körperschaftsteuer

3.4.1 Der Steuertarif

Der Körperschaftsteuersatz beträgt einheitlich 15 % (§ 23 Abs. 1 KStG). Der sich ergebende Steuerbetrag ist zu Gunsten des Steuerpflichtigen auf volle € zu runden (§ 31 Abs. 1 S. 3 KStG).

3.4.2 Das bis Ende 2000 gültige Anrechnungsverfahren

3.4.2.1 Die Grundkonzeption des Anrechnungsverfahrens

Das bis Ende des Jahres 2000 geltende Körperschaftsteuerrecht belastete nur die thesaurierten (nicht ausgeschütteten) Gewinne mit Körperschaftsteuer (Körperschaftsteuersatz: 40 %).

---
[182] Vgl. hierzu ausführlich SCHUMACHER, PETER: § 8b KStG, in: UntStRefG, hrsg. von VOLKER BREITHECKER u.a., Berlin 2007, S. 408-419.

Ausgeschüttete Gewinne (Körperschaftsteuersatz: 30 %) wurden im Ergebnis – bei „normalen" inländischen Anteilseignern – gänzlich von der Körperschaftsteuer freigestellt und der individuellen Einkommensteuer des Anteilseigners unterworfen. Dieses Ergebnis wurde durch die Anwendung des sog. Anrechnungsverfahrens erreicht.

Beispiel: (Anrechnungsverfahren ohne Solidaritätszuschlag bei Vollausschüttung)

Ebene der Kapitalgesellschaft:

Zu versteuerndes Einkommen	(100er Ebene)	100.000 €
./. Tarifbelastung der Körperschaftsteuer (40 %)	(40er Ebene)	40.000 €
= Zur Ausschüttung verwendbares Eigenkapital	(60er Ebene)	60.000 €
+ Minderung der Körperschaftsteuer		
(Anpassung an eine 30 %-ige Körperschaftsteuerbelastung) 10/60		10.000 €
= Bardividende	(70er Ebene)	70.000 €
./. Kapitalertragsteuer (25 % der Bardividende)		17.500 €
= Vorläufige Nettodividende	(52,5er Ebene)	52.500 €

Ebene des Gesellschafters:

Vorläufige Nettodividende	(52,5er Ebene)	**52.500 €**
+ Kapitalertragsteuergutschrift		17.500 €
= Kapitalerträge i.S.d. § 20 Abs. 1 Nr. 1 EStG a.F.	(70er Ebene)	70.000 €
+ Körperschaftsteuergutschrift		
(Kapitalerträge i.S.d. § 20 Abs. 1 Nr. 3 EStG a.F.) 30/70		30.000 €
= Bruttodividende (EaKV)	(100er Ebene)	100.000 €
• Relevanter Einkommensteuersatz (hier 30 %)		30 %
= Tarifliche Einkommensteuer		30.000 €
./. Kapitalertragsteuergutschrift		17.500 €
./. Körperschaftsteuergutschrift		30.000 €
= Erstattungsanspruch		**17.500 €**
⇨ Nettodividende (verfügbares Einkommen)		70.000 €

Beim Anrechnungsverfahren wurde grundsätzlich in „Ebenen" gerechnet, die dem Prozentsatz der Zahlung – bezogen auf das zu versteuernde Einkommen – entsprochen haben. Diese Ebenen erleichterten die Berechnung von Körperschaftsteuerminderung, Bardividende und vorläufiger Nettodividende, da man durch den entsprechenden Quotienten von einer Ebene auf die andere gelangen konnte.

3.4.2.2 Das Anrechnungsverfahren auf Ebene der Gesellschaft und auf Ebene der Gesellschafter

Probleme bereiteten intertemporale **Abweichungen zwischen Einkommensentstehung und Ausschüttung**. Die zu entrichtende Körperschaftsteuer betrug daher zunächst immer 40 % des zu versteuernden Einkommens und die Ausschüttungsbelastung (30 %) wurde erst dann hergestellt, wenn und soweit Ausschüttungen an die Gesellschafter erfolgten.

Weitere Probleme bereiteten u.a. steuerfreie Erträge, nicht abziehbare Aufwendungen sowie ermäßigte Tarifbelastungen unterhalb von 40 %. Dies wurde mit dem **Konzept des verwendbaren Eigenkapitals** (vEK) gelöst, mit der Funktion,

- die Eigenkapitalteile mit unterschiedlicher Körperschaftsteuerbelastung getrennt auszuweisen und
- die Gewinnausschüttungen zum Zweck der Herstellung der Ausschüttungsbelastung mit diesen Eigenkapitalteilen zu konfrontieren.

Erwirtschaftete Gewinne haben zunächst den allgemeinen Tarifvorschriften unterlegen. Die Belastung des Einkommens vor Berücksichtigung der Ausschüttung wurde als Tarifbelastung bezeichnet (§ 27 Abs. 1 KStG a.F.).

Die Tarifbelastung betrug bei „normalem" steuerpflichtigem Einkommen 40 %. Wegen einer Vielzahl von Steuerbefreiungen oder Steuerermäßigungen konnte das Einkommen aber auch einer anderen Tarifbelastung unterliegen.

Bei Ausschüttungen wurde dann generell, unabhängig von der tarifmäßigen Belastung der Einkommensteile, die **Ausschüttungsbelastung** (30 %) hergestellt (§ 27 Abs. 1 KStG a.F.).

Der Gesellschafter hatte regelmäßig **Einkünfte aus Kapitalvermögen**:

- i.H.d. **Bardividende** gem. § 20 Abs. 1 Nr. 1 EStG a.F. (70/100; die Kapitalertragsteuer wird hier implizit miterfasst) zzgl.
- der **darauf lastenden Körperschaftsteuer** (30/100; § 20 Abs. 1 Nr. 3 EStG a.F.).

Obwohl dem Gesellschafter also nur 52,5 % des „Einkommens" zuflossen (wiederum bei Vernachlässigung des Solidaritätszuschlags), mussten 100 % versteuert werden, bei gleichzeitiger Anrechnung der Körperschaftsteuer der Gesellschaft und der Kapitalertragsteuer als Vorauszahlung auf die private Einkommensteuerschuld.

Eine **vollständige Kompensation** der zunächst bestehenden Körperschaftsteuerbelastung trat dadurch ein, dass die einbehaltene Kapitalertragsteuer und die anrechenbare Körperschaftsteuer von der festgesetzten Einkommensteuerschuld des Gesellschafters abgezogen (§ 36 Abs. 2 Nr. 2 und 3 EStG a.F.) oder – wenn keine Veranlagung zur Einkommensteuer zu erwarten war – auf Antrag vergütet bzw. erstattet werden konnten (§§ 36b, 44b EStG a.F.). Durch die Anrechnung der Körperschaftsteuer wurde der ausgeschüttete Gewinn letztlich völlig von der Körperschaftsteuer befreit.

3.4.3 Das neue klassische Körperschaftsteuersystem

3.4.3.1 Besteuerung auf Ebene der Kapitalgesellschaft

3.4.3.1.1 Das Besteuerungsverfahren

Mit Umsetzung des Steuersenkungsgesetzes wurden Gewinne einer Kapitalgesellschaft grundsätzlich mit 25 % versteuert. Dies gilt unabhängig davon, ob die Gewinne thesauriert oder ausgeschüttet werden. I.R.d. Unternehmensteuerreformgesetzes 2008 wurde der Steuersatz von 25 % auf 15 % gesenkt.

Sollen die versteuerten Gewinne ausgeschüttet werden, muss die ausschüttende Gesellschaft Kapitalertragsteuer einbehalten. Der Kapitalertragsteuersatz für Dividendenbezüge beträgt 25 % (§ 43a Abs. 1 Nr. 1 EStG).

Die unterschiedliche steuerliche Behandlung von Gewinnausschüttungen und Einlagenrückgewähr auf Ebene der Anteilseigner bedingt, dass die Körperschaft eine Feststellung treffen muss, welchem Tatbestand die geleistete Auszahlung zuzuordnen ist. Das steuerbilanzielle Eigenkapital ist aus diesem Grund für körperschaftsteuerliche Zwecke in die 3 Gruppen „gezeichnetes Kapital", „steuerliches Einlagekonto" und „ausschüttbarer Gewinn" einzuteilen.

3.4.3.1.2 Gliederung des steuerbilanziellen Eigenkapitals

3.4.3.1.2.1 Der ausschüttbare Gewinn

Der ausschüttbare Gewinn lässt sich nur residual aus dem steuerbilanziellen Eigenkapital ableiten. Ausschüttbarer Gewinn ist das um das gezeichnete Kapital geminderte steuerbilanzielle Eigenkapital abzgl. des Bestands des steuerlichen Einlagekontos (§ 27 Abs. 1 S. 5 KStG).

Beim ausschüttbaren Gewinn wird auch vom „**neutralen Vermögen**" gesprochen. Eine **Erklärung des Begriffs** „neutrales Vermögen" ist sowohl vom Steuergesetzgeber als auch im Schrifttum bislang unterblieben. Im Zuge der Zerlegung des Terminus in seine beiden Worteinzelbestandteile ist feststellbar, dass „**neutral**" auf die nach dem neuen Körperschaftsteuersystem nicht mehr notwendige Differenzierung hinsichtlich der Belastung der einzelnen Rücklagenkategorien für steuerliche Zwecke Bezug nimmt. Die oben erwähnten Teilbeträge gehen vielmehr **ununterscheidbar ineinander über**. Der Begriff des „**Vermögens**" könnte womöglich auf das **Reinvermögen** i.S.v. Eigenkapital abstellen. Jedoch handelt es sich beim verwendbaren Eigenkapital um den Teil des Eigenkapitals, der das Nennkapital übersteigt (§ 29 Abs. 2 S. 2 KStG a.F.).

3.4.3.1.2.2 Das steuerliche Einlagekonto

Auch nach dem Wegfall der Gliederung des verwendbaren Eigenkapitals ist es weiterhin erforderlich, die Gesellschaftereinlagen, die nicht in das Nennkapital geleistet wurden, zu isolieren, da die **Rückgewähr von Beständen aus dem steuerlichen Einlagekonto** an die Gesellschafter auf deren Ebene **keine steuerbare Einnahmen** darstellt (§ 20 Abs. 1 Nr. 1 S. 3 EStG). Somit sind Einlagen der Gesellschafter gesondert und **zeitlich unbegrenzt** fortzuführen. Dies erfolgt mittels des sog. **steuerlichen Einlagekontos** (§ 27 Abs. 1 S. 1 KStG), das um die jeweiligen Zu- und Abgänge fortzuschreiben ist (§ 27 Abs. 1 S. 2 KStG).

Beim **steuerlichen Einlagekonto** handelt es sich um eine von der Bilanz losgelöste eigenständige steuerliche Größe. Dem steuerlichen Einlagekonto zuzuordnende Gewinnausschüttungen unterliegen bei der ausschüttenden Körperschaft nicht der Ausschüttungsbelastung. Beim Anteilseigner wird die Einlagenrückzahlung steuerfrei vereinnahmt.

Eine Einlagenrückgewähr liegt in Höhe der Leistung der Kapitalgesellschaft vor, für die nach der Verwendungsfiktion des § 27 Abs. 1 S. 3 KStG das steuerliche Einlagekonto als verwendet gilt. Leistungen einer Kapitalgesellschaft mindern demnach das steuerliche Einlagekonto nur, soweit die Leistungen in Summe den auf den Schluss des vorangegangenen Wirtschaftsjahres ermittelten ausschüttbaren Gewinn übersteigen (§ 27 Abs. 1 S. 3 KStG), wenn also keine weiteren Rücklagenkategorien mehr zur Verfügung stehen. Dies verdeutlicht Abb. 23.

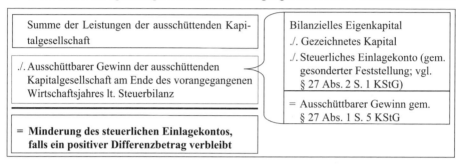

Abb. 23:   Ermittlung des Mindestbetrags des steuerlichen Einlagekontos gem. § 27 Abs. 1 S. 3 KStG

3.4.3.2 Die Besteuerung auf Ebene des Anteilseigners

3.4.3.2.1 Anteilseigner ist eine natürliche Person

Bezüglich der Besteuerung der natürlichen Anteilseigner an einer Körperschaft ist zu unterscheiden, ob der Anteilseigner die Gesellschaftsanteile im Privat- oder im Betriebsvermögen hält.

Eine natürliche Person, die Anteile an einer Kapitalgesellschaft in ihrem Privatvermögen hält, hatte bis zum VAZ 2008 ihr zufließende Dividenden gem. § 3 Nr. 40 EStG a.F. hälftig einer Besteuerung zu unterwerfen (sog. **Halbeinkünfteverfahren**). Dies galt unabhängig davon, ob es sich um eine in- oder ausländische Beteiligung handelte. Die von der ausschüttenden Kapitalgesellschaft einbehaltene Kapitalertragsteuer (damals noch 20 %) war in voller Höhe auf die persönliche Einkommensteuerschuld anrechenbar (§ 36 Abs. 2 S. 2 Nr. 2 EStG a.F.).

Für Aufwendungen, die in wirtschaftlichem Zusammenhang mit diesen Bezügen stehen, galt damals noch gem. § 3c Abs. 2 EStG ein hälftiges Abzugsverbot, unabhängig davon, ob in dem entsprechenden VAZ tatsächlich Einnahmen zugeflossen waren oder nicht.

Einen Veräußerungsgewinn aus der Veräußerung eines Anteils an einer Kapitalgesellschaft hatte eine natürliche Person, die ihre Anteile im Privatvermögen hält, als Anteilseigner gem. § 22 Nr. 2 i.V.m. § 23 EStG a.F. zu versteuern.

Seit dem VAZ 2009 werden Dividenden, die an natürliche Personen ausgeschüttet werden, und Veräußerungsgewinne aus der Veräußerung von Anteilen an Kapitalgesellschaften im Rahmen der Abgeltungsteuer voll besteuert.

> **Beispiel:** (Abgeltungssteuer ohne Solidaritätszuschlag bei Vollausschüttung und ohne Ausübung des Wahlrechts auf Veranlagung)
>
> **Ebene der Kapitalgesellschaft:**
>
> | | |
> |---|---:|
> | Zu versteuerndes Einkommen | 100.000 € |
> | ./. Körperschaftsteuer (15 %) | 15.000 € |
> | = Bruttodividende | 85.000 € |
> | ./. Kapitalertragsteuer (25 % der Bruttodividende) | 21.250 € |
> | = Vorläufige Nettodividende | 63.750 € |
>
> **Ebene des Gesellschafters:**
>
> | | |
> |---|---:|
> | ⇨ Nettodividende entspricht dem verfügbaren Einkommen beim Anteilseigner | 63.750 € |
> | ⇨ Kapitalertragsteuer entfaltet abgeltende Wirkung | |

Liegt der persönliche Steuersatz des Anteilseigners allerdings unterhalb des Abgeltungssteuersatzes i.H.v. 25 %, so kann der Steuerpflichtige zur Veranlagung optieren.

> **Beispiel:** (Abgeltungssteuer ohne Solidaritätszuschlag bei Vollausschüttung bei Ausübung des Wahlrechts auf Veranlagung)
>
> **Ebene der Kapitalgesellschaft:**
>
> | | |
> |---|---:|
> | Zu versteuerndes Einkommen | 100.000,00 € |
> | ./. Körperschaftsteuer (15 %) | 15.000,00 € |
> | = Bruttodividende | 85.000,00 € |
> | ./. Kapitalertragsteuer (25 % der Bruttodividende) | 21.250,00 € |
> | = Vorläufige Nettodividende | 63.750,00 € |
>
> **Ebene des Gesellschafters:**
>
> | | |
> |---|---:|
> | Vorläufige Nettodividende (Gutschrift beim Gesellschafter) | 63.750,00 € |
> | + Kapitalertragsteuergutschrift | 21.250,00 € |
> | = Kapitalerträge = Bruttodividende | 85.000,00 € |
> | = Einnahmen aus Kapitalvermögen | 85.000,00 € |
> | • Relevanter Einkommensteuersatz (hier: 20 %) | 20 % |
> | = Tarifliche Einkommensteuer | 17.000,00 € |
> | ./. Kapitalertragsteuergutschrift | 21.250,00 € |
> | = Erstattungsanspruch Einkommensteuer = Erstattungsanspruch insgesamt | 4.250,00 € |
> | ⇨ Nettodividende (Verfügbares Einkommen beim Anteilseigner) | 68.000,00 € |

Hält eine natürliche Person Anteile an einer Kapitalgesellschaft in ihrem Betriebsvermögen, so galt im Rahmen der Dividendenbesteuerung und der Besteuerung eines Veräußerungsgewinns aus der Veräußerung des Anteils an der Kapitalgesellschaft bis einschließlich VAZ 2008 das Halbeinkünfteverfahren. Seit dem VAZ 2009 kommt das Teileinkünfteverfahren zur Anwendung, welches eine 40 %-ige Steuerfreistellung (der Dividenden bzw. Veräußerungsgewinne aus der Veräußerung der Anteile an einer Körperschaft) vorsieht. Korrespondierend hierzu sind 40 % der Betriebsausgaben, die in Bezug mit diesen Einkünften stehen, nicht abziehbar, unabhängig davon, ob in dem entsprechenden VAZ tatsächlich Einnahmen zugeflossen sind oder nicht. Dies scheint vordergründig gerechtfertigt, sind doch 40 % der Bezüge von einer Besteuerung freigestellt. Jedoch wird dabei übersehen, dass bereits auf Seiten der Gesellschaft eine Besteuerung stattgefunden hat. In der Gesamtbetrachtung erfolgt aus der Sicht des Empfängers somit eine vollständige Besteuerung, sind ihm doch nur 85 % der Einnahmen (gemindert um die definitive Körperschaftsteuer) zugeflossen. Vor diesem Hintergrund stellt sich das Teileinkünfteverfahren nicht als 40 %-ige Steuerfreistellung, sondern als 60 %-ige Nachversteuerung dar; folglich ist es nicht einsichtig, warum nur 40 % der im wirtschaftlichen Zusammenhang mit diesen Bezügen stehenden Aufwendungen abgezogen werden dürfen.[183]

Beispiel:	(Teileinkünfteverfahren ohne Solidaritätszuschlag bei Vollausschüttung)	
Ebene der Kapitalgesellschaft:		
	Zu versteuerndes Einkommen	100.000 €
./.	Körperschaftsteuer (15 %)	15.000 €
=	Bruttodividende	85.000 €
./.	Kapitalertragsteuer (25 % der Bruttodividende)	21.250 €
=	Vorläufige Nettodividende	63.750 €
Ebene des Gesellschafters:		
	Vorläufige Nettodividende (Gutschrift beim Gesellschafter)	63.750 €
+	Kapitalertragsteuergutschrift	21.250 €
=	Kapitalerträge = Bruttodividende	85.000 €
./.	Steuerfreistellung durch Teileinkünfteverfahren	34.000 €
=	Einnahmen aus Kapitalvermögen	51.000 €
•	Relevanter Einkommensteuersatz (hier: 30 %)	30 %
=	Tarifliche Einkommensteuer	15.300 €
./.	Kapitalertragsteuergutschrift	21.250 €
=	Erstattungsanspruch Einkommensteuer = Erstattungsanspruch insgesamt	5.950 €
⇨	Nettodividende (Verfügbares Einkommen beim Anteilseigner)	69.700 €

3.4.3.2.2 Anteilseigner ist eine juristische Person

Dividendenbezüge, die eine im Inland unbeschränkt steuerpflichtige Körperschaft, Personenvereinigung oder Vermögensmasse i.S.d. § 1 KStG von einer in- oder ausländischen Kapitalgesellschaft erhält, bleiben gem. § 8b Abs. 1 KStG bei der Ermittlung des Einkommens außer Acht. Auch für Gewinne aus der Veräußerung von Anteilen an Kapitalgesellschaften gilt diese Steuerbefreiung (§ 8b Abs. 2 KStG). Dies gilt unabhängig von einer Mindestbeteiligungsquote und einer Mindestbeteiligungszeit (sog. **allgemeine Dividendenfreistellung**).[184] Hier-

---

[183] Vgl. m.w.N. RICHTER, LUTZ: Ansätze einer Konzernbesteuerung in Deutschland, Frankfurt am Main 2003, S. 286 und 287.

[184] Zu beachten ist, dass auch hier über das Instrument der in den §§ 7-14 AStG geregelten Hinzurechnungsbesteuerung eine Ergänzungsbesteuerung der Auslandserträge in Deutschland erfolgen soll, wenn die ausländische Gesellschaft als Zwischengesellschaft i.S.d. § 8 AStG qualifiziert wird.

mit soll verhindert werden, dass sich die Körperschaftsteuerbelastung bei Durchschüttung einer Dividende über mehrere Konzernstufen kumuliert.[185]

Eine von einer unbeschränkt steuerpflichtigen Körperschaft auf die ausgeschüttete Dividende erhobene Kapitalertragsteuer kann, trotz der Dividendenfreistellung gem. § 8b Abs. 1 KStG, in voller Höhe auf die Körperschaftsteuer angerechnet werden.

Betriebsausgaben, die mit den steuerfreien Dividendenbezügen in Zusammenhang stehen, können uneingeschränkt steuerlich berücksichtigt werden, da § 3c Abs. 1 EStG nicht zur Anwendung kommt (§ 8b Abs. 5 S. 2 KStG). Zu beachten ist jedoch, dass unabhängig von der Höhe der tatsächlichen Ausgaben 5 % der Bezüge i.S.d. § 8b Abs. 1 KStG als nicht abziehbare Betriebsausgaben qualifiziert werden (§ 8b Abs. 5 S. 1 KStG). Somit werden materiell nur 95 % der Bezüge steuerbefreit (sog. **modifiziertes Nulleinkünfteverfahren**) und es kommt zu einer steuerlichen Mehrfachbelastung, die von der Anzahl der Gesellschaftsstufen abhängig ist.[186]

Beispiel:	(Modifiziertes Nulleinkünfteverfahren ohne Solidaritätszuschlag)	
Ebene der Kapitalgesellschaft:		
	Zu versteuerndes Einkommen	100.000 €
./.	Körperschaftsteuer (15 %)	15.000 €
=	Bruttodividende	85.000 €
./.	Kapitalertragsteuer (25 % der Bruttodividende)	21.250 €
=	Vorläufige Nettodividende	63.750 €
Ebene des Gesellschafters (ebenfalls Kapitalgesellschaft):		
	Vorläufige Nettodividende (Gutschrift beim Gesellschafter)	63.750,00 €
+	Kapitalertragsteuergutschrift	21.250,00 €
=	Kapitalerträge = Bruttodividende	85.000,00 €
./.	Steuerfreistellung durch mod. Nulleinkünfteverfahren	85.000,00 €
+	Nicht abziehbare Betriebsausgaben (5 % der Bruttodividende)	4.250,00 €
=	Einkünfte aus Gewerbebetrieb = Zu versteuerndes Einkommen	4.250,00 €
•	Körperschaftsteuersatz	15 %
=	Tarifliche Körperschaftsteuer	637,50 €
./.	Kapitalertragsteuergutschrift	21.250,00 €
=	Erstattungsanspruch Körperschaftsteuer = Erstattungsanspruch insgesamt	20.612,50 €
⇨	Nettodividende (Verfügbares Einkommen beim Gesellschafter)	84.362,50 €

---

[185] Vgl. DÖTSCH, EWALD/PUNG, ALEXANDRA: Die geplante Reform der Unternehmensbesteuerung, in: DB 2000, Beilage 4/2000, S. 10.

[186] Vgl. KUßMAUL, HEINZ/RICHTER, LUTZ: Die Ersetzung des körperschaftsteuerlichen Vollanrechnungsverfahrens im Kontext von StSenkG, StVergAbG und HBeglG 2004, in: Arbeitspapiere zur Existenzgründung, hrsg. von HEINZ KUßMAUL, Bd. 11, 2. Aufl., Saarbrücken 2004, S. 8. Vgl. zu diesem Abschnitt außerdem KUßMAUL, HEINZ/ZABEL, MICHAEL: Auswirkungen der Änderungen der §§ 8b und 15 KStG durch das Gesetz zur Umsetzung der Protokollerklärung der Bundesregierung zur Vermittlungsempfehlung zum Steuervergünstigungsabbaugesetz („Korb II"), in: BB 2004, S. 577-580, s.b.S. 578.

Die Regelungen zur **Besteuerung von Veräußerungsgewinnen** bezüglich der Anteile an Kapitalgesellschaften sind vergleichbar zu jenen der Ausschüttungen gestaltet. Bei Anteilen im Privatvermögen einer natürlichen Person greift die Abgeltungssteuer i.H.v. 25 % (§ 20 Abs. 1 Nr. 1 i.V.m. § 32d EStG), bei Anteilen im Betriebsvermögen von Einzelunternehmen oder Personengesellschaften erfolgt eine Besteuerung i.H.v. 60 % i.R.d. Teileinkünfteverfahrens (§ 15 i.V.m. § 3 Nr. 40 EStG), bei Anteilen, die von Kapitalgesellschaften gehalten werden, werden im Ergebnis 95 % der Veräußerungsgewinne steuerbefreit (§ 8b Abs. 2 i.V.m. § 8b Abs. 3 KStG).

4 Gewerbesteuer[187]

4.1 Charakteristik, Entwicklung und Rechtfertigung

Die Gewerbesteuer ist eine **Objektsteuer** (Realsteuer, Sachsteuer). Sie belastet ein Objekt (hier: Gewerbebetrieb im Inland), nicht eine Person, und zwar ohne Rücksicht darauf, wer Eigentümer des Objekts ist bzw. wem die Erträge aus diesem Objekt zufließen.[188]

Die Gewerbesteuer berücksichtigt **keine persönlichen Verhältnisse**, weshalb grundsätzlich keine Möglichkeit zum Abzug von Privataufwendungen besteht. Auch die **Finanzierungsform** soll im Grundsatz **keine Berücksichtigung** finden. Deshalb erfolgt eine grundsätzliche Einbeziehung gemieteter und geleaster Wirtschaftsgüter und eine Nicht-Anerkennung der Fremdfinanzierung, wobei sich dieses Charakteristikum nicht mehr in vollem Umfang mit der geltenden Rechtslage vereinbaren lässt. Um eine **mehrfache Realsteuerbelastung zu vermeiden**, erfolgt die Ausgliederung bestimmter Bemessungsgrundlagenteile (bspw. Grundstücke, da diese bereits mit Grundsteuer belastet werden). Daneben werden **ausländische Vermögensgegenstände ausgegliedert**.

Das Aufkommen der Gewerbesteuer floss bis 1969 ausschließlich den Gemeinden zu (**Gemeindesteuer**). Seit 1969 erfolgt eine Beteiligung der Gemeinden am Aufkommen der Einkommensteuer, was zu einer Gewerbesteuerumlage an Bund und Länder geführt hat. Seit 1998 wird die Gewerbesteuer nur noch auf den „Gewerbeertrag" erhoben. Der Wegfall der Gewerbekapitalsteuer[189] wird seither für die Gemeinden durch eine Beteiligung an der Umsatzsteuer kompensiert.

Zur **Rechtfertigung** der Gewerbesteuer werden das Leistungsfähigkeitsprinzip, das Äquivalenzprinzip und der „Bußgeld"-Charakter herangezogen.

Besteuert werden soll gem. des **Leistungsfähigkeitsprinzips** die Leistungsfähigkeit des Objekts Gewerbebetrieb. Probleme bereitet dabei die Tatsache, dass Objekte keine eigenständige Leistungsfähigkeit haben.

Gem. dem **Äquivalenzprinzip** sollen besondere Lasten für die Gemeinden berücksichtigt werden (Erschließung von Baugeländen, Schaffung von Verkehrs- und Parkflächen, Mitfinanzierung des Nahverkehrs, Umweltschutzmaßnahmen, Bau und Unterhalt von Straßen, usw.). Indes ist eine verursachungsgerechte Zurechnung auf einzelne Betriebe schwierig.

Dem **„Bußgeld"-Charakter** entsprechend sollen besondere Belästigungen durch Gewerbebetriebe geahndet werden (u.a. Abgase, Lärm); problematisch ist jedoch die Messung dieser.

---

[187] Vgl. als Grundlage für dieses Kapitel: KUßMAUL, HEINZ: Betriebswirtschaftliche Steuerlehre, 6. Aufl., München 2010, S. 357 ff. m.w.N.

[188] Bestrebungen, vom Objektcharakter abzukehren und die Besteuerung an der individuellen Leistungsfähigkeit auszurichten, konnten sich bisher nicht durchsetzen; vgl. KUßMAUL, HEINZ/BECKMANN, STEFAN/MEYERING, STEPHAN: Die Auswirkungen des Gesetzesentwurfs zur Reform der Gewerbesteuer auf gewerbliche Unternehmen, in: StuB 2003, S. 1021-1027.

[189] Vgl. „Gesetz zur Fortsetzung der Unternehmenssteuerreform" vom 29.10.1997, BGBl I 1997, S. 2590.

4.2 Das Steuersubjekt

Steuersubjekt/Steuerschuldner ist gem. § 5 Abs. 1 S. 1 und 2 GewStG der **Unternehmer**, für dessen Rechnung ein Gewerbe tatsächlich betrieben wird. Bei Einzelgewerbetreibenden ist dies der Kaufmann, bei Kapitalgesellschaften die Gesellschaft. Trotz fehlender Rechtsfähigkeit ist die **gewerblich tätige Personengesellschaft** selbst Steuerschuldner (§ 5 Abs. 1 S. 3 GewStG). Angesichts des Objektcharakters der Gewerbesteuer verschmilzt das eigentliche Steuersubjekt mit dem Steuerobjekt „Gewerbebetrieb".

4.3 Das Steuerobjekt

4.3.1 Überblick und Systematik

Die Gewerbesteuer belastet die Erträge von gewerblichen Unternehmen, wobei der „Gewerbeertrag" eines Gewerbebetriebs als Maßstab für seine Ist-Ertragskraft steht. **Steuerobjekt** ist jedoch nicht der Gewerbeertrag, sondern wegen des Objektcharakters der Gewerbesteuer der **Gewerbebetrieb selbst** (§ 2 GewStG). Das Steuerobjekt wird durch den **Steuermessbetrag** näher quantifiziert, der auf Basis des **Gewerbeertrags** (als Maßstab für die Ist-Ertragskraft) ermittelt wird.

Steuerobjekt der Gewerbesteuer ist zunächst „jeder stehende Gewerbebetrieb" im Inland („Gewerbebetrieb" ist ein gewerbliches Unternehmen i.S.d. Einkommensteuergesetzes; „im Inland" betrieben wird ein Gewerbebetrieb, wenn er im Inland eine Betriebstätte (§ 12 AO) unterhält; § 2 Abs. 1 S. 2 und 3 GewStG).[190]

Dies sind einerseits **Gewerbebetriebe kraft Betätigung** (§ 2 Abs. 1 GewStG), d.h. gewerbliche Einzelunternehmen, in vollem Umfang gewerbliche Personengesellschaften (insb. OHG, KG) – auch dann, wenn es sich um eine sog. gemischt tätige (gewerbliche und z.B. vermögensverwaltende) Personengesellschaft handelt – sowie Personengesellschaften, bei denen ausschließlich eine oder mehrere Kapitalgesellschaften haften und nur diese oder ausschließlich Personen, die nicht Gesellschafter sind, die Geschäftsführung übernehmen (sog. gewerblich geprägte Personengesellschaften), selbst wenn keine gewerbliche Tätigkeit ausgeübt wird. Andererseits gilt als Gewerbebetrieb stets und in vollem Umfang die Tätigkeit einer Kapitalgesellschaft (**Gewerbebetriebe kraft Rechtsform**, § 2 Abs. 2 GewStG), auch dann, wenn keine gewerbliche Tätigkeit ausgeübt wird.[191]

Außerdem sind sonstige juristische Personen des privaten Rechts und nicht rechtsfähige Vereine, wenn und soweit ein wirtschaftlicher Geschäftsbetrieb vorhanden ist (**Gewerbebetrieb kraft wirtschaftlichen Geschäftsbetriebs**; § 2 Abs. 3 GewStG), und **Reisegewerbebetriebe** gem. § 35a GewStG (vgl. R 35a.1 GewStR) sowie Unternehmen von juristischen Personen

---

[190] Das BVerfG hat eine Entscheidung getroffen, wonach es mit dem Gleichheitsgrundsatz vereinbar ist, dass die Einkünfte der freien Berufe, anderer Selbstständiger und der Land- und Forstwirte nicht der Gewerbesteuer unterliegen; vgl. BVerfG-Beschluss vom 15.01.2008, 1 BvL 2/04, DB 2008, S. 1243 ff.
[191] Der BFH hat die Verfassungsmäßigkeit der Gewerbesteuerpflicht kraft Rechtsform bestätigt; vgl. BFH-Beschluss vom 03.12.2003, BStBl II 2004, S. 303.

des öffentlichen Rechts, wenn sie als stehende Gewerbebetriebe anzusehen sind und nicht überwiegend der Ausübung öffentlicher Gewalt dienen, Steuerobjekt der Gewerbesteuer (§ 2 GewStDV).

Von der Gewerbesteuer sind zahlreiche Institutionen **befreit**, so z.B. die Deutsche Bundesbank, die Kreditanstalt für Wiederaufbau, bestimmte Kranken- und Pflegehäuser oder Wirtschaftsfördergesellschaften (§ 3 GewStG).

4.3.2 Der Gewerbeertrag nach § 7 GewStG

4.3.2.1 Schema zur Gliederung des Gewerbeertrags

Gewinn aus Gewerbebetrieb nach einkommen- und körperschaftsteuerlichen Vorschriften ermittelt

+ **Hinzurechnungen** nach § 8 GewStG, insb. um
• 25 % der Summe aus
  • Entgelten für Schulden (v.a. Zinsen)
  • Renten und dauernden Lasten (außer Pensionszahlungen)
  • Gewinnanteilen des stillen Gesellschafters
  • 20 % der Miet- und Pachtzinsen (inkl. Leasingraten) für bewegliche Wirtschaftsgüter des Anlagevermögens
  • 50 % der Miet- und Pachtzinsen (inkl. Leasingraten) für unbewegliche Wirtschaftsgüter des Anlagevermögens
  • 25 % der Aufwendungen für die zeitlich befristete Überlassung von Rechten (insb. Konzessionen, Lizenzen)
  nach Abzug eines Freibetrags von 100.000 €
• die Gewinnanteile und Tantieme eines Komplementärs einer KGaA
• die nach § 3 Nr. 40 EStG oder § 8b Abs. 1 KStG steuerfrei gestellten Dividendenbezüge, soweit sie nicht die Voraussetzungen des § 9 Nr. 2a oder 7 GewStG (Schachteldividende) erfüllen, nach Abzug der damit in Verbindung stehenden Betriebsausgaben, soweit sie nach § 3c Abs. 2 EStG oder § 8b Abs. 5 und 10 KStG nicht abgezogen werden durften
• Verlustanteile aus in- und ausländischen Personengesellschaften
• Zuwendungen (Spenden und Mitgliedsbeiträge) i.S.d. § 9 Abs. 1 Nr. 2 KStG
• ausschüttungsbedingte Teilwertabschreibungen

./. **Kürzungen** nach § 9 GewStG, insb. um • 1,2 % des um 40 % erhöhten Einheitswertes der Betriebsgrundstücke, soweit diese nicht von der Grundsteuer befreit sind • Gewinnanteile aus in- und ausländischen Personengesellschaften • Schachtelerträge aus in- und ausländischen Kapitalgesellschaften • den Teil des Gewerbeertrags, der auf ausländische Betriebstätten entfällt • Zuwendungen (Spenden und Mitgliedsbeiträge) i.S.d. § 9 Nr. 5 GewStG
= **Gewerbeertrag vor Verlustabzug**
./. **Gewerbeverlust** aus Vorjahren (§ 10a GewStG)
= **Gewerbeertrag vor Freibetrag und Rundung** (ggf. Gewerbeverlust)
./. **Rundung** auf volle 100 € (§ 11 Abs. 1 S. 3 GewStG)
./. **Freibetrag** i.H.v. 24.500 € bei Personenunternehmen (natürliche Personen und Personengesellschaften; § 11 Abs. 1 S. 3 Nr. 1 GewStG)
= **Gewerbeertrag nach Rundung und Freibetrag**

4.3.2.2 Der Gewinn als Grundlage für die Gewerbeertragsermittlung

Ausgangsgröße ist nach § 7 S. 1 und 3 GewStG der **gewerbliche Gewinn** (oder Verlust), wie er sich nach den Vorschriften des Einkommensteuergesetzes (bei gewerblichen Einzelunternehmen oder Mitunternehmerschaften) und des Körperschaftsteuergesetzes (bei Kapitalgesellschaften) ergibt. Die Gewerbesteuer erfasst grundsätzlich nur den Ertrag eines bestehenden Gewerbebetriebs, nicht hingegen Vorgänge vor Beginn und nach Beendigung des Gewerbebetriebs.

Zusätzlich zählt zum Gewerbeertrag – soweit er nicht auf eine natürliche Person als unmittelbar beteiligten Mitunternehmer entfällt – auch der Gewinn aus der Veräußerung bzw. Aufgabe des (Teil-)Betriebs einer Mitunternehmerschaft, des Anteils eines Gesellschafters, der als Mitunternehmer der Mitunternehmerschaft anzusehen ist, und des Anteils eines persönlich haftenden Gesellschafters einer KGaA (§ 7 S. 2 GewStG).

4.3.2.3 Die Hinzurechnungen nach § 8 GewStG

Die meisten der – im Folgenden erläuterten – Hinzurechnungsvorschriften sind im **Objektsteuercharakter** der Gewerbesteuer begründet. Sämtliche Hinzurechnungsbeträge haben den nach einkommen- und ggf. körperschaftsteuerlichen Vorschriften ermittelten Gewinn als Ausgangsgröße gemindert, so dass das Hinzurechnungsgebot faktisch einem gewerbesteuerlichen Abzugsverbot entspricht.

Hinzugerechnet wird ein Viertel der den (Frei-)Betrag von 100.000 € übersteigenden Summe aus (§ 8 Nr. 1 GewStG):

– **Entgelten für Schulden**: Es soll nicht darauf ankommen, ob der Ertrag mit Eigen- oder Fremdkapital erzielt wurde. Daher sind sämtliche Entgelte für Schulden (v.a. Schuldzinsen) im Hinzurechnungsbetrag nach § 8 Nr. 1 GewStG zu berücksichtigen, wobei es nicht (mehr) auf die Fristigkeit des zur Verfügung gestellten Fremdkapitals ankommt. Entgelte sind grundsätzlich alle Vergütungen für die Überlassung von Kapital, d.h. feste und gewinnabhängige Zinsen, auch Vergütungen für die Überlassung von partiarischen Darlehen und Genussscheinkapital, ebenso wie Zahlungen, die zwar nicht als Zinsen bezeichnet werden, aber wie diese Entgeltcharakter haben (z.B. Damnum, Disagio). Explizit von dieser Hinzurechnungsvorschrift auch betroffen sind gewährte außergewöhnliche Skonti sowie Diskontbeträge aus der Veräußerung von Geldforderungen (insb. der Forfaitierung von Forderungen).

Werden Zinsaufwendungen aufgrund einkommensteuerlicher oder körperschaftsteuerlicher Vorschriften dort nicht zum Abzug zugelassen (z.B. in Anwendung der sog. „Zinsschranke"), dann haben diese (handelsrechtlich als Aufwand gebuchten) Zinsaufwendungen den steuerlichen Gewinn nach § 7 GewStG bereits wieder erhöht, sind damit faktisch also nicht abgesetzt worden und werden aufgrund des Einleitungssatzes in § 8 GewStG dem Gewerbeertrag nicht abermals hinzugerechnet.

- **Renten und dauernden Lasten** (ausgenommen Pensionszahlungen infolge einer Pensionszusage): Es soll keinen Unterschied machen, ob der Betriebsinhaber seinen Betrieb durch langfristige Verbindlichkeiten (mit Zinsverpflichtung) oder durch die Vereinbarung einer Rente erwirbt. Rechtsfolge ist (unter bestimmten Voraussetzungen) die volle Hinzurechnung dieser Renten und dauernden Lasten. Für den Fall, dass es sich um Zahlungen handelt, für die ein Passivum gebildet wurde (wie z.B. bei einem Grundstückserwerb gegen Leibrentenverpflichtung), wird nur die Differenz aus Zahlung und Passivumauflösung (also der Zinsanteil) hinzugerechnet, weil nur dieser Teil die Kriterien des Einleitungssatzes von § 8 GewStG erfüllt; es wurde nur dieser Teil bei der Ermittlung des steuerlichen Gewinns i.S.d. § 7 GewStG abgesetzt.

- **Gewinnanteile des stillen Gesellschafters**: Das Kapital des (typisch) stillen Gesellschafters ist wirtschaftlich und steuerlich Fremdkapital. Die Gewinnanteile haben daher wie Fremdkapitalzinsen den gewerblichen Gewinn gemindert. Zwecks Gleichstellung mit eigenfinanzierten Betrieben sind diese Beträge wieder hinzuzurechnen.

- **20 % der Miet- und Pachtzinsen (einschließlich Leasingraten) für die Benutzung von beweglichen Wirtschaftsgütern des Anlagevermögens, die im Eigentum eines anderen stehen**: Motiv dieses Hinzurechnungstatbestands ist die Gleichstellung von Betrieben, die mit fremden und Betrieben, die mit eigenen Wirtschaftsgütern arbeiten. Unterstellt wird dabei implizit, dass sich der Gewerbeertrag um 20 % der gezahlten Miet- und Pachtzinsen (inkl. Leasingraten) erhöhen würde, wenn die Wirtschaftsgüter nicht gemietet bzw. gepachtet wären, sondern dem Betrieb selbst gehörten. Diese Hinzurechnungsvorschrift gilt auch, wenn der Empfänger der Miet-, Pacht- oder Leasingzahlung selbst gewerbesteuerpflichtig ist. Handelt es sich um einen Leasingvertrag, bei dem der Leasingnehmer selbst das Leasinggut bilanziert, geht nur der Zinsanteil der Leasingzahlung in die Hinzurechnung ein, weil nur dieser bei der Gewinnermittlung abgesetzt wurde und damit die Kriterien des Einleitungssatzes des § 8 GewStG erfüllt.

- **50 % der Miet- und Pachtzinsen (einschließlich Leasingraten) für die Benutzung der unbeweglichen Wirtschaftsgüter des Anlagevermögens, die im Eigentum eines anderen stehen**: Das Motiv dieser Hinzurechnungsvorschrift ist das Gleiche wie bei der vorgenannten Vorschrift. Handelt es sich um einen Leasingvertrag, bei dem der Leasingnehmer selbst das Leasinggut bilanziert, geht nur der Zinsanteil der Leasingzahlung in die Hinzurechnung ein, weil nur dieser bei der Gewinnermittlung abgesetzt wurde und damit die Kriterien des Einleitungssatzes des § 8 GewStG erfüllt.

- **25 % der Aufwendungen für die zeitlich befristete Überlassung von Rechten**: Von dieser Hinzurechnungsvorschrift sind insbesondere Konzessionen und Lizenzen, mit Ausnahme von Vertriebslizenzen, betroffen.

> **Beispiel:** (Hinzurechnungen nach § 8 Nr. 1 GewStG)
>
> Eine Personengesellschaft erzielt einen steuerlichen Gewinn von 250.000 € und hat folgende Aufwendungen (handels- und steuerbilanziell) gewinnmindernd gebucht:
>
> | | |
> |---|---:|
> | Fremdkapitalzinsen | 150.000 € |
> | Mieten für Geschäftsräume | 40.000 € |
> | Leasingzahlungen für Anlagen | 50.000 € |
>
> Der Hinzurechnungsbetrag nach § 8 Abs. 1 GewStG ermittelt sich dann wie folgt:
>
> | | | |
> |---|---:|---:|
> | Zinsen | 150.000 € | |
> | (davon 100 %) | | 150.000 € |
> | Mieten für Geschäftsräume | 40.000 € | |
> | (davon 50 %) | | 20.000 € |
> | Leasingzahlungen für Anlagen | 50.000 € | |
> | (davon 20 %) | | 10.000 € |
> | = Zwischensumme | | 180.000 € |
> | ./. Freibetrag | | 100.000 € |
> | = Endsumme | | 80.000 € |
> | Davon 25 % = Hinzurechnungsbetrag | | 20.000 € |

Hinzugerechnet werden außerdem die Gewinnanteile des persönlich haftenden Gesellschafters einer KGaA (§ 8 Nr. 4 GewStG): Mit dieser Hinzurechnung soll eine Gleichbehandlung der KGaA mit einer „normalen" KG erreicht werden, bei der Geschäftsführergehälter das zu versteuernde Einkommen ebenfalls nicht mindern dürfen. Diese Regelung ist nur deshalb erforderlich, weil die körperschaftsteuerliche Kürzungsvorschrift in § 9 Abs. 1 Nr. 1 KStG eine entsprechende Abzugsvorschrift beinhaltet.

Hinzugerechnet werden u.U. zudem einkommen- oder körperschaftsteuerlich steuerfrei gestellte Dividendenbezüge (§ 8 Nr. 5 GewStG): Die nach § 3 Nr. 40 EStG bzw. nach § 8b Abs. 1 KStG steuerfrei bleibenden Dividendenbezüge werden nach Abzug der mit diesen Erträgen in wirtschaftlichem Zusammenhang stehenden Aufwendungen, die gem. § 8b Abs. 5 KStG oder § 3c Abs. 2 EStG als nicht abziehbare Betriebsausgaben behandelt wurden, dem Gewerbeertrag hinzugerechnet, soweit sie nicht die Voraussetzungen des § 9 Nr. 2a, 7 GewStG erfüllen. Erfolgt eine solche Hinzurechnung, so ergibt sich der im Folgenden skizzierte Ablauf. Handelsrechtlich wurden die Dividendenbezüge voll als Ertrag und die damit zusammenhängenden Aufwendungen voll als Aufwand gebucht. Nach § 3 Nr. 40 EStG werden einkommensteuerlich 40 % der Dividendenbezüge außerbilanziell abgerechnet, 40 % der Aufwendungen werden außerbilanziell hinzugerechnet. Greift nun die hier betrachtete Hinzurechnungsvorschrift, werden die 40 % der Dividendenbezüge – vermindert um die 40 % der Aufwendungen – dem Gewerbeertrag wieder hinzugerechnet, sodass im Ergebnis die Dividendenbezüge voll gewerbesteuerpflichtig und die damit zusammenhängenden Aufwendungen voll abziehbar sind.

> **Beispiel:** (Hinzurechnungen nach § 8 Nr. 5 GewStG)
>
> Eine Personengesellschaft bezieht 100 € Dividendenerträge aus einer fremdfinanzierten Beteiligung an einer Kapitalgesellschaft (Beteiligungsquote 9 %). Fremdkapitalzinsen fallen i.H.v. 20 € an. Handelsbilanziell ergibt sich damit im Saldo eine Gewinnerhöhung um 80 €. Einkommensteuerlich sind 40 % der Dividende (40 €) steuerfrei zu stellen und 40 % der Fremdkapitalzinsen (8 €) nicht abziehbar, womit sich der einkommensteuerliche Gewinn aus dieser Beteiligung auf 100 € ./. 20 € ./. 40 € + 8 € = 48 € beläuft. Da es sich um eine Beteiligung handelt, die unter § 8 Nr. 5 GewStG fällt, sind die einkommensteuerlich abgezogenen 40 €, vermindert um die hinzugerechneten 8 €, und damit 32 € wieder hinzuzurechnen, sodass sich der Gewerbeertrag aus dieser Beteiligung auf 80 € beläuft.

Handelt es sich um eine Kapitalgesellschaft mit Dividendenbezügen, so ist die handelsbilanzielle Behandlung völlig identisch. Körperschaftsteuerlich werden die Dividendenbezüge gem. § 8b Abs. 1 KStG in voller Höhe außerbilanziell abgerechnet, dafür werden gem. § 8b Abs. 5 KStG aber 5 % der Dividendenbezüge als nicht abziehbare Betriebsausgaben außerbilanziell wieder hinzugerechnet. Die mit den Dividendenerträgen in Zusammenhang stehenden Aufwendungen bleiben steuerlich unangetastet, vermindern also den steuerbilanziellen Gewinn in voller Höhe. Greift nun die hier betrachtete Hinzurechnungsvorschrift, so werden die körperschaftsteuerlich steuerfrei gestellten 100 % der Dividende gewerbesteuerlich wieder hinzugerechnet, allerdings wird dieser Hinzurechnungsbetrag um die 5 % der Dividendenbezüge, die als nicht abziehbare Betriebsausgaben behandelt wurden, gekürzt. Im Endeffekt sind dann körperschaftsteuerlich 5 % der Dividende steuerpflichtig und gewerbesteuerlich werden die verbleibenden 95 % nunmehr hinzugerechnet. Im Ergebnis sind auch hier die Dividendenbezüge voll gewerbesteuerpflichtig und die damit zusammenhängenden Aufwendungen voll abziehbar.

> **Beispiel:** (Hinzurechnung nach § 8 Nr. 5 GewStG)
>
> Eine Kapitalgesellschaft bezieht 100 € Dividendenerträge aus einer fremdfinanzierten Beteiligung an einer anderen Kapitalgesellschaft (Beteiligungsquote 9 %). Fremdkapitalzinsen fallen i.H.v. 20 € an. Handelsbilanziell ergibt sich damit im Saldo eine Gewinnerhöhung um 80 €. Körperschaftsteuerlich sind 100 % der Dividende (100 €) steuerfrei zu stellen und 5 % der Dividende als nicht abziehbare Betriebsausgaben wieder hinzuzurechnen (5 €), womit sich der körperschaftsteuerliche Gewinn aus dieser Beteiligung auf 100 € ./. 20 € ./. 100 € + 5 € = ./. 15 € beläuft. Da es sich um eine Beteiligung handelt, die unter § 8 Nr. 5 GewStG fällt, sind die körperschaftsteuerlich abgezogenen 100 €, vermindert um die hinzugerechneten 5 €, und damit 95 € wieder hinzuzurechnen, sodass sich der Gewerbeertrag aus dieser Beteiligung auf 80 € beläuft.

Hinzuzurechnen sind außerdem **Anteile am Verlust an in- und ausländischen Mitunternehmergemeinschaften (§ 8 Nr. 8 GewStG)**, da sie gewerbesteuerlich bereits bei der Gesellschaft berücksichtigt wurden, die den Verlust selbst erlitten hat, körperschaftsteuerlich abziehbare Zuwendungen (Spenden und Mitgliedsbeiträge) (§ 8 Nr. 9 GewStG), ausschüttungsbedingte **Teilwertabschreibungen** (§ 8 Nr. 10 GewStG) – damit sich einkommensteuerlich bzw. körperschaftsteuerlich wirksame Gewinnminderungen einer Teilwertabschreibung aufgrund eines ausschüttungsbedingt gesunkenen Beteiligungsbuchwerts nicht auch noch gewerbesteuerlich niederschlagen – sowie, **unter bestimmten Voraussetzungen, ausländische Steuern** (§ 8 Nr. 12 GewStG).

4.3.2.4 Die Kürzungen nach § 9 GewStG

Durch die nachfolgend erläuterten Kürzungsvorschriften sollen bestimmte Teile des Gewerbeertrags nicht bzw. nicht doppelt besteuert werden. Auch hierfür ist der Objektcharakter der Gewerbesteuer – u.a. mit den Elementen der Vermeidung einer mehrfachen Realsteuerbelastung und der Ausgliederung ausländischer Vermögensgegenstände – ursächlich.

Grundbesitzabzüge (§ 9 Nr. 1 GewStG): Die **Normalkürzung** beträgt 1,2 % des gem. § 121a BewG um 40 % erhöhten Einheitswertes der Betriebsgrundstücke, sofern es sich nicht um von der Grundsteuer befreite Betriebsgrundstücke handelt (§ 9 Nr. 1 S. 1 GewStG). Daneben ist bei sog. Grundstücksunternehmen der individuelle Abzug der auf die Grundbesitznutzung fallenden Gewerbeerträge – und damit insoweit die faktische Freistellung von der Gewerbesteuer – möglich (§ 9 Nr. 1 S. 2-5 GewStG).

Erträge aus Beteiligungen und ausländischen Betriebstätten:

– **Gewinnanteile aus in- und ausländischen Mitunternehmerschaften** (§ 9 Nr. 2 GewStG) werden gekürzt, da sie gewerbesteuerlich bereits bei der gewinnerzielenden Gesellschaft berücksichtigt wurden.

> Beispiel: (Auswirkung der Kürzung von Gewinnanteilen aus Mitunternehmerschaften)
>
> Die inländische A-GmbH ist Komplementär einer KG und erhält Gewinnanteile i.H.v. insgesamt 5.000 €. Daneben erhält der einzige Kommanditist dieser KG einen Gewinnanteil i.H.v. 7.500 €. Die A-GmbH erwirtschaftet aus anderen gewerblichen Tätigkeiten einen Gewinn von 10.000 €.
>
> **Berechnung des Gewerbeertrags bei der KG:**
>
> | | |
> |---|---:|
> | Ausgangsgröße nach § 7 GewStG (Gewinnanteile) | 12.500 € |
> | Keine Hinzurechnung § 8 Nr. 8 GewStG/keine Kürzung nach § 9 Nr. 2 GewStG | – |
> | **Gewerbeertrag** | **12.500 €** |
>
> **Berechnung des Gewerbeertrags bei der GmbH:**
>
> | | |
> |---|---:|
> | Ausgangsgröße nach § 7 GewStG (Gewinnanteile) | 15.000 € |
> | Kürzung nach § 9 Nr. 2 GewStG | ./. 5.000 € |
> | **Gewerbeertrag** | **10.000 €** |

– **Gewinnanteile aus inländischen Kapitalgesellschaften** (§ 9 Nr. 2a GewStG, **nationales gewerbesteuerliches Schachtelprivileg**) mit dem **Zweck** der Vermeidung einer Zwei- oder der Mehrfachbelastung bei Beteiligungen an Kapitalgesellschaften (Voraussetzung ist, dass die Beteiligungshöhe mindestens 15 % beträgt und bereits zu Beginn des Erhebungszeitraums bestanden hat). Sind die Voraussetzungen des gewerbesteuerlichen Schachtelprivilegs erfüllt, ergibt sich der im Folgenden skizzierte Ablauf. Handelsrechtlich wurden die Dividendenbezüge voll als Ertrag und die damit zusammenhängenden Aufwendungen voll als Aufwand gebucht. Nach § 3 Nr. 40 EStG werden einkommensteuerlich 40 % der Dividendenbezüge außerbilanziell abgerechnet, 40 % der Aufwendungen werden außerbilanziell hinzugerechnet. Werden die Kriterien des gewerbesteuerlichen Schachtelprivilegs erfüllt, greift die Hinzurechnungsvorschrift nach § 8 Nr. 5 GewStG nicht, stattdessen greift die hier betrachtete Kürzungsvorschrift, wonach auch die verbleibenden 60 % der Dividende, vermindert um die 60 % der zugehörigen Aufwendungen, abzuziehen sind.

> **Beispiel:** (Kürzung nach § 9 Nr. 2a GewStG)
>
> Eine Personengesellschaft bezieht 100 € Dividendenerträge aus einer fremdfinanzierten Beteiligung an einer Kapitalgesellschaft (Beteiligungsquote 16 %). Fremdkapitalzinsen fallen i.H.v. 20 € an. Handelsbilanziell ergibt sich damit im Saldo eine Gewinnerhöhung um 80 €. Einkommensteuerlich sind 40 % der Dividende (40 €) steuerfrei zu stellen und 40 % der Fremdkapitalzinsen (8 €) nicht abziehbar, womit sich der einkommensteuerliche Gewinn aus dieser Beteiligung auf 100 € ./. 20 € ./. 40 € + 8 € = 48 € beläuft. Da es sich um eine Beteiligung handelt, die unter § 9 Nr. 2a GewStG fällt, sind die einkommensteuerpflichtigen 60 €, vermindert um die einkommensteuerlich abgezogenen 12 €, und damit 48 € abzuziehen, womit sich der Gewerbeertrag aus dieser Beteiligung auf 0 € beläuft.

Handelt es sich um eine Kapitalgesellschaft mit Dividendenbezügen, so ist die handelsbilanzielle Behandlung völlig identisch. Körperschaftsteuerlich werden die Dividendenbezüge gem. § 8b Abs. 1 KStG in voller Höhe außerbilanziell abgerechnet, dafür werden gem. § 8b Abs. 5 KStG aber 5 % der Dividendenbezüge als nicht abziehbare Betriebsausgaben außerbilanziell wieder hinzugerechnet. Die mit den Dividendenerträgen in Zusammenhang stehenden Aufwendungen bleiben steuerlich unangetastet, vermindern also den steuerbilanziellen Gewinn in voller Höhe. Greift nun die hier betrachtete Kürzungsvorschrift, so ändert sich nichts im Vergleich zur körperschaftsteuerlichen Behandlung, da 100 % der Dividende gar nicht erst über § 7 GewStG Eingang in die Gewerbesteuer finden und die körperschaftsteuerlichen 5 % nicht abziehbaren Betriebsausgaben nach § 9 Nr. 2a S. 4 GewStG nicht als zu kürzender Gewinnanteil angesehen werden.[192]

> **Beispiel:** (Kürzungsvorschrift nach § 9 Nr. 2a GewStG)
>
> Eine Kapitalgesellschaft bezieht 100 € Dividendenerträge aus einer fremdfinanzierten Beteiligung an einer anderen Kapitalgesellschaft (Beteiligungsquote 16 %). Fremdkapitalzinsen fallen i.H.v. 20 € an. Handelsbilanziell ergibt sich damit im Saldo eine Gewinnerhöhung um 80 €. Körperschaftsteuerlich sind 100 % der Dividende (100 €) steuerfrei zu stellen und 5 % der Dividende als nicht abziehbare Betriebsausgaben wieder hinzuzurechnen (5 €), womit sich der körperschaftsteuerliche Gewinn aus dieser Beteiligung auf 100 € ./. 20 € ./. 100 € + 5 € = ./. 15 € beläuft. Da es sich um eine Beteiligung handelt, die unter § 9 Nr. 2a GewStG fällt, sind die körperschaftsteuerlich abgezogenen 100 € nicht abermals zu kürzen, die hinzugerechneten 5 € sind mangels Gewinnanteilseigenschaft ebenfalls nicht wieder zu kürzen. Damit ergibt sich aus dieser Beteiligung auch ein Gewerbeertrag von ./. 15 €.

- **Gewinnanteile, die nach § 8 Nr. 4 GewStG dem Gewerbeertrag einer KGaA zugerechnet werden**, wenn diese bei der Ermittlung des Gewerbeertrags gem. § 7 GewStG angesetzt worden sind (§ 9 Nr. 2b GewStG).
- **Gewinnanteile aus nicht im Inland belegenen Betriebstätten** (§ 9 Nr. 3 GewStG).

---

[192] Vgl. hierzu kritisch RICHTER, LUTZ: Kritische Beurteilung der gewerbesteuerlichen Auswirkung von § 8b Abs. 5 KStG durch das Jahressteuergesetz 2007, in: BB 2007, S. 751-754.

- **Gewinnanteile aus ausländischen Kapitalgesellschaften** (§ 9 Nr. 7 und 8 GewStG, **internationales Schachtelprivileg**); ähnliche Regelung wie § 9 Nr. 2a GewStG mit internationalem Bezug; für Anteile i.S.d. Mutter-Tochter-Richtlinie muss die Beteiligung zu Beginn des Erhebungszeitraums mindestens 10 % betragen.

Zuwendungen (Spenden und Mitgliedsbeiträge) im Rahmen der festgelegten Höchstgrenzen (§ 9 Nr. 5 GewStG): Handelsrechtlich wurden die geleisteten Zuwendungen als Aufwand gebucht. Körperschaftsteuerlich werden zunächst gem. § 9 Abs. 2 S. 1 KStG alle Zuwendungen wieder hinzugerechnet, um auf der sich dann ergebenden Ausgangsbasis das Volumen der abziehbaren Zuwendungen nach § 9 Abs. 1 Nr. 2 KStG zu berechnen und schließlich abzuziehen. Dieses Ergebnis geht zunächst über § 7 S. 1 GewStG auch in die gewerbesteuerliche Ausgangsgröße ein. Durch die gewerbesteuerlich erfolgende Hinzurechnung der körperschaftsteuerlich abziehbaren Zuwendungen nach § 8 Nr. 9 GewStG und die dann hier erfolgende Kürzung nach § 9 Nr. 5 GewStG wird gewährleistet, dass der Höchstbetrag des (gewerbesteuerlichen) Spendenabzugs nach gewerbesteuerlichen Vorschriften ermittelt wird.

Die Hinzurechnung nach § 8 Nr. 9 GewStG bezieht sich nur auf die körperschaftsteuerlich abziehbaren Zuwendungen, während die Kürzung nach § 9 Nr. 5 GewStG auch für einkommensteuerliche Zuwendungen i.S.d. § 10b Abs. 1 EStG gilt. Die Ursache für die nicht erfolgende Hinzurechnung der einkommensteuerlichen Zuwendungen i.S.d. § 10b Abs. 1 EStG liegt darin, dass diese einkommensteuerlich als Einkommensverwendungen und damit als Entnahmen der Mitunternehmer angesehen werden und lediglich bei diesen in den Sonderausgabenabzug eingehen (bzw. in den körperschaftsteuerlichen Spendenabzug, wenn der Mitunternehmer eine Kapitalgesellschaft ist).[193] Auf Ebene der (Personen-) Gesellschaft sind sie mangels einkommensteuerlicher Abzugsfähigkeit in der gewerbesteuerlichen Ausgangsgröße nach § 7 S. 1 GewStG also enthalten. Es erfolgt dann richtigerweise keine neuerliche Zurechnung über § 8 GewStG; § 9 Nr. 5 GewStG bestimmt den gewerbesteuerlich abziehbaren Zuwendungsbetrag. Die Hinzurechnungsvorschrift nach § 8 Nr. 9 GewStG hat im Ergebnis also den Zweck, eine gewerbesteuerliche Gleichbehandlung von spendenden Personengesellschaften und Kapitalgesellschaften herzustellen.

4.3.2.5 Der Gewerbeverlust nach § 10a GewStG

Der sich im Ergebnis nach Vornahme von Hinzurechnungen und Kürzungen ergebende Gewerbeertrag wird bis zu einem Betrag i.H.v. 1 Mio. € unbeschränkt um **Fehlbeträge** gekürzt, die sich bei der Ermittlung des Gewerbeertrags für vorangegangene Erhebungszeiträume ergeben haben (Fehlbetrag = Gewerbeverlust = negativer Gewerbeertrag = Ausgangsgröße zzgl. Hinzurechnungen abzgl. Kürzungen). Darüber hinaus ist ein Gewerbeverlustabzug auf 60 % des verbleibenden positiven Gewerbeertrags begrenzt, sodass auch bei der Gewerbesteuer von

---

[193] Vgl. § 10b Abs. 1 S. 1 EStG und BFH-Urteil vom 08.08.1990, BStBl II 1991, S. 70.

einer Mindestbesteuerung i.H.v. 40 % des 1 Mio. € übersteigenden Gewerbeertrags gesprochen werden kann.[194] Ein **Verlustrücktrag ist nicht möglich**.

Bei **Einzelunternehmern** und **Personengesellschaften** ist notwendige Voraussetzung für den Verlustabzug nach § 10a GewStG, dass sowohl **Unternehmensidentität** als auch **Unternehmeridentität** besteht (vgl. R 10a.1 Abs. 3 S. 3 GewStR):

- **Unternehmensidentität** liegt dann vor, wenn der im Anrechnungsjahr bestehende Gewerbebetrieb mit dem Gewerbebetrieb identisch ist, der im Jahr der Verlustentstehung bestanden hat (vgl. R 10a.2 GewStR).
- **Unternehmeridentität** ist gegeben, wenn derjenige Gewerbetreibende, der den Abzug des Verlusts in Anspruch nehmen will, den Gewerbeverlust zuvor in Person erlitten hat (vgl. R 10a.3 GewStR).

Die Ermittlung des dem einzelnen Mitunternehmer zuzurechnenden Verlustanteils an einer Mitunternehmerschaft richtet sich nach dem allgemeinen Gewinnverteilungsschlüssel der Mitunternehmerschaft.

Bei **Körperschaften** geht die Nutzung (i.S.d. Abzugsfähigkeit) laufender und vorgetragener Verluste unter den gleichen Voraussetzungen unter, wie dies körperschaftsteuerlich der Fall ist (§ 10a S. 8 GewStG i.V.m. § 8c KStG). Die Regelungen zum Untergang eines Gewerbesteuerverlustes wurden durch das Jahressteuergesetz 2009 auch teilweise auf Personengesellschaften ausgeweitet. Gewerbesteuerliche Verlustvorträge entfallen (teilweise), wenn sich die Beteiligungsverhältnisse bei einer Körperschaft in einem nach § 8c Abs. 1 S. 1 und 2 KStG schädlichen Rahmen ändern und die Körperschaft mittelbar oder unmittelbar an der Personengesellschaft beteiligt ist (§ 10a S. 10 GewStG).

4.3.3 Die Bemessungsgrundlage (Steuermessbetrag)

Bemessungsgrundlage der Gewerbesteuer ist der **Steuermessbetrag** (§ 14 GewStG). Er ergibt sich auf Basis der Besteuerungsgrundlage „Gewerbeertrag" (§ 6 GewStG), welcher mit der Steuermesszahl zu multiplizieren ist (§ 11 GewStG). Mit dem Unternehmensteuerreformgesetz 2008 wurde eine einheitliche und rechtsformunabhängige Steuermesszahl von 3,5 % festgelegt.

4.4 Der Steuertarif und die Hebesatzanwendung

Die Gewerbesteuerschuld ergibt sich durch die Multiplikation des Steuermessbetrags mit dem Hebesatz. Die **Hebesätze** werden von der Gemeinde i.d.R. für ein Kalenderjahr festgesetzt (§ 16 Abs. 2 GewStG) und haben für alle Unternehmen der Gemeinde Gültigkeit (§ 16 Abs. 4 S. 1 GewStG). Die **Gemeinden sind verpflichtet, eine Gewerbesteuer zu erheben** (§ 1 GewStG) und den Hebesatz auf mindestens 200 % festzulegen (§ 16 Abs. 4 S. 2 1. Halbsatz GewStG). Es ist den Gemeinden überlassen, einen höheren Hebesatz zu bestimmen (§ 16 Abs. 4

---

[194] Vororganschaftliche Verluste von Organgesellschaften bleiben unberücksichtigt (§ 10a S. 3 GewStG); vgl. RICHTER, LUTZ: Die geplante gesetzliche Regelung vororganschaftlicher Verluste im Rahmen eines Entwurfs eines Gesetzes zur Reform der Gewerbesteuer, in: GmbHR 2003, S. 1311-1314.

S. 2 2. Halbsatz GewStG). Die Hebesätze für die Gewerbesteuer schwanken in der Praxis zwischen 200 % und 490 %. Der gewogene Durchschnitt der Gemeinden mit über 50.000 Einwohnern betrug im Jahr **2012 440 %** (z.B. Berlin 410 %, Essen 480 %, Frankfurt am Main 460 %, Hamburg 470 %, München 490 %, Saarbrücken 450 %, Stuttgart 420 %).[195]

Seit In-Kraft-Treten des Unternehmensteuerreformgesetzes 2008 ist die Gewerbesteuer, wie bereits zuvor die Körperschaftsteuer, eine **nicht abziehbare Betriebsausgabe** (§ 4 Abs. 5b EStG). Damit erübrigt sich für die Berechnung der Höhe der Gewerbesteuer die bis dahin praktizierte Im-Hundert-Rechnung.[196]

Die Höhe der Gewerbesteuer ergibt sich seither als einfaches Produkt aus Steuermessbetrag und Hebesatz der jeweiligen Gemeinde, wobei der Steuermessbetrag als Produkt aus Gewerbeertrag nach Rundung und Freibetrag und Steuermesszahl von 3,5 % resultiert.

Beispiel: (Gewerbesteueranrechnung)

Es gelten die Ausgangsdaten des Beispiels auf S. 140. Der Hebesatz beträgt 360 %.

Nach Hinzurechnung der 20.000 € gem. § 8 Nr. 1 GewStG und unter der Annahme, dass ansonsten keine Hinzurechnungs- und Kürzungsvorschriften greifen, ergibt sich ein Gewerbeertrag vor Verlustabzug i.H.v. 270.000 €. Eine Rundung auf volle 100 € erübrigt sich. Nach Abzug des Freibetrags i.H.v. 24.500 € bei Personenunternehmen (§ 11 Abs. 1 S. 3 Nr. 1 GewStG) ergibt sich ein Gewerbeertrag nach Rundung und Freibetrag von 245.500 €. Die Gewerbesteuer berechnet sich dann wie folgt:

Gewerbeertrag nach Rundung und Freibetrag	245.500,00 €
· Steuermesszahl	0,035
= Steuermessbetrag	8.592,50 €
· Hebesatz	360 %
= Gewerbesteuer	30.933,00 €

(Nachrichtlich: Gewerbesteueranrechnungsbetrag gem. § 35 EStG: 3,8 · 8.592,50 € = 32.651,50 €, max. aber die gezahlte Gewerbesteuer i.H.v. 30.933,00 €).

4.5 Die Zerlegung des Steuermessbetrages

Probleme können sich ergeben, wenn mehreren Gemeinden das Recht zusteht, Gewerbesteuer zu erheben (mehrere „hebeberechtigte" Gemeinden), weil z.B. ein Betrieb mehrere Betriebstätten in verschiedenen Gemeinden unterhält, sich die Betriebstätte eines Gewerbebetriebs über mehrere Gemeinden erstreckt (§ 4 Abs. 1 S. 2 GewStG) oder eine Betriebstätte innerhalb eines Kalenderjahres in eine andere Gemeinde verlegt wird.[197]

Dieses Problem wird dadurch gelöst, dass der Steuermessbetrag in die auf die einzelnen Gemeinden entfallenden Anteile aufgeteilt wird (§§ 28-34 GewStG); Verteilungsmaßstab ist die

---

[195] Vgl. ANDRAE, KATHRIN: Realsteuern 2012 – Die Entwicklung der Realsteuerhebesätze der Gemeinden mit 50.000 und mehr Einwohnern im Jahr 2012 gegenüber 2011, hrsg. vom INSTITUT „FINANZEN UND STEUERN", Bonn 2013, S. 7 und S. 19-27.

[196] Vgl. dazu KUẞMAUL, HEINZ: Betriebswirtschaftliche Steuerlehre, 4. Aufl., München/Wien 2006, S. 368.

[197] Vgl. auch SCHEFFLER, WOLFRAM: Besteuerung von Unternehmen, Bd. 1: Ertrag-, Substanz- und Verkehrsteuern, 12. Aufl., Heidelberg 2012, S. 307 f.

Arbeitslohnsumme. Diese sog. Zerlegung wird vom für den Betrieb zuständigen Finanzamt durchgeführt und per Gewerbesteuermessbescheid festgesetzt. Das Finanzamt teilt den Gemeinden die Festsetzung des Gewerbesteuermessbescheides mit. Jede Gemeinde berechnet dann die ihr zustehende Gewerbesteuer durch **Multiplikation** des auf sie entfallenden Anteils am **Steuermessbetrag** mit dem von ihr festgesetzten Hebesatz.

> Beispiel: (Zerlegung des Steuermessbetrages)
>
> Der Gewerbeertrag einer GmbH beträgt 500.000 €.
>
> Der Gewerbesteuermessbetrag beträgt damit 500.000 € · 0,035 = 17.500 €.
>
> Es werden Betriebstätten in den Gemeinden A, B und C unterhalten.
>
> Summe der Arbeitslöhne in Gemeinde A (Hebesatz: 400 %):   500.000 €
>
> Summe der Arbeitslöhne in Gemeinde B (Hebesatz: 300 %):   1.000.000 €
>
> Summe der Arbeitslöhne in Gemeinde C (Hebesatz: 500 %):   <u>1.500.000 €</u>
>
>   3.000.000 €
>
> Wäre die GmbH nur in Gemeinde A angesiedelt, ergäbe sich folgende Gewerbesteuer: 17.500 € · 400 % = 70.000 €. Da der Betrieb jedoch in unterschiedlichen Gemeinden Betriebsstätten unterhält, wollen auch diese Gemeinden am Gewerbesteueraufkommen teilhaben. Gem. den §§ 28-34 GewStG wird den Gemeinden deshalb ein anteiliger Steuermessbetrag – gewichtet mittels Lohnsummen – zugerechnet. Gemeinde A steht damit ein Anteil von $\frac{1}{6}$, Gemeinde B von $\frac{2}{6}$ und Gemeinde C von $\frac{3}{6}$ am Steuermessbetrag zu.
>
> Damit beträgt die Gewerbesteuer in den Gemeinden A, B und C:
>
> Gemeinde A: $\frac{1}{6}$ · 17.500 · 400 % =   11.666,67 €
>
> Gemeinde B: $\frac{2}{6}$ · 17.500 · 300 % =   17.500,00 €
>
> Gemeinde C: $\frac{3}{6}$ · 17.500 · 500 % =   <u>43.750,00 €</u>
>
> **Summe:**   <u>**72.916,67 €**</u>

4.6 Das Besteuerungsverfahren

Gem. § 14a GewStG hat der gewerbesteuerpflichtige Betrieb (Steuerschuldner) eine Steuererklärung und ggf. eine Zerlegungserklärung abzugeben. Das für den Gewerbebetrieb zuständige Finanzamt setzt in einem **Gewerbesteuermessbescheid** den Steuermessbetrag fest, der jedoch noch keine Steuerschuld enthält. Auf der Grundlage des Gewerbesteuermessbescheids erlassen die Gemeindesteuerämter den **Gewerbesteuerbescheid** durch Anwendung des gemeindlichen Hebesatzes auf den (ihnen ggf. im Wege der Zerlegung zugewiesenen) Steuermessbetrag.

Es sind vierteljährliche **Vorauszahlungen** zu leisten, deren Höhe sich nach der letzten Veranlagung richtet; jede Vorauszahlung beträgt ein Viertel der Steuer, die sich bei der letzten Veranlagung ergeben hat (§ 19 Abs. 1 und 2 GewStG). Diese Vorauszahlungen werden auf die endgültige Steuerschuld, die nach Ablauf des Erhebungszeitraums festgesetzt wird, angerechnet (§ 20 Abs. 1 GewStG). Differenzbeträge sind als Abschlusszahlung zu entrichten oder dem Gewerbebetrieb zu erstatten (§ 20 Abs. 2 und 3 GewStG).

4.7 Kritik am geltenden Gewerbesteuerrecht

Durch die Hebesatzanwendung je Gemeinde und den daraus resultierenden örtlichen Belastungsunterschieden entsteht für gewerbliche Betriebe eine Sonderbelastung und damit eine Beeinflussung der Standortwahl.

Die Konjunkturempfindlichkeit der Gewerbesteuer mit der daraus resultierenden schwankenden Finanzkraft der Gemeinden und die mögliche Einflussnahme auf die kommunale Willensbildung durch die Steuerzahler sind nachteilig für die Gemeinden.

Durch die Pflicht zur Erhebung der Gewerbesteuer (§ 1 GewStG) und die Vorgabe einer Mindesthöhe für den Hebesatz (200 %, § 16 Abs. 4 S. 2 GewStG) wird in die Autonomie der Gemeinden eingegriffen.[198]

---

[198] Vgl. bspw. OTTING, OLAF: Verfassungsrechtliche Grenzen der Bestimmung des Gewerbesteuerhebesatzes durch Bundesgesetz, in: StuB 2004, S. 1222-1225.

5 Erbschaft- und Schenkungsteuer[199]

5.1 Charakteristik und Rechtfertigung

Steuersystematisch hat die Erbschaft- und Schenkungsteuer (kurz: Erbschaftsteuer) eine **Sonderstellung** zwischen den Steuern auf das Einkommen und den Steuern auf das Vermögen. Sie besteuert den Transfer von Vermögenssubstanz zwischen 2 Steuersubjekten (Transfer steuerlicher Leistungsfähigkeit). Die Erbschaftsteuer ist eine Personensteuer. Wegen der Besteuerung des Substanzübergangs rechnet man die Erbschaftsteuer im System der deutschen Steuerarten zu den Verkehrsteuern. **Haupttatbestand** der Erbschaftsteuer ist die „Erbschaft" (Vermögensübergang auf eine oder mehrere andere Personen infolge Todes), daneben existiert eine Reihe von Ersatztatbeständen. Die Erbschaft- und Schenkungsteuer ist eine **Erbanfallsteuer**, d.h. es wird die Bereicherung beim einzelnen Erben besteuert und nicht die Nachlassmasse als solche – dies wäre eine Nachlasssteuer.

Gerechtfertigt wird die Erbschaftsteuer mit der grundsätzlichen Nichtbesteuerung des Vermögenszuwachses beim Erben durch die Einkommensteuer. Ein weiteres Ziel ist die Umverteilung zur Verminderung von Startungleichheiten in der Wettbewerbswirtschaft.

5.2 Das Steuersubjekt[200]

Eine **unbeschränkte Steuerpflicht** besteht, wenn Vermögensübergänge von Inländern ausgehen oder an Inländer erfolgen (§ 2 Abs. 1 Nr. 1 S. 1, Nr. 2 ErbStG). Inländer sind hier insb. natürliche Personen, die im Inland ihren Wohnsitz oder gewöhnlichen Aufenthalt haben, und juristische Personen mit Sitz oder Ort der Geschäftsleitung im Inland (§ 2 Abs. 1 Nr. 1 S. 2 ErbStG). Diese Steuerpflicht erstreckt sich auf den gesamten Vermögensanfall, woraus folgt, dass sowohl im Inland als auch im Ausland stattfindende Vermögensübertragungen erfasst werden (Universalitätsprinzip).

Eine **beschränkte Steuerpflicht** besteht, wenn an dem Vermögensanfall zwar kein Inländer beteiligt ist, aber Inlandsvermögen übertragen wird (§ 2 Abs. 1 Nr. 3 ErbStG i.V.m. § 121 BewG). Bei der beschränkten Steuerpflicht wird nur das Inlandsvermögen steuerlich erfasst (Territorialprinzip).[201]

---

[199] Vgl. als Grundlage für dieses Kapitel: KUSSMAUL, HEINZ: Betriebswirtschaftliche Steuerlehre, 6. Aufl., München 2010, S. 370 ff. m.w.N.

[200] Vgl. SCHEFFLER, WOLFRAM: Besteuerung von Unternehmen, Bd. 1: Ertrag-, Substanz- und Verkehrsteuern, 12. Aufl., Heidelberg 2012, S. 319 f.

[201] Darüber hinaus kann auch eine **erweitert beschränkte Steuerpflicht** i.S.d. § 4 AStG bestehen, wodurch der Umfang des Steuerobjektes erweitert wird.

5.3 Das Steuerobjekt und die Bemessungsgrundlage

Haupttatbestand ist der **Erwerb von Todes wegen** (§ 1 Abs. 1 Nr. 1, § 3 ErbStG), erweitert um Sonderregelungen u.a. für den Fall der Zugewinngemeinschaft (§ 5 ErbStG).

Ersatztatbestände sind u.a. **Schenkungen unter Lebenden** (§ 1 Abs. 1 Nr. 2, § 7 ErbStG), **Zweckzuwendungen** (§ 1 Abs. 1 Nr. 3, § 8 ErbStG) sowie **Stiftungs- und Vereinsvermögen** (§ 1 Abs. 1 Nr. 4 ErbStG).

Als **Schenkungen unter Lebenden** gilt auch die Anwachsung eines Gesellschaftsanteils an die verbleibenden Gesellschafter, sofern der Wert des Anteils des Ausscheidenden den Abfindungsanspruch übersteigt (§ 7 Abs. 7 ErbStG) und die Werterhöhung von Anteilen an Kapitalgesellschaften, die eine an einer Gesellschaft mittelbar oder unmittelbar beteiligte natürliche Person durch eine Leistung einer anderen Person an die Gesellschaft erlangt (§ 7 Abs. 8 ErbStG).

Zweckzuwendungen (§ 8 ErbStG) sind Zuwendungen von Todes wegen oder freigebige Zuwendungen unter Lebenden mit der Auflage, das zugewendete Vermögen zu Gunsten eines bestimmten Zwecks zu verwenden. Das Zugewandte kommt nicht einer Person, sondern einem objektiv bestimmten Zweck zugute.

Steuerobjekt ist bei **Stiftungs- und Vereinsvermögen** in Zeitabständen von je 30 Jahren das Vermögen einer Stiftung – sofern sie wesentlich im Interesse einer Familie oder bestimmter Familien errichtet ist – oder eines Vereins, dessen Zweck wesentlich auf die Bindung von Vermögen im Interesse einer Familie oder bestimmter Familien gerichtet ist. Grund hierfür ist, dass das Stiftungs- und Vereinsvermögen der Stiftung bzw. dem Verein selbst gehört (keine Gesellschafter o.Ä.). Dies würde ohne Sonderregelung dazu führen, dass der Vermögensübergang auf Stiftungen bzw. Vereine zwar ein steuerbarer Vorgang ist (§ 3 Abs. 2 Nr. 1, § 7 Abs. 1 Nr. 8 ErbStG), das Vermögen im Anschluss jedoch – abgesehen von der Auflösung und dem Formwechsel in eine Kapitalgesellschaft (§ 7 Abs. 1 Nr. 9 ErbStG) – von der Erbschaftsteuer verschont bliebe.

Bemessungsgrundlage ist der **Wert der Bereicherung** des Erwerbers, soweit die Bereicherung nicht steuerfrei ist (§ 10 Abs. 1 S. 1 ErbStG). Der **Wert der Bereicherung** ist grundsätzlich nach den Vorschriften des 1. Teils des BewG zu ermitteln (§ 12 Abs. 1 ErbStG), daneben bestehen besondere erbschaftsteuerliche Regelungen, d.h. Bewertungsvorbehalte (z.B. für Anteile an Kapitalgesellschaften und Grundbesitz; § 12 Abs. 2-7 ErbStG). Bewertungszeitpunkt ist der Stichtag der Entstehung der Steuer (§ 11 ErbStG).

Diese Bewertungsvorbehalte führen für Grundstücke und Gebäude dazu, dass eine sog. **Bedarfsbewertung** nach dem 6. Abschnitt des BewG (§§ 157-198 BewG)[202], insb. §§ 176-198 BewG, zu erfolgen hat (§ 12 Abs. 1 i.V.m. § 12 Abs. 3 ErbStG), wobei sich die Bewertung bebauter Grundstücke nach folgenden Grundstücksarten unterscheidet: Ein- und Zweifamilienhäuser, Mietwohngrundstücke, Wohnungs- und Teileigentum, Geschäftsgrundstücke, ge-

---

[202] Für Zwecke der Grunderwerbsteuer sind die Grundbesitzwerte weiterhin nach dem 4. Abschnitt des BewG zu ermitteln.

mischt genutzte Grundstücke und sonstige bebaute Grundstücke (§ 181 Abs. 1 BewG). Der Wert unbebauter Grundstücke richtet sich regelmäßig nach deren Fläche und Bodenrichtwert (§ 179 BewG). Bei Wohnungs- und Teileigentum sowie bei Ein- und Zweifamilienhäusern erfolgt eine Bewertung mittels des Vergleichswertverfahrens, während der Bestimmung der Bedarfswerte bei Mietwohngrundstücken und bei Geschäftsgrundstücken und gemischt genutzten Grundstücken, für die sich eine übliche Miete ermitteln lässt, das Ertragswertverfahren zugrunde gelegt wird; sonstige bebaute Grundstücke sowie Grundstücke i.S.d. § 182 Abs. 4 Nr. 1 und 2 BewG sind mit dem Sachwertverfahren zu bewerten (§ 182 BewG). Eine Ausnahme von diesem Grundsatz gilt lediglich dann, wenn der Steuerpflichtige nachweisen kann, dass der gemeine Wert des Grundstückes niedriger ist als der Wert, der mittels obiger Verfahren ermittelt wurde. In diesem Fall ist der niedrigere gemeine Wert anzusetzen (§ 198 BewG).

Im Rahmen der Bewertung mittels des Vergleichswertverfahrens nach § 183 BewG stehen grundsätzlich 2 Möglichkeiten zur Verfügung. Zum einen können **Vergleichsverkaufspreise** herangezogen werden, d.h. Kaufpreise für Grundstücke, die hinsichtlich der ihren Wert beeinflussenden Merkmale mit dem zu bewertenden Grundstück hinreichend übereinstimmen (§ 183 Abs. 1 BewG), zum anderen dürfen **Vergleichsfaktoren** angewendet werden (§ 183 Abs. 2 BewG). Dieser Vergleichsfaktor ist dann mit der Wohn- bzw. Nutzfläche zu multiplizieren.[203]

Bei der Bewertung mit Hilfe des Ertragswertverfahrens ist in § 184-188 BewG geregelt, dass der Wert der baulichen Anlagen getrennt vom Bodenwert auf Grundlage des Ertrags zu ermitteln ist (§ 184 Abs. 1 BewG). Ausgangspunkt ist hierbei der **Rohertrag des Grundstückes** (§ 186 BewG), der alle bei ordnungsmäßiger Bewirtschaftung erzielbaren Einnahmen, insb. Mieten und Pachten, umfasst, und von welchem die **Bewirtschaftungskosten** (Verwaltungs- und Instandhaltungskosten) abzuziehen sind (§ 187 BewG). Von dem sich ergebenden **Reinertrag** ist eine angemessene Bodenwertverzinsung abzuziehen, welche sich regelmäßig durch die Anwendung des maßgeblichen Liegenschaftszinses[204] (§ 188 BewG) auf den Bodenwert ergibt. Der Reinertrag ist über die Restnutzungsdauer des Gebäudes mit dem Vervielfältiger des Grundstücks (Anlage 21 BewG) zu kapitalisieren (**Gebäudeertragswert**). Der Bodenwert wird gem. § 179 BewG ermittelt. Die Summe aus Gebäudeertragswert und Bodenwert ergibt den Grundstückswert.

Ausgangspunkt bei der Bewertung von baulichen Anlagen i.R.d. Sachwertverfahrens (§§ 189-191 BewG) sind die Regelherstellungskosten (Anlage 24 BewG), welche mit der Bruttogrundfläche des Gebäudes multipliziert werden (**Gebäuderegelherstellungswert**). Hiervon ist eine Alterswertminderung abzuziehen, die sich nach dem Alter des Gebäudes zum Bewertungszeitpunkt sowie der Gesamtnutzungsdauer gem. Anlage 22 BewG bestimmt (**Gebäude-**

---

[203] Vgl. hierzu und zu den folgenden beiden Absätzen ausführlich DROSDZOL, WOLF-DIETRICH: Erbschaftsteuerreform: Die Bewertung des Grundvermögens, in: ZEV 2008, S. 10-16, s.b.S. 13 f.; KUßMAUL, HEINZ/HILMER, KARINA: Die Bewertung von Grundvermögen für Zwecke der Erbschaftsteuer, in: StB 2007, S. 381-389, s.b.S. 384-385.

[204] Der Liegenschaftszinssatz kann als marktübliche Renditeerwartung oder Zinssatz angesehen werden, mit dem der Verkehrswert von Grundstücken durchschnittlich verzinst wird.

sachwert). Der Bodenwert, der gem. § 179 BewG ermittelt wurde, und der Gebäudesachwert ergeben den **vorläufigen Sachwert des Grundstücks**, welcher gem. § 191 BewG mit einer Wertzahl, die sich aus Anlage 25 BewG ergibt, zu multiplizieren ist. Hieraus resultiert der Grundstückswert.

I.R.d. Reform des Erbschaftsteuer- und Bewertungsrechts wurden die nachfolgenden **Begünstigungen bei der Übertragung von Immobilienvermögen** hinzugefügt:

1. Bebaute Grundstücke oder Grundstücksteile, die im Inland oder im EU-/EWR-Raum belegen sind und die zu Wohnzwecken vermietet werden, sind lediglich mit 90 % ihres Wertes anzusetzen, wenn sie nicht zum begünstigten Betriebsvermögen oder begünstigten Vermögen eines land- und forstwirtschaftlichen Betriebs i.S.d. § 13a ErbStG gehören (§ 13c Abs. 1 und 3 ErbStG). Weiterhin besteht die Möglichkeit einer Stundung nach § 28 Abs. 3 ErbStG für einen Zeitraum von 10 Jahren, soweit der Erwerber die Steuer nur durch eine Veräußerung dieses Vermögens aufbringen könnte.

2. Die Übertragung eines im Inland bzw. im EU- oder EWR-Raum belegenen bebauten Grundstücks i.S.d. § 181 Abs. 1 Nr. 1 bis 5 BewG an den Ehepartner bzw. an den eingetragenen Lebenspartner ist steuerfrei, soweit der Erblasser darin eine Wohnung zu eigenen Wohnzwecken genutzt hat und der Erwerber diese Wohnung unverzüglich nach dem Erwerb ebenfalls zu eigenen Wohnzwecken nutzt (Familienheim). Diese Begünstigung fällt mit Wirkung für die Vergangenheit weg, wenn der Erwerber die Eigennutzung innerhalb von 10 Jahren nach dem Erwerb aufgibt (§ 13 Abs. 1 Nr. 4b ErbStG). Bei einem Erwerb durch Kinder bzw. durch Kinder verstorbener Kinder gilt die Steuerbefreiung nur, soweit die Wohnfläche 200 Quadratmeter nicht übersteigt (§ 13 Abs. 1 Nr. 4c ErbStG).

3. Beim Erwerb eines Ein- oder Zweifamilienhauses sowie beim Erwerb von Wohneigentum besteht die Möglichkeit der Steuerstundung, falls der Erwerber (Erbe oder Beschenkter) die Immobilie zu eigenen Wohnzwecken nutzt. Die Stundung kann längstens für die Dauer der Selbstnutzung gewährt werden; danach kann die Stundung nur erfolgen, wenn die Voraussetzungen des § 28 Abs. 3 S. 1 ErbStG weiterhin erfüllt sind, d.h. die Immobilie muss zu Wohnzwecken vermietet werden und die Steuer kann nur durch den Verkauf derselben aufgebracht werden (§ 28 Abs. 3 S. 2 und 3 ErbStG).

Die frühere Dreifachbegünstigung beim Übergang von Produktivvermögen (Betriebsvermögen) konnte durch die Entscheidung des BVerfG vom 07.11.2006 in ihrer bisherigen Form nicht beibehalten werden. Die gleichmäßige Belastung des Steuerpflichtigen und damit die Verfassungsmäßigkeit des Erbschaftsteuerrechts sind – so das BVerfG – nur dann gewährleistet, wenn die Bemessungsgrundlagen der einzelnen zu einer Erbschaft gehörenden Wirtschaftsgüter einheitlich mit dem **gemeinen Wert** bewertet werden. Im Rahmen der Reform des Erbschaftsteuer- und Bewertungsrechts wurde daher festgelegt, dass die Bewertung von Betriebsvermögen grundsätzlich zum gemeinen Wert zu erfolgen hat (§ 109 Abs. 1 S. 1 BewG). Aus Gründen des Gemeinwohls hat der Gesetzgeber ein **Abschlagsmodell** kodifiziert, welches den **Übergang von Produktivvermögen (Betriebsvermögen) begünstigt** (§§ 13a und 13b ErbStG):

1. **Abschlag auf das ermittelte Betriebsvermögen i.H.v. 85 %**, soweit es sich um inländisches land- und forstwirtschaftliches Vermögen, einen inländischen Betrieb, Teilbetrieb oder Mitunternehmeranteil sowie Anteile an einer Kapitalgesellschaft mit einem Anteilsbesitz von mehr als 25 % handelt.[205] Die Übertragung einzelner betrieblicher Wirtschaftsgüter, z.B. die Übertragung von Sonderbetriebsvermögen einer Personengesellschaft, ist nicht begünstigt. Im Ergebnis sind i.R.d. Erbschaft- und Schenkungsteuer somit nur 15 % des ermittelten Betriebsvermögens anzusetzen.

2. Übersteigt das angesetzte Betriebsvermögen – d.h. 15 % des ermittelten Betriebsvermögens – nicht 150.000 €, so wird es für erbschaft- und schenkungsteuerliche Zwecke nicht erfasst (**Abzugsbetrag**). Der Abzugsbetrag i.H.v. 150.000 € verringert sich, wenn der Wert des Betriebsvermögens die Grenze i.H.v. 150.000 € übersteigt, um 50 % des diese Wertgrenze übersteigenden Betrags. Der Abzugsbetrag kann innerhalb eines Zeitraums von 10 Jahren nur einmal in Anspruch genommen werden.

3. Unterliegt der Übernehmer des Betriebs den Steuerklassen II oder III – mit einer höheren Belastung als durch Steuerklasse I –, so kommt es zu einer **Tarifbegrenzung** in Form eines Entlastungsbetrags (§ 19a ErbStG). Hierzu muss der Steuerpflichtige zunächst die Steuerbelastungen gem. seiner tatsächlichen Steuerklasse (II oder III) sowie gem. der Steuerklasse I ermitteln. Der Entlastungsbetrag beträgt 88 % der Differenz zwischen diesen beiden Werten. Er ist von der tariflichen Erbschaftsteuer abzuziehen (§ 19a Abs. 1 und 4 ErbStG).

> Beispiel: (Vergünstigung beim Übergang von Produktivvermögen)
>
> Lutz Listig möchte sein inländisches Einzelunternehmen an seine Tochter Ludmilla übergeben. Das ermittelte Betriebsvermögen beträgt 1.250.000 €.
>
> Ludmilla kann den Abschlag auf das ermittelte Betriebsvermögen i.H.v. 85 % in Anspruch nehmen, d.h. sie muss nur 187.500 € ansetzen. Zudem kann sie einen Abzugsbetrag i.H.v. 150.000 € ./. 50 % · (187.500 € ./. 150.000 €) = 131.250 € abziehen. Im Ergebnis sind somit 56.250 € zu versteuern.

Die **Vergünstigungen** beim Übergang von Produktivvermögen **können** u.U. rückwirkend **wegfallen**, soweit der Erwerber gegen die Behaltensregelungen des § 13a ErbStG verstößt. Zu unterscheiden ist hierbei zwischen der sog. **Regelverschonung** nach § 13a Abs. 1 ErbStG sowie der Optionsverschonung nach § 13a Abs. 1 i.V.m. Abs. 8 ErbStG.

Gem. der Regelverschonung können die Vergünstigungen u.a. nicht in Anspruch genommen werden, wenn

- eine schädliche Vermögensverwaltung vorliegt (§ 13b Abs. 2 ErbStG),
- die Summe der maßgebenden jährlichen Lohnsummen der der Übertragung folgenden 5 Jahre nicht mind. 400 % der durchschnittlichen (dynamisierten) Lohnsumme der letzten

---

[205] Einbezogen in die Begünstigung wird auch das dem inländischen begünstigten Vermögen entsprechende Vermögen in einem anderen EU- bzw. EWR-Mitgliedstaat.

5 Jahre vor Übergabe entspricht (§ 13a Abs. 1 S. 2 ff. i.V.m. Abs. 4 ErbStG; diese Voraussetzung muss bei Betrieben bis zu 20 Beschäftigten nicht erfüllt werden),
- innerhalb einer Behaltefrist von 5 Jahren das übertragene Produktivvermögen teilweise bzw. gänzlich veräußert wird, wobei der Veräußerung die Aufgabe und die Überführung in das Privatvermögen gleich gestellt werden (§ 13a Abs. 5 ErbStG).

Gem. § 13a Abs. 8 ErbStG kann der Steuerpflichtige unwiderruflich zur sog. **Optionsverschonung** wechseln. Diese sieht statt eines Abschlags i.H.v. 85 % einen Abschlag von 100 % vor. Allerdings sind hierbei strengere Voraussetzungen zu beachten:
- die Summe der maßgebenden jährlichen Lohnsummen der der Übertragung folgenden 7 Jahre entspricht mind. 700 % der durchschnittlichen (dynamisierten) Lohnsumme der letzten 5 Jahre vor Übergabe,
- die Behaltensfrist des § 13a Abs. 5 ErbStG wird von 5 Jahre auf 7 Jahre erhöht,
- das Verwaltungsvermögen nach § 13b Abs. 2 S. 1 ErbStG darf max. 10 % betragen.

Im Rahmen der Erbschaft- und Schenkungsteuer bestehen persönliche und sachliche Steuerbefreiungen und Freibeträge.[206]

An **persönlichen Freibeträgen** werden gewährt (§ 16 Abs. 1 ErbStG):
- für den Ehegatten bzw. (eingetragenen) Lebenspartner: 500.000 €;
- für Kinder und Kinder von verstorbenen Kindern, die in Steuerklasse I fallen: 400.000 €;
- für Kinder von Kindern, die in Steuerklasse I fallen: 200.000 €;
- für alle übrigen Erben oder Beschenkten der Steuerklasse I: 100.000 €;
- für Personen der Steuerklasse II: 20.000 €;
- für Personen der Steuerklasse III: 20.000 €.

Die Freibeträge beziehen sich auf den Erwerb von einem bestimmten Erblasser oder Schenker. Die Freibeträge gelten jeweils für einen Zeitraum von 10 Jahren, da zeitlich aufeinanderfolgende Erwerbe von derselben Person innerhalb dieses Zeitraums zusammenzurechnen sind (§ 14 ErbStG).

Sachliche Befreiungen (§ 13 ErbStG) bestehen u.a. für:
- Hausrat
  bei Personen der Steuerklasse I sowie bei (eingetragenen) Lebenspartnern: 41.000 €;
- andere bewegliche körperliche Gegenstände
  bei Personen der Steuerklasse I sowie bei (eingetragenen) Lebenspartnern: 12.000 €;
- Hausrat sowie andere bewegliche körperliche Gegenstände
  bei Personen der Steuerklassen II und III insgesamt: 12.000 €.

Außerdem bleiben z.B. Gelegenheitsgeschenke (§ 13 Abs. 1 Nr. 14 ErbStG; z.B. Hochzeits-, Geburtstags- oder Weihnachtsgeschenke) und Zuwendungen an bestimmte Religionsgemeinschaften bzw. Zuwendungen, die ausschließlich kirchlichen, gemeinnützigen und mildtätigen

---

[206] Vgl. bzgl. der persönlichen Befreiungen SEER, ROMAN: § 15, in: Steuerrecht, hrsg. von KLAUS TIPKE und JOACHIM LANG, 21. Aufl., Köln 2013, Rn. 100.

Zwecken dienen, sowie Zuwendungen an politische Parteien und ähnliche Organisationen (z.B. freie Wählervereinigungen) (§ 13 Abs. 1 Nr. 16 und 17 ErbStG) in voller Höhe steuerfrei. Mitgliedsbeiträge an bestimmte Personenvereinigungen, die nicht lediglich die Förderung ihrer Mitglieder zum Zweck haben, wie z.B. rechtsfähige und nicht rechtsfähige Vereine, bleiben bis zu einer Höhe von 300 € steuerfrei (§ 18 ErbStG).[207]

Daneben wird für Ehegatten bzw. (eingetragene) Lebenspartner und Kinder ein **besonderer Versorgungsfreibetrag** (§ 17 ErbStG) gewährt:

– für den überlebenden Ehegatten bzw. (eingetragenen) Lebenspartner: 256.000 €;
– für Kinder bei Erwerb von Todes wegen je nach Alter: 10.300 bis 52.000 €.

Bei Auflösung des gesetzlichen Güterstandes der **Zugewinngemeinschaft** durch Tod oder Scheidung liegt kein steuerbarer Sachverhalt vor, wobei der effektive Zugewinnausgleich als nicht zum Erwerb gehörig definiert wird.

Bei beschränkter Steuerpflicht gilt zudem ein Freibetrag (§ 16 Abs. 2 ErbStG) i.H.v. 2.000 €.

5.4 Der Steuertarif

Der Erbschaftsteuertarif ist in § 19 Abs. 1 ErbStG geregelt (vgl. Abb. 24). Die Steuersätze differieren von 7 % bis 50 % und hängen ab:

– von der **Höhe des steuerpflichtigen Erwerbs**: die Bemessungsgrundlage wird in Intervalle eingeteilt (erste Intervallgrenze 75.000 €, letzte 26 Mio. €);
– von der **Steuerklasse** (abhängig von Verwandtschaftsgrad/Familienstand); es bestehen 3 Steuerklassen (§ 15 ErbStG).[208]

Den Steuerklassen sind folgende Personen zuzurechnen:

– Steuerklasse I: Ehegatte, Kinder, Stiefkinder, Abkömmlinge von Kindern und Stiefkindern sowie – beim Erwerb von Todes wegen – Eltern und Voreltern;
– Steuerklasse II: Geschwister und deren Abkömmlinge 1. Grades, Stiefeltern, Schwiegerkinder und Schwiegereltern, geschiedener Ehegatte sowie – bei Schenkungen – Eltern und Voreltern;
– Steuerklasse III: alle übrigen Erwerber sowie Zweckzuwendungen.

---

[207] § 18 ErbStG kommt bspw. bei freigiebigen Zuwendungen an Sportvereine zur Anwendung, wenn dieser Zuwendung keine Gegenleistung gegenübersteht. Vgl. hierzu BFH-Urteil vom 15.03.2007, in: DStR 2007, S. 799-805.
[208] Die Steuerklassen bei der Erbschaftsteuer sind nicht mit den Steuerklassen der Lohnsteuer zu verwechseln, bei der es – wie weiter oben dargelegt – 6 verschiedene Klassen gibt.

Wert (in €) des steuerpflichtigen Erwerbs (§ 10 ErbStG) bis einschließlich	Prozentsatz in der Steuerklasse		
	I	II	III
75.000	7	15	30
300.000	11	20	30
600.000	15	25	30
6.000.000	19	30	30
13.000.000	23	35	50
26.000.000	27	40	50
über 26.000.000	30	43	50

Abb. 24: Erbschaftsteuertarif

Der Tarif ist in doppelter Hinsicht **progressiv**. Die Steuer steigt mit der Höhe des Erwerbs und mit der Steuerklasse. Die Steuersätze sind Effektivsteuersätze, keine Grenzsteuersätze. Mit dem Steuersatz wird also die gesamte Bemessungsgrundlage besteuert.

Die bei Überschreiten der Intervallgrenzen entstehenden Härten werden durch die Limitierungsvorschrift des § 19 Abs. 3 ErbStG gemildert (Härteausgleich). Die sich aus dem Härteausgleich ergebende Steuerbelastung lässt sich durch folgendes Schema bestimmen:[209]

1. Ermittlung des Steuerbetrages nach den üblichen Grundsätzen.

2. Ermittlung der Steuer auf den Höchstbetrag der nächst kleineren Stufe (mit entsprechendem Steuersatz).

3. Wenn die Differenz aus 1. und 2. größer ist als 50 % (bei einem Steuersatz unter 30 %) bzw. 75 % (bei einem Steuersatz von mind. 30 %) des Erwerbs, der über dem Höchstbetrag der nächst kleineren Stufe liegt (Mehrerwerb), wird die Steuer auf den Mehrerwerb auf 50 % bzw. 75 % des Mehrerwerbs begrenzt.

4. Der Steuerbetrag ergibt sich gem. 1. bzw. durch Addition der Werte aus 2. und 3.

Bei **mehrfachem Erwerb desselben Vermögens** innerhalb von 10 Jahren durch Personen der Steuerklasse I existieren je nach zeitlicher Entfernung Steuerbetragsermäßigungen zwischen 10 % und 50 %, wenn der Letzterwerb von Todes wegen erfolgt (§ 27 Abs. 1 ErbStG).

Jeder steuerpflichtige Vorgang stellt einen selbstständigen Erbschaftsteuerfall dar. Um der Steuerumgehung durch **Stückelung der Vermögensübertragung** entgegenzuwirken, ordnet § 14 ErbStG an, alle Vermögensvorteile zusammenzurechnen, die einer Person von derselben anderen Person innerhalb eines Zehnjahres-Zeitraums zufallen. Ein Ausgleich erfolgt dann über eine Anrechnung der Erbschaftsteuer der Vorerwerbe.

---

[209] Vgl. JÜLICHER, MARC: § 19 ErbStG, in: Erbschaftsteuer- und Schenkungsteuergesetz, begr. von MAX TROLL, München (Loseblatt), Stand: März 2012, Rn. 24-26, 34. Vgl. zu den sich ergebenden maßgeblichen Grenzwerten auch den Erlass des Finanzministeriums Baden-Württemberg vom 20.12.2001, in: DStR 2002, S. 177.

5.5 Das Besteuerungsverfahren

Die Erbschaftsteuer **entsteht** bei Erwerben von Todes wegen grundsätzlich mit dem Tod des Erblassers, bei Schenkungen unter Lebenden mit dem Zeitpunkt der Ausführung der Zuwendung, bei Geltendmachung eines Pflichtanteils mit dem Zeitpunkt der Geltendmachung und bei Zweckzuwendungen mit dem Zeitpunkt des Eintritts der Verpflichtung des Beschwerten (§ 9 ErbStG).

Steuerschuldner der Erbschaftsteuer ist nach § 20 ErbStG:

- wer etwas von Todes wegen erwirbt (Erwerber);
- wer schenkweise etwas erwirbt oder etwas verschenkt; Beschenkter und Schenker sind Gesamtschuldner;
- der bei einer Zweckzuwendung mit der Ausführung der Zuwendung Beschwerte und
- in den Fällen des § 1 Abs. 1 Nr. 4 ErbStG die Stiftung oder der Verein.

Die Erbschaftsteuer ist eine **Veranlagungssteuer**. Das Finanzamt ermittelt die Steuerschuld aufgrund einer Steuererklärung und setzt die Steuer in einem Erbschaftsteuerbescheid/ Schenkungsteuerbescheid fest.

Um sicherzustellen, dass dem Finanzamt alle erbschaftsteuerpflichtigen Vorgänge bekannt werden, sind diverse **Anzeigepflichten** kodifiziert. § 30 Abs. 1 ErbStG bestimmt, dass jeder der Erbschaftsteuer unterliegende Erwerb binnen 3 Monaten dem Finanzamt anzuzeigen ist. Nach den §§ 33 und 34 ErbStG obliegen Anzeigepflichten auch Vermögensverwahrern (insb. Kreditinstituten), Vermögensverwaltern, Versicherungsunternehmen, Gerichten, Behörden, Beamten und Notaren.

6 Grundsteuer[210]

6.1 Charakteristik und Rechtfertigung

Die Grundsteuer ist ebenso wie die Gewerbesteuer eine **Objektsteuer** (Realsteuer). Sie ist eine **Gemeindesteuer** und soll aus Grundbesitzerträgen bestritten werden (**Soll-Ertragsteuer**). Damit kommt es zu einer Doppelbelastung von Erträgen aus Grundbesitz einerseits durch die Einkommensteuer als Ist-Ertragsteuer und andererseits durch die Grundsteuer als Soll-Ertragsteuer.

Es existieren in Anlehnung an die Rechtfertigung der Vermögensteuer (Grund und Boden als Indiz für besondere Leistungsfähigkeit) und der Gewerbesteuer (Äquivalenzprinzip; besondere Lasten für die Gemeinden) zahlreiche Rechtfertigungsversuche.

6.2 Das Steuersubjekt, das Steuerobjekt und die Steuerbefreiungen

Steuersubjekte/Steuerschuldner sind die Personen, denen das Steuerobjekt bei der Feststellung des Einheitswertes zugerechnet wird (§ 10 Abs. 1 GrStG). Angesichts des Objektcharakters der Grundsteuer verschmilzt das eigentliche Steuersubjekt mit dem Steuerobjekt „Grundbesitz".

Steuerobjekt ist gem. § 2 GrStG der im Gebiet einer Gemeinde belegene **Grundbesitz** i.S.d. BewG, d.h.:

– Betriebe der Land- und Forstwirtschaft (§§ 33, 48a und 51a BewG);
– Betriebsgrundstücke (§§ 99 Abs. 1 BewG) sowie
– private Grundstücke (§§ 68, 70 BewG).

Es bestehen **Befreiungen** (§§ 3-8 GrStG), u.a. für Grundbesitz der öffentlichen Hand, Grundbesitz von Kirchen, Religionsgemeinschaften sowie Grundbesitz, der den Zwecken der Wissenschaft, der Erziehung, des Unterrichts oder dem Zweck eines Krankenhauses dient.

6.3 Die Steuerbemessungsgrundlage und der Steuertarif

Steuerbemessungsgrundlage ist der **Steuermessbetrag** gem. § 13 Abs. 1 S. 1 GrStG. Der Steuermessbetrag ergibt sich durch Multiplikation der Einheitswerte des Grundbesitzes mit bestimmten Steuermesszahlen.

Der **Einheitswert** des Grundbesitzes bezieht sich auf die Wertverhältnisse von 1964 (alte Bundesländer) bzw. 1935 (neue Bundesländer). Ändert sich der Bebauungszustand, ist ein neuer Einheitswert nach den §§ 68-94 BewG mittels Ertrags- und Sachwertverfahren zu er-

---

[210] Vgl. als Grundlage für dieses Kapitel: KUßMAUL, HEINZ: Betriebswirtschaftliche Steuerlehre, 6. Aufl., München 2010, S. 379 f. m.w.N.

mitteln. Das Verfahren wird nur bei Bedarf angewandt und ist nicht mit der Bewertung von Grundvermögen für erbschaft- und schenkungssteuerliche Zwecke zu verwechseln.

Auf die Einheitswerte des Grundbesitzes sind die folgenden **Steuermesszahlen** anzuwenden (§§ 14 und 15 GrStG):[211]

- für Betriebe der Land- und Forstwirtschaft: 0,6 %
- für bebaute und unbebaute Grundstücke allgemein: 0,35 %
- für Einfamilienhäuser: für die ersten 38.346,89 € des Einheitswertes: 0,26 %
  für den Rest des Einheitswertes: 0,35 %
- für Zweifamilienhäuser: 0,31 %

Erstreckt sich das Steuerobjekt über mehrere Gemeinden, so ist der Steuermessbetrag – wie bei der Gewerbesteuer – grundsätzlich zu **zerlegen** (§ 22 GrStG).

Auf den Steuermessbetrag wendet die Gemeinde den **Hebesatz** an. In Abhängigkeit vom Steuerobjekt existieren normalerweise 2 Hebesätze, zum einen i.R.d. sog. **Grundsteuer A** Hebesätze für land- und forstwirtschaftlichen Grundbesitz (Durchschnitt 2012: 286 %) und zum anderen i.R.d. sog. **Grundsteuer B** Hebesätze für Betriebs- und Wohngrundstücke (Durchschnitt 2012: 526 %).[212]

Aus der Anwendung des Hebesatzes ergibt sich die Grundsteuerschuld.

> Beispiel: (Grundsteuerbelastung eines unbebauten Grundstücks)
>
> Ermittlung der Grundsteuer für ein unbebautes Grundstück mit einem Einheitswert im Jahr 1964 i.H.v. 40.000 € in Saarbrücken (Hebesatz Grundsteuer B: 460 %).
>
> Grundsteuer = Steuermessbetrag · Steuermesszahl · Hebesatz = 40.000 · 0,35 % · 460 % = 644 € pro Jahr.
>
> Bei späterer Bebauung ist der Einheitswert nach den §§ 68-94 BewG neu zu bestimmen, wodurch sich die Grundsteuer wesentlich erhöht.

---

[211] Vgl. SEER, ROMAN: § 16, in: Steuerrecht, hrsg. von KLAUS TIPKE und JOACHIM LANG, 21. Aufl., Köln 2013, Rn. 24.

[212] Vgl. ANDRAE, KATHRIN: Realsteuern 2012 – Entwicklung der Realsteuerhebesätze der Gemeinden mit 50.000 und mehr Einwohnern im Jahr 2012 gegenüber 2011, hrsg. vom INSTITUT „FINANZEN UND STEUERN", Bonn 2013, S. 27 f.

7 Umsatzsteuer[213]

7.1 Charakteristik, Rechtfertigung, Entwicklung und Einflüsse des Gemeinschaftsrechts

Die **Klassifikation** der Umsatzsteuer ist umstritten. Nach der **technischen Anknüpfung** (entgeltliche Leistungen eines Unternehmers) ist die Umsatzsteuer eine allgemeine Verkehrsteuer, nach dem **Zweck und der Belastungswirkung** ist sie jedoch eine allgemeine Verbrauchsteuer. Daher spricht man von der Umsatzsteuer als einer „Verbrauchsteuer im Gewande einer Verkehrsteuer". **Steuerdestinatar** ist der Endverbraucher, **Steuerschuldner** ist der Unternehmer.

Der Anteil des mit Umsatzsteuer belasteten Einkommens ist umso größer, je geringer das Einkommen ist, da die Bezieher kleiner Einkommen i.d.R. den größten Teil ihres Einkommens für Konsumgüter ausgeben müssen (**regressive Wirkung der Umsatzsteuer**). Die Umsatzsteuer macht bei steigendem Einkommen also einen immer geringeren Anteil am Einkommen aus. Diese Regressionswirkung der Umsatzsteuer wird durch den progressiven Tarif der Einkommensteuer und die Tarifbegünstigung der Güter des Grundbedarfs ausgeglichen bzw. gemildert.[214]

Neben der Einkommensteuer ist die Umsatzsteuer die bedeutendste Einnahmequelle von Bund und Ländern.[215] Obwohl die Umsatzsteuer hauptsächlich **finanzpolitische Bedeutung** aufweist, dient sie jedoch auch wirtschaftspolitischen Zwecken, z.B. durch die Subvention der Land- und Forstwirtschaft mittels Anwendung von Durchschnittssätzen, durch die Tarifbegünstigung der Güter des Grundbedarfs und durch die Steuerbefreiungen bestimmter Umsätze wie Wohnungsvermietung oder ärztliche Leistungen.

Bis zum 01.01.1968 war die Umsatzsteuer eine Allphasen-Bruttoumsatzsteuer. Danach wurde das Nettoumsatzsteuersystem eingeführt. Die Einfuhrumsatzsteuer bzw. die Steuerbefreiungen nach § 6 UStG sind seit 1993 auf den Warenverkehr mit Drittstaaten (Staaten außerhalb der EU) beschränkt.

Für das nationale Umsatzsteuerrecht gilt grundsätzlich das Umsatzsteuergesetz bzw. die aufgrund gesetzlicher Ermächtigung von der Exekutive erlassene Umsatzsteuerdurchführungsverordnung. Jedoch wird das nationale Umsatzsteuerrecht in besonderem Maße durch das Gemeinschaftsrecht der EU beeinflusst, insb. da die Mitgliedstaaten der EU gem. Art. 113 des

---

[213] Vgl. als Grundlage für dieses Kapitel: KUßMAUL, HEINZ: Betriebswirtschaftliche Steuerlehre, 6. Aufl., München 2010, S. 381 ff. m.w.N.

[214] Vgl. ausführlich zu den Anforderungen an eine Steuerneutralität bei privatwirtschaftlichen Wahlentscheidungen zwischen Konsumtion und Kapitalbildung MITSCHKE, JOACHIM: Steuerpolitik für mehr Beschäftigung und qualitatives Wachstum, in: Wege aus dem Steuerchaos, hrsg. von STEFAN BARON und KONRAD HANDSCHUCH, Stuttgart 1996, S. 90-102, s.b.S. 94-100.

[215] Als Ausgleich für den Wegfall der Gewerbekapitalsteuer zum 01.01.1998 steht auch den Gemeinden ein Anteil von 2,2 % des Umsatzsteueraufkommens zu (§ 1 S. 2 FAG). Außerdem ist 1 % des Bundesanteils an der Umsatzsteuer an die EU abzuführen; vgl. Beschluss des Rates vom 31.10.1994, ABl EU 1994, Nr. L 293, S. 9.

Vertrags über die Arbeitsweise der EU verpflichtet sind, die Umsatzsteuern innerhalb der EU zu harmonisieren, insoweit dies für das Funktionieren des Binnenmarktes erforderlich ist.

7.2 Grenzüberschreitende Geschäftstätigkeiten

Überqueren Gegenstände und Leistungen eine Grenze, so stellt sich die Frage, wo der Anknüpfungspunkt für die Umsatzsteuer sein soll (Ursprungsland oder Bestimmungsland). Entsprechend dem Anknüpfungspunkt sind das **Ursprungslandprinzip** und das **Bestimmungslandprinzip** zu unterschieden.

Dem **Ursprungslandprinzip** liegt die Annahme zugrunde, dass die Steuer dem Staat gebührt, in dem der entsprechende Mehrwert geschaffen wurde. Die Umsatzsteuer richtet sich nach den Verhältnissen des Staates, von dem die grenzüberschreitenden Geschäfte ausgehen. Im Staat des Empfängers erfolgt die Freistellung von der Umsatzsteuer.

Das **Bestimmungslandprinzip** betont den Verbrauchsteuercharakter der Umsatzsteuer. Gegenstände und Leistungen, die eine Grenze passieren, werden von der inländischen Umsatzsteuer befreit und unterliegen nur der Umsatzsteuer des Bestimmungslandes.

Hinsichtlich der Anwendung eines der beiden Prinzipien kommt es in Deutschland darauf an, ob sich die grenzüberschreitende Geschäftstätigkeit über die Grenze Deutschlands (sog. Inland; vgl. § 1 Abs. 2 UStG) hinweg nur auf die **Mitgliedstaaten der EU** (sog. Gemeinschaftsgebiet; vgl. § 1 Abs. 2a S. 1 und 2 UStG) erstreckt, oder ob die **Grenzen der EU** (sog. Drittlandsgebiet; vgl. § 1 Abs. 2a S. 3 UStG) **überschritten** werden.

Erstreckt sich die grenzüberschreitende Geschäftstätigkeit über die Grenze Deutschlands hinweg nur auf die **Mitgliedstaaten der EU**, so spricht man vom innergemeinschaftlichen Handel. Hier kommen **sowohl das Ursprungslandprinzip als auch das Bestimmungslandprinzip** zur Anwendung.

Werden die **Grenzen der EU** i.R. einer grenzüberschreitenden Geschäftstätigkeit **überschritten** (Ausfuhr/Einfuhr), so gilt das **Bestimmungslandprinzip**. Gegenstände und Leistungen, die im Wege der Ausfuhr/Einfuhr die Grenze der EU passieren, unterliegen nur der Umsatzsteuer des Bestimmungslandes. Bei der Ausfuhr werden die betreffenden Gegenstände und Leistungen von der inländischen Umsatzsteuer befreit (§ 4 Nr. 1 UStG) und mit der ausländischen Umsatzsteuer belastet. Im Falle der Einfuhr stellen die deutschen Zollbehörden die inländische Umsatzsteuer in Rechnung (**Einfuhrumsatzsteuer**; vgl. § 1 Abs. 1 Nr. 4 UStG).

7.3 Die Umsatzsteuersysteme

Einteilungskriterien zur Systematisierung von Umsatzsteuersystemen können die **Anzahl der Erhebungsstufen/-phasen**, die **Art der Berechnung der Steuerbemessungsgrundlage** und der **Zeitpunkt des Abzugs von Steuern auf Vorleistungen** sein.

Nach der **Anzahl der Erhebungsstufen/-phasen** lassen sich unterscheiden:

- **Einphasenumsatzsteuer**: die Besteuerung trifft nur eine bestimmte Produktions- und Handelsstufe (z.B. Urerzeugung, Großhandel, Einzelhandel).

- **Mehrphasenumsatzsteuer**: die Besteuerung trifft mehrere Produktions- und Handelsstufen.
- **Allphasenumsatzsteuer**: die Besteuerung trifft alle Produktions- und Handelsstufen.

Nach der **Berechnung der Steuerbemessungsgrundlage** lassen sich unterscheiden:

- **Bruttoumsatzsteuer**: Bemessungsgrundlage ist das jeweils vereinbarte Bruttoentgelt. Dies führt in Kombination mit einem Mehr- oder Allphasensystem zu einer **Kumulationswirkung**: die Gesamtsteuerbelastung eines Produkts steigt mit der Zahl der Wirtschaftsstufen, die es durchläuft. Als Folge ergibt sich eine Tendenz zur vertikalen Konzentration.

Beispiel: (Kumulationswirkung einer Allphasen-Bruttoumsatzsteuer)		
	3 Produktions- und Handelsstufen	2 Produktions- und Handelsstufen
1. Stufe: Bruttoentgelt	10.000,00 €	10.000,00 €
Umsatzsteuer (4 %)	400,00 €	400,00 €
2. Stufe: Bruttoentgelt	20.000,00 €	
Umsatzsteuer (4 %)	800,00 €	
3. Stufe: Bruttoentgelt	30.000,00 €	30.000,00 €
Umsatzsteuer (4 %)	1.200,00 €	1.200,00 €
Gesamtbelastung mit Umsatzsteuer	**2.400,00 €**	**1.600,00 €**

- **Nettoumsatzsteuer**: Bemessungsgrundlage ist die sog. Wertschöpfung, d.h. die Bruttoentgelte abzgl. der von vorgelagerten Produktions- und Handelsstufen empfangenen Vorleistungen (vgl. Abb. 25). Durch Abzug der Vorleistung kommt es nicht zu einer Kumulationswirkung.

Schließlich ist nach dem **Zeitpunkt des Abzugs von Steuern auf Vorleistungen** folgende Gliederung möglich:

- **Sofortabzug**: die Berücksichtigung der Steuer auf Vorleistungen erfolgt auch bei Gegenständen, die nicht sofort verbraucht werden (Anlagevermögen, Umlaufvermögen, Fremdleistungen), in der Beschaffungsperiode.
- **Pro-rata-temporis-Abzug**: die Berücksichtigung der Steuer auf Vorleistungen erfolgt erst bei Verbrauch (Roh-, Hilfs- und Betriebsstoffe, Fremdleistungen) oder Gebrauch (Abschreibungen bei abnutzbarem Anlagevermögen).

In **Deutschland** kommt eine **Allphasen-Nettoumsatzsteuer** mit **Sofortabzug** der Vorsteuer zur Anwendung.

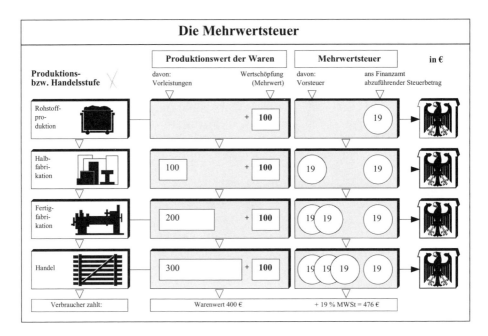

Abb. 25: Die Mehrwertsteuer als Allphasen-Nettoumsatzsteuer[216]

7.4 Das Steuersubjekt

Steuersubjekt/Steuerschuldner ist grundsätzlich der **Unternehmer**, der die Lieferung oder sonstige Leistung ausführt (§ 13a Abs. 1 Nr. 1 UStG).

Persönliches Kriterium ist die **Unternehmerfähigkeit**. Unternehmer können sein:

- natürliche Personen (z.B. Arzt, Bäcker, Fabrikant, Mietshausbesitzer, Schriftsteller, Steuerberater, Rechtsanwalt);
- Personengesellschaften (insb. OHG, KG, GbR, Partnerschaftsgesellschaft);
- juristische Personen des Privatrechts (insb. AG, GmbH, UG (haftungsbeschränkt), KGaA, e.V., e.G.) sowie
- juristische Personen des öffentlichen Rechts (allerdings nur i.R. ihrer Betriebe gewerblicher Art, ihrer land- und forstwirtschaftlichen Betriebe sowie bei der Ausübung bestimmter, in § 2 Abs. 3 S. 2 UStG abschließend aufgezählter Tätigkeiten).

Sachliche Kriterien des **Unternehmerbegriffs** (§ 2 Abs. 1 S. 1 UStG):

- **Gewerbliche oder berufliche Tätigkeit**: gewerblich oder beruflich ist jede nachhaltige Tätigkeit zur Erzielung von Einnahmen, auch wenn die Absicht, Gewinn zu erzielen, fehlt (§ 2 Abs. 1 S. 3 UStG).

---

[216] In Anlehnung an die – den alten Steuersatz von 15 % betreffende – Abbildung in SteuerStud 1993, S. 92.

- **Selbstständigkeit** besteht bei einer Tätigkeit auf eigene Rechnung und Verantwortung und ist jeweils nach dem Innenverhältnis zum Auftraggeber zu beurteilen. Unselbstständig sind natürliche Personen, soweit sie in einem Unternehmen so eingegliedert sind, dass sie den Weisungen des Unternehmers zu folgen verpflichtet sind (§ 2 Abs. 2 UStG).

„Die Unternehmereigenschaft beginnt mit dem ersten nach außen erkennbaren, auf eine Unternehmertätigkeit gerichteten Tätigwerden"[217] und umfasst somit auch Vorbereitungshandlungen, allerdings unter der Bedingung, dass die Absicht zur späteren Ausführung entgeltlicher Leistungen glaubhaft gemacht werden kann. Als Vorbereitungshandlungen kommen bspw. die Anmietung von Büro- oder Lagerräumen in Betracht. Falls daraufhin aufgrund mangelnder Nachfrage keine nachhaltigen Leistungen erbracht werden, bleiben die vorherige Unternehmereigenschaft und damit der Vorsteuerabzug dennoch bestehen.[218]

Die Unternehmereigenschaft besteht solange, bis der Unternehmer alle mit dem Betrieb in Zusammenhang stehenden Rechtsbeziehungen aufgegeben hat, und endet erst mit dem letzten Tätigwerden unabhängig von einer vorangehenden Abmeldung des Gewerbebetriebs.[219]

Das Unternehmen umfasst die gesamte gewerbliche oder berufliche Tätigkeit des Unternehmers (**Unternehmenseinheit**; § 2 Abs. 1 S. 2 UStG). Ein Unternehmer kann folglich immer nur ein Unternehmen haben (Grundsatz der Unternehmenseinheit).

Ausnahmsweise ist insb. in folgenden Fällen nicht der leistende Unternehmer Steuersubjekt/Steuerschuldner:

- **Nicht-Unternehmer** als Schuldner der Umsatzsteuer:
  - Schuldner der **Einfuhrumsatzsteuer** gem. § 1 Abs. 1 Nr. 4 UStG können nicht nur Unternehmer, sondern auch Nicht-Unternehmer sein.
  - Wer nicht Unternehmer ist, aber zu Unrecht Umsatzsteuer in einer Rechnung ausweist (**Scheinunternehmer**), ist ebenfalls Schuldner der Umsatzsteuer (§ 14c Abs. 2 UStG).
- **Erwerber** als Schuldner der Umsatzsteuer:
  - Schuldner der Umsatzsteuer beim innergemeinschaftlichen Erwerb (§ 1 Abs. 1 Nr. 5 UStG) ist grundsätzlich der Erwerber (§ 13a Abs. 1 Nr. 2 UStG).
  - Auch beim innergemeinschaftlichen Erwerb eines Neufahrzeugs (§ 1b UStG) tritt grundsätzlich der Erwerber als Steuerschuldner auf, auch wenn dieser Nicht-Unternehmer ist.
  - Gem. § 13b UStG schuldet in den folgenden 10 Fällen der Leistungsempfänger als Steuerschuldner die Umsatzsteuer, sofern er Unternehmer ist:
    1. Werklieferungen und sonstige Leistungen eines im Ausland ansässigen Unternehmers;
    2. Lieferungen sicherungsübereigneter Gegenstände durch den Sicherungsgeber an den Sicherungsnehmer außerhalb des Insolvenzverfahrens;

---

[217] Abschn. 2.6 Abs. 1 S. 1 UStAE.
[218] Siehe zu den Vorbereitungshandlungen Abschn. 2.6 Abs. 2 und Abs. 3 UStAE.
[219] Vgl. BFH-Urteil vom 21.04.1993, BStBl II 1993, S. 696-697; Abschn. 2.6 Abs. 6 S. 1-3 UStAE.

3. Umsätze, die unter das Grunderwerbsteuergesetz fallen;
4. Werklieferungen und sonstige Leistungen, die der Herstellung, Instandsetzung, Instandhaltung, Änderung oder Beseitigung von Bauwerken dienen, mit Ausnahme von Planungs- und Überwachungsleistungen;
5. Lieferungen der in § 3g Abs. 1 S. 1 UStG genannten Gegenstände eines im Ausland ansässigen Unternehmers unter den Bedingungen des § 3g UStG;
6. Übertragung von Berechtigungen nach § 3 Nr. 3 des Treibhausgas-Emissionshandelsgesetzes, von Emissionsreduktionseinheiten nach § 2 Nr. 20 des Projekt-Mechanismen-Gesetzes und von zertifizierten Emissionsreduktionen nach § 2 Nr. 21 des Projekt-Mechanismen-Gesetzes;
7. Lieferungen der in Anlage 3 bezeichneten Gegenstände (bspw. Abfälle und Schrott aus Eisen oder Stahl, aus Kupfer, Nickel, Aluminium, Blei, Zink, Zinn oder aus anderen unedlen Metallen, Bruchglas und andere Abfälle und Scherben von Glas etc.);
8. Reinigen von Gebäuden und Gebäudeteilen;
9. Lieferungen von Gold unter bestimmten Voraussetzungen;
10. Lieferungen von Mobilfunkgeräten sowie von nicht eingebauten, integrierten Schaltkreisen, wenn die Summe der in Rechnung gestellten Entgelte mindestens 5.000 € beträgt.

In den Fällen der Nr. 1 bis 3 schuldet der Erwerber die Steuer auch, wenn dieser eine juristische Person ist (§ 13b Abs. 5 S. 1 UStG). Der Leistungsempfänger ist in den oben genannten Fällen alleiniger Steuerschuldner und die Steuerschuld entsteht grundsätzlich mit der Ausstellung der Rechnung durch den Leistenden. Die Regelung des § 13b UStG kommt auch beim Tausch oder bei tauschähnlichen Umsätzen sowie bei Umsätzen, die den nicht unternehmerischen Bereich des Leistungsempfängers betreffen, zur Anwendung.[220]

In Abb. 26 wird das Steuersubjekt der Umsatzsteuer in Beziehung zur Umsatzsteuerentstehung gebracht.

---

[220] Vgl. CREMER, UDO: Abzugsverfahren, Nullregelung, Steuerschuldnerschaft des Leistungsempfängers, in: SteuerStud 2002, S. 259-264, s.b.S. 263 und 264; MENDE, SABINE/HUSCHENS, FERDINAND: Neuerungen im Bereich der Umsatzsteuer infolge des Steueränderungsgesetzes 2001, in: INF 2002, S. 193-200, 232-235.

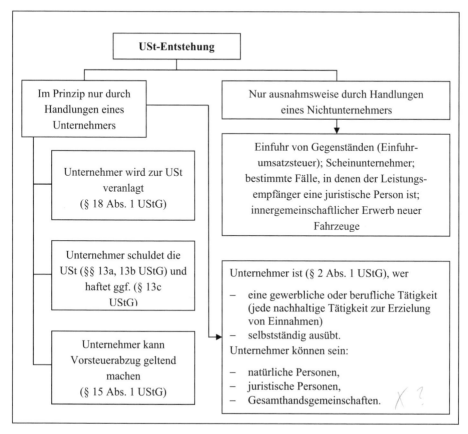

Abb. 26: *Entstehung der Umsatzsteuer in Abhängigkeit vom Steuersubjekt*

7.5 Das Steuerobjekt

7.5.1 Die steuerbaren Umsätze (§ 1 Abs. 1 UStG)

Steuerobjekte der Umsatzsteuer sind nach § 1 UStG grundsätzlich:

- Die **Lieferung** und **sonstige Leistung** (Oberbegriff: Leistungen), die ein **Unternehmer** im **Inland** gegen **Entgelt** im **Rahmen seines Unternehmens** ausführt (§ 1 Abs. 1 Nr. 1 UStG).
- Die **Einfuhr** von Gegenständen aus dem Drittland (§ 1 Abs. 1 Nr. 4 UStG).
- Der **innergemeinschaftliche Erwerb** im Inland gegen Entgelt (§ 1 Abs. 1 Nr. 5 UStG).

Der erste steuerbare Tatbestand des Umsatzsteuergesetzes, die Lieferungen und sonstigen Leistungen, lässt sich unter dem Oberbegriff der Leistungen zusammenfassen. Grundsätzlich ist jeder Leistungsgegenstand als selbstständige Leistung zu betrachten. So ist bspw. bei einer Lieferung mehrerer einzelner Gegenstände jeder derselben umsatzsteuerlich als getrennte Leistung zu beurteilen (Abschn. 3.10 Abs. 2 S. 1 UStAE).

Nach dem Grundsatz der **Einheitlichkeit der Leistung** darf hingegen „ein einheitlicher wirtschaftlicher Vorgang umsatzsteuerrechtlich nicht in mehrere Leistungen aufgeteilt werden" (Abschn. 3.10 Abs. 3 S. 1 UStAE). Eine einheitliche Leistung setzt voraus, dass mehrere Leistungselemente so zur Erreichung eines Ziels beitragen, dass die einzelnen gleichwertigen Elemente durch ihr Zusammenwirken hinter dem Ganzen zurücktreten (Abschn. 3.10 Abs. 2 S. 3 UStAE). Hierfür ist das Wesen des Umsatzes aus Sichtweise des Durchschnittsverbrauchers zu ermitteln. Diese, von der Rechtsprechung entwickelten, abstrakten Anforderungen finden sich bspw. bei der Bereitstellung von Sportparks als einheitliche Leistung wieder.

Zur **Qualifizierung als einheitliche Leistung** reichen der Abschluss eines einzelnen Vertrags über mehrere Leistungen oder die Entrichtung eines Gesamtentgelts alleine nicht aus. Dagegen begründen unselbstständige Nebenleistungen, die dann das Schicksal der Hauptleistung teilen, immer einheitliche Leistungen. „Eine Leistung ist grundsätzlich dann als Nebenleistung zu einer Hauptleistung anzusehen, wenn sie im Vergleich zu der Hauptleistung nebensächlich ist, mit ihr eng – im Sinne einer wirtschaftlich gerechtfertigten Abrundung und Ergänzung – zusammenhängt und üblicherweise in ihrem Gefolge vorkommt" (Abschn. 3.10 Abs. 5 S. 3 UStAE). Das ist insb. dann der Fall, wenn die Leistung keinen eigenen Zweck hat, sondern lediglich dazu dient, die Hauptleistung unter optimalen Bedingungen anbieten zu können, z.B. beim Transport oder der Verpackung einer Lieferungsleistung.

Bedeutung erlangt die Abgrenzung von Leistungselementen in Hinsicht auf Steuerbefreiungen, bei der Anwendung der Steuersätze und der Bestimmung des Leistungsorts (Abschn. 3.10 Abs. 1 S. 1 UStAE). Für deren Ausprägung relevant ist, ob letztlich eine **einheitliche Lieferung oder sonstige Leistung** vorliegt. Die Klassifizierung erfolgt nach den Leistungselementen, die den wirtschaftlichen Gehalt der Leistung ausmachen (Abschn. 3.5 Abs. 1 S. 1, 3.10 Abs. 3 S. 3 UStAE), bzw. nach neuerer Rechtsprechung auch nach dem Umfang und der Bedeutung des im gesamten Vorgang enthaltenen Anteils der Leistungselemente aus Sicht des Durchschnittsverbrauchers.

Eine **Lieferung** ist gem. § 3 Abs. 1 UStG eine Leistung, durch die ein Unternehmer oder in seinem Auftrag ein Dritter den Abnehmer oder in dessen Auftrag einen Dritten befähigt, im eigenen Namen über einen Gegenstand zu verfügen. Voraussetzung für das Vorliegen einer Lieferung ist somit die Verschaffung der Verfügungsmacht an einem Gegenstand.

Gegenstände im umsatzsteuerrechtlichen Sinne sind erstens körperliche Gegenstände, namentlich Sachen und Tiere gem. der §§ 90, 90a BGB, zweitens Sachgesamtheiten, unter denen die Zusammenfassung einzelner, zunächst selbstständiger Gegenstände zu einheitlichen Verkehrsgütern, die sich von der Summe der einzelnen Gegenstände unterscheiden (z.B. Blumensträuße), zu verstehen ist, und drittens Wirtschaftsgüter, die im Wirtschaftsverkehr wie körperliche Sachen behandelt werden.[221] Die **Verschaffung der Verfügungsmacht** ist gekennzeichnet durch die endgültige Übertragung von wirtschaftlicher Substanz, Wert und Ertrag eines Gegenstands vom Leistenden auf den Leistungsempfänger.

---

[221] Vgl. LIPPROSS, OTTO-GERD: Umsatzsteuer, 23. Aufl., Achim 2012, S. 160 f.

Werklieferungen sind Lieferungen, die zugleich Merkmale von sonstigen Leistungen enthalten. Eine Werklieferung liegt gem. § 3 Abs. 4 UStG dann vor, wenn ein Unternehmer die **Be- oder Verarbeitung** eines Gegenstands übernommen hat und diese vertraglich vereinbart ist. Ferner muss er hierfür selbst beschaffte Stoffe verwenden, die nicht nur Zutaten oder sonstige Nebensachen sind, sondern mind. einen Teil eines **Hauptstoffs** des herzustellenden Werks ausmachen (Abschn. 3.8 Abs. 1 S. 2 UStAE). Die Abgrenzung zwischen Haupt- und Nebenstoffen ist danach vorzunehmen, „ob diese Stoffe ihrer Art nach sowie nach dem Willen der Beteiligten als Hauptstoffe oder als Nebenstoffe bzw. Zutaten des herzustellenden Werks anzusehen sind."[222] Bspw. sind kleinere Hilfsmittel wie Schrauben i.d.R. als Nebensachen anzusehen,[223] während Hauptleistungen die Eigenart eines Gegenstands bestimmen und gegenständlich im fertigen Werk enthalten sein müssen (Abschn. 3.8 Abs. 1 S. 9 UStAE).

Sonstige Leistungen sind gem. § 3 Abs. 9 S. 1 UStG Leistungen, die keine Lieferungen sind. Bedeutende Fälle der sonstigen Leistungen sind Dienstleistungen – z.B. die Leistungen von Rechtsanwälten oder Schriftstellern –, Gebrauchs- und Nutzungsüberlassungen, unter denen u.a. die Vermietung, Verpachtung, Darlehensgewährung und die Übertragung von Patentrechten zusammenzufassen sind, sowie Reiseleistungen.

Die **Werkleistung** ist das Gegenstück zur Werklieferung. Eine Werkleistung liegt dann vor, wenn ein Unternehmer die Be- oder Verarbeitung eines Gegenstands übernommen hat und hierbei keine Stoffe oder nur selbst beschaffte Zutaten und sonstige Nebensachen verwendet (Abschn. 3.8 Abs. 1 S. 3 UStAE).

Zu den steuerbaren Leistungen gehören auch **Hilfsgeschäfte** und **Nebengeschäfte**. **Hilfsgeschäfte** sind Geschäfte, die der laufende Geschäftsbetrieb üblicherweise mit sich bringt, insb. Veräußerung von betrieblich genutzten Wirtschaftsgütern (z.B. der Verkauf einer gebrauchten Sägemaschine durch eine Schreinerei oder eines Praxis-Pkws durch einen Arzt). **Nebengeschäfte** sind Geschäfte, die sich nicht notwendigerweise aus dem eigentlichen Geschäftsbetrieb ergeben, aber mit der Haupttätigkeit in einem wirtschaftlichen Zusammenhang stehen (z.B. die Tätigkeit eines Schlossermeisters als Sachverständiger in einem Schiedsfall oder die Testamentsvollstreckung eines Steuerberaters über den Nachlass eines verstorbenen Mandanten).

Der Unternehmer kann Lieferungen und sonstige Leistungen nicht nur für sein Unternehmen, sondern auch für unternehmensfremde Zwecke (privat, gesellschaftlich) verwenden und somit als Endverbraucher auftreten (sog. **Eigenverbrauch**). Um zu verhindern, dass durch das bloße Zwischenschalten eines Unternehmens privater Endverbrauch steuerfrei möglich ist, werden bestimmte Vorgänge mit Lieferungen und sonstigen Leistungen gleichgestellt.

Einer Lieferung gegen Entgelt sind, soweit der Gegenstand bzw. seine Bestandteile zum vollen/teilweisen Vorsteuerabzug berechtigt haben, **gleichgestellt** (§ 3 Abs. 1b UStG):

– Die **Entnahme** eines Gegenstands durch einen Unternehmer aus seinem Unternehmen für Zwecke, die außerhalb des Unternehmens liegen.

---

[222] Abschn. 3.8 Abs. 1 S. 5 UStAE.
[223] Vgl. Abschn. 3.8 Abs. 1 S. 7 UStAE.

- Die **unentgeltliche Zuwendung** eines Gegenstands durch einen Unternehmer **an sein Personal** für dessen privaten Bedarf (dies gilt nicht für Aufmerksamkeiten und überwiegend durch das betriebliche Interesse des Arbeitgebers veranlasste Leistungen, wie bspw. Zuwendungen im Rahmen von Betriebsveranstaltungen).
- Jede andere **unentgeltliche Zuwendung** eines Gegenstands, ausgenommen Warenmuster für Zwecke des Unternehmens oder Geschenke von geringem Wert.

Einer **sonstigen Leistung gegen Entgelt gleichgestellt** sind (§ 3 Abs. 9a UStG):

- Die **Verwendung eines dem Unternehmen zugeordneten Gegenstands**, der zum vollen oder teilweisen Vorsteuerabzug berechtigt hat, durch einen Unternehmer für Zwecke, die außerhalb des Unternehmens liegen, oder für den privaten Bedarf seines Personals, sofern keine Aufmerksamkeiten vorliegen. Voraussetzung hierfür ist allerdings, dass der Vorsteuerabzug nach § 15 Abs. 1b UStG nicht ausgeschlossen ist oder keine Vorsteuerberichtigung nach § 15a Abs. 6a UStG durchgeführt werden muss.
- Die **unentgeltliche Erbringung einer anderen sonstigen Leistung** durch den Unternehmer für Zwecke außerhalb des Unternehmens oder für den privaten Bedarf seines Personals, sofern keine Aufmerksamkeiten oder überwiegend durch das betriebliche Interesse des Arbeitgebers veranlasste Leistungen vorliegen (**Leistungsentnahme**).

Steuerbare Umsätze liegen nur dann vor, wenn die Voraussetzungen von § 1 Abs. 1 Nr. 1, 4, 5 UStG erfüllt sind. Ansonsten ist der Umsatz **nicht steuerbar**. Dies gilt z.B. für:[224]

- **Innenumsätze**: Umsätze innerhalb eines umsatzsteuerlichen Unternehmens wie bei der Lieferung von Gegenständen von einer inländischen Betriebstätte an eine andere im Inland belegene Betriebstätte (ausgenommen hiervon ist das innergemeinschaftliche Verbringen, das als Lieferung gilt; § 1a Abs. 2, § 3 Abs. 1a UStG).
- **Leistungen eines Nicht-Unternehmers**: Die Unternehmereigenschaft liegt nicht vor (ausgenommen ist die Lieferung neuer Fahrzeuge in das übrige Gemeinschaftsgebiet; vgl. § 2a UStG).
- **Schadenersatzleistungen**: Es mangelt an einem Leistungsaustausch, da gegenüber dem Geschädigten keine Leistung erbracht wird.
- **Schenkungen bzw. Erbschaften und Erbauseinandersetzungen**: Da keine Gegenleistung erbracht wird, handelt es sich nicht um eine Leistung gegen Entgelt.
- **Einmalige Verkäufe privater Sammlungen** durch einen **Nicht-Unternehmer**: Hier ist keine Nachhaltigkeit gegeben, womit die Unternehmereigenschaft nicht erfüllt ist.
- **Einmalige Verkäufe privater Sammlungen bzw. privater Gegenstände** durch einen **Unternehmer**: Die Veräußerung wird nicht i.R. seines Unternehmens ausgeführt.
- Umsätze i.R. **einer Geschäftsveräußerung** (entgeltliche oder unentgeltliche Übertragungen eines Unternehmens im Ganzen): Hier greift die explizite Ausnahmevorschrift des § 1 Abs. 1a UStG.

---

[224] Vgl. SCHEFFLER, WOLFRAM: Besteuerung von Unternehmen, Bd. 1, Ertrag-, Substanz- und Verkehrsteuern, 12. Aufl., Heidelberg 2012, S. 434-435.

Ob eine Lieferung, eine sonstige Leistung, ein innergemeinschaftlicher Erwerb oder ein sog. Eigenverbrauch im Inland erbracht wird, hängt davon ab, wo der **Ort dieser Lieferung, dieser sonstigen Leistung, des innergemeinschaftlichen Erwerbs oder des Eigenverbrauchs** belegen ist.

Der Ort einer **Lieferung** wird in § 3 Abs. 6-8 UStG und ergänzend in den §§ 3c, 3e, 3f und 3g UStG bestimmt. Er ist grundsätzlich dort, wo sich „der Gegenstand der Lieferung" zur Zeit der Verschaffung der Verfügungsmacht (z.B. Einigung und Übergabe nach § 929 BGB) befindet (§ 3 Abs. 7 S. 1 UStG).[225] Wird der Gegenstand der Lieferung indes befördert[226] oder versendet[227], ist der Ort der Lieferung dort, wo die Beförderung oder Versendung beginnt (§ 3 Abs. 6 S. 1 UStG).

Der Ort einer **sonstigen Leistung** wird in § 3a UStG und ergänzend in den §§ 3b, 3e und 3f UStG bestimmt. Seit dem 01.01.2010 liegt der Leistungsort bei Leistungsausführung an Nicht-Unternehmer grundsätzlich dort, wo der leistende Unternehmer sein Unternehmen betreibt, bzw. bei der Bewirkung sonstiger Leistungen an Unternehmer dort, wo der Leistungsempfänger sein Unternehmen betreibt (§ 3a Abs. 1-2 UStG). Daneben existieren zahlreiche Ausnahmen von diesen beiden Grundregeln, wobei vor allem eine Orientierung am Ort des Leistungsempfängers erfolgt.[228]

Ort des **innergemeinschaftlichen Erwerbs** ist der Mitgliedstaat, in dem sich der Gegenstand am Ende der Beförderung befindet (§ 3d UStG). Der sog. **Eigenverbrauch** gilt immer an dem Ort ausgeführt, von dem aus der Unternehmer sein Unternehmen betreibt (§ 3f UStG).

7.5.2 Die Steuerbefreiungen (§ 4 UStG)

§ 4 UStG enthält einen Katalog von **Steuerbefreiungen**; außerdem sind in § 5 UStG weitere Regelungen zur Einfuhrbefreiung aufgeführt.

Die Befreiungen beruhen überwiegend auf sozial-, kultur- oder wirtschaftspolitischen Gründen. Hierunter fallen insb.:

- **Ausfuhrlieferungen** (§ 4 Nr. 1 Buchst. a UStG; vgl. S. 173).
- **Innergemeinschaftliche Lieferungen** (§ 4 Nr. 1 Buchst. b UStG; vgl. S. 178).
- Bestimmte **Umsätze im Geld- und Kapitalverkehr** (§ 4 Nr. 8 UStG).
- Befreiungen wegen **Konkurrenz zu besonderen Verkehrsteuern**, wie Umsätze, die unter das Grunderwerbsteuergesetz fallen (§ 4 Nr. 9 Buchst. a UStG), Umsätze, die unter das Rennwett- und Lotteriegesetz fallen, soweit das Rennwett- und Lotteriegesetz keine Steu-

---

[225] Vgl. ENGLISCH, JOACHIM: § 17, in: Steuerrecht, hrsg. von KLAUS TIPKE und JOACHIM LANG, 21. Aufl., Köln 2013, Rn. 403.
[226] **Beförderung** ist gem. § 3 Abs. 6 S. 2 UStG „jede Fortbewegung eines Gegenstandes".
[227] **Versendung** liegt gem. § 3 Abs. 6 S. 3 UStG dann vor, „wenn jemand die Beförderung durch einen selbständigen Beauftragten ausführen oder besorgen lässt".
[228] Vgl. hierzu ausführlich RADEISEN, ROLF-RÜDIGER: Ort der sonstigen Leistung im USt-Recht ab dem 1.1.2010, in: DB 2009, S. 2229-2236, s.b.S. 2232-2235.

erbefreiung vorsieht (§ 4 Nr. 9 Buchst. b UStG), oder Leistungen von Versicherungsunternehmen aufgrund eines Versicherungsverhältnisses (§ 4 Nr. 10 UStG).
- Die **Vermietung und Verpachtung von Grundstücken** und die Überlassung grundstücksgleicher Rechte (§ 4 Nr. 12 UStG).
- Umsätze aus der Tätigkeit als **Arzt**, Zahnarzt oder aus anderen heilberuflichen Tätigkeiten (§ 4 Nr. 14-18 UStG).
- **Kulturelle Leistungen** wie z.B. Umsätze aus Theatern, Orchestern, Museen, botanischen und zoologischen Gärten, Büchereien sowie **Vorträge**, Kurse und andere Veranstaltungen von Verwaltungs- und Wirtschaftsakademien, von Volkshochschulen oder von Einrichtungen, die gemeinnützigen Zwecken oder dem Zweck eines Berufsverbandes dienen, wenn die Einnahmen überwiegend der Kostendeckung dienen (§ 4 Nr. 20-22 UStG).
- Leistungen an **Jugendliche** im Zusammenhang mit deren Unterbringung und Verpflegung (§ 4 Nr. 23-25 UStG).

7.5.3 Die Ein- und Ausfuhrumsätze und ihre Besonderheiten

7.5.3.1 Einfuhrumsätze

Unter einer **steuerbaren Einfuhr** versteht man das Verbringen von Gegenständen aus dem Drittlandsgebiet in das Inland,[229] wobei das Drittlandsgebiet jene Gebiete umschreibt, welche nicht unter das Gemeinschaftsgebiet fallen (§ 1 Abs. 2a S. 3 UStG). Zudem setzt die Steuerbarkeit eine Überführung der ins Inland verbrachten Ware zum freien Verkehr voraus und besteht noch nicht, wenn die Ware sich in einem zollrechtlichen Nichterhebungsverfahren, wie bspw. dem Versandverfahren, befindet. Weitere Anforderungen, z.B. die der Unternehmereigenschaft, bestehen nicht, so dass auch eine Privatperson eine steuerbare Einfuhr verwirklichen kann.[230]

Der **Lieferort** befindet sich bei der Einfuhr grds. im Drittland, da dort die Warenbewegung beginnt. Dies ist allerdings auf diejenigen Fälle begrenzt, in denen der Abnehmer die Einfuhrumsatzsteuer auf den eingeführten Gegenstand schuldet.[231] Übernimmt stattdessen der Lieferer oder sein Beauftragter die Schuldnerschaft über die Einfuhrumsatzsteuer, gilt die Sonderregel, dass sich der Lieferort ins Inland verlagert, weswegen der Lieferer dort neben dem Einfuhrtatbestand einen zweiten steuerbaren Umsatz bewirkt (§ 3 Abs. 8 UStG; Abschn. 3.13 Abs. 1 UStAE). Das Vorliegen dieses weiteren, im Inland ausgeführten Umsatzes stellt eine nach dem Verkaufsentgelt bemessene Besteuerung sicher. Ohne Ortsverlagerung könnte die Einfuhrumsatzbesteuerung auf Basis eines niedrigeren Einfuhrwerts durchgeführt werden, so dass die Differenz zum Verkaufspreis unversteuert bliebe (Abschn. 3.13 Abs. 2 S. 1-2 UStAE).

---

[229] Vgl. LIPPROSS, OTTO-GERD: Umsatzsteuer, 23. Aufl., Achim 2012, S. 968.
[230] Vgl. ROSE, GERD/WATRIN, CHRISTOPH: Umsatzsteuer: mit Grunderwerbsteuer und kleineren Verkehrsteuern, 17. Aufl., Berlin 2011, S. 116.
[231] Vgl. hierzu und zum grds. Lieferort § 3 Abs. 6 S. 1 UStG.

7.5.3.2 Ausfuhrumsätze

Zur Verwirklichung des Bestimmungslandprinzips beim Drittländerhandel steht der Einfuhrumsatzbesteuerung die völlige **umsatzsteuerliche Entlastung** von im Inland steuerbaren **Ausfuhrumsätzen** entgegen, welche gewährleistet wird durch die Steuerbefreiung der betroffenen Umsätze unter Beibehaltung der Vorsteuerabzugsberechtigung. Insofern völlig entlastet sind u.a. die im Folgenden zu erläuternden Ausfuhrlieferungen und Lohnveredelungen an Gegenständen der Ausfuhr (§ 4 Nr. 1 Buchst. a UStG i.V.m. § 15 Abs. 3 Nr. 1 Buchst. a UStG).

Die steuerfreie Ausfuhrlieferung setzt sich aus **3** nebeneinander geltenden **Befreiungstatbeständen** zusammen, die sich einerseits hinsichtlich des Zielorts innerhalb des Drittlandsgebiets unterscheiden und andererseits dahingehend, ob der Lieferer oder der Abnehmer die Warenbewegung veranlasst.

Der **erste Befreiungstatbestand** ist dann verwirklicht, wenn der **liefernde Unternehmer** eine Ware befördert oder versendet und diese dabei in das Drittlandsgebiet mit Ausnahme der in § 1 Abs. 3 UStG benannten Gebiete gelangt (§ 6 Abs. 1 S. 1 Nr. 1 UStG). Ist dies der Fall, sind keinerlei Voraussetzungen an die Person des Abnehmers zu stellen.

Ein anderer Sachverhalt ergibt sich beim **zweiten Befreiungstatbestand**, der dadurch charakterisiert ist, dass der **Abnehmer** der Lieferung die Beförderung oder Versendung ins Drittlandsgebiet, ausgenommen der Gebiete nach § 1 Abs. 3 UStG, übernimmt. Hier bedingt die Steuerfreiheit der Ausfuhrlieferung einen ausländischen Abnehmer (§ 6 Abs. 1 S. 1 Nr. 2 UStG). **Ausländische Abnehmer** i.S. dieser Vorschrift sind zum einen Personen mit Wohnort oder Sitz im Ausland, unberücksichtigt der Gebiete nach § 1 Abs. 3 UStG, und zum anderen Zweigniederlassungen eines im Inland oder in den Gebieten des § 1 Abs. 3 UStG ansässigen Unternehmers mit Sitz im Ausland, ausgenommen der Gebiete nach § 1 Abs. 3 UStG, falls das Umsatzgeschäft unter dem Namen der Niederlassung abgeschlossen wurde (§ 6 Abs. 2 S. 1 UStG).

Der **dritte Befreiungstatbestand** der Ausfuhrlieferung ist dadurch gekennzeichnet, dass der Liefergegenstand in die in **§ 1 Abs. 3 UStG bezeichneten Gebiete** gelangt, unabhängig davon, ob der Lieferer oder der Abnehmer die Beförderung oder Versendung veranlasst. Weiteres Merkmal dieses Tatbestands ist, dass entweder ein Unternehmer den Gegenstand für sein Unternehmen erwirbt oder, falls dies nicht der Fall ist, ein ausländischer Abnehmer, der diesen ins Drittlandsgebiet befördert bzw. versendet (§ 6 Abs. 1 S. 1 Nr. 3 UStG).

Allen 3 Tatbeständen gemein ist, dass eine der Ausfuhrlieferung vorangehende **Be- oder Verarbeitung** des Liefergegenstands durch vom Abnehmer beauftragte Dritte der Steuerfreiheit nicht entgegensteht (§ 6 Abs. 1 S. 2 UStG). Für diese Leistung kommt die Steuerbefreiung für Lohnveredelungen an Gegenständen der Ausfuhr in Frage.

Damit letztlich die Steuerbefreiung für Ausfuhrlieferungen in Anspruch genommen werden kann, müssen nicht nur die einzelnen Merkmale der jeweiligen Befreiungstatbestände gegeben sein, sondern diese zudem vom liefernden Unternehmer nachgewiesen werden (Abschn.

6.5 und 6.10 UStAE).[232] Hierzu muss dieser über einen **Ausfuhrnachweis** verfügen, der die Beförderung oder Versendung in das Drittlandsgebiet eindeutig und leicht nachprüfbar belegt (§ 8 Abs. 1 UStDV). Daneben hat der Unternehmer über die Voraussetzungen der Steuerfreiheit einen **buchmäßigen Nachweis** zu führen, aus dem sich ebenfalls eindeutig und leicht nachprüfbar die Einhaltung dieser Anforderungen ergeben muss (§ 13 Abs. 1 UStDV).

Im Gegensatz zu den Ausfuhrlieferungen erfasst die **Steuerbefreiung für Lohnveredelungen** keine Liefertatbestände, sondern die Ausführung sonstiger Leistungen an zur Ausfuhr bestimmten Gegenständen. Allerdings sind unter Lohnveredelungsleistungen ausschließlich **Werkleistungen** zu verstehen. Für Werklieferungen kommt lediglich die Steuerbefreiung für Ausfuhrlieferungen in Betracht.[233]

Voraussetzung für das Vorliegen einer steuerfreien Lohnveredelung an einem Gegenstand der Ausfuhr ist die **Be- oder Verarbeitung eines Gegenstands**, der **zu diesem Zweck** in das Gemeinschaftsgebiet **eingeführt oder** dort **erworben** wurde (§ 7 Abs. 1 S. 1 UStG). Um den Verwendungszweck der Be- oder Verarbeitung des Gegenstands als gegeben anzuerkennen, muss die Absicht hierzu bereits im Zeitpunkt der Einfuhr bzw. des Erwerbs bestanden haben (Abschn. 7.1 Abs. 2 S. 3 UStAE).

Weiterhin bedingt eine steuerfreie Lohnveredelung zudem, dass der betroffene **Gegenstand** nach seiner Be- oder Verarbeitung **in das Drittlandsgebiet gelangt**. Hierfür bestehen 3 Befreiungstatbestände, die in ihrer Gesamtheit denen bei der Ausfuhrlieferung, trotz unterschiedlicher Formulierung im Gesetzestext, weitestgehend entsprechen (§ 6 Abs. 1 S. 1 und § 7 Abs. 1 S. 1 UStG).

In Übereinstimmung mit der Handhabe bei Ausfuhrlieferungen geht auch mit der Inanspruchnahme der Steuerbefreiung für Lohnveredelungen die Führung von **Nachweispflichten** einher. Die inhaltlichen Anforderungen an den Ausfuhr- und Buchnachweis decken sich ebenfalls zum größten Teil mit denen bei der Ausfuhrlieferung (§ 7 Abs. 4 UStG; §§ 8-13 UStDV; Abschn. 7.2-7.3 UStAE).

7.5.3.3 Der nichtkommerzielle Handel im Verhältnis zum Drittlandsgebiet

Da die Einfuhrumsatzbesteuerung nicht an bestimmte Eigenschaften beim Erwerber anknüpft, sind, um eine Doppelbesteuerung zu vermeiden, grds. auch **Ausfuhrlieferungen an private Endverbraucher** steuerbefreit. Dies gilt uneingeschränkt für den ersten Befreiungstatbestand der Ausfuhrlieferung, also in den Fällen, in denen der Lieferer die Beförderung oder Versendung ins Drittlandsgebiet, ausgenommen der Gebiete nach § 1 Abs. 3 UStG, veranlasst.[234]

---

[232] Bei der Führung der Nachweispflichten handelt es sich nach der jüngeren Rechtsprechung des BFH nicht um eine materiell-rechtliche Voraussetzung für die Inanspruchnahme der Steuerbefreiung. Vgl. BFH-Urteil vom 28.05.2009, in: DStR 2009, S. 1636-1638; Abschn. 6.10 Abs. 3a UStAE.
[233] Vgl. JAKOB, WOLFGANG: Umsatzsteuer, 4. Aufl., München 2009, Rn. 596.
[234] Vgl. KURZ, DIETER: Umsatzsteuer, 16. Aufl., Stuttgart 2012, S. 73-74.

Um einen unversteuerten Endverbrauch im Gemeinschaftsgebiet auszuschließen, steigen hingegen beim zweiten und dritten Befreiungstatbestand die Anforderungen an die Gewährung der Steuerbefreiung, falls der Abnehmer den Gegenstand erstens nicht für unternehmerische Zwecke erwirbt und zweitens **im persönlichen Reisegepäck ausführt** (§ 6 Abs. 3a UStG). Das persönliche Reisegepäck umfasst diejenigen Gegenstände, welche der Erwerber beim Grenzübertritt mit sich führt (Abschn. 6.11 Abs. 1 S. 2 UStAE).

Diese Einschränkungen bei der Ausfuhr im persönlichen Reisegepäck kommen also insb. bei Einkäufen i.R.d. Tourismus oder davon unabhängigen Einkaufsfahrten sowie bei beruflich bedingten Fahrten von Pendlern zum Tragen. In diesen Fällen muss sich, als erste der beiden **weiteren Voraussetzungen** für die Steuerbefreiung, der Wohnort oder Sitz des Abnehmers im Drittlandsgebiet − ausgenommen der Gebiete nach § 1 Abs. 3 UStG − befinden (§ 6 Abs. 3a Nr. 1 UStG). Die zweite Einschränkung besteht in der Vorgabe einer Ausfuhrfrist. Hiernach hat der Abnehmer den erworbenen Gegenstand im Kalendermonat des Erwerbs oder innerhalb der 3 darauf folgenden Monate auszuführen.[235]

Wegen der zusätzlichen Anforderungen an die Steuerfreiheit weiten sich zudem die vom liefernden Unternehmer zu führenden **Nachweispflichten** aus. Dieser hat neben den oben angesprochenen Ausfuhr- und Buchnachweisen u.a. die Einhaltung der Ausfuhrfrist zu belegen und einen Abnehmernachweis zu erbringen, der zum einen den Namen und die Anschrift des Abnehmers dokumentiert und zum anderen mit Hilfe einer Bestätigung der jeweils zuständigen Grenzzollstelle die Richtigkeit dieser Angaben nachweist (§ 6 Abs. 4 UStG; §§ 9, 17 UStDV).

7.5.4 Der innergemeinschaftliche Handel und seine Besonderheiten[236]

7.5.4.1 Vorbemerkungen

Seit dem 01.01.1993 gilt in der EU **grundsätzlich das Ursprungslandprinzip**, da dies mit dem durch den europäischen Binnenmarkt verfolgten Ziel (keine Beeinträchtigung des grenzüberschreitenden Waren- und Dienstleistungsverkehrs) besser vereinbar ist als das Bestimmungslandprinzip (insb. sind keine Grenzkontrollen notwendig).[237] Im innergemeinschaftlichen Handel sollte das Bestimmungslandprinzip übergangsweise nur noch bis 1996 gelten und die Ursprungslandbesteuerung mit umsatzsteuerlichem Länderfinanzausgleich eingeführt werden. Da jedoch vor Ablauf der Übergangsfrist keine endgültige Regelung verabschiedet worden ist (nicht zuletzt, weil die Mitgliedstaaten ihre Finanzhoheit behalten wollten), gilt das

---

[235] Vgl. zur Ausfuhrfrist § 6 Abs. 3a Nr. 2 UStG.

[236] Vgl. ENGLISCH, JOACHIM: § 17, in: Steuerrecht, hrsg. von KLAUS TIPKE und JOACHIM LANG, 21. Aufl., Köln 2013, Rn. 4-9, 392-451; KURZ, DIETER: Umsatzsteuer, 16. Aufl., Stuttgart 2012, S. 87-98, 319-323; vgl. dazu grundlegend und umfassend SOPP, KARINA: Umsatzbesteuerung beim Handel in der EU, in: Bilanz- Prüfungs- und Steuerwesen, hrsg. von KARLHEINZ KÜTING, CLAUS-PETER WEBER und HEINZ KUßMAUL, Bd. 18, Berlin 2010.

[237] Jedoch verhält sich das Ursprungsland **nicht wettbewerbsneutral**, da auf dem relevanten Markt diejenigen Unternehmer einen Wettbewerbsvorteil haben, die ihre Leistungen aus einem Ursprungsland mit niedrigem Umsatzsteuerniveau erbringen; vgl. ENGLISCH, JOACHIM: § 17, in: Steuerrecht, hrsg. von KLAUS TIPKE und JOACHIM LANG, 21. Aufl., Köln 2013, Rn. 395.

Bestimmungslandprinzip im innergemeinschaftlichen Handel auf unbestimmte Zeit weiter. An dem langfristigen Ziel, das Ursprungslandprinzip auch auf den innergemeinschaftlichen Handel auszudehnen – also zumindest, was den Besteuerungsmechanismus angeht, ein „richtiges" Ursprungslandprinzip einzuführen –, hält die Europäische Kommission indes weiterhin fest.[238]

Jedoch werden innerhalb der EU keine Grenzkontrollen mehr durchgeführt (Wegfall der innergemeinschaftlichen Zollgrenzen); das Bestimmungslandprinzip kann also nicht in der Form angewendet werden wie bei Importen bzw. Exporten. Daher werden im innergemeinschaftlichen Handel Grenzkontrollen durch **aufwändige Nachweis- und Kontrollmechanismen** ersetzt, um so bspw. mit der Pflicht zur Angabe einer Umsatzsteuer-Identifikationsnummer (§ 27a UStG) und zur Abgabe periodischer Erklärungen (sog. **Zusammenfassende Meldungen**; vgl. § 18a UStG) die Besteuerung sicherzustellen.

Daneben ist zu beachten, dass das Bestimmungslandprinzip **nur im gewerblichen** innergemeinschaftlichen Warenverkehr **uneingeschränkt** Anwendung findet. Gegenstände und Leistungen, die im gewerblichen innergemeinschaftlichen Warenverkehr eine Grenze passieren, werden von der inländischen Umsatzsteuer befreit (sog. **innergemeinschaftliche Lieferung**; vgl. § 6a UStG) und unterliegen nur der Umsatzsteuer des Bestimmungslandes (sog. **innergemeinschaftlicher Erwerb**; vgl. § 1a UStG). An dem Prinzip, dass **erst auf der Endstufe** eine endgültige Umsatzsteuerbelastung eintritt, ändert sich nichts: Erfolgt die Einfuhr durch einen vorsteuerabzugsberechtigten Unternehmer zur Ausführung steuerpflichtiger Leistungen, wird die durch die Erhebung der Umsatzsteuer eintretende Umsatzsteuerbelastung dadurch ausgeglichen, dass ihm **in gleicher Höhe ein Vorsteuerabzug** gewährt wird (§ 15 Abs. 1 S. 1 Nr. 3 UStG).

Für den Fall, dass Gegenstände und Leistungen im **nicht gewerblichen** innergemeinschaftlichen Warenverkehr (Empfänger ist Endverbraucher) eine Grenze passieren, gilt grundsätzlich auch das Bestimmungslandprinzip. Jedoch ist es seit dem Wegfall von Grenzkontrollen nicht mehr möglich, die Umsatzsteuer des Bestimmungslandes bei Grenzübertritt bspw. durch die Zollbehörden zu erheben. Auch können Endverbrauchern nicht die aufwändigen Nachweis- und Kontrollmechanismen auferlegt werden, die für Unternehmer gelten. Daher finden Ersatzlösungen Anwendung.

Befördert oder versendet der leistende Unternehmer Gegenstände an einen Endverbraucher (sog. **Versendungslieferung an Endverbraucher**), so gilt grundsätzlich das **Bestimmungslandprinzip** und der Unternehmer hat im Bestimmungsland die dortigen steuerlichen Pflichten zu erfüllen (§ 3c Abs. 1 S. 1 UStG). Jedoch wird dieser Grundsatz durch Ausnahmen und Gegenausnahmen durchbrochen (vgl. S. 179).

Werden Gegenstände vom Endverbraucher abgeholt (sog. **Abhollieferungen**), gilt nicht zuletzt aus verfahrenstechnischen Gründen das **Ursprungslandprinzip**, da der leistende Unter-

---

[238] Vgl. Mitteilung der Europäischen Kommission an den Rat, das Europäische Parlament und den Wirtschafts- und Sozialausschuss: Steuerpolitik in der Europäischen Union – Prioritäten für die nächsten Jahre vom 23.05.2001, KOM (2001) 260 endgültig, S. 12. Vgl. auch ENGLISCH, JOACHIM: § 17, in: Steuerrecht, hrsg. von KLAUS TIPKE und JOACHIM LANG, 21. Aufl., Köln 2013, Rn. 399.

nehmer nicht wissen kann, ob der Gegenstand im Ursprungsland verbleibt oder ins Bestimmungsland gelangt.²³⁹ Schließlich ist für den leistenden Unternehmer kaum nachvollziehbar, ob die Leistung im Ursprungsland verbleibt oder dieses verlässt. Ausgenommen ist die Abholung **neuer Fahrzeuge**, bei der die Besteuerung im **Bestimmungsland** erfolgt (§§ 1b, 3d UStG).

7.5.4.2 Der innergemeinschaftliche Erwerb

Die Erwerbsbesteuerung ersetzt im grenzüberschreitenden Handel zwischen den Mitgliedstaaten der EU die gegenüber Drittstaaten erfolgende **Einfuhrbesteuerung**. Während aber die Einfuhrumsatzsteuer von den Zollbehörden erhoben wird, erheben die Finanzämter die Umsatzsteuer auf den innergemeinschaftlichen Erwerb (Erwerbsumsatzsteuer). Wie die Einfuhrumsatzsteuer kann auch die Erwerbsumsatzsteuer als Vorsteuer abgezogen werden (§ 15 Abs. 1 S. 1 Nr. 3 UStG).

Nachdem die durch die EU-Mitgliedstaaten anzustrebende Harmonisierung der Umsatzsteuer in weiten Teilen abgeschlossen ist (vgl. S. 17), erfolgt die Besteuerung der innergemeinschaftlichen Lieferung im Ursprungsland korrespondierend zur Erwerbsbesteuerung in Deutschland (vgl. S. 178) und ist dort steuerfrei.

Der innergemeinschaftliche **Erwerb** im Inland ist an eine ganze Reihe von **Tatbestandsmerkmalen** geknüpft (§ 1a UStG i.V.m. § 1 Abs. 1 Nr. 5 UStG).²⁴⁰

Der Liefergegenstand muss **aus dem Gebiet eines Mitgliedstaates in das Inland** gelangen; außerdem muss der **Erwerber Unternehmer** i.S.d. § 2 UStG sein und den Gegenstand **für sein Unternehmen** erwerben, oder es muss sich bei dem Erwerber um eine juristische Person handeln. Bei Angabe der jeweiligen Umsatzsteuer-Identifikationsnummer wird eine betriebliche Verwendung vorausgesetzt.

Außerdem muss der **Lieferant** ebenfalls **Unternehmer** i.S.d. § 2 UStG sein, der die Lieferung gegen Entgelt ausführt. Ausgenommen sind Lieferungen von Kleinunternehmern, die analog zu § 19 UStG in ihrem Ursprungsland wie Nicht-Unternehmer behandelt werden.

Weiterhin wird auch das unternehmensinterne Verbringen eines Gegenstandes aus dem übrigen Gemeinschaftsgebiet in das Inland als innergemeinschaftlicher Erwerb angesehen (§ 1a Abs. 2 UStG). Hiervon ausgenommen wird lediglich eine **Verbringung zu einer vorübergehenden Verwendung**.

Vom innergemeinschaftlichen Erwerb ausgenommen sind nach § 1a Abs. 3 UStG die Erwerbe folgender Personengruppen (sog. **Halbunternehmer**), wenn ihre Erwerbe nicht die Erwerbsschwelle (12.500 € pro Jahr; vgl. § 1a Abs. 3 Nr. 2 UStG) überschreiten:

– Unternehmer mit ausschließlich steuerfreien vorsteuerschädlichen Umsätzen;
– Kleinunternehmer i.S.d. § 19 Abs. 1 UStG;

---

²³⁹ Vgl. ENGLISCH, JOACHIM: § 17, in: Steuerrecht, hrsg. von KLAUS TIPKE und JOACHIM LANG, 21. Aufl., Köln 2013, Rn. 411.
²⁴⁰ Vgl. KURZ, DIETER: Umsatzsteuer, 16. Aufl., München 2012, S. 88-90, 319-322.

- Land- und Forstwirte nach § 24 UStG sowie
- juristische Personen, die nicht Unternehmer sind oder die den Gegenstand nicht für ihr Unternehmen erwerben.

Diese Halbunternehmer können der Erwerbsbesteuerung unterliegen, wenn sie

- die Erwerbsschwelle (12.500 € pro Jahr; vgl. § 1a Abs. 3 Nr. 2 UStG) überschreiten;
- freiwillig nach § 1a Abs. 4 UStG die Erwerbsbesteuerung wählen (Bindung für den laufenden und folgenden VAZ) oder
- Neufahrzeuge oder verbrauchsteuerpflichtige Waren (§ 1a Abs. 5 S. 2 UStG) erwerben (§ 1a Abs. 5 S. 1 UStG).

7.5.4.3 Die innergemeinschaftliche Lieferung

Innergemeinschaftliche Lieferungen sind in Deutschland von der **Umsatzsteuer befreit** (§ 4 Nr. 1 Buchst. b i.V.m. § 6a UStG), der Vorsteuerabzug gem. § 15 Abs. 3 Nr. 1 UStG bleibt jedoch vollständig erhalten. Die Steuerbefreiung gilt indes nicht für innergemeinschaftliche Lieferungen von Gegenständen, bei deren Lieferung im Ursprungsland die Differenzbesteuerung (§ 25a Abs. 1 UStG) angewendet worden ist (§ 25a Abs. 7 Nr. 3 UStG).

Tatbestandsmerkmale steuerfreier innergemeinschaftlicher Lieferungen sind nach § 6a Abs. 1 S. 1 UStG:

- Die **Lieferung** erfolgt durch einen **Unternehmer** i.S.d. § 2 UStG.
- Der Liefergegenstand wird aus dem Inland in das übrige **Gemeinschaftsgebiet** befördert oder versendet.
- Der **Abnehmer** erwirbt den Gegenstand für sein Unternehmen oder der Abnehmer ist eine juristische Person, die nicht Unternehmer ist oder die den Gegenstand nicht für ihr Unternehmen erworben hat.[241]
- Der Erwerb unterliegt im Mitgliedstaat des Erwerbers der **Erwerbsbesteuerung**.

Der Gegenstand kann vor seiner innergemeinschaftlichen Beförderung bzw. Versendung **bearbeitet** worden sein (§ 6a Abs. 1 S. 2 UStG). Die innergemeinschaftliche **Gegenstandsverbringung** (§ 3 Abs. 1a UStG) ist einer innergemeinschaftlichen Lieferung gleichgestellt (§ 6a Abs. 2 UStG).

Das Vorliegen der Voraussetzung **steuerbefreiter Lieferungen** ist **buch- und belegmäßig** nachzuweisen (§ 6a Abs. 3 UStG), da der Erwerbsbesteuerung grundsätzlich nur Unternehmer und juristische Personen unterliegen. Als Nachweis gilt insbesondere die **Umsatzsteuer-Identifikationsnummer** des Abnehmers in dem anderen Mitgliedstaat, da Umsatzsteuer-Identifikationsnummern nur Personen erteilt werden, die der Erwerbsteuer unterliegen, bzw. Personen, die innergemeinschaftlich befreite Lieferungen ausführen.

---

[241] Zu beachten ist, dass es bei der Lieferung eines neuen Fahrzeugs (§ 1b UStG) unbeachtlich ist, wer der Erwerber ist (§ 6a Abs. 1 S. 1 Nr. 2 Buchst. c UStG).

Kleinunternehmer (§ 19 Abs. 1 S. 4 UStG) und land- und forstwirtschaftliche Betriebe, die ihre Umsätze nach Durchschnittssätzen versteuern (§ 24 Abs. 1 UStG), sind nicht nach § 6a UStG steuerbefreit. Eine Ausnahme besteht jedoch für die Lieferung neuer Fahrzeuge (§ 19 Abs. 4 S. 1 UStG).

Es kann sich auch dann um eine **innergemeinschaftliche Lieferung** handeln, **wenn einer der Beteiligten Nicht-Unternehmer ist**. Dies ist dann der Fall, wenn es sich um die Lieferung neuer Fahrzeuge handelt. Durch § 2a UStG wird derjenige, der ein neues Fahrzeug liefert, für diese Lieferung wie ein Unternehmer i.S.d. § 2 UStG behandelt. Die innergemeinschaftliche Lieferung ist nach § 6a Abs. 1 Nr. 2 Buchst. c UStG steuerfrei. Außerdem unterliegt der Abnehmer – auch wenn dieser Nicht-Unternehmer ist – der Erwerbsbesteuerung (§ 1b i.V.m. § 3d UStG).

7.5.4.4 Der nicht kommerzielle Handel in der Europäischen Union

Die EU-weite Erwerbsbesteuerung greift grds. nicht bei grenzüberschreitenden **Lieferungen an Privatpersonen und Halbunternehmer**, welche weder die Erwerbsschwelle überschreiten noch die Option zur Erwerbsbesteuerung wahrnehmen, und schließt damit auch die Steuerbefreiung beim liefernden Unternehmer aus.[242] Stattdessen ist bei diesem Abnehmerkreis zu unterscheiden zwischen Lieferungen im Rahmen der sog. Versandhandelsregelung und Abhollieferungen.

Erfolgt die **Versendung oder Beförderung** durch den Lieferer **an einen Nicht-Unternehmer** (sog. **Versandhandelsregelung**), gilt die Lieferung an dem Ort als ausgeführt, an dem die Versendung oder Beförderung endet (§ 3c Abs. 1 UStG). Dementsprechend hat der leistende Unternehmer die steuerlichen Pflichten des Bestimmungslandes zu erfüllen. Im Herkunftsland ist eine Befreiung nicht erforderlich, da die Lieferung von vornherein nicht als dort bewirkt gilt. Jedoch bleibt der Vorsteuerabzug für den Bezug von Vorleistungen erhalten.

Gem. § 3c Abs. 2 S. 1 UStG ist Voraussetzung für die Anwendung von § 3c Abs. 1 UStG, dass der Abnehmer der Lieferung eine natürliche Person als Nicht-Unternehmer (§ 3c Abs. 2 S. 1 Nr. 1 UStG) bzw. ein sog. Halbunternehmer (§ 3c Abs. 2 S. 1 Nr. 2 UStG)[243] ist.

Um kleine Unternehmen nicht damit zu belasten, die steuerlichen Pflichten des Bestimmungslandes zu erfüllen, ist § 3c Abs. 1 UStG nur dann anzuwenden, wenn auf Seiten des leistenden Unternehmers die jeweilige landesspezifische Lieferschwelle (Summe der Entgelte für die Lieferungen in den jeweiligen Mitgliedstaat; gem. § 3c Abs. 3 S. 2 Nr. 1 UStG für Deutschland 100.000 €) im vorangegangenen Jahr oder im laufenden Jahr überschritten wurde bzw. wird. Bei Nichtüberschreiten der Lieferschwelle gilt die Lieferung als im Herkunftsland bewirkt und unterliegt dort der Besteuerung. Der Lieferant kann aber auf die Anwendung der

---

[242] Vgl. §§ 1a Abs. 1 Nr. 2 und Abs. 3, 6a Abs. 1 Nr. 2-3 UStG.
[243] Neben den Voraussetzungen von § 3c Abs. 2 S. 1 Nr. 2 UStG darf bei diesen Halbunternehmern außerdem nicht die Erwerbsschwelle (§ 1a Abs. 3 Nr. 2 UStG; Abschn. 3c.1 Abs. 2 UStAE) überschritten oder auf deren Anwendung verzichtet worden sein.

Lieferschwelle verzichten, so dass trotz Unterschreitens der Lieferschwelle die Besteuerung im Bestimmungsland erfolgt.

Nicht anwendbar ist § 3c Abs. 1-4 UStG gem. § 3c Abs. 5 S. 1 UStG bei der Lieferung neuer Fahrzeuge (s.u.). Erfolgt die Versendungslieferung verbrauchsteuerpflichtiger Waren, so gilt § 3c Abs. 1 UStG nur, wenn der Abnehmer ein privater Endverbraucher ist – unabhängig von einer Lieferschwelle (§ 3c Abs. 5 S. 2 UStG). Zur Realisierung des Bestimmungslandprinzips ist für die sog. Halbunternehmer beim Erhalt verbrauchsteuerpflichtiger Waren[244] die Erwerbsbesteuerung unabhängig vom Überschreiten der Erwerbsschwelle verpflichtend (§ 1a Abs. 5 S. 1 UStG).

Erfolgt eine **Abhollieferung durch einen Nicht-Unternehmer**, d.h. werden Gegenstände von Nicht-Unternehmern[245] aus dem Gebiet eines anderen Mitgliedstaates **abgeholt** (umsatzsteuerlich: durch den Abnehmer oder einen von ihm beauftragten Dritten befördert oder versendet), gilt das **Ursprungslandprinzip**. Der Ort der Lieferung bestimmt sich bei Abhollieferungen nach § 3 Abs. 6 S. 1 UStG und liegt dort, wo die Lieferung beginnt.

Für den **innergemeinschaftlichen Erwerb neuer Fahrzeuge** an Privatpersonen und sog. Halbunternehmer findet in jedem Falle eine **Erwerbsbesteuerung im Bestimmungsland** statt. Hierzu korrespondierend wird die Lieferung neuer Fahrzeuge in einen anderen Mitgliedstaat immer steuerbefreit (§ 6a Abs. 1 Nr. 2 Buchst. c UStG). Ein „neues" Fahrzeug ist bspw. ein Kraftfahrzeug, das weniger als 6 Monate alt ist oder weniger als 6.000 km zurückgelegt hat (§ 1b Abs. 2 und 3 UStG).

Diese Zusammenhänge werden – ergänzt um Lieferungen ins Drittland – nochmals anhand von Abb. 27 dargestellt.

---

[244] Verbrauchsteuerpflichtige Waren i.S.d. § 1a Abs. 5 S. 2 UStG sind Mineralöle, Alkohol, alkoholische Getränke und Tabakwaren.

[245] Handelt es sich also nicht um einen innergemeinschaftlichen Erwerb, für den das Bestimmungslandprinzip gilt (§§ 1a, 3 Abs. 5a, 3d UStG).

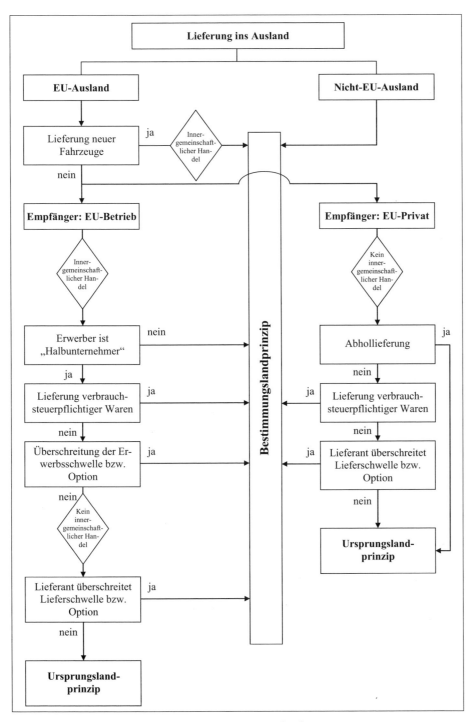

Abb. 27: Bestimmungslandprinzip versus Ursprungslandprinzip

7.6 Die Bemessungsgrundlage (§ 10 UStG)

Bemessungsgrundlage bei **Lieferungen, sonstigen Leistungen** und **innergemeinschaftlichen Erwerben** ist das **Entgelt** (§ 10 Abs. 1 S. 1 UStG). Entgelt ist alles, was der Leistungsempfänger aufwendet, um die Leistung zu erhalten, jedoch ohne die darin enthaltene Umsatzsteuer (§ 10 Abs. 1 S. 2 UStG). Fehlt es an der Entgeltlichkeit, sind alternativ die **bei einem Umsatz entstandenen Kosten** als Bemessungsgrundlage heranzuziehen (§ 10 Abs. 4 UStG). Die bei einem Umsatz entstandenen Kosten sind außerdem als **Mindestbemessungsgrundlage** anzusetzen, wenn Unternehmer an Arbeitnehmer oder nahe stehende Personen Leistungen entgeltlich erbracht haben, das Entgelt aber hinter den genannten Werten zurückbleibt (§ 10 Abs. 5 UStG).

Ändert sich die Bemessungsgrundlage nachträglich (z.B. wegen Anfechtung, Wandelung, Minderung, Rücktritt, nachträglicher Gewährung von Boni/Skonti oder Forderungsausfall), so ist die Bemessungsgrundlage durch den Unternehmer und den Abnehmer, sofern dieser die in Rechnung gestellte Umsatzsteuer als Vorsteuer abgezogen hat, zu **berichtigen** (§ 17 Abs. 1 S. 1 UStG).

Beim **Handel mit Gebrauchtwagen** und anderen beweglichen körperlichen Gegenständen kann auch die Differenz zwischen Verkaufspreis und Einkaufspreis (ohne die darin enthaltene Umsatzsteuer) Bemessungsgrundlage sein, sofern der Unternehmer Wiederverkäufer ist (§ 25a UStG). Diese sog. **Differenzbesteuerung** gilt auch für die Veräußerung von gebrauchten Gegenständen, insb. Kunstgegenständen, Sammlungen und Antiquitäten.

Beim Tausch und tauschähnlichen Umsatz besteht das Entgelt eines Umsatzes jeweils im gemeinen Wert des korrespondierenden Umsatzes, wobei hierunter der am freien Markt erzielbare Preis zu verstehen ist.[246] Liegt zusätzlich eine Baraufgabe vor, verringert sich der Wert der Sachleistung dieses Umsatzes im Verhältnis zum korrespondierenden Umsatz um den hinzugefügten Geldbetrag.[247]

> Beispiel: (Differenzbesteuerung und „Tausch mit Baraufgabe")
>
> Ein Autohändler erwirbt für 3.450 € einen Gebrauchtwagen und veräußert ihn für 4.640 € weiter. Die Differenz beträgt 1.190 €, die Umsatzsteuer ist herauszurechnen; es ergibt sich eine Bemessungsgrundlage i.H.v. 1.000 €.
>
> Ein weiteres Problem besteht jedoch, wenn die Inzahlungnahme des Pkw mit einem Neukauf verbunden ist. Da die Bemessungsgrundlage für diesen „Tausch mit Baraufgabe" der gemeine Wert der Sachleistung zzgl. der Barzahlung (ohne die darin enthaltene Umsatzsteuer) ist, wird es erschwert, einen Pkw nominell über Wert anzukaufen, allein um die Umsatzsteuer zu reduzieren.

---

[246] Vgl. § 10 Abs. 2 S. 2 UStG; Abschn. 10.5 Abs. 1 S. 1 und 6 UStAE.
[247] Vgl. Abschn. 10.5 Abs. 1 S. 8 und 9 UStAE; KORN, CHRISTIAN: § 10, in: Umsatzsteuergesetz, begr. von JOHANN BUNJES und REINHOLD GEIST, 11. Aufl., München 2012, Rn. 54.

7.7 Die Steuersätze (12 UStG)

§ 12 UStG kennt **2 Steuersätze**, den **Regelsteuersatz** (§ 12 Abs. 1 UStG) i.H.v. **19 %** (seit dem 01.01.2007) und den **ermäßigten Steuersatz** (§ 12 Abs. 2 UStG) i.H.v. **7 %** (seit dem 01.07.1983).

Der ermäßigte Steuersatz von 7 % gilt u.a. für land- und forstwirtschaftliche Erzeugnisse, Futter- und Düngemittel, Nahrungsmittel einschließlich bestimmter Getränke (außer bei Verzehr an Ort und Stelle), Waren des Buchhandels und Druckereierzeugnisse, Kunstgegenstände und Sammlungsstücke sowie Körperersatzstücke (vgl. die „Liste der dem ermäßigten Steuersatz unterliegenden Gegenstände" in der Anlage 2 des UStG).

Außerdem bestehen **Sonderregelungen für die Land- und Forstwirtschaft** mit Umsatzsteuersätzen von 5,5 % und 10,7 % (§ 24 Abs. 1 UStG).

7.8 Der Vorsteuerabzug (§ 15 UStG)

7.8.1 Voraussetzungen des Vorsteuerabzugs (§ 15 Abs. 1 UStG)

Den Vorsteuerabzug kann nur ein **Unternehmer** geltend machen. Durch ihn wird sichergestellt, dass der unternehmerische Verbrauch von Leistungen (Güter, Dienstleistungen) nicht mit Umsatzsteuer belastet wird.

Ein Vorsteuerabzug ist nur möglich, wenn ein **anderer Unternehmer** eine Leistung i.S.d. § 1 Abs. 1 Nr. 1 UStG erbringt, wenn Einfuhrumsatzsteuer entrichtet, wenn eine Steuer für den innergemeinschaftlichen Erwerb gezahlt, wenn eine Steuer für Leistungen i.S.d. § 13b Abs. 1 und 2 UStG abgeführt wurde oder wenn der Unternehmer i.R.d. Umsatzsteuerlagerregelung (§ 4 Nr. 4a UStG) Steuern schuldet.

Die Leistung muss **für das Unternehmen** des Leistungsempfängers (Unternehmers) ausgeführt worden sein. Der Unternehmer muss die Leistung also i.R. seines Unternehmens und nicht für Zwecke außerhalb des Unternehmens bezogen haben.

Abziehbar ist nur die geschuldete Umsatzsteuer, die durch eine **nach den §§ 14 und 14a UStG ausgestellte Rechnung** nachgewiesen wird (§ 15 Abs. 1 Nr. 1 S. 2 UStG). Wie die Rechnung im Einzelnen beschaffen sein muss, ergibt sich aus § 14 Abs. 4 UStG und §§ 31-34 UStDV. Im Zuge des Steuervereinfachungsgesetzes 2011 werden Rechnungen in Papierform und Rechnungen in elektronischer Form gleich behandelt. Die bisherige Regelung des § 14 Abs. 3 UStG a.F. war an sehr hohe technische Anforderungen zur Übermittlung elektronischer Rechnungen gebunden. Vereinfachungen und andere Sonderregelungen bestehen für Rechnungen über Kleinbeträge bis 150 € (§ 33 UStDV) und für Fahrausweise (§ 34 UStDV).[248]

---

[248] Vgl. zu diesem Abschnitt RONDORF, HANS-DIETER: Rechnungserteilung und Vorsteuerabzug aus Rechnungen ab 2004, in: NWB vom 14.06.2004, Fach 7, S. 6275-6308.

Daneben gibt es **Sonderregelungen für die Land- und Forstwirtschaft** mit dem Ziel, Land- und Forstwirten Aufzeichnungen zu ersparen, indem sowohl die Vorsteuer als auch die Umsatzsteuer pauschaliert wird.[249]

7.8.2 Ausschluss des Vorsteuerabzugs (§ 15 Abs. 1a UStG)

Für bestimmte, nicht streng geschäftliche, der Repräsentation dienende oder die Lebensführung berührende Aufwendungen, ist die darauf entfallende Umsatzsteuer **vom Vorsteuerabzug ausgeschlossen (sog. Repräsentationsaufwendungen)**.[250] Bei diesen Repräsentationsaufwendungen handelt es sich um:

– Aufwendungen für Geschenke an Arbeitnehmer (§ 4 Abs. 5 S. 1 Nr. 1 EStG);
– den unangemessenen Teil von Bewirtungsaufwendungen (§ 4 Abs. 5 S. 1 Nr. 2 EStG);[251]
– Aufwendungen für Gästehäuser (§ 4 Abs. 5 S. 1 Nr. 3 EStG);
– Aufwendungen für Jagd, Fischerei, Motor-/Segeljachten (§ 4 Abs. 5 S. 1 Nr. 4 EStG);
– unangemessene Aufwendungen (§ 4 Abs. 5 S. 1 Nr. 7 EStG) sowie
– Aufwendungen für den Haushalt des Steuerpflichtigen oder den Unterhalt seiner Angehörigen (§ 12 Nr. 1 EStG).

Die Umsatzsteuer auf die nicht abzugsfähigen Betriebsausgaben stellt selbst eine nicht abziehbare Betriebsausgabe dar.

7.8.3 Vorsteuerabzug für gemischt genutzte Grundstücke (§ 15 Abs. 1b UStG)

Durch das Jahressteuergesetz 2010 hat der Gesetzgeber einen neuen § 15 Abs. 1b UStG eingeführt, mit dem der **Vorsteuerabzug für gemischt genutzte Grundstücke** neu geregelt wird. Demzufolge ist bei gemischt bzw. teilunternehmerisch genutzten Grundstücken der Vorsteuerabzug für die Lieferungen, die Einfuhr und den innergemeinschaftlichen Erwerb sowie für die sonstigen Leistungen im Zusammenhang mit diesem Grundstück ausgeschlossen, soweit er nicht auf die Verwendung des Grundstücks für Zwecke des Unternehmens entfällt. Eine teilunternehmerische Verwendung i.S.d. § 15 Abs. 1b UStG liegt vor, wenn das dem Unternehmen zugeordnete Grundstück teilweise für Zwecke außerhalb des Unternehmens oder für den privaten Bedarf des Personals verwendet wird. Hierzu gehören nur solche Grundstücksaufwendungen, die ihrer Art nach zu einer unentgeltlichen Wertabgabe i.S.d. § 3

---

[249] Vgl. STÖCKER, ERNST E.: § 24 UStG, in: Umsatzsteuer-Kommentar, begr. von KARL PETER, hrsg. von ARMIN BURHOFF und ERNST E. STÖCKER, Herne/Berlin (Loseblatt), Stand: November 2012, Rn. 8 ff.

[250] Vgl. GRUNE, JÖRG: § 15 UStG, in: Umsatzsteuer-Kommentar, begr. von KARL PETER, hrsg. von ARMIN BURHOFF und ERNST E. STÖCKER, Herne/Berlin (Loseblatt), Stand: November 2012, Rn. 283.

[251] Der BFH hat entschieden, dass die Vorsteuerabzugsbeschränkung im Hinblick auf angemessene Bewirtungsaufwendungen nicht mit Art. 17 der Richtlinie 77/388/EWG (Richtlinie Nr. 77/388/EWG vom 17.05.1977, ABl EU 1977, Nr. L 145, S. 1) vereinbar ist; vgl. BFH-Urteil vom 10.02.2005, in: BFH/NV 2005, S. 817.

Abs. 9a Nr. 1 UStG führen können.²⁵² Hiervon nicht betroffen bleiben Gegenstände, die umsatzsteuerlich keine Bestandteile des Grundstücks oder Gebäudes sind.

Bislang galten die sog. „Seeling-Grundsätze", wonach bei einem teils unternehmerisch und teils nichtunternehmerisch genutzten Wirtschaftsgut der volle Vorsteuerabzug geltend gemacht werden konnte, sofern das Wirtschaftsgut im Rahmen der unternehmerischen Nutzung zur Ausführung von Umsätzen verwendet wurde, wobei der Anteil der unternehmerischen Nutzung mindestens 10 % betragen musste.

7.8.4 Steuerbefreiungen und Vorsteuerabzug (§ 15 Abs. 2 und 3 UStG)

Vom Vorsteuerabzug ausgeschlossen ist nach § 15 Abs. 2 UStG u.a. die Vorsteuer auf die Lieferung, die Einfuhr und den innergemeinschaftlichen Erwerb von Gegenständen sowie für sonstige Leistungen, die der Unternehmer **zur Ausführung steuerfreier Umsätze** verwendet. Ausnahmsweise tritt dieser Ausschluss vom Vorsteuerabzug nicht ein (§ 15 Abs. 3 UStG), insb. bei den (steuerfreien) Ausfuhrumsätzen (§ 4 Nr. 1 Buchst. a UStG i.V.m. § 6 UStG) und den (steuerfreien) innergemeinschaftlichen Lieferungen (§ 4 Nr. 1 Buchst. b UStG i.V.m. § 6a UStG). Dies entspricht dem Bestimmungslandprinzip und verhindert, dass ansonsten die Waren zumindest indirekt doch mit deutscher Umsatzsteuer belastet wären.

Die Versagung des Vorsteuerabzugs kann zu systemwidrigen Ergebnissen führen (Definitiv-Belastung des Unternehmers, falls keine Überwälzung gelingt; systemwidrige Kumulation, falls Überwälzung gelingt). Für den Fall der Überwälzung resultiert die Kumulationswirkung aus der beim steuerfreien Unternehmer nicht abzugsfähigen Vorsteuer sowie aus der auf dem Umsatz lastenden Umsatzsteuer.

Wegen dieses **prinzipwidrigen Kumulationseffektes** bei Steuerbefreiung auf einer Zwischenstufe im Produktions- und Handelsprozess gewährt § 9 Abs. 1 UStG Unternehmern, die bestimmte steuerfreie Umsätze an andere Unternehmer für deren Unternehmen ausführen, die Möglichkeit, die steuerfreien Umsätze wie steuerpflichtige Umsätze zu behandeln (Optionsrecht). Zu den **steuerfreien Umsätzen mit Optionsrecht** gehören insb.:

– Umsätze im Geld- und Kapitalverkehr (§ 4 Nr. 8 Buchst. a-g UStG);
– Umsätze, die unter das Grunderwerbsteuergesetz fallen (§ 4 Nr. 9 Buchst. a UStG);
– Vermietung und Verpachtung von Grundstücken u.a. (§ 4 Nr. 12 UStG);
– bestimmte Leistungen von Wohnungseigentümergemeinschaften (§ 4 Nr. 13 UStG) und
– sog. Blindenumsätze (§ 4 Nr. 19 UStG).

Die Ausübung der Option im Zusammenhang mit **Grundstücken** ist jedoch nur zulässig, soweit der Leistungsempfänger das Grundstück ausschließlich für Umsätze verwendet oder zu verwenden beabsichtigt, die den Vorsteuerabzug nicht ausschließen, was der Unternehmer nachzuweisen hat (§ 9 Abs. 2 UStG). Die Option kann bei der Lieferung von Grundstücken im Zwangsversteigerungsverfahren nur bis zum Zeitpunkt der Aufforderung zur Abgabe von Geboten erfolgen (§ 9 Abs. 3 S. 1 UStG). Bei anderen Umsätzen, die unter das Grunderwerb-

---

²⁵² Vgl. Abschn. 15.6a Abs. 2 UStAE; BMF-Schreiben vom 22.06.2011, BStBl I 2011, S. 597-602.

steuergesetz fallen, muss die Option im entsprechenden notariell zu beurkundenden Vertrag erklärt werden (§ 9 Abs. 3 S. 2 UStG).

> **Beispiel:** (Optionsrecht bei Vermietung und Verpachtung)
>
> Der Hausbesitzer H vermietet Geschäftsräume an den Einzelhändler E. Die Vermietung ist umsatzsteuerfrei (§ 4 Nr. 12 Buchst. a UStG). Wegen hoher Reparaturen am Haus hat H Reparaturrechnungen zu zahlen, in denen 5.000 € Vorsteuern ausgewiesen sind. H kann diese Vorsteuern grundsätzlich nicht abziehen (§ 15 Abs. 2 Nr. 1 UStG) und muss den Betrag auf den Mietpreis aufschlagen. Verzichtet H auf die Steuerbefreiung, so kann er die 5.000 € als Vorsteuern abziehen. Zwar muss er E jetzt auch Umsatzsteuer auf die Mietzahlungen in Rechnung stellen, doch kann dieser die Vorsteuer selbst wieder abziehen.

7.8.5 Teilweiser Ausschluss vom Vorsteuerabzug (§ 15 Abs. 4 UStG)

Verwendet der Unternehmer einen für sein Unternehmen gelieferten, eingeführten oder innergemeinschaftlich erworbenen Gegenstand oder eine sonstige Leistung nur z.T. zur Ausführung von Umsätzen, die den Vorsteuerabzug ausschließen (sog. Mischumsätze), so ist gem. § 15 Abs. 4 S. 1 UStG der Teil der jeweiligen Vorsteuerbeträge nicht abziehbar, der den zum Ausschluss vom Vorsteuerabzug führenden Umsätzen wirtschaftlich zuzurechnen ist. Der Unternehmer darf die nicht abziehbaren Teilbeträge sachgerecht schätzen (§ 15 Abs. 4 S. 2 UStG). Soweit kein anderer wirtschaftlicher Anhaltspunkt besteht, darf die Aufteilung im Verhältnis der Umsätze, die den Vorsteuerabzug ausschließen, zu den Umsätzen, die zum Vorsteuerabzug berechtigen, vorgenommen werden (§ 15 Abs. 4 S. 3 UStG).

> **Beispiel:** (Teilweiser Ausschluss des Vorsteuerabzugs bei sog. Mischumsätzen)
>
> Ein Gebäude wird zu 2/3 der Fläche für Bürozwecke des Unternehmers (Produktion und Absatz von Nähmaschinen, Exportanteil 50 %) und zu 1/3 für eine nach § 4 Nr. 12 Buchst. a UStG steuerfreie Vermietung genutzt. Die bei der Errichtung in Rechnung gestellten Vorsteuern i.H.v. 60.000 € sind i.H.v. 20.000 € vom Vorsteuerabzug ausgeschlossen.

7.8.6 Berichtigung des Vorsteuerabzugs (§ 15a UStG)[253]

§ 15a UStG trägt der Tatsache Rechnung, dass sich die Verhältnisse, die für den Vorsteuerabzug maßgebend waren, im Laufe der Zeit ändern können. Dann findet eine **Korrektur des Vorsteuerabzugs** statt.

Wird ein mehrjährig nutzbares Wirtschaftsgut angeschafft, so sind für den Vorsteuerabzug zunächst die Verhältnisse im Kalenderjahr der erstmaligen Verwendung maßgebend. Tritt jedoch nach dem 1. Kalenderjahr eine Änderung ein, so hat auch eine Vorsteuerkorrektur zu erfolgen (§ 15a UStG), soweit die Änderungen innerhalb des **Berichtigungszeitraums** liegen. Der Berichtigungszeitraum beträgt

– für Grundstücke, grundstücksgleiche Rechte und Gebäude auf fremdem Boden 10 Jahre,
– für alle übrigen Wirtschaftsgüter 5 Jahre, soweit die Nutzungsdauer nicht kürzer ist.

---

[253] Vgl. BMF-Schreiben vom 06.12.2005, BStBl I 2005, S. 1068-1085.

Für jedes Kalenderjahr der Änderung innerhalb des Berichtigungszeitraums ist von 1/10 bzw. 1/5 der auf das Wirtschaftsgut entfallenden Vorsteuerbeträge auszugehen.

7.9 Die Besteuerungsformen

Die Umsatzsteuer ist gem. § 16 Abs. 1 UStG grundsätzlich nach **vereinbarten** Entgelten zu berechnen (**Soll-Besteuerung**). Sie entsteht unabhängig vom Zeitpunkt der Bezahlung mit Ablauf des Voranmeldungszeitraums, in dem der Umsatz bewirkt wurde. Das Prinzip der Soll-Besteuerung wird jedoch i.R.d. **Ist-Besteuerung**, der **Besteuerung der Kleinunternehmer** und der **Besteuerung nach Durchschnittssätzen** durchbrochen bzw. modifiziert.

Nach § 20 UStG können bestimmte Unternehmer die Besteuerung nach vereinnahmten Entgelten beantragen (**Ist-Besteuerung**). In diesem Fall entsteht die Steuer mit Ablauf des Voranmeldungszeitraums, in dem die Entgelte für die Leistung **vereinnahmt** worden sind. Die Unternehmer müssen **eine** der folgenden Voraussetzungen erfüllen:

– Umsatz im vorangegangenen Kalenderjahr nicht größer als **500.000 €**,
– keine Verpflichtung zur Führung von Büchern oder Erstellung von Bilanzen oder
– Freiberufler i.S.d. § 18 Abs. 1 Nr. 1 EStG.

Bei **Anzahlungen** entsteht die Umsatzsteuer immer bereits bei der Vereinnahmung, unabhängig von der Höhe der Anzahlung. Diese erzwungene Ist-Besteuerung wird auch als **Mindest-Istbesteuerung** bezeichnet. Das Soll-Entgelt wird nach § 17 Abs. 1 UStG bei einer **nachträglichen Veränderung der Bemessungsgrundlage** beim umsatzsteuerpflichtigen und vorsteuerberechtigten Unternehmer berichtigt.

Bei **unentgeltlichen Wertabgaben** ist wegen einer fehlenden Entgeltzahlung als Zeitpunkt für die Entstehung der Umsatzsteuer in Übereinstimmung mit der Soll-Besteuerung der Zeitpunkt der Ausführung zugrunde zu legen.[254]

Der **Kleinunternehmer** i.S.d. § 19 Abs. 1 UStG hat keine Umsatzsteuer zu entrichten, ihm steht aber auch kein Vorsteuerabzug zu. Eine Option für die Normalbesteuerung ist gem. § 19 Abs. 2 UStG möglich. Zu beachten ist, dass die Kleinunternehmerregelung bei der innergemeinschaftlichen Lieferung neuer Fahrzeuge keine Anwendung findet (§ 19 Abs. 4 S. 1 UStG).

Kleinunternehmer sind Unternehmer, deren in § 19 Abs. 1 S. 2 UStG genannter Umsatz (vereinnahmter Gesamtumsatz ohne Umsätze von Wirtschaftsgütern des Anlagevermögens) im vorangegangenen Kalenderjahr **17.500 €** nicht überstiegen hat und im laufenden Kalenderjahr 50.000 € voraussichtlich nicht übersteigen wird. Hat der Unternehmer im Vorjahr Umsätze von mehr als 17.500 € getätigt, besteht auch dann die Pflicht zur Entrichtung der Umsatzsteuer, wenn die Umsätze des laufenden Jahres weniger als 17.500 € betragen.

Die **Besteuerung nach Durchschnittssätzen** (§§ 23-24 UStG) ermöglicht eine vereinfachte Besteuerungsform für bestimmte Unternehmer, insb. land- und forstwirtschaftliche Betriebe.

---

[254] Vgl. Abschn. 13.1 Abs. 1 S. 1-2 UStAE; ROSE, GERD/WATRIN, CHRISTOPH: Umsatzsteuer: mit Grunderwerbsteuer und kleineren Verkehrsteuern, 17. Aufl., Berlin 2011, S. 210.

7.10 Das Besteuerungsverfahren

Durch die Anwendung des jeweiligen Steuersatzes auf die Bemessungsgrundlage (Summe der im Kalenderjahr ausgeführten steuerpflichtigen Umsätze) ergibt sich die **Steuerschuld**. Von der im Besteuerungszeitraum entstandenen Steuer kann der Unternehmer die im selben Zeitraum angefallene Vorsteuer abziehen. Die nach Verrechnung mit der Steuerschuld verbleibende Zahlungsverpflichtung wird als **Zahllast** bezeichnet. Übersteigt der Vorsteueranspruch die Umsatzsteuerschuld, so ist dieser **Überschuss** zu vergüten.

Die Umsatzsteuer ist eine periodische Jahressteuer. Besteuerungszeitraum ist grundsätzlich das Kalenderjahr (§ 16 Abs. 1 S. 2 UStG). Der Unternehmer hat die Steuer selbst zu berechnen und spätestens 5 Monate nach Ablauf des Kalenderjahres eine Umsatzsteuererklärung abzugeben (§ 149 Abs. 2 AO).

Bereits vor Ablauf des Kalenderjahres hat der Unternehmer – grundsätzlich auf elektronischem Wege – **Umsatzsteuer-Voranmeldungen** abzugeben und dementsprechende Vorauszahlungen zu leisten. Der **Regel-Voranmeldungszeitraum** ist das **Kalendervierteljahr**. Übersteigt die Steuer für das vorausgegangene Kalenderjahr 7.500 €, ist der Kalendermonat Voranmeldungszeitraum. Bei einer Steuer für das vorausgegangene Kalenderjahr von nicht mehr als 1.000 € kann das Finanzamt den Unternehmer von der Verpflichtung zur Abgabe der Voranmeldungen und Entrichtung der Vorauszahlungen befreien. Die Vorauszahlungen werden am 10. Tage nach Ablauf des Voranmeldungszeitraums fällig (§ 18 Abs. 1 und 2 UStG).

Die Frist zur Abgabe der Voranmeldung und Zahlung der Umsatzsteuer kann auf Antrag um einen Monat verlängert werden (**Dauerfristverlängerung** nach den §§ 46-48 UStDV). Bei monatlicher Umsatzsteuervoranmeldung ist dies nur bei einer Sondervorauszahlung möglich. Die Sondervorauszahlung beträgt 1/11 der Summe der Vorauszahlungen des vorangegangenen Kalenderjahrs (§ 47 UStDV).

Des Weiteren hat der Unternehmer gem. § 18a Abs. 1 S. 1 UStG – mit Ausnahme des Kleinunternehmers (§ 18a Abs. 4 UStG) – bis zum 25. Tag nach Ablauf eines jeden Kalendermonats, in dem er **innergemeinschaftliche Warenlieferungen** ausgeführt hat, dem Bundeszentralamt für Steuern nach amtlich vorgeschriebenem Datensatz eine sog. **Zusammenfassende Meldung** durch Datenfernübertragung zu übermitteln. Die Zusammenfassende Meldung muss grundsätzlich Angaben zur Umsatzsteuer-Identifikationsnummer und zur Summe der Bemessungsgrundlagen enthalten (§§ 18a Abs. 1 S. 1 i.V.m. Abs. 7 S. 1 Nr. 1, 2 UStG). Gleiches gilt gem. § 18a Abs. 1 S. 1 UStG für **Lieferungen** i.S.d. § 25b Abs. 2 UStG mit der Maßgabe, dass die Zusammenfassende Meldung neben Angaben zur Umsatzsteuer-Identifikationsnummer und zur Summe der Bemessungsgrundlagen zudem einen Hinweis auf das Vorliegen eines innergemeinschaftlichen Dreiecksgeschäfts aufweisen muss (§§ 18a Abs. 1 S. 1 i.V.m. Abs. 7 S. 1 Nr. 4 UStG). Beträgt die Summe der Bemessungsgrundlagen für innergemeinschaftliche Warenlieferungen und für Lieferungen i.S.d. § 25b Abs. 2 UStG weder für das laufende Kalendervierteljahr noch für eines der vier vorangegangenen Kalendervierteljahre jeweils mehr als 50.000 €, kann die Zusammenfassende Meldung bis zum 25. Tag nach Ablauf des Kalendervierteljahres übermittelt werden (§ 18a Abs. 1 S. 2 UStG).

Bei **sonstigen, im übrigen Gemeinschaftsgebiet steuerpflichtigen Leistungen** i.S.d. § 3a Abs. 2 UStG, für die der in einem anderen Mitgliedstaat ansässige Leistungsempfänger die Steuer dort schuldet, hat der Unternehmer gem. § 18a Abs. 2 S. 1 UStG bis zum 25. Tag nach Ablauf jedes Kalendervierteljahres, in dem diese Leistungen ausgeführt wurden, dem Bundeszentralamt für Steuern ebenfalls eine Zusammenfassende Meldung zu übermitteln. Diese muss neben Angaben zur Umsatzsteuer-Identifikationsnummer und zur Summe der Bemessungsgrundlagen auch einen Hinweis auf das Vorliegen einer im übrigen Gemeinschaftsgebiet ausgeführten steuerpflichtigen sonstigen Leistung i.S.d. § 3a Abs. 2 UStG, für die der in einem anderen Mitgliedstaat ansässige Leistungsempfänger die Steuer dort schuldet, enthalten (§§ 18a Abs. 2 S. 1 i.V.m. Abs. 7 S. 1 Nr. 3 UStG).

Unter den in § 18a Abs. 9 UStG genannten Voraussetzungen kann der Unternehmer abweichend von den oben genannten Meldezeiträumen die Zusammenfassende Meldung bis zum 25. Tag nach Ablauf jedes Kalenderjahres abgeben. Gem. § 18a Abs. 5 kann das Finanzamt auf Antrag zur Vermeidung unbilliger Härten auf eine elektronische Übertragung verzichten, sodass eine Meldung durch den Unternehmer nach amtlich vorgeschriebenem Vordruck ausreicht. Zudem hat das Bundesministerium der Finanzen die Möglichkeit, mittels Rechtsverordnung und Zustimmung des Bundesrates Erleichterungen und Vereinfachungen bei der Abgabe und Verarbeitung der Zusammenfassenden Meldung zu bestimmen (§ 18 Abs. 12 UStG).

Die Möglichkeit einer Dauerfristverlängerung – entsprechend der Vorgehensweise bei Umsatzsteuervoranmeldungen – existiert für die Zusammenfassende Meldung nicht, da dies eine Einschränkung im Hinblick auf die wirksame Bekämpfung des Umsatzsteuerbetrugs bedeuten würde.[255]

---

[255] Vgl. zu dieser Begründung den Referentenentwurf des BMF zum Gesetz zur Umsetzung steuerrechtlicher EU-Vorgaben sowie weiterer steuerrechtlicher Regelungen vom 17.11.2009, S. 45-46.

8 Weitere Steuerarten[256]

8.1 Verkehrsteuern

8.1.1 Die Grunderwerbsteuer

Die Grunderwerbsteuer ist eine Rechtsverkehrsteuer, durch die der Umsatz von Grundstücken (der sog. Grundstückswechsel) besteuert wird. Der Grunderwerbsteuer unterliegen gemäß § 1 GrEStG nur Rechtsvorgänge, die sich auf inländische Grundstücke beziehen. Die einzelnen grunderwerbsteuerpflichtigen Erwerbsvorgänge sind in § 1 GrEStG bezeichnet.

Grundstücke i.S.d. GrEStG sind (§ 2 GrEStG):

- unbebaute Grundstücke (sog. „Grund und Boden"),
- bebaute Grundstücke (Grund und Boden mit Bauwerken),
- Erbbaurechte und
- Gebäude auf fremdem Grund und Boden.

Haupttatbestand der Grunderwerbsteuer ist nach § 1 Abs. 1 Nr. 1 GrEStG der Abschluss des schuldrechtlichen Vertrages, der den Anspruch auf Eigentumserwerb an einem Grundstück begründet. Daneben existieren zahlreiche Nebentatbestände (§ 1 Abs. 1 Nr. 2-7 GrEStG) und Ersatztatbestände (§ 1 Abs. 2, 2a und 3 GrEStG).

Bei **Änderungen im Gesellschafterbestand einer Personengesellschaft** ist § 1 Abs. 2a GrEStG zu beachten. Durch diese Regelung wird bestimmt, dass die Grunderwerbsteuerpflicht bei der Übertragung von Anteilen an einer grundstücksbesitzenden Personengesellschaft nicht auf die wirtschaftliche Betrachtungsweise abstellt, sondern das Erreichen einer bestimmten Übertragungsquote maßgebend ist. Verändert sich der Gesellschafterbestand innerhalb von 5 Jahren unmittelbar oder mittelbar, so dass mindestens 95 % der Anteile auf neue Gesellschafter übergehen, löst dies Grunderwerbsteuerpflicht aus.[257] Dabei ist aber die Regelung des § 5 Abs. 1 GrEStG zu beachten, nach der i.H.d. Anteils, zu dem ein Mitunternehmer auch an der neuen Gesamthand beteiligt ist („Verkauf an sich selbst"), keine Grunderwerbsteuer anfällt.

Gem. § 1 Abs. 3 GrEStG unterliegt auch die **Übertragung von Anteilen an einer Kapitalgesellschaft**, in deren Betriebsvermögen sich inländische Grundstücke befinden, der Grunderwerbsteuer, wenn sich durch die Übertragung mindestens 95 % der Anteile in der Hand eines Erwerbers vereinigen (additive Zurechnung).

Von der Besteuerung sind insb. ausgenommen (**objektive Befreiungen**):

- Grundstückserwerbe bis zu 2.500 € (§ 3 Nr. 1 GrEStG);

---

[256] Vgl. als Grundlage für dieses Kapitel: KUßMAUL, HEINZ: Betriebswirtschaftliche Steuerlehre, 6. Aufl., München 2010, S. 409 ff. m.w.N.
[257] Vgl. den Dritten Bericht des Finanzausschusses, Begründung zu Artikel 15 (Grunderwerbsteuergesetz), in: BT-Drs. 14/443 vom 03.03.1999, S. 89.

- Grundstückserwerbe durch Erbfolge oder Schenkung (Vermeidung einer Doppelbelastung mit Erbschaft- und Schenkungsteuer; § 3 Nr. 2 und 3 GrEStG) sowie
- Grundstückserwerbe durch Ehegatten, frühere Ehegatten i.R.d. Vermögensauseinandersetzung nach der Scheidung sowie durch in gerader Linie Verwandte und deren Ehegatten (§ 3 Nr. 4-6 GrEStG).

Außerdem wird unter bestimmten Voraussetzungen bei konzerninternen Umstrukturierungen keine Grunderwerbsteuer erhoben (§ 6a GrEStG).[258]

Steuersubjekte/Steuerschuldner sind nach § 13 Nr. 1 GrEStG regelmäßig die am Erwerbsvorgang als Vertragsteile beteiligten Personen (Erwerber und Veräußerer) als Gesamtschuldner. In der Regel wird vertraglich vereinbart, dass der Erwerber die gesamte Steuerschuld zu leisten hat. Der Erfassung der Steuerschuldner dienen besondere Anzeigepflichten der Gerichte, Behörden und Notare gegenüber den Finanzbehörden.

Bemessungsgrundlage ist grundsätzlich (analog zur Bestimmung des Entgelts bei der Umsatzsteuer) der **Wert der Gegenleistung** (§ 8 Abs. 1 GrEStG). Dieser umfasst alles, was der Erwerber zur Erlangung des Grundstücks vom Veräußerer erbringt (vgl. § 9 Abs. 1 GrEStG). Beim Kauf eines Grundstücks werden zum eigentlichen Kaufpreis noch weitere Bestandteile addiert (z.B. vom Käufer übernommene sonstige Leistungen wie Schätzungs- und Vermessungskosten, soweit sie erst die Voraussetzung für die Übereignung schaffen). In Ausnahmefällen, insb. wenn **keine Gegenleistung** vorhanden ist, wird zur Ermittlung der Bemessungsgrundlage auf den **Wert des Grundstücks** abgestellt, der nach den Regeln des § 138 Abs. 2 bis 4 BewG zu ermitteln ist (§ 8 Abs. 2 GrEStG).

Der **Steuersatz** beträgt 3,5 % der Bemessungsgrundlage (§ 11 Abs. 1 GrEStG). Die Bundesländer haben aber die Möglichkeit, abweichende Steuersätze festzulegen (Art. 105 Abs. 2a S. 2 GG), sodass der Großteil der Länder die Steuer in den vergangenen Jahren durchschnittlich auf 4,5 bzw. 5,0 % angehoben hat. Die sich ergebende Steuer ist auf volle € abzurunden (§ 11 Abs. 2 GrEStG).

Die steuerpflichtigen Tatbestände sind dem zuständigen **Finanzamt**, d.h. dem Finanzamt, in dessen Bezirk das Grundstück liegt (§ 17 GrEStG), vom Steuerschuldner und von den beteiligten Gerichten, Behörden und Notaren anzuzeigen (§§ 18 und 19 GrEStG). Die Steuer wird dann in einem schriftlichen Steuerbescheid festgesetzt und einen Monat nach Bekanntgabe des Bescheides fällig (§ 15 GrEStG). Das **Grundbuchamt** darf einen Eigentumsübergang von Grundstücken erst dann eintragen, wenn es eine Unbedenklichkeitsbescheinigung des zuständigen Finanzamts erhält (§ 22 GrEStG). Diese Bescheinigung wird regelmäßig erst dann erteilt, wenn die Grunderwerbsteuer entrichtet, sichergestellt oder gestundet worden bzw. Steuerfreiheit gegeben ist.

---

[258] Vgl. hierzu ausführlich SCHAFLITZL, ANDREAS/STADLER, RAINER: Die grunderwerbsteuerliche Konzernklausel des § 6a GrEStG, in: DB 2010, S. 185-189.

8.1.2 Die Kraftfahrzeugsteuer

Die **Kraftfahrzeugsteuer** besteuert unabhängig von der tatsächlichen Nutzung das **Halten eines Kraftfahrzeugs** (§ 1 KraftStG). Das Aufkommen der Kraftfahrzeugsteuer steht nach Art. 106 Abs. 1 Nr. 3 GG dem Bund zu. Auch die Verwaltungshoheit liegt beim Bund (Art. 108 Abs. 1 GG).

Steuerobjekt der Kraftfahrzeugsteuer ist nach § 1 KraftStG:

- das **Halten eines** inländischen oder – soweit es sich im Inland befindet – ausländischen **Kraftfahrzeugs oder eines Kraftfahrzeuganhängers** zum Verkehr auf öffentlichen Straßen (Anknüpfungspunkt ist das verkehrsrechtliche Recht auf Benutzung öffentlicher Straßen, bei zulassungspflichtigen Fahrzeugen die Zulassung); ob das gehaltene Kfz benutzt wird, ist irrelevant;
- die **widerrechtliche Benutzung eines Kraftfahrzeugs** oder eines Kraftfahrzeuganhängers auf öffentlichen Straßen sowie
- die **Zuteilung** von **Oldtimer-Kennzeichen** sowie **roten Kennzeichen**, die von einer Zulassungsbehörde im Inland zur wiederkehrenden Verwendung ausgegeben werden.

Objektive Steuerbefreiungen (§§ 3-3d KraftStG) bestehen für bestimmte Gruppen von Kraftfahrzeugen, u.a. Kraftfahrzeuge der öffentlichen Hand im Dienst der Bundeswehr, der (Bundes-)Polizei, der Zollverwaltung, in der Straßenreinigung, im Feuerwehrdienst, zur Krankenbeförderung, gebietsfremde Fahrzeuge bei nur vorübergehendem Aufenthalt, Kraftfahrzeuge von (spezifisch definierten) Schwerbehinderten und unter bestimmten Voraussetzungen auch für besonders umweltfreundliche Personenkraftwagen. So sind z.B. Elektrofahrzeuge, die in der Zeit vom 18.05.2011 bis zum 31.12.2015 erstmals zugelassen werden, für 10 Jahre von der Steuer befreit, während der Gesetzgeber eine 5 Jahre umfassende Steuerbefreiung für im Zeitraum vom 01.01.2016 bis zum 31.12.2020 erstmalig zugelassene Fahrzeuge gewährt (§ 3d Abs. 1 KraftStG).

Steuersubjekt/Steuerschuldner ist nach § 7 KraftStG bei einem inländischen Fahrzeug der, für den das Kraftfahrzeug zugelassen ist, bei einem ausländischen Fahrzeug die Person, die das Fahrzeug benutzt, bei widerrechtlicher Benutzung der widerrechtliche Benutzer und bei Zuteilung eines Kennzeichens der, dem es zugeteilt ist.

Steuerbemessungsgrundlage ist nach § 8 KraftStG:

- bei Krafträdern mit Hubkolbenmotor der **Hubraum**;
- bei Personenkraftwagen mit Hubkolbenmotor der **Hubraum** unter Berücksichtigung der Schadstoffemissionen und Kohlendioxidemissionen bzw. bei erstmaliger Zulassung nach dem 01.07.2009 der Hubraum unter Berücksichtigung der **Kohlendioxidemissionen**;
- bei bestimmten dreirädrigen und leichten vierrädrigen Kraftfahrzeugen mit Hubkolbenmotor der **Hubraum** unter Berücksichtigung der **Schadstoffemissionen**;
- bei anderen Fahrzeugen (insb. Lastkraftwagen, Fahrzeugen mit Wankelmotor und Wohnmobilen) bzw. Kranken- und Leichenwagen das **höchstzulässige Gesamtgewicht** in Abhängigkeit von der Anzahl der Achsen und der Schadstoff- und Geräuschemissionen.

Der **Steuertarif** (§ 9 KraftStG) beträgt bei Krafträdern mit Hubkolbenmotor 1,84 € je 25 ccm Hubraum.

Für Personenkraftwagen richtet sich – soweit die erstmalige Zulassung bis zum 30.06.2009 erfolgte – der Steuersatz je angefangene 100 ccm Hubraum nach dem Schadstoffausstoß gem. der Abgasnormen Euro 0 bis 4:

- Euro 3 und besser: Ottomotor: 6,75 €; Dieselmotor: 15,44 €;
- Euro 2: Ottomotor: 7,36 €; Dieselmotor: 16,05 €;
- Euro 1: Ottomotor: 15,13 €; Dieselmotor: 27,35 €;
- Euro 0 ehemals ohne Ozonfahrverbot: Ottomotor: 21,07 €; Dieselmotor: 33,29 €;
- Euro 0 übrige: Ottomotor: 25,36 €; Dieselmotor: 37,58 €.

Für die ab dem 01.07.2009 zugelassenen Personenkraftwagen beträgt die Steuer für jeden angefangenen 100 ccm Hubraum 2,00 € bei Ottomotoren und 9,50 € bei Dieselmotoren zuzüglich jeweils 2,00 € für jedes Gramm Kohlendioxid je Kilometer bei Überschreiten bestimmter, jahresbezogener Kohlendioxidemissionsgrenzen.

Bei **Personenkraftwagen mit Dieselmotor** wurde in der Zeit vom 01.04.2007 bis zum 31.03.2011 ein Zuschlag von 1,20 € je angefangenen 100 ccm Hubraum zu obigen Sätzen erhoben, soweit das Kraftfahrzeug nicht mit einer hinreichenden Partikelminderungstechnik (Partikelfilter) ausgestattet war (§ 9a KraftStG).

Bei Wohnmobilen richtet sich der Steuersatz einerseits nach dem Gesamtgewicht und andererseits nach der Schadstoffklasse und beträgt je 200 kg Gesamtgewicht zwischen 10,00 € und 40,00 €.

Für dreirädrige und leichte vierrädrige Kraftfahrzeuge mit Hubkolbenmotor beträgt die Steuer je angefangene 100 ccm Hubraum in Abhängigkeit von der einschlägigen Schadstoffemission bei Ottomotoren 21,07 € bzw. 25,36 € und bei Dieselmotoren 33,29 € bzw. 37,58 €.

Alle anderen Fahrzeuge (Lkw, Kraftomnibusse und Zugmaschinen) werden grundsätzlich in 2 Gruppen eingeteilt:

- Fahrzeuge mit einem zulässigen **Gesamtgewicht von bis zu 3.500 kg**, für die je 200 kg Gesamtgewicht anfällt: 11,25 € für ein Gesamtgewicht bis zu 2.000 kg, 12,02 € für ein Gesamtgewicht über 2.000 kg bis zu 3.000 kg und 12,78 € für ein Gesamtgewicht über 3.000 kg bis zu 3.500 kg;
- Fahrzeuge mit einem zulässigen **Gesamtgewicht von mehr als 3.500 kg, für die** – abhängig von der Schadstoff- und Geräuschklasse – je 200 kg Gesamtgewicht folgender Betrag anfällt:
  - **Schadstoffklasse S2**: Staffelung der Steuersätze von 6,42 € (für ein Gesamtgewicht bis zu 2.000 kg) bis 14,32 € (für ein Gesamtgewicht über 12.000 kg); max. 556 €;
  - **Schadstoffklasse S1**: Staffelung der Steuersätze von 6,42 € (für ein Gesamtgewicht bis zu 2.000 kg) bis 36,23 € (für ein Gesamtgewicht über 15.000 kg); max. 914 €;

- **Geräuschklasse G1**: Staffelung der Steuersätze von 9,64 € (für ein Gesamtgewicht bis zu 2.000 kg) bis 54,35 € (für ein Gesamtgewicht über 15.000 kg); max. 1.425 €;
- **übrige Fahrzeuge**: Staffelung der Steuersätze von 11,25 € (für ein Gesamtgewicht bis zu 2.000 kg) bis 63,40 € (für ein Gesamtgewicht über 15.000 kg); max. 1.681 €.

Für Kraftfahrzeuganhänger beträgt der Steuertarif je 200 kg Gesamtgewicht 7,46 €, max. 373,24 €.

Die Kraftfahrzeugsteuer ist eine periodische Jahressteuer und jeweils im Voraus zu entrichten (§ 11 Abs. 1 KraftStG). Bei halbjährlicher oder vierteljährlicher Zahlungspflicht (nur zulässig, wenn die Jahressteuer mehr als 500 € bzw. mehr als 1.000 € beträgt) wird ein Aufgeld von 3 % bzw. 6 % erhoben (§ 11 Abs. 2 KraftStG). Die Steuer wird von den zuständigen Finanzämtern festgesetzt.

Die Landesregierungen können durch Rechtsverordnung die Zulassung auch davon abhängig machen, dass der Halter dem zuständigen Finanzamt schriftlich eine Einzugsermächtigung zum Einzug der Kraftfahrzeugsteuer von einem inländischen Konto erteilt hat (§ 13 Abs. 1 S. 2 und 3, Abs. 1a KraftStG).

8.1.3 Die Versicherungsteuer

8.1.3.1 Charakteristik und Begrifflichkeiten

Der sog. **Versicherungsteuer** unterliegt die Zahlung eines Versicherungsentgelts, die aufgrund eines Versicherungsverhältnisses geleistet wird, das vertraglich oder auf sonstige Weise entstanden ist (§ 1 Abs. 1 VersStG). Das Aufkommen aus der Versicherungsteuer steht gem. Art. 106 Abs. 1 Nr. 4 GG dem Bund zu, während das Bundeszentralamt für Steuern die Verwaltung und Erhebung der Steuer wahrnimmt.

Versicherungsentgelt ist gem. § 3 Abs. 1 VersStG jede Leistung, die für die Begründung und zur Durchführung des Versicherungsverhältnisses an den Versicherer zu bewirken ist. Dies sind z.B. Prämien, Beiträge, Vorbeiträge, Vor- und Nachschüsse oder Umlagen sowie Gebühren für die Ausfertigung von Versicherungsscheinen bzw. sonstige Nebenkosten. Nicht Gegenstand des Entgelts sind hingegen Leistungen, die zur Abgeltung einer durch den Versicherer erbrachten Sonderleistung bzw. aus einem sonstigen Grund gezahlt werden, der in der Person des einzelnen Versicherungsnehmers liegt (z.B. Mahnkosten bzw. Kosten, die für die Ausstellung einer Ersatzurkunde anfallen).

Versicherungsvertrag i.S.d. VersStG ist gem. § 2 Abs. 1 VersStG auch eine Vereinbarung zwischen mehreren Personen bzw. Personenvereinigungen, solche Verluste oder Schäden gemeinsam zu tragen, die den Gegenstand einer Versicherung bilden können. Ein Vertrag, der den Versicherer verpflichtet, für den Versicherungsnehmer Bürgschaft oder sonstige Sicherheit zu leisten, ist dagegen kein Versicherungsvertrag (§ 2 Abs. 2 VersStG).

8.1.3.2 Entstehung der Steuerpflicht und Steuerbefreiungen

Besteht das Versicherungsverhältnis mit einem
- im Gebiet der Mitgliedstaaten der Europäischen Union **oder**
- anderer Vertragsstaaten des Abkommens über den Europäischen Wirtschaftsraum

niedergelassenen Versicherer, entsteht die **Steuerpflicht** gem. § 1 Abs. 2 S. 1 VersStG bei Versicherung der nachfolgenden **Risiken**:
- Risiken mit Bezug auf unbewegliche Sachen und darin befindliche Sachen, wenn sich die Gegenstände im Geltungsbereich des VersStG befinden (Nr. 1);
- Risiken mit Bezug auf Fahrzeuge aller Art, wenn die Fahrzeuge im Geltungsbereich des VersStG in ein amtliches oder amtlich anerkanntes Register einzutragen oder eingetragen und mit einem sog. Unterscheidungskennzeichen versehen sind (Nr. 2);
- Reise- oder Ferienrisiken (mit einer Laufzeit des Versicherungsverhältnisses von nicht mehr als 4 Monaten), wenn der Versicherungsnehmer die zur Entstehung des Vertragsverhältnisses erforderlichen Rechtshandlungen im Geltungsbereich des VersStG vornimmt (Nr. 3).

Werden **andere** als die in S. 1 genannten **Risiken oder Gegenstände** durch eine Versicherung abgesichert, **besteht** gem. § 1 Abs. 2 S. 2 VersStG **Steuerpflicht**, wenn
- der Versicherungsnehmer eine natürliche Person ist und bei Zahlung des Versicherungsentgelts seinen Wohnsitz oder gewöhnlichen Aufenthalt im Geltungsbereich des VersStG hat **oder**
- der Versicherungsnehmer keine natürliche Person ist und der Sitz des Unternehmens, die Betriebstätte oder die entsprechende Einrichtung, auf die sich das Versicherungsverhältnis bezieht, sich bei Zahlung des Versicherungsentgelts im Geltungsbereich des VersStG befindet.

Besteht das Versicherungsverhältnis mit einem außerhalb des Gebietes der Mitgliedstaaten der Europäischen Union und des Europäischen Wirtschaftsraumes niedergelassenen Versicherer, **entsteht** die **Steuerpflicht** gem. § 1 Abs. 3 VersStG, wenn
- der Versicherungsnehmer bei Zahlung des Versicherungsentgelts seinen Wohnsitz oder gewöhnlichen Aufenthalt im Geltungsbereich des VersStG hat **oder**
- ein Gegenstand versichert ist, der sich zur Zeit der Begründung des Versicherungsverhältnisses im Geltungsbereich des VersStG befand, **oder**
- sich das Versicherungsverhältnis unmittelbar oder mittelbar auf ein Unternehmen, eine Betriebstätte oder eine sonstige Einrichtung im Geltungsbereich des VersStG bezieht (z.B. bei Versicherung der Betriebstättenhaftpflicht oder Berufshaftpflicht für Angehörige des Unternehmens, der Betriebstätte oder der sonstigen Einrichtung).

Nach § 4 VersStG **nicht besteuert** ist z.B. die Zahlung des Versicherungsentgelts
- für eine Rückversicherung (Nr. 1);
- für bestimmte Unfallversicherungen (Nr. 3);

- für eine Arbeitslosenversicherung (Nr. 4);
- für eine Versicherung, durch die Ansprüche auf Kapital-, Renten- oder sonstige Leistungen im Falle des Erlebens, der Krankheit, der Pflegebedürftigkeit, der Berufs- oder Erwerbsunfähigkeit bzw. der verminderten Erwerbsfähigkeit, des Alters sowie des Todes begründet werden. Dies gilt weder für die Unfallversicherung noch die Haftpflichtversicherung und sonstige Sachversicherungen (Nr. 3 bleibt unberührt);
- für eine Versicherung von Vieh, bei der die Versicherungssumme 4.000 € nicht übersteigt (Nr. 9);
- für eine Versicherung beförderter Güter gegen Verlust oder Beschädigung als Transportgüterversicherung (Nr. 10).

8.1.3.3 Bemessungsgrundlage, Steuersatz und Steuererhebungsverfahren

Bemessungsgrundlage der Versicherungsteuer ist gem. § 5 Abs. 1 VersStG in Abhängigkeit von der jeweiligen Versicherung

- regelmäßig das Versicherungsentgelt;
- die Versicherungssumme und das Versicherungsjahr bei der Versicherung von Schäden, die durch die Einwirkung der wetterbedingten Elementargefahren Hagelschlag, Sturm, Starkfrost bzw. Starkregen oder durch Überschwemmungen entstehen;
- bei
  - der Feuerversicherung 60 %,
  - der Wohngebäudeversicherung 86 % und
  - der Hausratversicherung 85 %

  des Versicherungsentgelts.

Der allgemeine **Steuersatz** beträgt i.d.R. 19 % des Versicherungsentgelts ohne Versicherungsteuer (§ 6 Abs. 1 VersStG). Abweichend davon beträgt die Steuer gem. § 6 Abs. 2 VersStG

- bei der Feuerversicherung 22 %;
- bei der Wohngebäudeversicherung 19 %;
- bei der Hausratversicherung 19 %;
- bei der Versicherung von Schäden gegen Hagelschlag, Sturm, Starkfrost, Starkregen oder Überschwemmungen für jedes Versicherungsjahr 0,3 ‰ der Versicherungssumme;
- bei der Seeschiffskaskoversicherung 3 % (wenn das Schiff in das deutsche Seeschiffsregister eingetragen ist, ausschließlich gewerblichen Zwecken dient und gegen die Gefahren der See versichert ist);
- bei der Unfallversicherung mit Pramienrückgewähr 3,8 % des Versicherungsentgelts.

Steuerschuldner der Versicherungsteuer ist gem. § 7 Abs. 1 VersStG der Versicherungsnehmer. **Steuerentrichtungsschuldner** ist i.d.R. – vorbehaltlich der § 7 Abs. 3-6 VersStG, die besondere Bestimmungen enthalten – der Versicherer, der die Steuer als eigenständige Schuld für Rechnung des Versicherungsnehmers zu entrichten hat (§ 7 Abs. 2 VersStG).

Gem. § 7 Abs. 6 VersStG hat dagegen der Versicherungsnehmer die Steuer zu entrichten, wenn weder der Versicherer noch ein zur Entgegennahme des Versicherungsentgelts Bevollmächtigter seinen Wohnsitz bzw. Sitz oder seine Betriebstätte in der Europäischen Union oder im Europäischen Wirtschaftsraum hat. Die **Haftung** für die Steuerentrichtung ist in den § 7 Abs. 7-8 VersStG geregelt.

Der Steuerentrichtungsschuldner i.S.d. § 7 Abs. 2-5 VersStG hat nach § 8 Abs. 1 VersStG innerhalb von 15 Tagen nach Ablauf eines jeden Anmeldungszeitraums

– eine eigenhändig unterschriebene – oder im Wege eines Automationsverfahrens des Bundes übermittelte – **Steuererklärung abzugeben**, in der er die Steuer, die im Anmeldungszeitraum entstanden ist, selbst zu berechnen hat (Steueranmeldung), und

– die im Anmeldungszeitraum entstandene **Steuer zu entrichten**.

§ 8 Abs. 3 VersStG enthält besondere Bestimmungen für den Fall, dass der Versicherungsnehmer gem. § 7 Abs. 6 VersStG die Steuer entrichten muss.

Anmeldungszeitraum i.S.v. § 8 Abs. 1 VersStG ist der Kalendermonat (§ 8 Abs. 2 VersStG). Abweichend davon ist Anmeldungszeitraum das Kalendervierteljahr, wenn die Steuer für das vorangegangene Kalenderjahr insgesamt nicht mehr als 6.000 € betragen hat; beträgt die Steuer nicht mehr als 1.000 €, ist das Kalenderjahr einschlägig.

Die §§ 10 ff. VersStG enthalten ferner **Aufzeichnungs-** und **Mitteilungspflichten** bzw. **Anwendungsvorschriften**, die die Parteien im Rahmen ihrer Geschäftstätigkeiten zu beachten haben.

8.2 Verbrauchsteuern

8.2.1 Die Energiesteuer[259]

Die Energiesteuer ist eine **spezielle Verbrauchsteuer**. Sie trat am 01.08.2006 in Kraft; die bis zum 31.07.2006 erhobene Mineralölsteuer ging in der Energiesteuer auf. Das Energiesteuergesetz, auf dessen Grundlage die Energiesteuer erhoben wird, regelt die Besteuerung von Mineralölen und Erdgas als Heiz- oder Kraftstoff in der Bundesrepublik Deutschland. Die Energiesteuer wird bei der Verwendung von Kraft- und Heizstoffen innerhalb des deutschen Steuergebiets (Bundesrepublik Deutschland ohne das Gebiet von Büsingen und ohne die Insel Helgoland) erhoben (§ 1 Abs. 1 EnergieStG). Dazu zählen neben der Mineralölen und Erdgas die ebenfalls fossilen Energieträger Steinkohle und Braunkohle sowie Koks. Die bundesgesetzlich geregelte Energiesteuer wird von der Zollverwaltung verwaltet, die Einnahmen stehen dem Bund zu. Der Bund muss Teile der ihm allein zustehenden Energiesteuer für den Bundesfernstraßenbau einsetzen. Die Steuermehreinnahmen durch die Erhöhung der Steuersätze

---

[259] Vgl. hierzu ausführlich FRIEDRICH, KLAUS: Das neue Energiesteuerrecht, in: DB 2006, S. 1577-1584.

i.R.d. „Ökologischen Steuerreform"[260] werden ganz überwiegend zur Stabilisierung der Beiträge zur gesetzlichen Rentenversicherung eingesetzt.[261] Insofern wird hier die generelle Nonaffektation der Steuern durchbrochen (vgl. S. 1). Die Energiesteuer gehört zu den innerhalb der EU harmonisierten Verbrauchsteuern.

Steuergegenstand der Energiesteuer sind **Energieerzeugnisse**. Die steuerrechtliche Definition von Energieerzeugnissen wird anhand der sog. Kombinierten Nomenklatur vorgenommen. Diese enthält einen Katalog von Warenbeschreibungen, auf den das Energiesteuergesetz verweist. Energieerzeugnisse i.S.d. Energiesteuergesetzes sind insbesondere Benzin, Dieselkraftstoff, leichtes und schweres Heizöl, Flüssiggas, Erdgas und Kohle sowie bei einer Bestimmung als Kraft- oder Heizstoff auch Biodiesel und Pflanzenöl (§ 1 Abs. 2 EnergieStG). Im Ergebnis soll mit der Energiesteuer nur der Verbrauch von Energieerzeugnissen als Kraft- oder Heizstoff belastet werden. Der übrige Verbrauch ist durch zahlreiche Steuerbefreiungen von einer Besteuerung ausgenommen. Darüber hinaus sieht das Energiesteuergesetz auch bei einem Verbrauch von Energieerzeugnissen als Kraft- oder Heizstoff eine Reihe von Ausnahmeregelungen vor, um u.a. umweltfreundliche Energieträger und Verkehrsmittel zu fördern und um Wettbewerbsnachteile der inländischen Wirtschaft gegenüber ausländischen Konkurrenten zu vermeiden (u.a. §§ 24 ff. EnergieStG).

Der **Steuersatz** ist abhängig von der Art des Energieerzeugnisses und dessen Verwendungszweck. Er beträgt für verbleites Benzin 0,7210 € je Liter, für unverbleites Benzin (in Abhängigkeit vom Schwefelgehalt) 0,6545 € bzw. 0,6698 € je Liter und für Dieselkraftstoff (in Abhängigkeit vom Schwefelgehalt) 0,4704 € bzw. 0,4857 € je Liter. Für Flüssiggas beträgt der Steuersatz (je nach Verwendung) 0,18032 € bzw. 0,0606 € je Kilogramm, für Erdgas (je nach Verwendung) 13,90 € bzw. 5,50 € je MWh. Für Heizöl oder Schmieröl beträgt der Steuersatz entweder 0,025 € bzw. 0,06135 € je Liter.

Die §§ 8 ff. EnergieStG regeln die **Entstehung der Steuer**. Sie entsteht regelmäßig bei der **Entnahme aus einem Steuerlager in den freien Verkehr**. So entsteht bspw. die Steuerpflicht, wenn von einer Raffinerie Benzin an eine Tankstelle oder Erdgas aus einem Gaslager an einen regionalen Energieversorger geliefert wird. Die Fälligkeit der Energiesteuer für Mineralölprodukte ist in § 8 Abs. 3-6a EnergieStG geregelt. Der Steuerschuldner hat bis zum 15. Tag des der Steuerentstehung folgenden Monats eine Steuererklärung abzugeben (Steueranmeldung). Grundsätzlich ist dann die Steuer bis zum 10. des auf die Steuerentstehung übernächsten Monats vom Steuerschuldner zu entrichten. Für Kohle und Erdgas hat der Steuerschuldner ebenfalls regelmäßig bis zum 15. Tag des der Steuerentstehung folgenden Monats eine Steuererklärung abzugeben. Die Steuer wird am 25. Tag dieses Monats fällig (§§ 33 Abs. 1, 39 Abs. 1 EnergieStG).

---

[260] Hierunter fallen das „Gesetz zum Einstieg in die ökologische Steuerreform" vom 24.03.1999, BGBl I 1999, S. 378, das „Gesetz zur Fortführung der ökologischen Steuerreform" vom 16.12.1999, BGBl I 1999, S. 2432 und das „Gesetz zur Fortentwicklung der ökologischen Steuerreform" vom 23.12.2002, BGBl I 2002, S. 4602.

[261] Vgl. BONGARTZ, MATTHIAS: Vorbemerkungen zum Energiesteuergesetz, in: Energiesteuer, Stromsteuer, Zolltarif und Nebengesetze, hrsg. von MATTHIAS BONGARTZ, München (Loseblatt), Stand: November 2012, Rn. 18.

8.2.2 Die Biersteuer

8.2.2.1 Charakteristik, Steuergegenstand und Steuerbegünstigungen

Die sog. **Biersteuer** stellt eine **Verbrauchsteuer** i.S.d. AO dar. Steuergegenstand der Biersteuer ist das Bier im Steuergebiet. Steuergebiet i.S.d. BierStG ist das Gebiet der Bundesrepublik Deutschland ohne das Gebiet Büsingen und ohne die Insel Helgoland (§ 1 Abs. 1 BierStG).

Bier i.S.d. BierStG ist gem. § 1 Abs. 2 BierStG

– aus Malz hergestelltes Bier sowie

– Mischungen des o.g. Bieres mit nichtalkoholischen Getränken.

Vielfältige **Steuerbegünstigungen** sieht das BierStG in den §§ 23-25 BierStG vor. Nach § 23 Abs. 1 BierStG von der **Besteuerung befreit** ist z.B. Bier, das

– zur Herstellung von Arzneimitteln durch Personen, die nach Arzneimittelrecht hierzu befugt sind, oder

– zur Herstellung von Essig oder

– zur Herstellung von Aromen zur Aromatisierung von wenig alkoholhaltigen Getränken bzw. anderen Lebensmitteln oder

– unmittelbar oder als Bestandteil von Halbfertigerzeugnissen zur Herstellung von näher bestimmten Pralinen und anderen Lebensmitteln

gewerblich verwendet wird.

Zudem ist gem. § 23 Abs. 2 BierStG Bier, das

– als Probe zu den betrieblich erforderlichen Untersuchungen und Prüfungen verbraucht oder für Zwecke der Steuer bzw. Gewerbeaufsicht entnommen wird, oder

– im Steuerlager zur Herstellung von nicht der Biersteuer unterliegenden Getränken verwendet wird, oder

– als Probe zu einer behördlichen Qualitätsprüfung oder auf Veranlassung der Behörde entnommen bzw.

– unter Steueraufsicht vernichtet sowie

– von Brauereien als sog. Haustrunk an ihre Mitarbeiter unentgeltlich abgegeben wird,

steuerbefreit.

8.2.2.2 Beförderungen unter Aussetzung der Steuer (§§ 10, 11 und 12 BierStG)

Unter **Aussetzung der Steuer** darf Bier – auch über Drittländer oder Drittgebiete – von im Steuergebiet gelegenen Steuerlagern oder von registrierten Versendern vom Ort der Einfuhr im Steuergebiet u.a.

– in andere Steuerlager oder

– in Betriebe von Verwendern im Steuergebiet

befördert werden (§ 10 Abs. 1 BierStG). Die Beförderung des Bieres unter Aussetzung der Steuer beginnt, wenn das Bier das Steuerlager verlässt oder am Ort der Einfuhr in den zollrechtlich freien Verkehr überführt worden ist, und endet mit der Auf- oder Übernahme des Bieres (§ 10 Abs. 4 BierStG). Gem. § 10 Abs. 3 BierStG hat der Steuerlagerinhaber das Bier unverzüglich in sein Steuerlager bzw. der Verwender in seinen Betrieb aufzunehmen.

Steuerlager sind gem. § 4 BierStG Orte, an oder von denen Bier unter Aussetzung der Steuer im Brauverfahren oder auf andere Weise hergestellt, be- oder verarbeitet, gelagert, empfangen oder versandt werden darf. **Steuerlagerinhaber** sind Personen, die ein oder mehrere Steuerlager betreiben. Der Betrieb eines Steuerlagers bedarf einer Erlaubnis, die auf Antrag unter Widerrufsvorbehalt Personen erteilt wird, gegen deren steuerliche Zuverlässigkeit keine Bedenken bestehen und die – soweit gesetzlich dazu verpflichtet – Bücher führen und Jahresabschlüsse aufstellen (§ 5 Abs. 1 BierStG).

Nach § 7 Abs. 1 BierStG handelt es sich bei **registrierten Versendern** um Personen, die Bier vom Ort der Einfuhr unter Aussetzung der Steuer versenden dürfen. Der registrierte Versender bedarf ebenfalls einer Erlaubnis, die analog zum Steuerlagerinhaber bei Vorliegen der gesetzlich geforderten Voraussetzungen erteilt wird.

Verwender ist, wer Bier für die o.g. Zwecke des § 23 Abs. 1 BierStG steuerfrei verwenden will und gegen dessen steuerliche Zuverlässigkeit keine Bedenken bestehen, sodass die hierzu erforderliche Erlaubnis erteilt werden kann (§ 23a BierStG).

Außerdem darf das Bier gem. § 11 Abs. 1 Nr. 1 BierStG – auch über Drittländer oder Drittgebiete – unter **Steueraussetzung** von Steuerlagern, die im Steuergebiet liegen, oder von registrierten Versendern vom Ort der Einfuhr im Steuergebiet

– in Steuerlager oder
– in Betriebe von registrierten Empfängern

in anderen Mitgliedstaaten befördert werden.

Gleiches gilt nach § 11 Abs. 1 Nr. 2 BierStG für Steuerlager in anderen Mitgliedstaaten oder registrierte Versender vom Ort der Einfuhr in anderen Mitgliedstaaten, die das Bier

– in Steuerlager oder
– in Betriebe von registrierten Empfängern

im Steuergebiet bzw. gem. § 11 Abs. 1 Nr. 3 BierStG

– durch das Steuergebiet

befördern.

Der **registrierte Empfänger** ist eine Person, die das Bier unter Aussetzung der Steuer in seinem Betrieb empfangen darf, sofern das Bier entweder aus einem Steuerlager, das in einem anderen Mitgliedstaat liegt, oder von einem Ort der Einfuhr in einem anderen Mitgliedstaat versandt wurde. Der registrierte Empfänger, der ebenso einer Erlaubnis bedarf und dessen steuerliche Zuverlässigkeit feststehen muss, darf das Bier nicht nur gelegentlich oder im Einzelfall zu gewerblichen Zwecken empfangen (§ 6 Abs. 1 und 2 BierStG).

Ferner bestimmt § 12 Abs. 1 BierStG, dass Bier – auch über Drittländer oder Drittgebiete – aus im Steuergebiet gelegenen Steuerlagern oder von registrierten Versendern vom Ort der Einfuhr im Steuergebiet unter **Aussetzung der Steuer** zu einem anderen Ort befördert werden darf, an dem das Bier das Verbrauchsteuergebiet der Europäischen Gemeinschaft verlässt (sog. **Ausfuhr**).

Treten im Laufe der Beförderungen i.S.d. §§ 10-12 BierStG im Steuergebiet **Unregelmäßigkeiten** ein, wird das Bier insoweit dem Verfahren der Steueraussetzung entnommen (§ 13 Abs. 2 BierStG). Unregelmäßig ist gem. § 13 Abs. 1 BierStG ein während der Beförderung unter Aussetzung der Steuer eintretender Fall, aufgrund dessen die Beförderung bzw. ein Teil der Beförderung nicht ordnungsgemäß beendet werden kann.

8.2.2.3 Steuerentstehung, Steuerschuldner und Steuererhebungsverfahren

Die **Steuer entsteht** zum Zeitpunkt der Überführung des Bieres in den steuerrechtlich freien Verkehr, es sei denn, eine Steuerbefreiung schließt sich der Überführung an (§ 14 Abs. 1 BierStG). Gem. § 14 Abs. 2 BierStG gilt Bier in den folgenden Fällen als in den **steuerrechtlich freien Verkehr** überführt:

- Nr. 1 1. Halbsatz: Bier wird aus dem Steuerlager entnommen, es sei denn, ein weiteres Verfahren der Steueraussetzung schließt sich an;
- Nr. 1 2. Halbsatz: Bier wird innerhalb des Steuerlagers verbraucht;
- Nr. 2: Bier wird ohne Erlaubnis hergestellt;
- Nr. 3: Bier wird aus dem Verfahren der Steueraussetzung bei Aufnahme in den Betrieb des registrierten Empfängers entnommen;
- Nr. 4: eine Unregelmäßigkeit tritt während der Beförderung unter Aussetzung der Steuer ein.

Steuerschuldner im Falle der o.g. Nr. 1 ist gem. § 14 Abs. 4 S. 1 Nr. 1 1. Halbsatz BierStG der **Steuerlagerinhaber**. Bei einer unrechtmäßigen Entnahme ist Steuerschuldner die Person, die das Bier entnommen hat oder in deren Name des Bier entnommen wurde, sowie jede Person, die an der unrechtmäßigen Entnahme beteiligt war (§ 14 Abs. 4 S. 1 Nr. 1 2. Halbsatz BierStG). Ferner ist Steuerschuldner der **Hersteller** sowie jede an der Herstellung beteiligte Person für den Fall, dass das Bier unerlaubt hergestellt worden ist (o.g. Nr. 2), bzw. der **registrierte Empfänger**, wenn das Bier i.S.d. o.g. Nr. 3 aus dem Verfahren der Steueraussetzung in dessen Betrieb aufgenommen wurde (§ 14 Abs. 4 S. 1 Nr. 2 und 3 BierStG). Tritt eine Unregelmäßigkeit ein (o.g. Nr. 4), ist gem. § 14 Abs. 4 S. 1 Nr. 4 BierStG Steuerschuldner der **Steuerlagerinhaber als Versender** oder der **registrierte Versender**, daneben jede andere Person, die Sicherheit geleistet hat, die Person, die das Bier entnommen hat oder in deren Name das Bier entnommen wurde, sowie jede Person, die an der unrechtmäßigen Entnahme beteiligt war und wusste bzw. vernünftigerweise hätte wissen müssen, dass die Entnahme unrechtmäßig war.

Gem. § 14 Abs. 3 BierStG **entsteht die Steuer nicht**, sollte das Bier aufgrund seiner Beschaffenheit oder infolge unvorhersehbarer Ereignisse bzw. höherer Gewalt **vollständig zerstört** oder **unwiderruflich verloren** gegangen sein. Bier ist vollständig zerstört bzw. unwiederbringlich verloren, wenn das Bier als solches nicht mehr verwendet werden kann.

Der Steuerschuldner i.S.d. § 14 Abs. 4 S. 1 Nr. 1 1. Halbsatz und Nr. 3 BierStG hat über das Bier, für das in einem Monat die Steuer entstanden ist, spätestens am 7. Tag des auf die Steuerentstehung folgenden Monats eine **Steuererklärung** abzugeben; die Frist kann in begründeten Fällen bis zum 10. Tag des folgenden Monats verlängert werden. Am 20. Tag des auf die Steuerentstehung folgenden Monats ist die Steuer **fällig** (§ 15 Abs. 1 BierStG).

Dagegen hat der Steuerschuldner i.S.d. § 14 Abs. 4 S. 1 Nr. 1 2. Halbsatz, Nr. 2 und Nr. 3 BierStG die **Steueranmeldung** unverzüglich abzugeben und darin die Steuer selbst zu berechnen. Die Steuer ist **sofort fällig** (§ 15 Abs. 2 BierStG).

8.2.2.4 Einfuhr von Bier aus Drittländern oder Drittgebieten (§§ 16, 17 und 18 BierStG)

Neben der Steuerentstehung nach § 14 Abs. 2 BierStG **entsteht die Steuer** gem. § 18 Abs. 1 BierStG zum Zeitpunkt der Überführung des Bieres in den steuerrechtlich freien Verkehr durch **Einfuhr**. Dies gilt nicht für Fälle, in denen das Bier unmittelbar am Ort der Einfuhr in ein Verfahren der Steueraussetzung überführt wird bzw. eine Steuerbefreiung sich anschließt. Zudem entsteht die Steuer nicht, sollte das Bier unter Aussetzung der Steuer aus dem Steuergebiet oder einem anderen Mitgliedstaat über Drittländer oder Drittgebiete in das Steuergebiet **befördert** werden.

Einfuhr ist gem. § 16 Abs. 1 BierStG

– der Eingang von Bier aus Drittländern oder Drittgebieten in das Steuergebiet, außer das Bier befindet sich beim Eingang in das Verbrauchsteuergebiet in einem zollrechtlichen Nichterhebungsverfahren i.S.v. § 16 Abs. 2 BierStG, bzw.

– die Entnahme von Bier aus einem zollrechtlichen Nichterhebungsverfahren im Steuergebiet, außer ein weiteres zollrechtliches Nichterhebungsverfahren i.S.v. § 16 Abs. 2 BierStG schließt sich an.

Steuerschuldner im Rahmen der Einfuhr ist nach § 18 Abs. 2 BierStG

– die Person, die nach den zollrechtlichen Vorschriften verpflichtet ist, das Bier anzumelden bzw. in deren Namen das Bier angemeldet wird (Nr. 1),

– jede andere, an einer unrechtmäßigen Einfuhr beteiligte Person (Nr. 2).

8.2.2.5 Beförderung und Besteuerung von Bier des steuerrechtlich freien Verkehrs anderer Mitgliedstaaten (§§ 19, 20, 21 und 22 BierStG)

Gem. § 19 Abs. 1 BierStG ist Bier, das eine **Privatperson** für ihren **Eigenbedarf** in anderen Mitgliedstaaten im steuerrechtlich freien Verkehr erwirbt und selbst in das Steuergebiet befördert, **steuerfrei**. Ob Eigenbedarf i.S.d. Abs. 1 vorliegt, bemisst sich anhand der in § 19 Abs. 2 BierStG aufgelisteten Kriterien:

- handelsrechtliche Stellung und die Gründe des Besitzers für den Besitz des Bieres;
- Ort, an dem sich das Bier befindet, bzw. die Art der Beförderung;
- Unterlagen über das Bier;
- Beschaffenheit bzw. Menge des Bieres.

Sind für den Bezug des Bieres dagegen **gewerbliche Zwecke** maßgebend, entsteht die Steuer gem. § 20 Abs. 1 S. 1 BierStG dadurch, dass der Bezieher

- das Bier im Steuergebiet in Empfang nimmt bzw.
- das außerhalb des Steuergebiets in Empfang genommene Bier in das Steuergebiet befördert oder befördern lässt.

Steuerschuldner ist in beiden Fällen der Bezieher (§ 20 Abs. 1 S. 2 BierStG).

Gelangt das Bier in **anderen** als den in § 20 Abs. 1 S. 1 BierStG benannten **Fällen** in das Steuergebiet, entsteht die Steuer gem. § 20 Abs. 2 BierStG dadurch, dass man es in Besitz hält, bzw. durch die Verwendung des Bieres im Steuergebiet. In dem Fall ist **Steuerschuldner** die Person, die das Bier versendet, in Besitz hält bzw. verwendet (§ 20 Abs. 2 S. 3 BierStG).

Weiterhin erfasst § 21 BierStG den sog. **Versandhandel**. Hier entsteht die Steuer mit der Auslieferung des Bieres an die Privatperson im Steuergebiet, wenn Bier durch einen Versandhändler mit Sitz in einem anderen Mitgliedstaat in das Steuergebiet geliefert wird (§ 21 Abs. 2 BierStG).

Versandhändler ist gem. § 21 Abs. 1 BierStG, wer einen Versandhandel betreibt, in dessen Rahmen Bier aus dem steuerrechtlich freien Verkehr des Mitgliedstaats, in dem der Versandhändler seinen Sitz hat, an Privatpersonen in anderen Mitgliedstaaten liefert und den Versand der Ware an den Erwerber selbst durchführt bzw. durchführen lässt. Der Versandhändler muss seine Absicht, Bier in das Steuergebiet zu liefern, vorher anzeigen und zudem eine im Steuergebiet ansässige Person gegenüber dem Hauptzollamt als sog. **Beauftragten** benennen, die Aufzeichnungen zu führen, dem Hauptzollamt Lieferungen anzuzeigen und für die entstehende Steuer Sicherheit zu leisten hat (§ 21 Abs. 4 BierStG).

Steuerschuldner ist im Fall des § 21 BierStG der **Beauftragte**, der für Bier, für das die Steuer entstanden ist, eine Steuererklärung abzugeben hat. Die Steuer ist i.d.R. spätestens am 15. Tag des auf die Steuerentstehung folgenden Monats **fällig**.

8.2.2.6 Steuertarif, Bemessungsgrundlage und Steuerentlastungen

Gem. § 2 Abs. 1 BierStG ist Bier **nach Grad Plato** in Steuerklassen zu unterteilen. Grad Plato ist der Stammwürzegehalt des Bieres in Gramm je 100 Gramm Bier, der auf volle Grad abgerundet wird. Die **Biersteuer** für einen Hektoliter Bier beträgt 0,787 Euro je Grad Plato.

Für **unabhängige Brauereien,** die Bier im Brauverfahren herstellen, sieht § 2 Abs. 2 BierStG stufenweise **Steuersatzermäßigungen** für den Fall vor, dass die Gesamtjahreserzeugung Bier 200.000 Hektoliter unterschreitet. Brauereien sind unabhängig i.S.d. § 2 Abs. 3 BierStG, wenn kein rechtliches oder wirtschaftliches Abhängigkeitsverhältnis zu anderen Brauereien besteht, die unabhängige Brauerei Betriebsräume nutzt, die räumlich von anderen Brauereien getrennt sind, und letztlich Bier nicht unter Lizenz braut.

Zudem wird die **Steuer** gem. § 24 Abs. 1 BierStG für nachweislich versteuertes Bier **erlassen** bzw. **erstattet,** das wieder in ein Steuerlager zurückgenommen wird. Weiterhin kann versteuertes fremdes Bier mit Zustimmung des Hauptzollamtes in ein Steuerlager aufgenommen und die **Steuer vergütet** werden.

Ferner wird die im Steuergebiet **entrichtete Steuer** für Bier auf Antrag des Steuerlagerinhabers bzw. registrierten Empfängers **erstattet,** sollte das Bier auf Kosten des Antragstellers unter Steueraufsicht außerhalb eines Steuerlagers vernichtet worden sein (§ 24 Abs. 2 BierStG).

Letztlich wird nachweislich versteuertes Bier, das zu gewerblichen Zwecken bzw. im Rahmen des Versandhandels in einen anderen Mitgliedstaat befördert wurde, gem. § 25 Abs. 1 BierStG unter den Voraussetzungen des Abs. 2 auf Antrag von der **Steuer entlastet.** Gleiches gilt auch für Fälle, in denen das Bier zwar nicht am Bestimmungsort angekommen ist, der Beförderer aber aufgrund einer in einem anderen Mitgliedstaat festgestellten Unregelmäßigkeit als Steuerschuldner in Anspruch genommen wurde (§ 25 Abs. 2 S. 2 BierStG).

8.2.3 Die Tabaksteuer

8.2.3.1 Charakteristik, Steuergegenstand und Steuerbegünstigungen

Auch die sog. **Tabaksteuer** ist eine **Verbrauchsteuer** i.S.d. AO, deren Steuergegenstand die Tabakwaren im Steuergebiet darstellen. Steuergebiet i.S.d. TabStG ist das Gebiet der Bundesrepublik Deutschland ohne das Gebiet Büsingen und ohne die Insel Helgoland (§ 1 Abs. 1 TabStG).

Unter **Tabakwaren** versteht § 1 Abs. 2 TabStG

– Zigarren oder Zigarillos,

– Zigaretten und

– Rauchtabak (Feinschnitt und Pfeifentabak).

Das TabStG hält in den §§ 30-32 TabStG vielfältige **Steuervergünstigungen** bereit. Von der **Besteuerung befreit** werden gem. § 30 Abs. 1 TabStG z.B.

– Tabakwaren, die

  – zu amtlichen Untersuchen entnommen oder zum Prüfen in einem Steuerlager verbraucht werden;

  – derart hergerichtet sind, dass diese nur als Ansichtsmuster verwendet werden können;

  – unter Steueraufsicht vernichtet oder vergällt werden;

- zu bestimmten gewerblichen Zwecken und für wissenschaftliche Versuche und Untersuchungen außerhalb des Steuerlagers bzw.
- in einem Steuerlager zur Herstellung von Erzeugnissen verwendet werden, die nicht der Tabaksteuer unterliegen;
- den Tabakwaren bzw. Tabakwaren gleichgestellte Erzeugnisse, die aus selbst angebautem Rohtabak oder Tabakersatzstoffen hergestellt und für den Eigenbedarf verwendet werden;
- mit der Hand oder einer einfachen Gerätschaft und aus versteuertem bzw. steuerfreiem Rauchtabak hergestellte Zigaretten, die nicht entgeltlich abgegeben werden.

Gleiches gilt für Tabakwaren, die ein Hersteller, der Tabakwaren zu Handelszwecken herstellt, an dessen Arbeitnehmer als Deputat unentgeltlich abgibt. Die als steuerfreies Deputat erhaltenen Tabakwaren dürfen nicht gegen Entgelt abgegeben werden; andernfalls entsteht die Steuer, die in dem Fall sofort fällig ist. Steuerschuldner ist der Abgebende, der unverzüglich eine Steuererklärung abzugeben hat (§ 30 Abs. 3 TabStG).

8.2.3.2 Beförderungen unter Aussetzung der Steuer (§§ 11, 12 und 13 TabStG)

Unter **Aussetzung der Steuer** dürfen Tabakwaren – auch über Drittländer oder Drittgebiete – von im Steuergebiet gelegenen Steuerlagern oder von registrierten Versendern vom Ort der Einfuhr im Steuergebiet

- in andere Steuerlager oder
- in Betriebe von Verwendern im Steuergebiet

befördert werden (§ 11 Abs. 1 TabStG). Die Beförderung der Tabakwaren unter Aussetzung der Steuer beginnt, wenn die Tabakwaren das Steuerlager verlassen oder am Ort der Einfuhr in den zollrechtlich freien Verkehr überführt werden, und endet mit der Auf- oder Übernahme der Waren (§ 11 Abs. 4 TabStG). Gem. § 11 Abs. 3 hat der Steuerlagerinhaber die Tabakwaren unverzüglich in sein Steuerlager bzw. der Verwender in seinen Betrieb aufzunehmen.

Steuerlager sind gem. § 5 TabStG Orte, an oder von denen Tabakwaren unter Aussetzung der Steuer hergestellt, be- oder verarbeitet, gelagert, empfangen oder versandt werden dürfen. **Steuerlagerinhaber** sind Personen, die ein oder mehrere Steuerlager betreiben. Der Betrieb eines Steuerlagers bedarf einer Erlaubnis, die auf Antrag unter Widerrufsvorbehalt Personen erteilt wird, gegen deren steuerliche Zuverlässigkeit keine Bedenken bestehen und die – soweit gesetzlich dazu verpflichtet – Bücher führen und Jahresabschlüsse aufstellen (§ 6 Abs. 1 TabStG). Tabakwaren herstellender Steuerlagerinhaber i.S.d. § 6 Abs. 3 TabStG ist, wer entweder selbst oder durch abhängiges Personal die unmittelbare Herrschaftsgewalt in der Betriebsstätte ausübt und die Betriebsvorgänge steuert.

Nach § 8 Abs. 1 TabStG handelt es sich bei **registrierten Versendern** um Personen, die Tabakwaren vom Ort der Einfuhr unter Aussetzung der Steuer versenden dürfen. Der registrierte Versender bedarf ebenso einer Erlaubnis, die analog zum Steuerlagerinhaber bei Vorliegen der gesetzlich erforderlichen Voraussetzungen erteilt wird.

Verwender ist, wer Tabakwaren zu gewerblichen Zwecken (nicht zum Rauchen und zur Herstellung von Tabakwaren) oder für wissenschaftliche Versuche und Untersuchungen auch außerhalb eines Steuerlagers steuerfrei verwenden will und gegen dessen steuerliche Zuverlässigkeit keine Bedenken bestehen, sodass die hierzu erforderliche Erlaubnis erteilt werden kann (§ 31 Abs. 1 TabStG).

Außerdem dürfen Tabakwaren gem. § 12 Abs. 1 Nr. 1 TabStG – auch über Drittländer bzw. Drittgebiete – unter **Steueraussetzung** von Steuerlagern, die im Steuergebiet liegen, oder von registrierten Versendern vom Ort der Einfuhr im Steuergebiet

– in Steuerlager oder

– in Betriebe von registrierten Empfängern

in anderen Mitgliedstaaten befördert werden.

Gleiches gilt nach § 12 Abs. 1 Nr. 2 TabStG für Steuerlager in anderen Mitgliedstaaten oder registrierte Versender vom Ort der Einfuhr in anderen Mitgliedstaaten, die die Tabakwaren

– in Steuerlager oder

– in Betriebe von registrierten Empfängern

im Steuergebiet bzw. gem. § 12 Abs. 1 Nr. 3 TabStG

– durch das Steuergebiet

befördern.

Der **registrierte Empfänger** ist eine Person, die die Tabakwaren unter Aussetzung der Steuer in seinen Betrieben im Steuergebiet empfangen darf, sofern die Tabakwaren entweder aus einem Steuerlager, das in einem anderen Mitgliedstaat liegt, oder von einem Ort der Einfuhr in einem anderen Mitgliedstaat versandt wurde. Der registrierte Empfänger, der auch einer Erlaubnis bedarf und dessen steuerliche Zuverlässigkeit gegeben sein muss, darf die Tabakwaren nicht nur gelegentlich oder im Einzelfall zu gewerblichen Zwecken empfangen (§ 7 Abs. 1 und 2 TabStG).

Ferner bestimmt § 13 Abs. 1 TabStG, dass Tabakwaren – auch über Drittländer und Drittgebiete – aus im Steuergebiet gelegenen Steuerlagern oder von registrierten Versendern vom Ort der Einfuhr im Steuergebiet unter **Aussetzung der Steuer** zu einem anderen Ort befördert werden dürfen, an dem die Tabakwaren das Verbrauchsteuergebiet der Europäischen Gemeinschaft verlassen (sog. **Ausfuhr**).

Treten im Laufe der Beförderungen i.S.d. §§ 11-13 TabStG im Steuergebiet **Unregelmäßigkeiten** ein, werden die Tabakwaren insoweit dem Verfahren der Steueraussetzung entnommen (§ 14 Abs. 2 TabStG). Unregelmäßig ist gem. § 14 Abs. 1 TabStG ein während der unter Aussetzung der Steuer stattfindenden Beförderung eintretender Fall, aufgrund dessen ein Teil der Beförderung bzw. die Beförderung in ihrer Gesamtheit nicht ordnungsgemäß beendet werden kann.

8.2.3.3 Steuerentstehung, Steuerschuldner und Steuererhebungsverfahren

Die **Steuer entsteht** zum Zeitpunkt der Überführung der Tabakwaren in den steuerrechtlich freien Verkehr, es sei denn, eine Steuerbefreiung schließt sich der Überführung an (§ 15 Abs. 1 TabStG). Gem. § 15 Abs. 2 TabStG gelten Tabakwaren u.a. in den folgenden Fällen als in den **steuerrechtlich freien Verkehr** überführt:

- Nr. 1 1. Halbsatz: Tabakwaren werden aus dem Steuerlager entnommen, es sei denn, ein weiteres Verfahren der Steueraussetzung schließt sich an;
- Nr. 1 2. Halbsatz: Tabakwaren werden innerhalb des Steuerlagers verbraucht;
- Nr. 2: Tabakwaren werden ohne Erlaubnis hergestellt;
- Nr. 3: Tabakwaren werden aus dem Verfahren der Steueraussetzung bei Aufnahme in den Betrieb des registrierten Empfängers entnommen;
- Nr. 4: eine Unregelmäßigkeit tritt während der Beförderung unter Aussetzung der Steuer ein.

Gem. § 16 Abs. 1 TabStG dürfen die Tabakwaren nur in geschlossenen, verkaufsfertigen **Kleinverkaufspackungen** in den steuerrechtlich freien Verkehr überführt werden. Den Kleinverkaufspackungen dürfen neben den Tabakwaren keine anderen Gegenstände beigepackt werden (§ 24 Abs. 1 S. 1 TabStG). Der Händler muss gem. § 25 Abs. 1 S. 1 TabStG die Kleinverkaufspackungen **verschlossen halten** und die **Steuerzeichen** an den Packungen **unversehrt** erhalten. Ferner darf der auf dem Steuerzeichen angegebene **Packungspreis** i.d.R. **nicht unterschritten** (§ 26 TabStG) **oder überschritten** (§ 28 TabStG) werden; von dem Verbot ausgenommen sind lediglich die in § 27 TabStG genannten Fälle.

Steuerschuldner im Falle der o.g. Nr. 1 ist gem. § 15 Abs. 4 S. 1 Nr. 1 1. Halbsatz TabStG der **Steuerlagerinhaber**. Bei einer unrechtmäßigen Entnahme ist Steuerschuldner die Person, die die Tabakwaren entnommen hat oder in deren Name die Tabakwaren entnommen wurden, sowie jede an der unrechtmäßigen Entnahme beteiligte Person (§ 15 Abs. 4 S. 1 Nr. 1 2. Halbsatz TabStG). Weiterhin ist Steuerschuldner der **Hersteller** sowie jede an der Herstellung beteiligte Person für den Fall, dass die Tabakwaren unerlaubt hergestellt wurden (o.g. Nr. 2), bzw. der **registrierte Empfänger**, wenn die Tabakwaren i.S.d. o.g. Nr. 3 aus dem Verfahren der Steueraussetzung in dessen Betrieb aufgenommen wurden (§ 15 Abs. 4 S. 1 Nr. 2 und 3 TabStG). Tritt während der Beförderung eine Unregelmäßigkeit ein (o.g. Nr. 4), ist Steuerschuldner gem. § 15 Abs. 4 S. 1 Nr. 4 TabStG der **Steuerlagerinhaber als Versender** oder der **registrierte Versender**; daneben ist Steuerschuldner jede andere Person, die Sicherheit geleistet hat, bzw. die Person, die die Tabakwaren entnommen hat oder in deren Name die Tabakwaren entnommen wurden, sowie jede an der unrechtmäßigen Entnahme beteiligte Person, die wusste oder vernünftigerweise hätte wissen müssen, dass die Entnahme unrechtmäßig war.

Nach § 15 Abs. 3 TabStG **entsteht die Steuer nicht**, sollten die Tabakwaren aufgrund ihrer Beschaffenheit oder infolge unvorhersehbarer Ereignisse bzw. höherer Gewalt **vollständig** zerstört oder **unwiderruflich verloren** gegangen sein. Dies ist der Fall, wenn die Tabakwaren nicht mehr als solche verwendet werden können.

Gem. § 17 Abs. 1 TabStG ist die Steuer für Tabakwaren durch Verwendung von **Steuerzeichen** zu entrichten; diese müssen verwendet sein, wenn die Steuer entsteht. Die **Verwendung der Steuerzeichen** tritt mit der Entwertung und dem Anbringen der Steuerzeichen an den Kleinverkaufspackungen ein. Die Steuerzeichen hat der Hersteller bzw. Einführer nach amtlich vorgeschriebenem Vordruck zu bestellen und darin die Steuerzeichenschuld selbst zu berechnen (§ 17 Abs. 2 TabStG). Die sog. **Steuerzeichenschuld** entsteht mit dem Bezug der Steuerzeichen in Höhe ihres Steuerwerts; Steuerzeichenschuldner ist der Bezieher.

Der Steuerschuldner i.S.d. § 15 Abs. 4 S. 1 Nr. 1 2. Halbsatz, Nr. 2 und Nr. 4 TabStG hat unverzüglich eine **Steuererklärung** abzugeben (§ 17 Abs. 3 TabStG). Gleiches gilt, wenn im Fall des § 15 Abs. 4 S. 1 Nr. 3 TabStG die Tabakwaren ohne gültige Steuerzeichen empfangen werden.

Entsteht die Steuerschuld gem. § 15 Abs. 2 Nr. 1 TabStG (unrechtmäßige Entnahme) bzw. in Fällen der Steuerentstehung i.S.d. § 15 Abs. 2 Nr. 2 und Nr. 4 TabStG, ist die Steuer **sofort fällig** (§ 18 Abs. 2 TabStG). Gleiches gilt, wenn die Tabakwaren im Fall des § 15 Abs. 2 Nr. 3 TabStG ohne gültige Steuerzeichen empfangen werden.

Allgemein ist die Steuerzeichenschuld gem. § 18 Abs. 1 TabStG für die bis zum 15. Tag eines Monats bezogenen Steuerzeichen spätestens

– für Zigarren und Zigarillos am 10. Tag des übernächsten Monats und
– für Zigaretten und Rauchtabak i.d.R. am 12. Tag des übernächsten Monats

zu **begleichen**. Dagegen ist die Steuerzeichenschuld für die nach dem 15. Tag eines Monats bezogenen Steuerzeichen

– für Zigarren und Zigarillos am 25. Tag des übernächsten Monats und
– für Zigaretten und Rauchtabak am 27. Tag des übernächsten Monats

spätestens zu **begleichen**.

8.2.3.4 Einfuhr von Tabakwaren aus Drittländern oder Drittgebieten (§§ 19, 20 und 21 TabStG)

Neben der Steuerentstehung nach § 15 Abs. 2 TabStG **entsteht die Steuer** gem. § 21 Abs. 1 TabStG zum Zeitpunkt der Überführung der Tabakwaren in den steuerrechtlich freien Verkehr durch **Einfuhr**. Dies gilt nicht für Fälle, in denen die Tabakwaren unmittelbar am Ort der Einfuhr in ein Verfahren der Steueraussetzung überführt werden bzw. eine Steuerbefreiung sich der Überführung anschließt. Zudem entsteht die Steuer nicht, sollten die Tabakwaren unter Aussetzung der Steuer aus dem Steuergebiet oder einem anderen Mitgliedstaat über Drittländer oder Drittgebiete in das Steuergebiet befördert werden.

Einfuhr ist gem. § 19 Abs. 1 TabStG:

- der Eingang von Tabakwaren aus Drittländern oder Drittgebieten in das Steuergebiet; dies gilt nicht, wenn die Tabakwaren sich beim Eingang in das Verbrauchsteuergebiet in einem zollrechtlichen Nichterhebungsverfahren i.S.v. § 19 Abs. 2 TabStG befinden;
- die Entnahme von Tabakwaren aus einem zollrechtlichen Nichterhebungsverfahren im Steuergebiet, außer ein weiteres zollrechtliches Nichterhebungsverfahren i.S.v. § 19 Abs. 2 TabStG schließt sich an.

Steuerschuldner im Rahmen der Einfuhr ist nach § 21 Abs. 2 TabStG

- die Person, die nach den zollrechtlichen Vorschriften verpflichtet ist, die Tabakwaren anzumelden bzw. in deren Name die Tabakwaren angemeldet werden (Nr. 1),
- jede andere, an einer unrechtmäßigen Einfuhr beteiligte Person (Nr. 2).

8.2.3.5 Beförderung und Besteuerung von Tabakwaren des steuerrechtlich freien Verkehrs anderer Mitgliedstaaten (§§ 22, 23 TabStG)

Gem. § 22 Abs. 1 TabStG sind Tabakwaren, die eine **Privatperson** für ihren **Eigenbedarf** in anderen Mitgliedstaaten im steuerrechtlich freien Verkehr erwirbt und selbst in das Steuergebiet befördert, **steuerfrei**. Ob Eigenbedarf i.S.d. Abs. 1 vorliegt, bemisst sich anhand der in § 22 Abs. 2 TabStG genannten Kriterien:

- handelsrechtliche Stellung und die Gründe des Besitzers für den Besitz der Tabakwaren;
- Ort, an dem sich die Tabakwaren befinden bzw. die Art der Beförderung;
- Unterlagen über die Tabakwaren;
- Beschaffenheit bzw. Menge der Tabakwaren.

Sind für den Bezug der Tabakwaren dagegen **gewerbliche Zwecke** maßgebend, d.h., werden die Tabakwaren entgegen § 17 Abs. 1 TabStG

- aus dem steuerrechtlich freien Verkehr eines anderen Mitgliedstaats in das Steuergebiet verbracht oder
- werden die Tabakwaren dorthin versandt,

entsteht die Steuer gem. § 23 Abs. 1 TabStG, wenn die Tabakwaren erstmals zu gewerblichen Zwecken in Besitz gehalten werden.

Steuerschuldner i.S.d. § 23 Abs. 1 TabStG ist, wer die Lieferung vornimmt oder die Tabakwaren in Besitz hält, sowie der Empfänger, sobald er Besitz an den Tabakwaren erlangt hat. Für die entstandene Steuer hat der Steuerschuldner unverzüglich eine **Steuererklärung** abzugeben; die Steuer ist **sofort fällig**.

Wer dagegen als **Versandhändler** mit Sitz im Steuergebiet Tabakwaren des steuerrechtlich freien Verkehrs in einen anderen Mitgliedstaat liefern will, muss dies vorher dem zuständigen Hauptzollamt anzeigen. Der Versandhändler hat ferner Aufzeichnungen über die gelieferten Tabakwaren zu führen und die von dem Mitgliedstaat geforderten Voraussetzungen für die Lieferung zu erfüllen (§ 23 Abs. 3 TabStG).

8.2.3.6 Steuertarif, Bemessungsgrundlage und Steuerentlastungen

Gem. § 2 Abs. 1 TabStG **beträgt die Steuer** im Jahr 2013

- für **Zigaretten**: 9,44 Cent je Stück und 21,80 % des Kleinverkaufspreises, mindestens 18,881 Cent je Stück abzüglich der Umsatzsteuer des Kleinverkaufspreises der zu versteuernden Zigarette;
- für **Zigarren und Zigarillos**: 1,4 Cent je Stück und 1,47 % des Kleinverkaufspreises, mindestens 5,760 Cent je Stück abzüglich der Umsatzsteuer des Kleinverkaufspreises der zu versteuernden Zigarre oder des zu versteuernden Zigarillos;
- für **Feinschnitt**: 45,00 € je kg und 14,51 % des Kleinverkaufspreises, mindestens 88,20 € je kg abzüglich der Umsatzsteuer des Kleinverkaufspreises des zu versteuernden Feinschnitts;
- für **Pfeifentabak**: 15,66 je kg und 13,13 % des Kleinverkaufspreises, mindestens 22 € je kg.

Zudem sieht Abs. 1 eine sukzessive und zuweilen auch signifikante **Erhöhung der Steuer** auf Zigaretten und Feinschnitt bis zum 14.02.2016 vor. Ferner enthalten die Abs. 2 und 3 zusätzliche Vorschriften zur **Mindeststeuersatz**-Berechnung auf Zigaretten und Feinschnitt.

Kleinverkaufspreis ist gem. § 3 Abs. 1 TabStG der Preis, den der Hersteller oder Einführer als Einzelhandelspreis für Zigarren, Zigarillos und Zigaretten je Stück und für Rauchtabak je kg bestimmt. Sollte lediglich ein **Packungspreis** bestimmt sein, gilt als Kleinverkaufspreis der Preis, der sich aus dem Packungspreis und dem Packungsinhalt je Stück oder kg ergibt. Der Packungspreis ist auf volle € und Cent zu bestimmen (§ 3 Abs. 3 TabStG).

Gem. § 32 Abs. 1 S. 1 TabStG wird die **Steuer** antragsgebunden **erlassen** bzw. **erstattet**, wenn Tabakwaren

- in ein Steuerlager aufgenommen oder
- unter Steueraufsicht aus dem Steuergebiet in einen anderen Mitgliedstaat befördert oder ausgeführt werden.

Daneben wird die **Steuer** auch Einführern und registrierten Empfängern, die nicht Steuerlagerinhaber sind, **erlassen** bzw. **erstattet**, wenn von ihnen eingeführte oder in Empfang genommene Tabakwaren unter Steueraufsicht vernichtet oder vergällt werden (§ 32 Abs. 1 S. 2 TabStG).

Dagegen wird nach § 32 Abs. 2 TabStG die Steuer, die durch Verwendung von Steuerzeichen entrichtet ist, nur **erlassen** bzw. **erstattet**, sollten die Steuerzeichen unter Steueraufsicht vernichtet oder ungültig gemacht worden und der Inhalt der Packungen noch vollständig sein.

Ferner enthalten die §§ 33 ff. TabStG u.a. Regelungen zur Steueraufsicht und zu Ordnungswidrigkeiten sowie zum Schwarzhandel mit Zigaretten.

9 Rechtsformen[262]

9.1 Der Einfluss der Besteuerung auf unternehmerische Entscheidungen

9.1.1 Beispiel zur Steuerbelastung einer inländischen Kapitalgesellschaft

Ausgangsdaten:

– Gewerbliche Einkünfte vor Steuern	110.000 €
– Einheitswert des Betriebsgrundstücks zum 01.01.2013	300.000 €
– Grundsteuer-Hebesatz	250 %
– Fremdkapitalzinsen i.S.d. § 8 Nr. 1 GewStG	150.000 €
– Gewerbesteuer-Hebesatz	400 %

Der Gewinn der Gesellschaft wird in voller Höhe im Jahr der Entstehung (2013) ausgeschüttet. Der alleinige Gesellschafter ist unverheiratet und nicht kirchensteuerpflichtig. Er bezieht zusätzlich zu obigen Einkünften noch Einkünfte aus nichtselbstständiger Arbeit i.H.v. 76.000 €, die unabhängig von seinem Unternehmen erzielt werden. Im Jahr 2013 entstanden ihm abzugsfähige Aufwendungen für die Alterssicherung und sonstige Vorsorgeaufwendungen i.H.v. insgesamt 5.253 €. Ansonsten werden die Pauschbeträge angesetzt. Der Gesellschafter macht im Rahmen der Abgeltungssteuer von seinem Veranlagungswahlrecht gem. § 32d Abs. 2 Nr. 3 EStG keinen Gebrauch.

Grundsteuer der Kapitalgesellschaft

	Einheitswert des Grundstücks (§ 13 Abs. 1 GrStG)	300.000 €
·	Steuermesszahl (§ 15 Abs. 1 GrStG)	0,35 %
=	Steuermessbetrag (§ 13 Abs. 1 S. 1 GrStG)	1.050 €
·	Hebesatz (§ 25 GrStG)	250 %
=	**Grundsteuer**	**2.625 €**

---

[262] Vgl. als Grundlage für dieses Kapitel: KUßMAUL, HEINZ: Betriebswirtschaftliche Steuerlehre, 6. Aufl., München 2010, S. 415 ff. und S. 436 ff. m.w.N.

Gewerbesteuer der Kapitalgesellschaft

Ausgangsgröße für den Gewerbeertrag

Gewerbliche Einkünfte vor Steuern	110.000 €
./. Grundsteuer	2.625 €
= Ausgangsgröße	107.375 €

Gewerbesteuerliche Modifikationen

+ 25 % der Zinsaufwendungen (§ 8 Nr. 1 GewStG)		12.500 €
Schuldzinsen	150.000 €	
./. Freibetrag	100.000 €	
= Summe der Zinsaufwendungen	50.000 €	
./. 1,2 % des gem. § 121a BewG um 40 % erhöhten Einheitswerts des Betriebsgrundstücks (§ 9 Nr. 1 GewStG)		5.040 €
= Gewerbeertrag vor Rundung und Freibetrag		114.835 €

300 000 · 1,4 · 0,012

Ermittlung der Gewerbesteuer

./. Rundung auf volle 100 € (§ 11 Abs. 1 GewStG)	35 €
./. Freibetrag (§ 11 Abs. 1 S. 3 Nr. 1 GewStG)	0 €
= Maßgebender Gewerbeertrag	114.800 €
· Effektiver Gewerbesteuersatz (0,035 · 4)	14 %
= **Gewerbesteuer**	**16.072 €**

Körperschaftsteuer der Kapitalgesellschaft

Gewerbliche Einkünfte vor Steuern	110.000 €
./. Grundsteuer	2.625 €
= Körperschaftsteuerpflichtiges Einkommen	107.375 €
· Körperschaftsteuersatz (§ 23 Abs. 1 KStG)	15 %
= **Körperschaftsteuer**	**16.106 €**

Solidaritätszuschlag der Kapitalgesellschaft

Körperschaftsteuer	16.106 €
· Solidaritätszuschlagssatz	5,5 %
= **Solidaritätszuschlag**	**886 €**

Kapitalertragsteuer

	Bruttodividende (Verbleibende Einkünfte auf Gesellschaftsebene)	74.311 €
./.	Kapitalertragsteuer (25 % der Bruttodividende)	18.578 €
./.	Solidaritätszuschlag (5,5 % der Kapitalertragsteuer)	1.022 €
=	Vorläufige Nettodividende	54.711 €

⇨ **Kapitalertragsteuer entfaltet abgeltende Wirkung!**

Einkommensteuer des Gesellschafters

	Einkünfte aus nichtselbstständiger Arbeit	76.000 €
./.	Arbeitnehmer-Pauschbetrag (§ 9a S. 1 EStG)	1.000 €
=	Summe der Einkünfte = Gesamtbetrag der Einkünfte	75.000 €
./.	Vorsorgeaufwendungen	5.253 €
./.	Sonderausgabenpauschbetrag (§ 10c S. 1 EStG)	36 €
=	Zu versteuerndes Einkommen	69.711 €
⇨	Einkommensteuer (Grundtarif 2013)	21.082 €
=	Einkommensteuerzahllast	21.082 €

Solidaritätszuschlag des Gesellschafters

	Einkommensteuer	21.082 €
·	Solidaritätszuschlagssatz	5,5 %
=	Solidaritätszuschlag	1.159 €

Zusammenstellung der Ergebnisse: (Gesellschaftsebene)

		absolut	prozentual
	Einkünfte vor Substanz- und Ertragsteuern	110.000 €	100,00 %
./.	Grundsteuer (Soll-Ertragsteuer)	2.625 €	2,386 %
=	Einkünfte nach Substanzsteuern	107.375 €	97,614 %
./.	Gewerbesteuer (Ist-Ertragsteuer)	16.072 €	14,611 %
./.	Körperschaftsteuer (Ist-Ertragsteuer)	16.106 €	14,642 %
./.	Solidaritätszuschlag (Ist-Ertragsteuer)	886 €	0,805 %
=	Verbleibende Einkünfte	74.311 €	67,556 %
⇨	**Gesamtsteuerbelastung**	**35.689 €**	**32,444 %**

Zusammenstellung der Ergebnisse:

		absolut	prozentual
	Einkünfte vor Substanz- und Ertragsteuern	186.000 €	100,00 %
./.	Grundsteuer (Soll-Ertragsteuer)	2.625 €	1,411 %
=	Einkünfte nach Substanzsteuern	183.375 €	98,589 %
./.	Gewerbesteuer (Ist-Ertragsteuer)	16.072 €	8,641 %
./.	Körperschaftsteuer (Ist-Ertragsteuer)	16.106 €	8,659 %
./.	Solidaritätszuschlag (Ist-Ertragsteuer)	886 €	0,476 %
./.	Kapitalertragsteuer (Ist-Ertragsteuer)	18.578 €	9,988 %
	⇨ entfaltet abgeltende Wirkung		
./.	Solidaritätszuschlag (Ist-Ertragsteuer)	1.022 €	0,549 %
	⇨ entfaltet abgeltende Wirkung		
./.	Einkommensteuer (Ist-Ertragsteuer)	21.082 €	11,334 %
./.	Solidaritätszuschlag (Ist-Ertragsteuer)	1.159 €	0,623 %
=	Verbleibende Einkünfte auf Gesellschafterebene	108.470 €	58,317 %
⇨	**Gesamtsteuerbelastung**	**77.530 €**	**41,683 %**

9.1.2 Beispiel zur Steuerbelastung eines inländischen Einzelunternehmens

Die Ausgangsdaten entsprechen denen der Kapitalgesellschaft.

Grundsteuer des Einzelunternehmens

	Einheitswert des Grundstücks (§ 13 Abs. 1 GrStG)	300.000 €
·	Steuermesszahl (§ 15 Abs. 1 GrStG)	0,35 %
=	Steuermessbetrag (§ 13 Abs. 1 S. 1 GrStG)	1.050 €
·	Hebesatz (§ 25 GrStG)	250 %
=	**Grundsteuer**	**2.625 €**

Gewerbesteuer des Einzelunternehmens

Ausgangsgröße für den Gewerbeertrag

	Gewerbliche Einkünfte vor Steuern	110.000 €
./.	Grundsteuer	2.625 €
=	Ausgangsgröße	107.375 €

Gewerbesteuerliche Modifikationen

+	25 % der Zinsaufwendungen (§ 8 Nr. 1 GewStG)		12.500 €
	Schuldzinsen	150.000 €	
	./. Freibetrag	100.000 €	
=	Summe der Zinsaufwendungen	50.000 €	
./.	1,2 % des gem. § 121a BewG um 40 % erhöhten Einheitswerts des Betriebsgrundstücks (§ 9 Nr. 1 GewStG)		5.040 €
=	Gewerbeertrag vor Rundung und Freibetrag		114.835 €

Ermittlung der Gewerbesteuer

./.	Rundung auf volle 100 € (§ 11 Abs. 1 GewStG)	35 €
./.	Freibetrag (§ 11 Abs. 1 S. 3 Nr. 1 GewStG)	24.500 €
=	Maßgebender Gewerbeertrag	90.300 €
·	Effektiver Gewerbesteuersatz (0,035 · 4)	14 %
=	**Gewerbesteuer**	**12.642 €**

Einkommensteuer des Steuerpflichtigen

	Gewerbliche Einkünfte vor Steuern	110.000 €
./.	Grundsteuer	2.625 €
=	Gewerbliches Einkommen nach Steuern	107.375 €
+	Einkünfte aus nichtselbstständiger Arbeit	76.000 €
./.	Arbeitnehmer-Pauschbetrag (§ 9a S. 1 EStG)	1.000 €
=	Summe der Einkünfte = Gesamtbetrag der Einkünfte	182.375 €
./.	Vorsorgeaufwendungen	5.253 €
./.	Sonderausgabenpauschbetrag (§ 10c S. 1 EStG)	36 €
=	Zu versteuerndes Einkommen	177.086 €
⇨	Einkommensteuer (Grundtarif 2013)	66.180 €
./.	Gewerbesteueranrechnung (3,8facher Gewerbesteuermessbetrag[263])	12.012 €
=	**Einkommensteuer unter Anrechnung der Gewerbesteuer**	**54.168 €**

Solidaritätszuschlag des Steuerpflichtigen

	Einkommensteuer	54.168 €
·	Solidaritätszuschlagssatz	5,5 %
=	**Solidaritätszuschlag**	**2.979 €**

Zusammenstellung der Ergebnisse:

		absolut	prozentual
	Einkünfte vor Substanz- und Ertragsteuern	186.000 €	100,00 %
./.	Grundsteuer (Soll-Ertragsteuer)	2.625 €	1,411 %
=	Einkünfte nach Substanzsteuern	183.375 €	98,589 %
./.	Gewerbesteuer (Ist-Ertragsteuer)	12.642 €	6,797 %
./.	Einkommensteuer (Ist-Ertragsteuer)	54.168 €	29,123 %
./.	Solidaritätszuschlag (Ist-Ertragsteuer)	2.979 €	1,602 %
=	Verbleibende Einkünfte	113.586 €	61,068 %
⇨	**Gesamtsteuerbelastung**	**72.414 €**	**38,932 %**

---

[263] Der Gewerbesteuermessbetrag ergibt sich mittels Multiplikation des Gewerbeertrags mit der Steuermesszahl (90.300 · 0,035 = 3.161 €).

9.1.3 Einflussfaktoren der Steuerbelastung und Systematik des Einflusses der Besteuerung auf unternehmerische Entscheidungen

Anhand der oben dargestellten Beispiele lassen sich einige Einflussfaktoren in Bezug auf die Höhe der prozentualen Steuerbelastung herausarbeiten.

Einflussfaktoren der prozentualen Belastung sind Veränderungen im **Zeitablauf**, Veränderungen durch **Variation der Daten** und Veränderungen durch **Gestaltungsmaßnahmen**.

Veränderungen im Zeitablauf können sich bspw. durch die Gesetzgebung und geänderte Rechtsprechungsgrundsätze ergeben; kaum ist ein Steuerreformpaket verabschiedet, werden Änderungen angekündigt. Materiellen Einfluss hat dieser Faktor z.B. bei der Liquidation von Kapitalgesellschaften, da das Abwicklungsvermögen erst am Ende der Liquidationsperiode (bis zu 3 Jahre) zu dem dann gültigen Steuersatz versteuert wird (§ 11 Abs. 1 KStG).

Veränderungen durch Variation der Daten können die absolute Gewinnhöhe, die Kapitalstruktur, die Gewinnverwendungspolitik, die Wirkung von Freibeträgen und die Art der Vertragsbeziehungen zwischen Gesellschaft und Gesellschafter betreffen.

Vor allem i.R.d. Rechnungswesens und der Besteuerung von Unternehmen spielen Ansatz- und Bewertungsregelungen innerhalb der Bilanz eine entscheidende Rolle. Diese wirken sich innerhalb des Betriebsvermögensvergleichs auf die Gewinnhöhe aus. Generell ist die ausgewiesene Gewinnhöhe Hauptansatzpunkt für die Besteuerung und insofern Hauptangriffspunkt für die Einschränkung potenzieller Wahlrechte.

I.R.d. Gewerbesteuer wurde herausgestellt, dass es zu einer unterschiedlichen steuerlichen Behandlung der Kapitalausstattung eines Unternehmens kommen kann.

Die Ersetzung des Anrechnungsverfahrens durch das Halbeinkünfteverfahren (2001 bis 2008) respektive das Teileinkünfteverfahren/Abgeltungssteuer (seit 2009) bei Personengesellschaften bzw. natürlichen Personen sowie durch das modifizierte Nulleinkünfteverfahren bei juristischen Personen und die Aufhebung des zweigeteilten Körperschaftsteuersatzes führen zum einen zu einer Doppelbelastung ausgeschütteter Gewinne bei natürlichen Personen als Anteilseignern, zum anderen wird den Gesellschaften der Anreiz genommen, durch Ausschüttungen die Belastung mit Körperschaftsteuer zu mindern. Somit nimmt der Gesetzgeber gewissen Einfluss auf das Ausschüttungsverhalten und damit auf die Gewinnverwendungspolitik der Unternehmen.

Steuerbelastungsvergleiche zeigen, dass hohe Freibeträge bei kleineren Größenordnungen relativ gesehen stärkere Wirkung entfalten als bei großen Beträgen, wo sie in ihrer Wirkung „verpuffen".

Insb. die Wahl der Rechtsform hat erheblichen Einfluss auf die Möglichkeit, schuldrechtliche Vertragsbeziehungen zwischen Gesellschaft und Gesellschaftern steuerlich anzuerkennen oder zu versagen (Trennungsprinzip versus Transparenzprinzip).

Veränderungen durch Gestaltungsmaßnahmen können sich auf die **Rechtsform, Unternehmenszusammenschlüsse**, den **Standort**, die **Gestaltung von Produktion, Absatz, Investition und Finanzierung**, die **Rechnungslegung** oder **Rechtswahlmöglichkeiten** beziehen.

Um z.B. der unterschiedlichen Anerkennung von Gesellschaft-Gesellschafter-Verträgen i.S.e. Optimierung Rechnung zu tragen, bietet sich eine Variation der **Rechtsform** an.

Auch die Möglichkeit eines **Unternehmenszusammenschlusses** bietet sich zur Erzielung einer Steuerreduzierung an (z.B. durch Organschaftsregelungen; vgl. §§ 14-19 KStG).

Unterschiedliche Steuersätze, unterschiedliche Finanzverwaltungsauffassungen sowie unterschiedliche Ansatz- und Bewertungsregelungen haben erheblichen Einfluss auf die nationale bzw. internationale **Standortwahl** für ein Unternehmen.

Durch Änderung der **Produktions- und Absatzvorgänge** (z.B. Ausgliederung der Beschaffungs- oder Absatzabteilung) sowie durch verschiedene **Finanzierungsvarianten** (insb. sog. Finanzinnovationen) entstehen unterschiedliche Ansätze für die Besteuerung.

Verschiedene Ansatz- und Bewertungsmöglichkeiten, die i.R.d. **Rechnungslegung** mehr oder weniger frei gewählt werden können, führen im Bereich der Bilanzpolitik zu unterschiedlichen Ergebnissen der Besteuerung (vgl. u.a. §§ 5, 6 EStG).

Die Optionsmöglichkeiten der Umsatzsteuer sind ein Beispiel für **Rechtswahlmöglichkeiten** außerhalb der Rechnungslegung. Auch besteht die Möglichkeit, ein ganz anderes Rechtssystem durch die internationale Standortwahl heranzuziehen.

Insb. aus dem zuletzt genannten Bereich der Gestaltungsmaßnahmen ergibt sich die Systematik des Einflusses der Besteuerung auf unternehmerische Entscheidungen (vgl. Abb. 28).

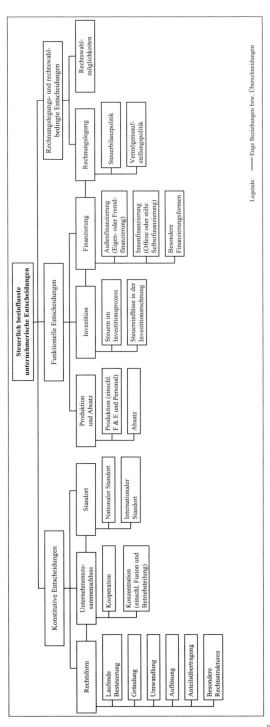

Abb. 28: Steuerlich beeinflusste unternehmerische Entscheidungen im Überblick

9.2 Wesentliche Unterschiede im Rahmen der laufenden Besteuerung zwischen Personen- und Kapitalgesellschaften

Der markanteste Unterschied in der laufenden Besteuerung der Personen- und Kapitalgesellschaften ist darin zu sehen, dass bei der **Personengesellschaft** eine Einkommensteuerpflicht nur bei den Mitunternehmern (allerdings mit einer pauschalierten Anrechnungsmöglichkeit der auf Gesellschaftsebene anfallenden Gewerbesteuer auf die Einkommensteuer nach § 35 Abs. 1 EStG) entsteht, nicht aber bei der Gesellschaft, da sie für diese Steuern **kein selbstständiges Steuersubjekt** darstellt. Man spricht in diesem Zusammenhang von einer **Mitunternehmerkonzeption** bzw. vom sog. **Transparenzprinzip**. Die Besteuerung des Einzelunternehmens erfolgt analog zur Besteuerung der Personengesellschaft.

Die **Kapitalgesellschaft** stellt – als Körperschaft mit eigener Rechtspersönlichkeit – ein **selbstständiges Steuersubjekt** dar, womit eine selbstständige Besteuerung des „Einkommens" der juristischen Person begründet wird. Hier gilt das sog. **Trennungsprinzip**.

Unterschiede in der Ermittlung des steuerpflichtigen Gewinns:

– Bei Gesellschaftern einer Personengesellschaft gelten alle Einkünfte, die sie aus der Gesellschaft beziehen, als **Einkünfte aus Gewerbebetrieb**, sofern die Personengesellschaft gewerblich tätig ist und der Gesellschafter als Mitunternehmer anzusehen ist (vgl. S. 36).

– Sonstige Vergütungen bei Gesellschaftern von Personengesellschaften, z.B. Geschäftsführergehälter, sind **steuerlich nicht abzugsfähig**. Dies hat zur Konsequenz, dass sich der einheitlich festzustellende Gewinn der Gesellschaft aus 2 Elementen zusammensetzt: Einerseits aus dem aus der Handelsbilanz abgeleiteten **steuerbilanziellen Gewinn der Gesellschaft**, andererseits aus den steuerlich nicht abzugsfähigen Vergütungen für Leistungen der Gesellschafter an die Gesellschaft (**Sondervergütungen**).

– Bei Kapitalgesellschaften sind z.B. Gehälter der geschäftsführenden Gesellschafter als **Betriebsausgaben** abzugsfähig. Es erfolgt keine Hinzurechnung zu den Gewinnanteilen (Dividenden) der Gesellschafter.

– Die Bildung von **Pensionsrückstellungen** für geschäftsführende Gesellschafter ist bei Kapitalgesellschaften möglich, bei Mitunternehmern einer Personengesellschaft zählen sie zu den Sondervergütungen, sind also steuerlich nicht anerkannt.

– Diese **unterschiedliche Behandlung führt** bei einem sonst gleich hohen handelsbilanziellen Gewinnausweis **zu unterschiedlichen steuerlichen Bemessungsgrundlagen**.

Unterschiede bei der Gewerbesteuerbelastung:

– Durch **rechtsformabhängige Einkommensermittlung**:

In den Gewerbeertrag der Personengesellschaft gehen sämtliche im einkommensteuerpflichtigen Gewinn enthaltenen **Vergütungen** für besondere Leistungen der Gesellschafter ein. Derartige Vergütungen sind bei Kapitalgesellschaften nicht Bestandteil des Gewerbeertrags, da sie als Betriebsausgabe bei der Ermittlung des körperschaftsteuerpflichtigen Gewinns abgezogen werden können und größtenteils keine Hinzurechnungsvorschriften diesbezüglich bestehen (Ausnahmen stellen bspw. die 25 %-ige Hinzurechnung von

Schuldentgelten gem. § 8 Nr. 1 Buchst. a GewStG sowie die 25 %-ige Hinzurechnung von 20 % (bei Mobilien[264]) bzw. von 50 % (bei Immobilien[265]) der Miet- und Pachtzinsen sowie Leasingraten gem. § 8 Nr. 1 Buchst. d und e GewStG dar, wobei ein Freibetrag vor 25 %-iger Hinzurechnung von 100.000 € zu beachten ist).

- Durch **unterschiedliche Tarifgestaltung**:

  Ein **Freibetrag** i.H.v. 24.500 € besteht nur für Personenunternehmen (§ 11 Abs. 1 S. 3 Nr. 1 GewStG). Die bei Einzelunternehmen und Personengesellschaften früher erfolgte Staffelung der Steuermesszahl von 1 % bis 5 % wurde durch das Unternehmensteuerreformgesetz 2008 aufgehoben. Seither existiert eine rechtsformunabhängige Steuermesszahl von 3,5 %.

Unterschiede bei der Einkommen- und Körperschaftsteuerbelastung:

- **Personengesellschaft**: Der Gewinn unterlag bislang unabhängig davon, ob er entnommen wurde oder nicht, der Einkommensteuerbelastung bzw. Körperschaftsteuerbelastung der Gesellschafter. Mit der Unternehmensteuerreform 2008 trat eine Besonderheit hinsichtlich der Bemessung des Einkommensteuersatzes in Abhängigkeit der Gewinnverwendung ein. Wird der Gewinn entnommen, so findet stets die individuelle Einkommensteuerbelastung bzw. Körperschaftsteuerbelastung der Gesellschafter auf ihn Anwendung. Dagegen kann der Gewinn auf Antrag im Falle seines Verbleibs in der Personengesellschaft mit einem ermäßigten Einkommensteuersatz von 28,25 % besteuert werden, falls der Anteil des Mitunternehmers am Gesamtgewinn mehr als 10 % beträgt oder 10.000 € übersteigt (§ 34a Abs. 1 EStG). Wird dieser begünstigte Gewinn in den Folgejahren entnommen, ist eine Nachversteuerung mit einem Einkommensteuersatz von 25 % vorzunehmen (§ 34a Abs. 4 EStG).

  In sämtlichen Fällen kommt es durch eine Ermäßigung der tariflichen Einkommensteuer um das 3,8fache des (anteiligen) Gewerbesteuermessbetrags (§ 35 Abs. 1 EStG) zu einer Entlastung von Einzel- und Mitunternehmern.

- **Kapitalgesellschaft**: Gewinne unterliegen gem. § 23 Abs. 1 KStG – unabhängig von der Gewinnverwendung – einem einheitlichen Definitivkörperschaftsteuersatz i.H.v. 15 %. Schüttet eine inländische Kapitalgesellschaft schließlich an eine natürliche Person aus, unterliegen diese Gewinnanteile bei Halten der Beteiligung im Betriebsvermögen dem Teileinkünfteverfahren (§ 3 Nr. 40 Buchst. d und Nr. 40 S. 2 EStG); dabei werden 40 % der Gewinnanteile von der Einkommensteuer freigestellt. Im Gegenzug können dementsprechend auch nur 40 % der damit in Zusammenhang stehenden Aufwendungen geltend gemacht werden. Im Falle der Zugehörigkeit der Beteiligung zum Privatvermögen sind die Gewinnanteile dagegen vollständig in die einkommensteuerliche Bemessungsgrundlage einzubeziehen, wobei sie der Einkommensteuer als 25 %-iger Abgeltungsteuer unterliegen (§ 32d EStG). Hält dagegen eine im Inland unbeschränkt steuerpflichtige Körperschaft wiederum Anteile an einer anderen im Inland ansässigen Körperschaft, so werden die von

---

[264] Hieraus resultiert eine effektive gewerbesteuerliche Doppelbelastung i.H.v. 5 % (25 % · 20 %).
[265] Hieraus resultiert eine effektive gewerbesteuerliche Doppelbelastung i.H.v. 12,5 % (25 % · 50 %).

dieser Körperschaft bezogenen Dividenden gem. § 8b Abs. 1 Satz 1 KStG von der Besteuerung explizit ausgenommen. Lediglich 5 % werden als nicht abzugsfähige Betriebsausgabe fingiert (§ 8b Abs. 5 Satz 1 KStG). Durch diesen Befreiungstatbestand sollen Mehrfachbelastungen bei hintereinander geschalteten Gesellschaften vermieden werden, so dass der Gewinn nur einmalig mit Körperschaftsteuer belastet wird.[266] Auf Antrag besteht die Möglichkeit, die Abgeltungssteuer im Rahmen einer Günstiger-Prüfung der tariflichen Einkommensteuer zu unterwerfen, falls dies zu einer niedrigeren Einkommensteuerbelastung führt (§ 32d Abs. 6 EStG). Auf Antrag des Gesellschafters kann nach § 32d Abs. 2 Nr. 3 EStG auf die Anwendung der Abgeltungssteuer verzichtet werden, wenn er zu mindestens 25 % beteiligt ist oder wenn er zu mindestens 1 % bei gleichzeitiger beruflicher Tätigkeit für die Gesellschaft beteiligt ist; in diesem Fall greift das Teileinkünfteverfahren mit der Folge einer 60 %-igen Besteuerung und eines 60 %-igen Werbungskostenabzugs.

Möglichkeit des sofortigen Verlustausgleichs:

- **Personengesellschaft**: Anfallende Verluste der Gesellschaft werden auf die Gesellschafter verteilt. Somit besteht die Möglichkeit der Verrechnung mit positiven Einkünften aus anderen Einkunftsarten. In diesem Zusammenhang sind die Verlustverrechnungsvorschriften des § 10d EStG zu beachten.

- **Kapitalgesellschaft**: Verluste bleiben stets im Bereich der Gesellschaft; es besteht nur die Möglichkeit der Verrechnung mit Gewinnen früherer oder späterer Perioden durch Verlustrück- oder -vortrag gem. § 10d EStG i.V.m. § 8 Abs. 1 S. 1 KStG.

Unterschiede in der erbschaft- und schenkungsteuerlichen Bewertung der Anteile:

- **Personengesellschaft**:

    - Die Bewertung von Beteiligungen an Personengesellschaften erfolgt zu **gemeinen Werten** und nicht mehr zu Steuerbilanzwerten (§ 12 Abs. 5 ErbStG i.V.m. §§ 95 ff. und 109 BewG). Durch den Verweis von § 109 Abs. 1 S. 2 BewG auf § 11 Abs. 2 BewG wird deutlich, dass der Wert hierzu nach der Ertragswertmethode oder nach anderen ertragsorientierten Verfahren (z.B. nach der Multiplikatorenmethode) zu ermitteln ist. Die **Wertuntergrenze** bildet der (anteilige) **Substanzwert** der zu bewertenden Gesellschaft. Zu dessen Ermittlung sind von den zum Betriebsvermögen der Personengesellschaft gehörenden und zu gemeinen Werten bewerteten Wirtschaftsgütern und sonstigen aktiven Ansätzen die zum Betriebsvermögen gehörenden Schulden und sonstige Abzüge zu subtrahieren.

---

[266] Vgl. HEY, JOHANNA: § 11, in: Steuerrecht, hrsg. von KLAUS TIPKE und JOACHIM LANG, 21. Aufl., Köln 2013, Rn. 13.

- Die Bewertung von Betriebsgrundstücken erfolgt unter Berücksichtigung der tatsächlichen Verhältnisse und der Wertverhältnisse zum Bewertungsstichtag zum sog. **Grundbesitzwert** (§ 12 Abs. 3 ErbStG i.V.m. § 151 Abs. 1 S. 1 Nr. 1 BewG i.V.m. §§ 138 und 157 BewG).
- **Kapitalgesellschaft**:
  - Die Bewertung von Anteilen an börsennotierten Gesellschaften erfolgt mit den maßgebenden **Kursen** (§ 11 Abs. 1 BewG).
  - Nicht notierte Anteile sind unwiderlegbar mit dem **gemeinen Wert** anzusetzen, falls dieser sich aus Verkäufen, die weniger als 1 Jahr zurückliegen, an fremde Dritte ableiten lässt. Haben keine dementsprechenden zeitnahen Veräußerungen stattgefunden, so ist der gemeine Wert nach der Ertragswertmethode oder nach anderen Verfahren (z.B. nach der Multiplikatorenmethode) zu ermitteln. Die **Wertuntergrenze** bildet der (anteilige) **Substanzwert** der zu bewertenden Gesellschaft, wobei §§ 103 und 109 BewG zu beachten sind (§ 12 Abs. 2 ErbStG i.V.m. § 11 Abs. 2 BewG).

Fallbeispiele mit integrierter Lösung

Aufgabe 1

Definieren Sie den Begriff der Steuer! Welche Merkmale lassen sich im Besonderen hervorheben? Grenzen Sie den Begriff der Steuer auch gegen andere Abgaben (Gebühren und Beiträge) ab!

Lösung:

Definition des Begriffs „Steuer"

Gem. der Norm des § 3 Abs. 1 AO werden Steuern definiert als Geldleistungen, die nicht eine Gegenleistung für eine besondere Leistung darstellen und von einem öffentlich-rechtlichen Gemeinwesen zur Erzielung von Einnahmen allen auferlegt werden, bei denen der Tatbestand zutrifft, an den das Gesetz die Leistungspflicht knüpft; die Erzielung von Einnahmen kann Nebenzweck sein.

Einfuhr- und Ausfuhrabgaben gem. Art. 4 Nr. 10 und 11 des Zollkodexes sind ebenfalls Steuern i.S.d. AO (§ 3 Abs. 3 AO).

Wesensmerkmale des Steuerbegriffs

Steuern sind per Definition **Zwangsabgaben**. Es handelt sich dabei weder um vertraglich vereinbarte Zahlungen noch um Zahlungen an andere Institutionen als Bund, Länder, Gemeinden und steuerberechtigte Kirchen.

Diese Zwangsabgaben erfolgen in Form von **Geldleistungen** (monetäre Größen). Steuern in Form von Dienst- und Naturalleistungen sind nicht möglich.

Zudem entfalten die Grundsätze der **Gleichmäßigkeit** (Art. 3 Abs. 1 GG gebietet, gleiche Sachverhalte gleich zu besteuern und somit alle Steuerpflichtigen gleich zu behandeln) und **Tatbestandsmäßigkeit** (Steuern entstehen, wenn gesetzlich geregelte Tatbestände erfüllt werden) der Besteuerung ihre Wirkung.

Außerdem gilt der Grundsatz der **Nonaffektion**, d.h. Steuern entstehen unabhängig davon, ob das jeweils zuständige Gemeinwesen für den einzelnen Steuerpflichtigen tätig war oder wird (keine Gegenleistung für eine besondere Leistung). Eine Zweckbindung der Steuern für bestimmte hoheitliche Aufgaben besteht indes nicht. Allerdings wird dieses Prinzip durch zahlreiche Ausnahmen durchbrochen.

In der **Erzielung von Einnahmen** liegt der Hauptzweck von Steuern begründet (fiskalischer Besteuerungszweck), wobei die Einnahmenerzielung auch lediglich Nebenzweck sein kann. In einem solchen Fall tritt der Lenkungszweck von Steuern in den Vordergrund (bspw. Erhebung der Tabaksteuer zum Schutz der Gesundheit).

Abgrenzung zu anderen Abgaben[267]

Abgaben sind kraft öffentlicher Finanzhoheit zur Erzielung von Einnahmen erhobene Zahlungen; sie stellen den Oberbegriff für Steuern, Gebühren und Beiträge dar. In einer weiten Begriffsabgrenzung zählen hierzu auch Sozialversicherungsabgaben (Beiträge zur Rentenversicherung, Arbeitslosenversicherung, Krankenversicherung, Pflegeversicherung, Unfallversicherung) und Sonderabgaben (z.B. Schwerbehindertenabgabe, Fehlbelegungsabgabe).

Gebühren sind Geldleistungen, die zur Finanzbedarfsdeckung hoheitlich auferlegt werden, und zwar als Gegenleistung für eine besondere Leistung der Verwaltung (sog. Verwaltungsgebühren, z.B. für Amtshandlungen wie die Erteilung von Bescheinigungen, Genehmigungen, Erlaubnissen oder Bauabnahmen)[268] oder für die Inanspruchnahme von öffentlichen Einrichtungen oder Anlagen (sog. Benutzungsgebühren, z.B. für die Nutzung von Krankenhäusern, Büchereien, Parks, öffentlichen Parkplätzen, Schlachthöfen). Die tatsächliche Inanspruchnahme ist erforderlich.

Beiträge sind hoheitlich zur Finanzbedarfsdeckung auferlegte Aufwendungsersatzleistungen für die Herstellung, Anschaffung oder Erweiterung öffentlicher Einrichtungen und Anlagen. Sie werden erhoben, weil (kausale Verknüpfung) eine konkrete Gegenleistung, ein konkreter wirtschaftlicher Vorteil, in Anspruch genommen werden kann (Kammerbeiträge, Straßenanliegerbeiträge). Die Möglichkeit der Nutzung ist ausreichend.

---

[267] Vgl. dazu S. 2 und Abb. 29.
[268] Verwaltungsgebühren können gem. § 3 Abs. 4 AO auch steuerliche Nebenleistungen sein. Dies gilt bspw. für Kosten bei besonderer Inanspruchnahme der Zollbehörden (§ 178 AO) und Kosten des Verwaltungsvollstreckungsverfahrens (§§ 337-346 AO).

Fallbeispiele mit integrierter Lösung 229

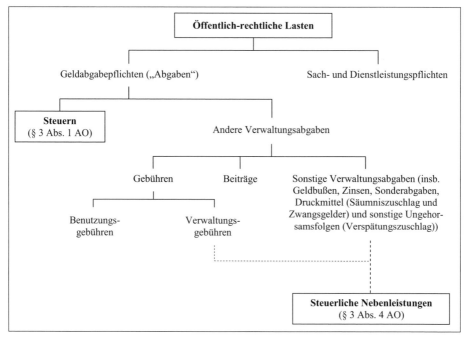

Abb. 29: Stellung der Steuern im System der öffentlich-rechtlichen Lasten[269]

---

[269] Modifiziert entnommen aus HELMSCHROTT, HANS/SCHAEBERLE, JÜRGEN/SCHEEL, THOMAS: Abgabenordnung, 15. Aufl., Stuttgart 2012, S. 6.

Aufgabe 2

Definieren Sie die Begriffe Steuerschuldner und Steuerzahler! Welche Aussagen lassen sich über das Verhältnis zwischen Steuerschuldner und Steuerzahler treffen?

Lösung:

Steuerschuldner ist, wer den Tatbestand verwirklicht, an den ein Einzelsteuergesetz die Leistungspflicht knüpft. Er ist nur Träger vermögensrechtlicher Rechte und Pflichten. Jeder Steuerschuldner ist auch Steuerpflichtiger, ein Steuerpflichtiger ist aber nicht immer Steuerschuldner (bspw. der Arbeitgeber bei der Lohnsteuer, § 38 Abs. 2 und 3 EStG).

Der **Steuerzahler** hat die Steuer einzubehalten und abzuführen (§ 43 S. 2 AO) und ist somit Steuerpflichtiger i.S.d. § 33 Abs. 1 AO, nicht aber zwingend auch Steuerschuldner (bspw. der Arbeitgeber bei der Lohnsteuer; § 38 Abs. 2 und 3 EStG).

I.d.R. sind **Steuerzahler und Steuerschuldner identisch**. Ausnahmsweise kann jedoch eine personelle Trennung bestehen, wie bspw. bei der Lohnsteuer (§ 38 Abs. 3 EStG), der Kapitalertragsteuer (§ 44 Abs. 5 S. 1 EStG) oder der Versicherungsteuer (§ 7 Abs. 1 VersStG).

Aufgabe 3

Definieren Sie die Begriffe Steuerdestinar und Steuerträger! Welche Aussagen lassen sich über das Verhältnis zwischen Steuerdestinar und Steuerträger treffen? Welche Aussagen lassen sich über das Verhältnis von Steuerdestinar und Steuerschuldner treffen?

Lösung:

Steuerdestinatar ist diejenige Person, die nach dem Willen des Gesetzgebers die Steuer wirtschaftlich tragen soll („Wunsch")

Als **Steuerträger** wird diejenige Person bezeichnet, die bei wirtschaftlicher Betrachtungsweise die Steuer tatsächlich trägt („Wirklichkeit").

I.d.R. ist der **Steuerträger identisch mit dem Steuerdestinatar**, m.a.W. sind derjenige, den der Gesetzgeber treffen will, und derjenige, den es tatsächlich trifft, dieselbe Person. Bezüglich dieser Konstellation existieren jedoch **2 mögliche Ausnahmen**:

1. Ausnahme (insb. im unternehmerischen Bereich): Der Gesetzgeber will den Steuerschuldner treffen, diesem gelingt aber die Überwälzung der Steuern bspw. in Form von erhöhten Preisen und damit eine vom Gesetzgeber nicht gewollte Überwälzung auf andere Wirtschaftssubjekte (z.B. Kostensteuern).

2. Ausnahme: Der Gesetzgeber trifft, entgegen seiner Absicht, den Steuerschuldner, da es diesem nicht gelingt, die Steuer auf den Steuerdestinatar zu überwälzen (z.B. bei der Erhöhung der Umsatzsteuer von 16 % auf 19 %, die evtl. „am Markt" nicht vollständig durchgesetzt werden kann).

Auch der **Steuerdestinatar und Steuerschuldner sind i.d.R. identisch**. Ausnahmen bestehen insb. bei Steuern auf den privaten Konsum wie z.B. Umsatzsteuer, Energiesteuer und Tabaksteuer. Hier soll zwar der Konsument die Steuer tragen, Steuerschuldner ist aber bspw. bei der Umsatzsteuer regelmäßig der Unternehmer (§ 13a UStG), bei anderen Konsumsteuern der Hersteller oder Importeur.

Aufgabe 4

Erläutern Sie die Steuergesetzgebungshoheit der Gebietskörperschaften in der Bundesrepublik Deutschland!

Lösung:

Im Rahmen der Steuergesetzgebung wird gem. Art. 105 GG unterschieden zwischen der

- ausschließlichen Gesetzgebung des Bundes
- ausschließlichen Gesetzgebung der Länder
- konkurrierenden Gesetzgebung

Der **Bund** hat nach Art. 105 Abs. 1 GG die ausschließliche Gesetzgebung über Zölle und Finanzmonopole, außerdem nach Art. 105 Abs. 2 GG die konkurrierende Gesetzgebung über alle übrigen Steuern, vorausgesetzt, dass ihm das Aufkommen dieser Steuern ganz oder z.T. zusteht oder die Voraussetzungen des Art. 72 Abs. 2 GG vorliegen.

Die **Länder** haben nach Art. 105 Abs. 2 GG die Befugnis zur Gesetzgebung, solange und soweit der Bund nicht i.R.d. konkurrierenden Gesetzgebung von seinem Gesetzgebungsrecht Gebrauch macht (Art. 72 Abs. 1 GG). Ihnen steht gem. Art. 105 Abs. 2a S. 1 GG die ausschließliche Gesetzgebungsbefugnis über die örtlichen Verbrauch- und Aufwandsteuern zu, solange und soweit diese nicht bundesgesetzlich geregelten Steuern gleichartig sind (z.B. Getränkesteuer, Hundesteuer, Jagdsteuer). Zudem obliegt den Ländern die Befugnis zur Bestimmung des Steuersatzes bei der Grunderwerbsteuer (Art. 105 Abs. 2a S. 2 GG).

Den **Gemeinden** steht nach der abschließenden Regelung des Art. 105 GG kein eigenes Recht zur Steuergesetzgebung zu. Gem. Art. 106 Abs. 6 S. 2 GG wird ihnen lediglich das Recht eingeräumt, die Hebesätze der Grund- und Gewerbesteuer festzusetzen.

Aufgabe 5

Welche Einkommenstheorien verbindet der steuerliche Einkommensbegriff? Erklären Sie diese kurz!

Lösung:

Nach der **Quellentheorie** werden Vermögensmehrungen unterschieden in laufende, regelmäßige Einkünfte, die als Einkommen zu qualifizieren sind, und Wertänderungen im sogenannten Stammvermögen (Quellenvermögen), einschließlich der Wertrealisation durch Veräußerung, die wegen fehlender Aussicht auf Wiederholung nicht zum Einkommen gehören.

Die **Reinvermögenszugangstheorie** versteht unter Einkommen den Zugang von Reinvermögen während einer gegebenen Periode, ganz gleich, aus welcher Quelle er kommt und unabhängig davon, ob es sich um einen regelmäßig wiederkehrenden oder um einen einmaligen Vorgang handelt. Auch typisch unregelmäßige Zuflüsse wie Geschenke, Erbschaften, Lotteriegewinne u.a. zählen zum Einkommen. Die Gewinneinkunftsarten orientieren sich im Wesentlichen an der Reinvermögenszugangstheorie, während sich die Überschusseinkunftsarten vor allem an der Quellentheorie ausrichten.

Aufgabe 6

Welche Einkünfte sind Gewinneinkünfte, welche Überschusseinkünfte?

Lösung:

Zu den Gewinneinkünften zählen die Einkünfte aus Land- und Forstwirtschaft, Einkünfte aus Gewerbebetrieb und Einkünfte aus selbstständiger Arbeit.

Die Überschusseinkünfte umfassen die Einkünfte aus nichtselbstständiger Arbeit, Einkünfte aus Kapitalvermögen, Einkünfte aus Vermietung und Verpachtung sowie sonstige Einkünfte i.S.d. § 22 EStG.

Aufgabe 7

Arbeitnehmer Müller arbeitet als Mitarbeiter einer Steuerberatungsgesellschaft und erzielt im Jahr 2013 ein Bruttogehalt von 45.000 €. In seiner persönlichen Einkommensteuererklärung will er möglichst viele Werbungskosten geltend machen, um die ans Finanzamt – als aus seiner Sicht viel zu hoch berechnete –, im Rahmen des Lohnsteuerabzuges, bereits abgeführte Einkommensteuer teilweise erstattet zu bekommen. Dabei will er geltend machen:

(1) Wege Arbeit-Wohnung (einfache Strecke 30 km; 365 Tage):	*6.570 €*
(2) AfA für das Privat-Kfz (AK 60.000 €; ND: 6 Jahre; linear):	*10.000 €*
(3) Focus-Abonnement zur Weiterbildung:	*60 €*
(4) Anschaffung einer Leselampe zur Montage ans heimische Bett:	*85 €*

Kann er alle angegebenen Kosten gegenüber dem Finanzamt geltend machen? Errechnen Sie die möglichen Werbungskosten! Begründen Sie!

Lösung:

Zu (1): Wege Arbeit-Wohnung: 220 · 30 · 0,3 = 1.980 €. Es ist nur die einfach gefahrene Strecke zur Arbeitsstätte anzusetzen; es nicht die Anzahl der Jahrestage, sondern die Anzahl der Tage mit Fahrten zur Arbeitsstätte anzugeben.

Zu (2): Kein Ansatz als Werbungskosten, da Privat-Kfz; durch die Entfernungspauschale sind die Fahrtkosten bereits abgegolten.

Zu (3): Kein Ansatz als Werbungskosten, da es sich lediglich um eine private „Weiterbildung" handelt.

Zu (4): Kein Ansatz als Werbungskosten, da der Gegenstand lediglich zum privaten Gebrauch dient (kann höchstens in Verbindung mit einem häuslichen Arbeitszimmer geltend gemacht werden).

Aufgabe 8

Karl Schlau ist Angestellter in einer Bank. Sein Bruttoarbeitslohn beträgt im Jahr 2013 38.000 €. Außerdem erbringt die Vermietung einer Eigentumswohnung im Jahr 2013 Einnahmen i.H.v. 25.000 € bei Kosten (einschließlich AfA) von 15.000 €. Karl Schlau ist ledig. Wie hoch ist die Summe der Einkünfte für das Jahr 2013, wenn keine weiteren Sachverhalte vorliegen?

Lösung:

	Einnahmen aus nichtselbstständiger Arbeit	38.000 €
./.	Arbeitnehmer-Pauschbetrag (§ 9a Nr. 1 EStG)	1.000 €
=	Einkünfte aus nichtselbstständiger Arbeit (§ 19 EStG)	37.000 €
	Mieteinnahmen	25.000 €
./.	Werbungskosten	15.000 €
=	Einkünfte aus Vermietung und Verpachtung (§ 21 EStG)	10.000 €
	Einkünfte aus nichtselbstständiger Arbeit (§ 19 EStG)	37.000 €
+	Einkünfte aus Vermietung und Verpachtung (§ 21 EStG)	10.000 €
=	Summe der Einkünfte 2013	47.000 €

Aufgabe 9

Der verheiratete konfessionslose Lutz Listig hat seit Januar 2013 bei seiner Hausbank 150.000 € zu einem Zinssatz von 2 % als Festgeld angelegt und einen Freistellungsauftrag in voller Höhe erteilt.

Bestimmen Sie die Höhe der Steuer, die die Hausbank im Jahr 2013 einbehält!

Lösung:

	Zinserträge (2 % von 150.000 €)	3.000 €
./.	Sparer-Pauschbetrag	1.602 €
		1.398 €

Berechnung des Abgeltungssteuerbetrages nach § 32d Abs. 1 EStG:

1.398 € · 25 % = 349,50 €

Solidaritätszuschlag auf den Abgeltungssteuerbetrag:

349,50 € · 5,5 % = 19,23 €

Damit behält die Bank insgesamt 368,73 € (349,50 € + 19,23 €) ein!

Aufgabe 10

Erläutern Sie den Begriff „außergewöhnliche Belastungen"!

Lösung:

Außergewöhnliche Belastungen sind zwangsläufig erwachsende Aufwendungen eines Steuerpflichtigen, die bei einer überwiegenden Zahl der Steuerpflichtigen gleicher Einkommensverhältnisse, gleicher Vermögensverhältnisse und gleichen Familienstandes nicht anfallen.

Aufwendungen erwachsenen einem Steuerpflichtigen dann zwangsläufig, wenn er sich diesen aus rechtlichen, tatsächlichen oder sittlichen Gründen nicht entziehen kann. Beispiele hierfür sind Krankheitskosten oder Aufwendungen infolge von Brand- oder Umweltschäden (soweit keine Übernahme durch die Krankenkasse oder eine Versicherung erfolgt).

Der Abzug von Aufwendungen als außergewöhnliche Belastung ist nur insoweit gestattet, als sie keine Betriebsausgaben, Werbungskosten oder Sonderausgaben darstellen und nicht unter § 9 Abs. 5 EStG fallen, den Umständen nach notwendig sind und die zumutbare Belastung nach § 33 Abs. 3 EStG übersteigen (Eigenbeteiligung in Abhängigkeit vom Gesamtbetrag der Einkünfte und der familiären Situation; zwischen 7 % bei Steuerpflichtigen ohne Kinder mit einem Gesamtbetrag der Einkünfte über 51.130 € und 1 % bei Steuerpflichtigen mit 3 und mehr Kindern bei einem Gesamtbetrag der Einkünfte bis 51.130 €).

Aufgabe 11

Bestimmen Sie für die folgenden Ausgaben die Höhe der außergewöhnlichen Belastung im Jahr 2013!

(1) Ein unverheirateter Arbeitnehmer mit zwei Kinderfreibeträgen hat 2.100 € berücksichtigungsfähige Aufwendungen. Bemessungsgrundlage (der Gesamtbetrag der Einkünfte) 42.400 €.

(2) Bei einem Arbeitnehmer, verheiratet, drei Kinderfreibeträge, betragen die nachgewiesenen Aufwendungen 1.930 €. Bemessungsgrundlage 33.000 €.

(3) Sohn S bezahlt für seine Mutter M den Aufenthalt in einem Altersheim. M hat eigene Einkünfte und Bezüge von 4.200 € aus einer Rente. S muss für die Unterbringung und angemessenes Taschengeld zusätzlich im Jahr 2013 12.000 € aufbringen.

Lösung:

(1) Die außergewöhnliche Belastung errechnet man wie folgt:

	Berücksichtigungsfähige Aufwendungen	2.100 €
./.	Zumutbare Belastung (3 % von 42.400 €)	1.272 €
=	Zu berücksichtigende außergewöhnliche Belastung	828 €

(2) Die außergewöhnliche Belastung errechnet man wie folgt:

	Nachgewiesene Aufwendungen	1.930 €
./.	Zumutbare Belastung (1 % von 33.000 €)	330 €
=	Zu berücksichtigende außergewöhnliche Belastung	1.600 €

(3) Der Freibetrag gem. § 33a Abs. 1 EStG für die tatsächlichen Aufwendungen des S i.H.v. 12.000 € ist wie folgt zu berechnen (R 33a EStR):

Freibetrag[270]				8.130 €
	Eigene Einkünfte und Bezüge der M		4.200 €	
	./.	Unschädlicher Betrag	624 € *(Satz 5)*	
	=	Kürzungsbetrag	3.576 €	3.576 €
Freibetrag nach Kürzung gemäß § 33a Abs. 1 EStG				4.554 €

---

[270] Nach § 33a Abs. 1 S. 1 EStG ermäßigt sich die Einkommensteuer bis einem Betrag von 8.130 €, wenn dem Steuerpflichtigen Aufwendungen für den Unterhalt oder eine etwaige Berufsausbildung einer dem Steuerpflichtigen gegenüber unterhaltsberechtigten Person entstehen. Sofern die unterhaltsberechtige Person eigene Bezüge aufweist, vermindert sich die Summe der Beträge nach § 33 Abs. 1 S. 1 und S. 2 EStG um den 624 € übersteigenden Betrag (§ 33a Abs. 1 S. 5 EStG).

Aufgabe 12

Frieda Müller unterstützt ihren Vater Fritz Müller seit dem 01.07.2013 finanziell mit monatlich 350 €. Im Jahr 2013 erzielt Fritz Müller bis zum 30.06.2013 (Renteneintritt) Einkünfte aus nichtselbstständiger Arbeit in Höhe von monatlich 1.200 €. Seit dem 01.07.2013 steht Fritz Müller eine gesetzliche Rente von 600 € zu. Berechnen Sie die Höhe der Aufwendungen, die Frieda Müller im VAZ 2013 berücksichtigen kann!

Lösung:

Nach § 33a Abs. 1 EStG kann sich auf Auftrag die Einkommensteuer durch Zahlungen an eine unterhaltsberechtigte Person um bis zu 8.130 € im Kalenderjahr ermäßigen. Sofern die zu unterhaltende Person andere Bezüge hat, verringert sich der eben genannte Betrag, um den diese Bezüge den Wert von 624 € im Kalenderjahr übersteigen.

Der Höchstbetrag beträgt somit 4.065 € (6/12 von 8.130 €). Der steuerpflichtige Teil der eigene Bezüge beträgt 66 % von 3.600 €, also 2.376 €, reduziert um den Werbungskostenpauschbetrag für Rentengelder i.H.v. 102 €. Damit erhält man einen Wert von 2.274 €. 34 % der Rentenbezüge unterliegen nicht der Besteuerung, somit 1.224 €, abzüglich einer Kostenpauschale von 180 €[272], sodass man einen Wert von 1.044 € erhält. Die Summe der Bezüge beträgt damit 3.318 €. Damit wird der unschädliche Betrag von 312 € (6/12 von 624 €) um 3.006 € überstiegen. Der anteilige anzusetzende Höchstbetrag beträgt damit 1.059 € (4.065 € ./. 3.006 €).

Aufgabe 13

Das zu versteuernde Einkommen des 40-jährigen Unternehmers Müller beläuft sich im VAZ 2013 auf 41.000 €. Aus der Beteiligung an einer ausländischen Gesellschaft in einem Drittstaat hat Müller außerdem aufgrund eines DBA steuerfrei gestellte Einkünfte i.H.v. 20.000 € erzielt.

Lösung:

Die steuerfrei gestellten ausländischen Einkünfte aus einem Drittstaat unterliegen dem Progressionsvorbehalt nach § 32b Abs. 1 S. 1 Nr. 3 EStG.

Die Höhe der dem besonderen Steuersatz unterliegenden Einkünfte beträgt 61.000 € (zusammengesetzt aus dem z.v.E. i.H.v. 41.000 € und den steuerfrei gestellten Einkünften i.H.v. 20.000 €).

Für das Steuersatzeinkommen ergibt sich damit eine Einkommensteuer i.H.v. 17.424 € (0,42 · 61.000[273] – 8.196). Der besondere Steuersatz ergibt sich aus dem Quotienten aus der Ein-

---

[271] Siehe hierzu auch H 33a.4 EStR.
[272] Vgl. BFH-Urteil vom 6.4.1990, BStBl II 1990, S. 885.
[273] Durch die Freistellung mit Progressionsvorbehalt wird auf die Besteuerung der ausländischen Einkünfte und Vermögen verzichtet, allerdings finden die ausländischen Einkünfte und Vermögenswerte bei der Ermittlung des anzuwendenden Steuersatzes Berücksichtigung.

kommensteuer des Steuersatzeinkommens und der Höhe der dem besonderen Steuersatz unterliegenden Einkünfte (61.000 €), sodass man einen besonderen Steuersatz von 28,5639 % erhält. Der besondere Steuersatz ist auf das zu versteuernde Einkommen anzuwenden, sodass sich im VAZ 2013 eine Einkommensteuerschuld i.H.v. 11.711,19 € ergibt (28,5639 % · 41.000 €).

Aufgabe 14
Erläutern Sie das modifizierte Nulleinkünfteverfahren!

Lösung:

Erhält eine juristische Person Dividendenbezüge von einer in- oder ausländischen Kapitalgesellschaft, bleiben diese gem. § 8b Abs. 1 KStG bei der Ermittlung des Einkommens außer Acht. Für in Zusammenhang mit diesen Bezügen stehende Betriebsausgaben greift § 3c Abs. 1 EStG nicht (§ 8b Abs. 5 S. 2 KStG). Folglich können (neben den nur in mittelbarem wirtschaftlichem Zusammenhang stehenden Ausgaben) auch mit diesen Bezügen in unmittelbarem wirtschaftlichem Zusammenhang stehende Ausgaben als Betriebsausgaben abgezogen werden. Jedoch werden gem. § 8b Abs. 5 S. 1 KStG unabhängig von der Höhe der tatsächlichen Betriebsausgaben 5 % der Bezüge i.S.d. § 8b Abs. 1 KStG vor Abzug von Quellensteuern als nicht abziehbare Betriebsausgaben qualifiziert. Somit werden materiell nur 95 % der Bezüge steuerbefreit (modifiziertes Nulleinkünfteverfahren) und es kommt zu einer steuerlichen Mehrfachbelastung, die von der Anzahl der Gesellschaftsstufen abhängig ist.

Aufgabe 15[274]

Die X-GmbH aus Saarbrücken weist in der Schlussbilanz zum 31.12.2013 einen Bilanzgewinn i.H.v. 120.000 € aus. Insgesamt 35.000 € stellte die X-GmbH zur Stärkung des Eigenkapitals in die Gewinnrücklagen ein. Dabei empfing die X-GmbH im Jahr 2013 Beteiligungserträge in Höhe 25.000 € von einer anderen Gesellschaft. Wie hoch ist das zu versteuernde Einkommen der X-GmbH im Jahr 2013?

Lösung:

Bilanzgewinn	120.000 €
+ Einstellung in die Gewinnrücklage (§ 8 Abs. 3 S. 1 KStG)	35.000 €
= Jahresüberschuss	155.000 €
./. Gewinnausschüttung der Gesellschafterin ist nach § 8b Abs. 1 KStG steuerfrei	25.000 €

---

[274] Modifiziert entnommen aus SCHWEIZER, REINHARD: Steuerlehre, 14. Aufl., Herne 2012, S. 372.

+ 5 % der Beteiligungserträge sind keine abzugsfähige Betriebsausgabe
(§ 8b Abs. 5 KStG)   1.250 €

= Zu versteuerndes Einkommen   131.250 €

Aufgabe 16

Der ledige und unverheiratete Lutz Listig betreibt einen Elektro-Großhandel in der Rechtsform einer GmbH und stellt zum 31.12.2013 folgende vorläufige Handelsbilanz auf:

Aktiva	Vorläufige Handelsbilanz zum 31.12.2013 „vor Steuern"		Passiva
Diverse Aktiva	1.150.000	Gezeichnetes Kapital	250.000
		Gewinnrücklagen	300.000
		Vorläufiger Jahresüberschuss	100.000
		Verbindlichkeiten	500.000
Summe Aktiva	1.150.000	Summe Passiva	1.150.000

Darüber hinaus sind folgende Sachverhalte zu berücksichtigen:

- *Die Verbindlichkeiten stammen einerseits aus einem Gründungsdarlehen, das die Zinswucher-Bank der GmbH gewährt hat und andererseits aus der Anschaffung der Anteile an der I-GmbH. Für beide Darlehen beträgt der Zinssatz 12 % p.a.*

- *Die GmbH ist seit dem Jahr 2000 an der inländischen I-GmbH in Höhe von 16 % des Stammkapitals beteiligt. Aus dieser Beteiligung erhält die GmbH im Jahr 2013 einen Gewinn-Anteil in Höhe von 8.000 EUR. Da die Beteiligung fremdfinanziert wurde, fallen 1.500 EUR Zinsen an.*

- *Seit 2004 ist die GmbH an der inländischen J-OHG als Mitunternehmer beteiligt. Aus diesem Verhältnis heraus wird der GmbH ein anteiliger Verlust in Höhe von 10.000 EUR zugewiesen.*

- *Im Laufe des Jahres 2013 erfolgten keine Gewerbe- und Körperschaft- bzw. Einkommensteuervorauszahlungen.*

- *Der Gewerbesteuer-Hebesatz beträgt 400 %.*

a) *Berechnen Sie die Gewerbe- und die Körperschaftsteuerbelastung der Lutz Lustig GmbH für das Jahr 2013! Der Solidaritätszuschlag kann bei der Berechnung vernachlässigt werden.*

b) *Wie würde sich die Steuerbelastung ändern, wenn Lutz Listig kein Unternehmen in der Rechtsform einer GmbH, sondern ein Einzelunternehmen betreiben würde? Der Solidaritätszuschlag kann auch bei dieser Berechnung vernachlässigt werden.*

Lösung:

a) Berechnung der Körperschaftsteuer- und Gewerbesteuerbelastung

1. Körperschaftsteuer

Ausgangsgröße: Handelsrechtlicher Jahresüberschuss	100.000 €
Keine bilanziellen Korrekturen erforderlich	
Außerbilanzielle Korrekturen	
Hinzurechnungen	
5 % der Beteiligungserträge stellen keine abzugsfähige Betriebsausgabe dar (§ 8b Abs. 5 KStG)	+ 400 €
Kürzungen	
Beteiligungserträge sind steuerfrei (§ 8b Abs. 1 KStG)	./. 8.000 €
Körperschaftsteuerlicher Gewinn	92.400 €
Körperschaftsteuerlich zu versteuerndes Einkommen	92.400 €
• Tarifliche Körperschaftsteuer (§ 23 Abs. 1 KStG)	13.860 €

Da keine Vorauszahlungen geleistet wurden, ist eine Körperschaftsteuer-Rückstellung zu bilden. Die Buchung lautet:

Körperschaftsteueraufwand 13.860 an Körperschaftsteuer-Rückstellung 13.860

2. Gewerbesteuer

Ausgangsgröße: Körperschaftsteuerlicher Gewinn		92.400 €
Außerbilanzielle Korrekturen		
Hinzurechnungen		
25 % der Summe aus		
• Entgelte für Schulden (Zinsen für Verbindlichkeiten 60.000 €, Zinsen für fremdfinanzierte Beteiligung 1.500 €)	61.500 €	
Abzüglich Freibetrag i.H.v.	100.000 €	
Keine Hinzurechnung der Entgelte für Schulden, da 61.500 € < Freibetrag		0 €
Verlustanteil an der J-OHG (§ 8 Abs. 8 GewStG)		10.000 €
Kürzungen: keine		
Gewerbeertrag		102.400 €

Die Höhe der Gewerbesteuer beläuft sich auf 14.336 € (102.400 € · 3,5 % · 400 %). Da keine Vorauszahlungen geleistet wurden, ist eine Gewerbesteuer-Rückstellung zu bilden. Die Buchung lautet:

Gewerbesteueraufwand 14.336 an Gewerbesteuer-Rückstellung 14.336

b) Berechnung der Körperschaftsteuer- und Gewerbesteuerbelastung

1. Gewerbesteuer

	Vorläufiger Jahresüberschuss	100.000 €
./.	40 % der Dividende aus der Beteiligung an der I-GmbH (§ 3 Nr. 40 EStG)	3.200 €
+	40 % der mit den Einnahmen nach § 3 Nr. 40 EStG in unmittelbarem oder mittelbarem wirtschaftlichen Zusammenhang stehenden Ausgaben (§ 3c Abs. 2 EStG)	600 €
=	Gewerbeertrag vor gewerbesteuerlichen Modifikationen	97.400 €
	Hinzurechnungen	
+	Verlustanteil an der J-OHG (§ 8 Abs. 8 GewStG)	10.000 €
	Keine Hinzurechnung der verbleibenden 60 % der Dividenden nach § 8 Nr. 5 GewStG, da die Kriterien des § 9 Nr. 2a GewStG erfüllt sind); des Weiteren keine Hinzurechnung der Entgelte für Zinsen, da der Betrag unter dem Freibetrag von 100.000 € liegt	0 €
	Kürzungen	
./.	60 % der (verbleibenden) bei der Ermittlung des Jahresüberschusses angesetzten Dividende (§ 9 Nr. 2a GewStG) saldiert mit den nicht abziehbaren Teilen der Finanzierungskosten der Beteiligung (60 %)	3.900 €
=	Gewerbeertrag vor Abzug des Freibetrags	103.500 €
./.	Freibetrag	24.500 €
=	Gewerbeertrag nach Abzug des Freibetrags	79.000 €
·	Messzahl	3,5 %
=	Messbetrag	2.765 €

•	Hebesatz	400 %
=	Gewerbesteuer	11.060 €

2. Einkommensteuer

	Vorläufiger Jahresüberschuss	100.000 €
./.	40 % der Dividende aus der Beteiligung an der I-GmbH (§ 3 Nr. 40 EStG)	3.200 €
+	40 % der mit den Einnahmen nach § 3 Nr. 40 EStG in unmittelbarem oder mittelbarem wirtschaftlichen Zusammenhang stehenden Ausgaben (§ 3c Abs. 2 EStG)	600 €
=	Einkünfte aus Gewerbetrieb	97.400 €
=	Zu versteuerndes Einkommen	97.400 €
	Tarifliche Einkommensteuer gemäß § 32a EStG	32.712 €

Gemäß § 35 Abs. 1 Nr. 1 EStG vermindert sich die tarifliche Einkommensteuer um das 3,8-fache des Gewerbesteuermessbetrages:

3,8 · 2.765 = 10.507 €

Die Einkommensteuer des Einzelunternehmers Lutz Listig beträgt daher:

32.712 € - 10.507 € = **22.205 €**.

Aufgabe 17[275]

Siggi Schwäbli erbt von seinem Vater einen Gewerbebetrieb mit einem gemeinen Wert von 1.900.000 €. Das Unternehmen wird von Siggi Schäbli auf unbestimmte Zeit fortgeführt; die Mindestlohnsumme von 400 % wird nicht unterschritten; ein Antrag zur Optionsverschonung gem. § 13a Abs. 8 ErbStG wird nicht gestellt!

Bestimmen Sie die Höhe des anzusetzenden Betriebsvermögens!

Lösung:

	Gemeiner Wert des Betriebsvermögens	1.900.000 €
./.	85 % Verschonungsabschlag	1.615.000 €
=	Verbleibender Betrag	285.000 €

---

[275] Modifiziert entnommen aus SCHWEIZER, REINHARD: Steuerlehre, 14. Aufl., Herne 2012, S. 566.

./.	Abzugsbetrag		150.000 €	
	Verbleibender Betrag	285.000 €		
	./. Abzugsbetrag	150.000 €		
	= Übersteigend	135.000 €		
		davon 50 %	67.500 €	
	= Zu gewährender Abzugsbetrag		82.500 €	82.500 €
=	Verbleibender Betrag			202.500 €

Aufgabe 18

Nennen Sie die möglichen Zeitpunkte des Abzugs von Steuern auf Vorleistungen! Welche Voraussetzungen müssen für einen Vorsteuerabzug vorliegen?

Lösung:

Zeitpunkte des Abzugs von Steuern auf Vorleistungen:

- Sofortabzug: die Berücksichtigung der Steuer auf Vorleistungen erfolgt auch bei Gegenständen, die nicht sofort verbraucht werden (in der Beschaffungsperiode);
- Pro-rata-temporis-Abzug: die Berücksichtigung der Steuer auf Vorleistungen erfolgt erst bei Ver- oder Gebrauch.

Voraussetzungen für Vorsteuerabzug:

- Den Vorsteuerabzug kann nur ein Unternehmer geltend machen;
- ein Vorsteuerabzug ist i.d.R. nur möglich, wenn ein anderer Unternehmer eine Leistung i.S.d. § 1 Abs. 1 Nr. 1 UStG erbringt;
- die Leistung muss für das Unternehmen des Leistungsempfängers ausgeführt worden sein, d.h., der Unternehmer muss die Leistung im Rahmen seines Unternehmens und nicht für Zwecke außerhalb des Unternehmens bezogen haben;
- die Steuer muss in Rechnungen i.S.d. § 14 UStG gesondert in einem Betrag ausgewiesen werden (§ 15 Abs. 1 Nr. 1 UStG).

Aufgabe 19

Nennen und definieren Sie die beiden Prinzipien, die bei grenzüberschreitenden Geschäftstätigkeiten Anknüpfungspunkt der Umsatzsteuer sein können!

Lösung:

- Ursprungslandprinzip: Dem Prinzip liegt die Annahme zugrunde, dass die Steuer dem Staat gebührt, in dem der entsprechende Mehrwert geschaffen wurde. Die Umsatzsteuer richtet sich nach den Verhältnissen des Staates, von dem die grenzüberschreitenden Geschäfte ausgehen. Im Staat des Empfängers erfolgt die Freistellung von der Umsatzsteuer.

- Bestimmungslandprinzip: Das Prinzip betont den Verbrauchsteuercharakter der Umsatzsteuer. Gegenstände und Leistungen, die eine Grenze passieren, werden von der inländischen Umsatzsteuer befreit und unterliegen nur der Umsatzsteuer des Bestimmungslandes.

Aufgabe 20

Welches der beiden o.g. Prinzipien kommt im grenzüberschreitenden Geschäftsverkehr mit Deutschland zur Anwendung?

Lösung:

- Erstreckt sich die grenzüberschreitende Geschäftstätigkeit über die Grenze Deutschlands hinweg nur auf die Mitgliedstaaten der EU, so spricht man vom innergemeinschaftlichen Handel. Hier kommen sowohl das Ursprungslandprinzip als auch das Bestimmungslandprinzip zur Anwendung.
- Werden die Grenzen der EU i.R. einer grenzüberschreitenden Geschäftstätigkeit überschritten (Ausfuhr/Einfuhr), so gilt das Bestimmungslandprinzip. Damit unterliegen Gegenstände und Leistungen, die im Wege der Ausfuhr/Einfuhr die Grenze der EU passieren, nur der Umsatzsteuer des Bestimmungslandes. Bei der Ausfuhr werden die betreffenden Gegenstände und Leistungen von der inländischen Umsatzsteuer befreit (§ 4 Nr. 1 Buchst. a UStG) und mit der ausländischen Umsatzsteuer belastet. Im Falle der Einfuhr stellen die deutschen Zollbehörden die inländische Umsatzsteuer in Rechnung (Einfuhrumsatzsteuer; vgl. § 1 Abs. 1 Nr. 4 UStG).

Aufgabe 21

Skizzieren Sie kurz das Steuerobjekt bzw. den Steuerschuldner der Umsatzsteuer!

Lösung:

Steuersubjekt bzw. Steuerschuldner ist grundsätzlich der Unternehmer, der die Lieferung oder sonstige Leistung ausführt (§ 13a Abs. 1 Nr. 1 UStG).

- Persönliches Kriterium ist die Unternehmerfähigkeit. Unternehmer können sein:
  - natürliche Personen;
  - Personengesellschaften;
  - juristische Personen des Privatrechts;
  - juristische Personen des öffentlichen Rechts.
- Sachliche Kriterien des Unternehmerbegriffs (§ 2 Abs. 1 S. 1 UStG):
  - Gewerbliche oder berufliche Tätigkeit: gewerblich oder beruflich ist jede nachhaltige Tätigkeit zur Erzielung von Einnahmen, auch wenn die Absicht, Gewinn zu erzielen, fehlt (§ 2 Abs. 1 S. 3 UStG);
  - Selbstständigkeit besteht bei einer Tätigkeit auf eigene Rechnung und Verantwortung und ist jeweils nach dem Innenverhältnis zum Auftraggeber zu beurteilen. Unselbst-

ständig sind natürliche Personen, soweit sie in einem Unternehmen so eingegliedert sind, dass sie den Weisungen des Unternehmers zu folgen verpflichtet sind (§ 2 Abs. 2 UStG).

Ausnahmsweise kann auch der Nicht-Unternehmer (bei der Einfuhrumsatzsteuer oder als Scheinunternehmer) bzw. der Erwerber (insb. in den Fällen der §§ 13a, 13b UStG) Steuerschuldner der Umsatzsteuer sein.

Aufgabe 22

Nennen Sie die steuerbaren Umsätze des § 1 Abs. 1 UStG und erläutern Sie den Begriff der umsatzsteuerlichen „Leistung"!

Lösung:

Steuerobjekte der Umsatzsteuer sind gem. § 1 UStG grundsätzlich:

- Die Lieferung und sonstige Leistung (Oberbegriff: Leistungen), die ein Unternehmer im Inland gegen Entgelt im Rahmen seines Unternehmens ausführt (§ 1 Abs. 1 Nr. 1 UStG);
- Die Einfuhr von Gegenständen aus dem Drittland (§ 1 Abs. 1 Nr. 4 UStG);
- Der innergemeinschaftliche Erwerb im Inland gegen Entgelt (§ 1 Abs. 1 Nr. 5 UStG).

Begriff der Leistung als Oberbegriff für Lieferungen und sonstige Leistungen:

- Lieferung: Die Lieferung ist eine Leistung, durch die ein Unternehmer oder in seinem Auftrag ein Dritter den Abnehmer oder in dessen Auftrag einen Dritten befähigt, im eigenen Namen über einen Gegenstand zu verfügen (§ 3 Abs. 1 UStG). Voraussetzung für das Vorliegen einer Lieferung ist somit die Verschaffung der Verfügungsmacht an einem Gegenstand.
- Sonstige Leistungen: Sonstige Leistungen sind Leistungen, die keine Lieferungen sind. Bedeutende Fälle der sonstigen Leistungen sind z.B. Dienstleistungen, Gebrauchs- und Nutzungsüberlassungen sowie Reiseleistungen.

Aufgabe 23

Welche wesentlichen Tatbestände sind einer Lieferung oder sonstigen Leistung gegen Entgelt gleichgestellt?

Lösung:

Der Lieferung gegen Entgelt gleichgestellt:

- Die Entnahme eines Gegenstands durch einen Unternehmer aus seinem Unternehmen für Zwecke, die außerhalb des Unternehmens liegen.
- Die unentgeltliche Zuwendung eines Gegenstands durch einen Unternehmer an sein Personal für dessen privaten Bedarf.

- Jede andere unentgeltliche Zuwendung eines Gegenstands, ausgenommen Warenmuster für Zwecke des Unternehmens oder Geschenke von geringem Wert.

Der sonstigen Leistung gegen Entgelt gleichgestellt:

- Die Verwendung eines dem Unternehmen zugeordneten Gegenstands, der zum vollen oder teilweisen Vorsteuerabzug berechtigt hat, durch einen Unternehmer für Zwecke, die außerhalb des Unternehmens liegen, oder für den privaten Bedarf seines Personals, sofern keine Aufmerksamkeiten vorliegen.
- Die unentgeltliche Erbringung einer anderen sonstigen Leistung durch den Unternehmer für Zwecke außerhalb des Unternehmens oder für den privaten Bedarf seines Personals, sofern keine Aufmerksamkeiten oder überwiegend durch das betriebliche Interesse des Arbeitgebers veranlasste Leistungen vorliegen (Leistungsentnahme).

Aufgabe 24

Welche Besteuerungsformen werden i.R.d. Umsatzsteuer unterschieden?

Lösung:

- Sollbesteuerung: Die Umsatzsteuer ist grundsätzlich nach vereinbarten Entgelten zu berechnen (§ 16 Abs. 1 UStG). Sie entsteht unabhängig vom Zeitpunkt der Bezahlung mit Ablauf des Voranmeldungszeitraums, in dem der Umsatz bewirkt wurde.
- Ist-Besteuerung: Bestimmte Unternehmer können die Besteuerung nach vereinnahmten Entgelten beantragen (§ 20 UStG). In dem Fall entsteht die Steuer mit Ablauf des Voranmeldungszeitraums, in dem die Entgelte für die Leistung vereinnahmt worden sind. Die Unternehmer müssen eine der folgenden Voraussetzungen erfüllen:
    - Umsatz im vorangegangenen Kalenderjahr nicht größer als 500.000 €;
    - keine Verpflichtung zur Führung von Büchern oder Erstellung von Bilanzen oder
    - Freiberufler i.S.d. § 18 Abs. 1 Nr. 1 EStG.

Aufgabe 25[276]

Unternehmer Schneider ist Inhaber einer über die Landesgrenzen hinaus bekannten Schuh-Manufaktur im beschaulichen Heidelberg. Zur Herstellung seiner jüngsten Bestellung wird Schneider bestes Leder von einem niederländischen Unternehmen geliefert. I.R.d. Lieferung verwenden beide Unternehmer ihre jeweilige USt-IdNr.

An welchem Ort gilt die Lieferung des Leders als ausgeführt?

Lösung:

Gem. § 1 Abs. 2a S. 1 UStG zählt die Niederlande als EU-Mitgliedstaat zum übrigen Gemeinschaftsgebiet. Das von Schneider bestellte Leder wird aus dem übrigen Gemeinschaftsgebiet (Niederlande) in das Inland (Bundesrepublik Deutschland) geliefert. Die Lieferung erfolgt

---

[276] Vgl. GREFE, CORD: Unternehmenssteuern, 15. Aufl., Herne 2012, S. 487.

zwischen den beiden Unternehmern i.R. ihrer unternehmerischen Tätigkeit. Die Beförderung der Lieferung endet in der Bundesrepublik Deutschland. Der innergemeinschaftliche Erwerb gilt als im Inland bewirkt (§ 3d S. 1 UStG). Der Vorgang ist gem. § 1 Abs. 1 Nr. 5 UStG steuerbar.

Aufgabe 26[277]

Unternehmer Fischer ist Eigentümer eines Wohn- und Geschäftshauses in Köln und zudem Inhaber eines Gaststättenbetriebs. Das Gebäude wird wie folgt genutzt:

Erdgeschoss: Gaststättenbetrieb Fischer

1. Obergeschoss: Büro eines Steuerberaters

2. Obergeschoss: Arztpraxis

3. Obergeschoss: privat genutzte Wohnung

Prüfen Sie, in welchen Fällen § 9 UStG dem Unternehmer die Möglichkeit gewährt, zur Umsatzsteuerpflicht zu optieren!

Lösung:

Fischer übt eine gewerbliche bzw. berufliche Tätigkeit selbstständig aus und ist Unternehmer i.S.d. § 2 Abs. 1 S. 2 UStG. Sein Unternehmen umfasst den Betrieb seiner Gaststätte sowie die Vermietung des Wohn- und Geschäftshauses.

Erdgeschoss: Die Nutzung für den Gaststättenbetrieb erfolgt i.R.d. eigenen Unternehmens und stellt einen steuerlich unbeachtlichen Innenumsatz dar.

Im Hinblick auf die weiteren Vermietungen gilt, dass diese in Köln als Belegenheitsort des Grundstücks ausgeführt werden (§ 3a Abs. 3 Nr. 1 UStG). Bei den Vermietungen handelt es sich um steuerbare sonstige Leistungen i.S.d. § 1 Abs. 1 Nr. 1 UStG, die gem. § 4 Nr. 12 S. 1 Buchst. a UStG steuerbefreit sind. Auf die Steuerfreiheit kann bei Vorliegen bestimmter Voraussetzungen verzichtet werden (§ 9 UStG). Die Zulässigkeit dieser Option ist für jede Vermietung gesondert zu prüfen:

1. Obergeschoss: Die Vermietung der Räumlichkeiten erfolgt an einen vorsteuerabzugsberechtigten Unternehmer für dessen Unternehmen, sodass die in § 9 UStG genannten Voraussetzungen für den Verzicht auf die Steuerbefreiung gegeben sind. Übt Unternehmer Fischer die Option aus, wird der Vermietungsumsatz steuerpflichtig. Die mit dem Gebäudeteil zusammenhängenden Vorsteuerbeträge können durch den Unternehmer Fischer in Abzug gebracht werden.

2. Obergeschoss: Die Vermietung der Räumlichkeiten erfolgt zwar an einen anderen Unternehmer für dessen Unternehmen. Da ein Arzt jedoch nur steuerfreie, nicht zum Vorsteuerabzug berechtigende Umsätze erzielt (§ 4 Nr. 14 UStG), sind die Voraussetzungen des § 9 UStG nicht erfüllt. Die Optionsmöglichkeit kommt nicht in Betracht.

---

[277] Vgl. GREFE, CORD: Unternehmenssteuern, 15. Aufl., Herne 2012, S. 487 f.

3. Obergeschoss: Da die Vermietung der Räumlichkeiten nicht an einen anderen Unternehmer erfolgt (hier: Privatperson), ist § 9 UStG nicht anwendbar. Die Vermietungsumsätze sind steuerfrei und berechtigen den Unternehmer Fischer nicht zum Vorsteuerabzug.

Aufgabe 27[278]

Der in Berlin ansässige Unternehmer Weber betreibt seit einigen Jahren einen in der Hauptstadt gelegenen Bio-Laden. Außerdem verfügt Weber seit kurzer Zeit über einen dem Bio-Laden angeschlossenen Partyservice.

Neben dem direkten Verkauf an Endabnehmer bietet Weber in seinem Geschäft auch ausgewählte Produkte zum örtlichen Verzehr an. Zu diesem Zweck hat er in einem abgegrenzten Teil seiner Geschäftsräume einige Tische und Stühle aufgestellt. Der Partyservice umfasst die Lieferung von Speisen und Getränken aller Art im Bereich der Innenstadt Berlins.

Die Umsätze, die Weber i.R. seines Bio-Ladens und mit seinem Partyservice erzielt, betreffen Gegenstände, die in der Anlage 2 des UStG aufgeführt bzw. nicht aufgeführt sind.

Welchem Umsatzsteuersatz unterliegen die verschieden Leistungen, die der Unternehmer i.R. seiner Geschäftstätigkeiten erbringt?

Lösung:

Der Unternehmer Weber übt eine gewerbliche Tätigkeit selbständig aus und ist Unternehmer i.S.d. § 2 Abs. 1 S. 1 UStG. Sein Unternehmen umfasst den Bio-Laden sowie den hieran angeschlossenen Partyservice.

Zum Zwecke der umsatzsteuerlichen Würdigung sind die verschiedenen Leistungen gesondert zu beurteilen:

1. Bio-Laden:

a) Direkter Verkauf:

Bei dem direkten Verkauf der Waren handelt es sich um Lieferungen. Die Liefergegenstände werden von den Abnehmern befördert, sodass der Ort der jeweiligen Lieferung das in Berlin gelegene Ladenlokal ist (Inland i.S.d. § 1 Abs. 2 S. 1 UStG), da dort die Beförderung beginnt (§ 3 Abs. 6 S. 1 UStG). Die den direkten Verkauf betreffenden Umsätze sind demnach steuerbar und in Ermangelung einer einschlägigen Befreiung auch steuerpflichtig. Handelt es sich i.R.d. Lieferungen um Gegenstände, die in Anlage 2 des UStG aufgeführt sind, findet der ermäßigte Steuersatz i.H.v. 7 % Anwendung (§ 12 Abs. 2 Nr. 1 UStG). In allen anderen Fällen gilt der allgemeine Steuersatz von 19 % (§ 12 Abs. 1 UStG).

b) Verzehr im Geschäft

Bei den in einem abgegrenzten Bereich aufgestellten Tischen und Stühlen handelt es sich um besondere Vorrichtungen, die für den Verzehr an Ort und Stelle bereitgehalten werden. Die örtliche Abgabe der Speisen und Getränke stellt eine sonstige Leistung dar. Ort der sonstigen

---
[278] Vgl. GREFE, CORD: Unternehmenssteuern, 15. Aufl., Herne 2012, S. 488.

Leistung ist gem. § 3a Abs. 3 Nr. 3 Buchst. b UStG der Tätigkeitsort (Berlin). Die Steuerbarkeit und Steuerpflicht der Umsätze ist demnach gegeben. Diese unterliegen allesamt dem allgemeinen Steuersatz i.H.v. 19 %. Der ermäßigte Steuersatz i.H.v. 7 % kommt nicht zur Anwendung, da keine Lieferung begünstigter Gegenstände vorliegt.

2. Partyservice:

Die in Berlin erbrachten Lieferungen in Gestalt der Speisen und Getränke sind steuerbar und steuerpflichtig gem. § 3 Abs. 6 S. 1 UStG. Handelt es sich i.R.d. erbrachten Lieferungen um Gegenstände, die in Anlage 2 des UStG aufgeführt sind, findet der ermäßigte Steuersatz i.H.v. 7 % Anwendung (§ 12 Abs. 2 Nr. 1 UStG). In allen anderen Fällen gilt der allgemeine Steuersatz i.H.v. 19 % (§ 12 Abs. 1 UStG).

Aufgabe 28[279]

Der tüchtige Unternehmer Wagner ist seit einiger Zeit Inhaber einer in Düsseldorf ansässigen Fahrzeugvermietung. Die Geschäfte laufen gut und der Unternehmer erwirbt im laufenden Geschäftsjahr

a) ein ausschließlich betrieblich genutztes Fahrzeug;

b) ein Fahrzeug, das der Unternehmer zu 25 % auch privat nutzt. Das Fahrzeug ist vollständig dem Unternehmensvermögen zugeordnet.

Prüfen Sie die Möglichkeit zum Vorsteuerabzug!

Lösung:

a) Der Unternehmer hat die Möglichkeit zum Vorsteuerabzug, da das Fahrzeug ausschließlich betrieblich genutzt wird. Der Vorsteuerabzug ist möglich für den Erwerb des Fahrzeugs sowie für alle mit Umsatzsteuer belasteten laufenden Aufwendungen.

b) Hier handelt es sich um eine für das Unternehmen ausgeführte Lieferung, da das Fahrzeug zu mehr als 10 % (hier: 75 %) für unternehmerische Zwecke verwendet wird (§ 15 Abs. 1 S. 2 UStG). Der Vorsteuerabzug ist in voller Höhe zulässig. Dies gilt sowohl für die i.R.d. Erwerbs als auch für die im Zusammenhang mit laufenden Aufwendungen gezahlte Umsatzsteuer. Dagegen stellt die private Nutzung des Fahrzeugs eine unentgeltliche Wertabgabe dar, die einer sonstigen Leistung gegen Entgelt gem. § 3 Abs. 9a Nr. 1 UStG gleichzustellen ist. In Höhe des privaten Nutzungsanteils kommt es zu steuerbaren und zugleich steuerpflichtigen Umsätzen.

---

[279] Vgl. GREFE, CORD: Unternehmenssteuern, 15. Aufl., Herne 2012, S. 488.

Aufgabe 29[280]

Gewerbetreibender Becker hat in diesem Geschäftsjahr Umsätze in Höhe von 1.450.000 € netto erzielt. Davon entfallen 360.000 € auf steuerfreie Ausfuhrlieferungen i.S.d. § 4 Nr. 1 Buchst. a UStG. 80 % der steuerpflichtigen Umsätze werden i.H.d. Regelsteuersatzes (19 %) besteuert, während die übrigen 20 % dem ermäßigten Steuersatz i.H.v. 7 % unterliegen. Die abziehbaren Vorsteuern betragen 95.200 €, die Umsatzsteuer-Vorauszahlung 79.300 €.

Ermitteln Sie die Steuerschuld und Abschlusszahlung des Gewerbetreibenden Becker, die sich aus der Umsatzsteuererklärung für das laufende Geschäftsjahr ergibt!

Lösung:

Steuerpflichtige Netto-Umsätze:

Netto-Umsätze	1.450.000 €
./. steuerfreie Ausfuhrlieferungen	360.000 €
= steuerpflichtige Netto-Umsätze	1.090.000 €

Umsatzsteuer auf steuerpflichtige Netto-Umsätze:

Regelbesteuerte Umsätze (80 %)	872.000 €
• allgemeiner Steuersatz (§ 12 Abs. 1 UStG)	19 %
= Umsatzsteuer bei Regelbesteuerung	165.680 €
Ermäßigt besteuerte Umsätze (20 %)	218.000 €
• ermäßigter Steuersatz (§ 12 Abs. 2 Nr. 1 UStG)	7 %
= Umsatzsteuer bei ermäßigter Besteuerung	15.260 €
Umsatzsteuer bei Regelbesteuerung	165.680 €
+ Umsatzsteuer bei ermäßigter Besteuerung	15.260 €
= Umsatzsteuer auf steuerpflichtige Netto-Umsätze	180.940 €

---

[280] Vgl. GREFE, CORD: Unternehmenssteuern, 15. Aufl., Herne 2012, S. 489 f.

Ermittlung der Steuerschuld und Abschlusszahlung:

	Umsatzsteuer auf steuerpflichtige Netto-Umsätze	180.940 €
./.	abziehbare Vorsteuer	95.200 €
=	Steuerschuld	85.740 €
./.	Umsatzsteuer-Vorauszahlung	79.300 €
=	Abschlusszahlung	6.440 €

Aufgabe 30[281]

Karl Klug und Stefanie Schlau sind Gesellschafter der Klug & Schlau OHG, die seit ihrer Gründung in der Rechtsform der OHG geführt wird. Beim letzten Gespräch mit ihrem Steuerberater äußerten beide ihren Unmut über die Höhe der laufenden Steuerbelastung, woraufhin der Steuerberater auf die rechtsformabhängigen Steuerbelastungsunterschiede in Deutschland hinwies. Daraufhin beauftragt ihn Stefanie Schlau im Einverständnis mit ihrem Mitgesellschafter mit der Berechnung der laufenden Steuerlast ihres Unternehmens unter der Annahme, dass es in die Rechtsform der GmbH gekleidet wäre, um deren Gesamtsteuerlast anschließend mit der der OHG zu vergleichen.

Zugrunde gelegte Daten der Ausgangsunternehmen

- **Vertragsverhältnisse**:

  Beteiligungsverhältnisse und Gewinnverteilung

  – Am Kapital der Gesellschaft sind die Gesellschafter Karl Klug (Gesellschafter A) und Stefanie Schlau (Gesellschafter B) zu je 50 % beteiligt;

  – Die Gewinnverteilung wird im Verhältnis der Kapitalkonten vorgenommen.

  Gesellschaft-Gesellschafter-Verträge

  – Geschäftsführungsverträge mit A und B: Bruttojahresgehalt jeweils 130.000 €; keine Sozialversicherungspflicht;

  – Versorgungszusage der Gesellschaft für A und B: Stand der Pensionsrückstellung zum 01.01.2013 jeweils 90.000 €, Zuführung im laufenden Jahr jeweils 7.000 €;

  – Darlehensverträge mit A und B, die der Gesellschaft ein langfristiges Darlehen in Höhe von jeweils 1.200.000 € zu einem Zinssatz von 10 % gewährt haben;

  – Beratungsvertrag mit A, wofür A 30.000 € erhält.

---

[281] In enger Anlehnung an KUSSMAUL, HEINZ/SCHWARZ, CHRISTIAN: Rechtsform und Besteuerung – Personengesellschaften und Kapitalgesellschaften: Belastungsvergleich, in: StB 2012, S. 426-430.

- **Persönliche Verhältnisse der Gesellschafter:**
  - A und B sind beide konfessionslos, verheiratet und haben jeweils zwei Kinder, die nicht älter als 16 Jahre sind;
  - A und B beziehen außer aus den in der Fallstudie genannten Quellen keine weiteren Einkünfte;
  - A und B sowie deren Ehegatten sind nach dem 31.12.1957 geboren;
  - A und B entstanden abzugsfähige Aufwendungen für die Alterssicherung und sonstige Vorsorgeaufwendungen i.H.v. von jeweils 29.850 €. Ansonsten werden die Pauschbeträge angesetzt.
- **Steuer- und Hebesätze:**
  - Grundsteuerhebesatz: 250 %
  - Gewerbesteuerhebesatz: 400 %
- **Weitere Annahmen:**
  - Fremdkapitalzinsen i.S.d. § 8 Nr. 1 GewStG i.H.v. 150.000 € an Dritte.
  - Es werden ausschließlich Kinder- und Betreuungsfreibeträge für die Gesellschafter gewährt. Auf die Auszahlung von Kindergeld wird verzichtet.
  - Der Einheitswert der Betriebsgrundstücke beträgt zum 01.01.2013: 1.500.000 €.
  - Steuerliches Ergebnis des Ausgangsunternehmens (OHG und GmbH: 226.000 €).
  - Die Vergleichsrechnung zwischen der OHG und GmbH wird unter der Prämisse der Vollausschüttung vorgenommen.
  - Die Personengesellschaft wird der Normalbesteuerung unterworfen; ein Antrag auf eine Thesaurierungsbegünstigung wurde nicht gestellt.

  a) Berechnen Sie die Gesamtsteuerbelastung im Jahr 2013 des Ausgangsunternehmens in der Rechtsform der OHG und ihrer Gesellschafter!

  b) Berechnen Sie die Gesamtsteuerbelastung im Jahr 2013 des Ausgangsunternehmens in der Rechtsform der GmbH und ihrer Gesellschafter!

  c) Führen Sie einen Gesamtvergleich bezüglich der Steuerbelastung durch!

Lösung:

a) Berechnung der Gesamtsteuerbelastung der OHG und der Gesellschafter (Angaben in €):

- **Grundsteuer**

Einheitswert des Grundstücks (§ 13 Abs. 1 GrStG)	1.500.000
• Steuermesszahl (§ 15 Abs. 1 GrStG)	0,35 %
• Hebesatz (§ 25 GrStG)	250 %
Grundsteuer	**13.125**

- **Gewerbesteuer**

Einkünfte aus Gewerbebetrieb (§ 15 Abs. 1 Nr. 2 EStG)

Gewinn der Gesellschaft				**OHG**
= Einkünfte aus Gesamthandsvermögen				**226.000**
Sondervergütungen		A	B	
Geschäftsführergehalt (brutto)		130.000	130.000	
+ Zuführung zu Pensionsrückstellungen		7.000	7.000	
+ Zinsen für festverzinsliche Darlehen		120.000	120.000	
+ Vergütung aus Beratungsvertrag		30.000	0	
= Sondervergütungen		287.000	257.000	**544.000**
Einkünfte aus Gewerbebetrieb				**OHG**
Einkünfte aus Gesamthandsvermögen				226.000
+ Summe der Sondervergütungen der Gesellschafter				544.000
= Einkünfte aus Gewerbebetrieb				**770.000**
Ausgangsgröße für den Gewerbeertrag				
Gewerbliche Einkünfte vor Steuern				770.000
./. Grundsteuer der Gesellschaft				13.125
= Zwischensumme				**756.875**
Gewerbesteuerliche Modifikationen				
25 % der Zinsaufwendungen (§ 8 Nr. 1 GewStG)				
Schuldzinsen		150.000		
./. Freibetrag		100.000		
= Summe der Zinsaufwendungen		50.000	· 25 %	+ 12.500
1,2 % des gem. § 121a BewG um 40 % erhöhten Einheitswerts des zum Betriebsvermögen des Unternehmens gehörenden Grundbesitzes (§ 9 Nr. 1 GewStG)				./. 25.200
Gewerbeertrag vor Freibetrag und Rundung				**744.175**
Ermittlung des maßgebenden Gewerbeertrags				
Rundung auf volle 100 € (§ 11 Abs. 1 S. 2 GewStG)				744.100
Freibetrag (§ 11 Abs. 1 S. 2 Nr. 1 GewStG)				24.500
= Maßgebender Gewerbeertrag				**719.600**

• Steuermesszahl (§ 11 Abs. 2 GewStG)	3,5 %
= Gewerbesteuermessbetrag	25.186
• Hebesatz (§ 16 GewStG)	400 %
= Gewerbesteuer	**100.744**

- **Einkommensteuer und Solidaritätszuschlag der Gesellschafter**

Einheitliche und gesonderte Gewinnermittlung der OHG und Zurechnung auf die Gesellschafter

Ermittlung des Gewinns der Gesellschaft	**OHG**
Gewinn der Gesellschaft vor Steuern	226.000
Grundsteuer der Gesellschaft	./. 13.125
= Verteilungsfähiger Gewinn der Gesellschaft	**212.875**

Verteilung der Einkünfte aus Gewerbebetrieb

	A	B
Verteilungsfähiger Gewinn nach Steuern	212.875	
Anteil nach dem GuV-Verteilungsschlüssel	50 %	50 %
= Gewinnanteil aus der Gesellschaft	106.437,50	106.437,50
+ Sonderergebnis	287.000,00	257.000,00
= Einkünfte aus Gewerbebetrieb	**393.437,50**	**363.437,50**

Berechnung der tariflichen Einkommensteuer

	A	B
Einkünfte aus Gewerbebetrieb (§ 15 EStG)	393.437,50	363.437,50
+ Einkünfte aus Kapitalvermögen (§ 20 EStG)	0	0
= Summe der Einkünfte	393.437,50	363.437,50
./. Vorsorgeaufwendungen	29.850	29.850
./. Sonderausgabenpauschbetrag (§ 10c EStG)	72	72
= Einkommen (§ 2 Abs. 4 EStG)	363.515,50	333.515,50
./. Kinderfreibetrag (§ 32 Abs. 6 EStG) (2 · 2 · 2.184)	8.736	8.736
./. Betreuungsfreibetrag (§ 32 Abs. 6 EStG) (2 · 2 · 1.320)	5.280	5.280
= Zu versteuerndes Einkommen (vor Rundung)	349.499,50	319.499,50
= Zu versteuerndes Einkommen (nach Rundung)	**349.499**	**319.499**
= Tarifliche Einkommensteuer gem. § 32a EStG (2013) nach Rundung (Splitting-Verfahren)	**130.397**	**117.797**

Anrechenbarkeit der Gewerbesteuer

	A	B
Tarifliche Einkommensteuer	130.397	117.797
Gewerbesteuermessbetrag:		
100.744 / Hebesatz (400 %) = 25.186		
Anrechenbar: das 3,8-fache: 95.706		
	50 %	50 %
	47.853	47.853
= Zu zahlende Einkommensteuer	**82.544**	**69.944**

Solidaritätszuschlag der Gesellschafter

	A	B
Festzusetzende Einkommensteuer	82.544	69.944
Solidaritätszuschlagsatz	5,5 %	5,5 %
= Zu zahlender Solidaritätszuschlag	**4.539,92**	**3.846,92**

b) Berechnung der Gesamtsteuerbelastung der GmbH und der Gesellschafter (Angaben in €):

- **Grundsteuer der GmbH**

Einheitswert des Grundstücks (§ 13 Abs. 1 GrStG)	1.500.000
• Steuermesszahl (§ 15 Abs. 1 GrStG)	0,35 %
• Hebesatz (§ 25 GrStG)	250 %
Grundsteuer	**13.125**

- **Gewerbesteuer der GmbH**

Ausgangsgröße für den Gewerbeertrag

Gewerbliche Einkünfte vor Steuern	226.000
./. Grundsteuer der Gesellschaft	13.125
= Zwischensumme	212.875

Gewerbesteuerliche Modifikationen

25 % der Zinsaufwendungen (§ 8 Nr. 1 GewStG)

Schuldzinsen gegenüber Dritten	150.000
gegenüber A	120.000
gegenüber B	120.000

= Zwischensumme	390.000	
./. Freibetrag	100.000	
= Summe der Zinsaufwendungen	290.000	
= Hinzurechnungsbetrag (25 %)		+ 72.500
1,2 % des gem. § 121a BewG um 40 % erhöhten Einheitswerts der zum Betriebsvermögen des Unternehmens gehörenden Betriebsgrundstücke (§ 9 Nr. 1 GewStG)		./. 25.200
= Gewerbeertrag vor Freibetrag und Rundung		**260.175**
Ermittlung der Gewerbesteuer		
Rundung auf volle 100 € (§ 11 Abs. 1 S. 2 GewStG)		260.100
./. Freibetrag (§ 11 Abs. 1 S. 2 Nr. 1 GewStG)		0
= Maßgebender Gewerbeertrag		260.100
• Steuermesszahl (§ 11 Abs. 2 GewStG)		3,5 %
= Gewerbesteuermessbetrag		9.103,50
• Hebesatz		400 %
= Gewerbesteuer vom Ertrag		**36.414**
▪ **Körperschaftsteuer der GmbH**		
Tarifliche Körperschaftsteuer		
Gewerbliche Einkünfte vor Steuern		226.000
./. Grundsteuer der Gesellschaft		13.125
= Körperschaftsteuerpflichtiges Einkommen		212.875
• Körperschaftsteuersatz (§ 23 Abs. 1 KStG)		15 %
= Körperschaftsteuer, Tarifbelastung (nach Rundung § 31 KStG)		**31.931**
▪ **Solidaritätszuschlag der Gesellschaft**		
Festzusetzende Körperschaftsteuer		31.931
• Solidaritätszuschlagsatz		5,5 %
= Zu zahlender Solidaritätszuschlag		**1.756,20 €**
▪ **Ermittlung der Bruttodividende**		
Gewerbliche Einkünfte vor Steuern		226.000
./. Grundsteuer der Gesellschaft		13.125
./. Gewerbesteuer der Gesellschaft		36.414

256 Fallbeispiele mit integrierter Lösung

./. Körperschaftsteuer der Gesellschaft	31.931
./. Solidaritätszuschlag der Gesellschaft	1.756,20
= Bruttodividende (Verbleibende Einkünfte auf Gesellschaftsebene)	**142.773,80**
Bruttodividende je Gesellschafter:	71.386,90
./. 25 % Kapitalertragsteuer (§ 32d Abs. 1 EStG)	17.846,73
./. Solidaritätszuschlag (5,5 %)	981,57
= Vorläufige Nettodividende (Auszahlung der GmbH an beide Gesellschafter) je Gesellschafter	**52.558,60**

- **Einkommensteuer der Gesellschafter**

	A	B
Einkünfte aus Gewerbebetrieb (§ 15 EStG)	0	0
+ Einkünfte aus selbständiger Arbeit (§ 18 EStG)	30.000	0
+ Einkünfte aus nichtselbständiger Arbeit (§ 19 EStG)		
Geschäftsführergehalt	130.000	130.000
./. Arbeitnehmer-Pauschbetrag (§ 9a S. 1 EStG)	1.000	1.000
= Einkünfte aus nichtselbständiger Arbeit	129.000	129.000
+ Einkünfte aus Kapitalvermögen (§ 20 EStG)		
Darlehenszinsen (§ 20 Abs. 1 Nr. 7 EStG)[282]	120.000	120.000
./. Sparerpauschbetrag (§ 20 Abs. 9 Satz 2 EStG)	1.602	1.602
= Einkünfte aus Kapitalvermögen	118.398	118.398
= Summe der Einkünfte = Gesamtbetrag der Einkünfte	277.398	247.398
./. Sonderausgaben		
Vorsorgeaufwendungen	29.850	29.850
Sonderausgabenpauschbetrag (§ 10c EStG)	72	72
= Einkommen (§ 2 Abs. 4 EStG)	247.476	217.476
./. Kinderfreibetrag (§ 32 Abs. 6 EStG) (2·2·2.184)	8.736	8.736
./. Betreuungsfreibetrag (§ 32 Abs. 6 EStG) (2·2·1.320)	5.280	5.280
= Zu versteuerndes Einkommen	**233.460**	**203.460**

---

[282] Keine Kapitalertragsteuer und nicht Anwendung des besonderen Tarifs gem. § 32d EStG, da Beteiligungen ≥ 10 % (§ 32d Abs. 2 Satz 1 Nr. 1 Buchst. b EStG).

= Tarifliche Einkommensteuer gem. § 32a EStG (2013) nach Rundung (Splitting-Verfahren)	**81.661**	**69.061**
▪ **Solidaritätszuschlag der Gesellschafter**		
Zu zahlende Einkommensteuer	81.661	69.061
· Solidaritätszuschlagsatz	5,5 %	5,5 %
= Tariflicher Solidaritätszuschlag	**4.491**	**3.798**

c) *Gesamtbelastung*

Gesamtbelastung der GmbH

Zusammenstellung der Ergebnisse auf Gesellschaftsebene:

Einkommen vor Substanz- und Ertragsteuern	226.000,00
./. Grundsteuer	13.125,00
= Einkünfte nach Substanzsteuern	212.875,00
./. Gewerbesteuer	36.414,00
./. Körperschaftsteuer	31.931,00
./. Solidaritätszuschlag	1.756,20
= Verbleibende Einkünfte	142.773,80
⇨ Gesamtsteuerbelastung	**83.226,20**

Zusammenstellung der Ergebnisse auf Gesellschafterebene:

Gesellschafter	A	B
Einkünfte aus selbst. Arbeit	30.000,00	
Einkünfte aus nichtselbst. Arbeit	129.000,00	129.000,00
Einkünfte aus Kapitalvermögen	189.784,90	189.784,90
Σ	348.784,90	318.784,90
./. Einkommensteuer	81.661,00	69.061,00
./. Solidaritätszuschlag	4.491,00	3.798,00
./. Kapitalertragsteuer (abgeltende Wirkung)	17.846,73	17.846,73
./. Solidaritätszuschlag (abgeltende Wirkung)	981,57	981,57
= Verbleibende Einkünfte	243.804,60	227.097,60
⇨ Gesamtsteuerbelastung	**104.980,30**	**91.687,30**

Gesamtbelastung der OHG

Zusammenstellung der Ergebnisse

Gesamthandsvermögen	226.000,00	
./. Grundsteuer	13.125,00	
= Einkünfte nach Substanzsteuern	212.875,00	
	A	**B**
	106.437,50	106.437,50
Sonderbetriebsvergütungen	287.000,00	257.000,00
./. Gewerbesteuer	50.372,00	50.372,00
./. Einkommensteuer (nach Anrechnung)	82.544,00	69.944,00
./. Solidaritätszuschlag	4.539,92	3.846,92
= Verbleibende Einkünfte	255.981,58	239.274,58
⇨ Gesamtsteuerbelastung	**137.455,92**	**124.162,92**

Literaturverzeichnis

ANDRAE, KATHRIN: Realsteuern 2012 – Entwicklung der Realsteuerhebesätze der Gemeinden mit 50.000 und mehr Einwohnern im Jahr 2012 gegenüber 2011, hrsg. vom INSTITUT „FINANZEN UND STEUERN", Bonn 2013.

BECKMANN, STEFAN: Übertragung von Anteilen an einer Familienkapitalgesellschaft auf die nächste Generation: Lebzeitige und inlandsbezogene Gestaltungen zur Reduzierung der steuerlichen Belastung bei im Privatvermögen gehaltenen Anteilen, Hamburg 2004.

BIEG, HARTMUT/KUßMAUL, HEINZ/PETERSEN, KARL/WASCHBUSCH, GERD/ZWIRNER, CHRISTIAN: Bilanzrechtsmodernisierungsgesetz – Bilanzierung, Berichterstattung und Prüfung nach dem BilMoG, München 2009.

BLUMENBERG, JENS/LECHNER, FLORIAN: Kapitel V: Zinsschranke, in: Die Unternehmensteuerreform 2008, hrsg. von JENS BLUMENBERG und SEBASTIAN BENZ, Köln 2007.

BONGARTZ, MATTHIAS: Vorbemerkungen zum Energiesteuergesetz, in: Energiesteuer, Stromsteuer, Zolltarif und Nebengesetze, hrsg. von MATTHIAS BONGARTZ, München (Loseblatt), Stand: November 2012.

BRANDT, JÜRGEN: § 18 EStG, in: Einkommensteuer- und Körperschaftsteuergesetz, hrsg. von CARL HERRMANN u.a., Köln (Loseblatt), Stand: Dezember 2012.

BREITHECKER, VOLKER/KLAPDOR, RALF/ZISOWSKI, UTE: Unternehmenssteuerreform: Auswirkungen und Gestaltungshinweise – mit dem Gesetz zur Ergänzung des Steuersenkungsgesetzes, Bielefeld 2001.

BROCKMANN, KAI/HÖRSTER, RALF: Jahressteuergesetz 2008, in: NWB vom 07.01.2008, Fach 2, S. 9641-9656.

BRUSCHKE, GERHARD: Steuerabzug bei Bauleistungen, in: StB 2002, S. 130-140.

CREMER, UDO: Abzugsverfahren, Nullregelung, Steuerschuldnerschaft des Leistungsempfängers, in: SteuerStud 2002, S. 259-264.

DANELSING, WALTER: § 35 EStG, in: BLÜMICH: Einkommensteuer – Körperschaftsteuer – Gewerbesteuer, hrsg. von BERND HEUERMANN, München (Loseblatt), Stand: August 2012.

DERLIEN, ULRICH: § 35 EStG, in: Das Einkommensteuerrecht, begr. von EBERHARD LITTMANN, hrsg. von HORST BITZ und HARTMUT PUST, Stuttgart (Loseblatt), Stand: November 2012.

DÖTSCH, EWALD/PUNG, ALEXANDRA: Die geplante Reform der Unternehmensbesteuerung, in: DB 2000, Beilage 4/2000.

DÖTSCH, EWALD/PUNG, ALEXANDRA: JStG 2007: Die Änderungen des KStG und des GewStG, in: DB 2007, S. 11-17.

DROSDZOL, WOLF-DIETRICH: Erbschaftsteuerreform: Die Bewertung des Grundvermögens, in: ZEV 2008, S. 10-16.

EBELING, RALF MICHAEL/ERNST, SASCHA: Kapitel C 210: Konsolidierungskreis, in: Beck'sches Handbuch der Rechnungslegung, hrsg. von HANS-JOACHIM BÖCKING u.a., München (Loseblatt), Stand: November 2012.

ENGLISCH, JOACHIM: § 17, in: Steuerrecht, hrsg. von KLAUS TIPKE und JOACHIM LANG, 21. Aufl., Köln 2013.

FELDER, BERND: vGA und Kapitalertragsteuer: Allgemeines, in: Verdeckte Gewinnausschüttung, Verdeckte Einlage: Kommentar zur verdeckten Gewinnausschüttung und zur verdeckten Einlage, hrsg. von BERND FELDER u.a., Stuttgart (Loseblatt), Stand: Januar 2000.

FRIEDRICH, KLAUS: Das neue Energiesteuerrecht, in: DB 2006, S. 1577-1584.

FUISTING, BERNHARD: Die preußischen direkten Steuern, Bd. 4: Grundzüge der Steuerlehre, Berlin 1902.

GREFE, CORD: Ermittlung der Zuschlagsteuern zur Einkommensteuer, in: SteuerStud 2001, S. 243-246.

GREFE, CORD: Unternehmenssteuern, 15. Aufl., Herne 2012.

GRUNE, JÖRG: § 15 UStG, in: Umsatzsteuer-Kommentar, begr. von KARL PETER, hrsg. von ARMIN BURHOFF und ERNST E. STÖCKER, Herne/Berlin (Loseblatt), Stand: November 2012.

HARLE, GEORG: Rentenreform 2002: Steuerliche Aspekte der privaten und betrieblichen Altersversorgung, Herne/Berlin 2001.

HEINICKE, WOLFGANG: § 4 EStG, in: Einkommensteuergesetz, begr. von LUDWIG SCHMIDT, hrsg. von HEINRICH WEBER-GRELLET, 31. Aufl., München 2012.

HELMSCHROTT, HANS/SCHAEBERLE, JÜRGEN: Abgabenordnung, 14. Aufl., Stuttgart 2009.

HELMSCHROTT, HANS/SCHAEBERLE, JÜRGEN/SCHEEL, THOMAS: Abgabenordnung, 15. Aufl., Stuttgart 2012.

HERZIG, NORBERT/LOCHMANN, UWE: Steuersenkungsgesetz: Die Steuerermäßigung für gewerbliche Einkünfte bei der Einkommensteuer nach der endgültigen Regelung, in: DB 2000, S. 1728-1735.

HEY, JOHANNA: § 7, in: Steuerrecht, hrsg. von KLAUS TIPKE und JOACHIM LANG, 21. Aufl., Köln 2013.

HEY, JOHANNA: § 8, in: Steuerrecht, hrsg. von KLAUS TIPKE und JOACHIM LANG, 21. Aufl., Köln 2013.

HEY, JOHANNA: § 11, in: Steuerrecht, hrsg. von KLAUS TIPKE und JOACHIM LANG, 21. Aufl., Köln 2013.

JACOBS, OTTO H.: Internationale Unternehmensbesteuerung, 7. Aufl., München 2011.

JAKOB, WOLFGANG: Schuldzinsenabzug bei kreditfinanzierter Entnahme – § 4 Abs. 4a EStG i.d.F. des Steuerbereinigungsgesetzes 1999, in: DStR 2000, S. 101-103.

JAKOB, WOLFGANG: Umsatzsteuer, 4. Aufl., München 2009.

JANSSEN, BERNHARD: Verdeckte Gewinnausschüttungen – Systematische Darstellung der Voraussetzungen und Auswirkungen, begr. von JOACHIM LANGE, 10. Aufl., Herne 2010.

JÜLICHER, MARC: § 19 ErbStG, in: Erbschaftsteuer- und Schenkungsteuergesetz, begr. von MAX TROLL, München (Loseblatt), Stand: März 2012.

KORN, CHRISTIAN: § 10, in: Umsatzsteuergesetz, begr. von JOHANN BUNJES und REINHOLD GEIST, 11. Aufl., München 2011.

KORN, KLAUS/STRAHL, MARTIN: Alterseinkünftegesetz: Änderungen und Empfehlungen, in: KÖSDI 2004, S. 14360-14373.

KULOSA, EGMONT: § 10b EStG, in: Einkommensteuer- und Körperschaftsteuergesetz, hrsg. von CARL HERRMANN u.a., Köln (Loseblatt), Dezember: Dezember 2012.

KURZ, DIETER: Umsatzsteuer, 16. Aufl., Stuttgart 2012.

KUßMAUL, HEINZ: Betriebswirtschaftliche Steuerlehre, 4. Aufl., München/Wien 2006.

KUßMAUL, HEINZ: Betriebswirtschaftliche Steuerlehre, 6. Aufl., München 2010.

KUßMAUL, HEINZ: Betriebswirtschaftslehre für Existenzgründer, 7. Aufl., München 2011.

KUßMAUL, HEINZ/BECKMANN, STEFAN/MEYERING, STEPHAN: Die Auswirkungen des Gesetzesentwurfs zur Reform der Gewerbesteuer auf gewerbliche Unternehmen, in: StuB 2003, S. 1021-1027.

KUßMAUL, HEINZ/HENKES, JÖRG: Die Besteuerung von Altersvorsorgeaufwendungen und Altersbezügen nach dem Alterseinkünftegesetz – Steuerliche Rahmenbedingungen der privaten und betrieblichen Altersvorsorge –, in: Arbeitspapiere zur Existenzgründung, hrsg. von HEINZ KUßMAUL, Bd. 21, 2. Aufl., Saarbrücken 2007.

KUßMAUL, HEINZ/HENKES, JÖRG: Die steuerliche Behandlung von Aus- und Fortbildungskosten unter Berücksichtigung des BMF-Schreibens vom 4. November 2005, in: ZSteu 2006, S. 164-172.

KUßMAUL, HEINZ/HENKES, JÖRG: Die Unvereinbarkeit der ursprünglichen steuerlichen Behandlung von Altersvorsorgeaufwendungen und Altersbezügen mit dem Gleichheitsgrundsatz des Grundgesetzes, in: ZSteu 2006, S. 180-183.

KUßMAUL, HEINZ/HILMER, KARINA: Die Bewertung von Grundvermögen für Zwecke der Erbschaftsteuer, in: StB 2007, S. 381-389.

KUßMAUL, HEINZ/JUNKER, ANDY: Verlustberücksichtigung bei Veräußerung „wesentlicher" Beteiligungen aus dem Privatvermögen durch Aufstockung?, in: StuB 2001, S. 650-652.

KUßMAUL, HEINZ/NIEHREN, CHRISTOPH/PFEIFER, GREGOR: CCCTB – Illusion oder Wirklichkeit? Ein internationales Modell ruft (inter)nationale Reaktionen hervor, in: StuW 2010, S. 177-184.

KUßMAUL, HEINZ/NIEHREN, CHRISTOPH/PFEIFER, GREGOR: Zur angestrebten Reform der Gruppenbesteuerung durch die CCCTB unter Berücksichtigung der deutschen Organschaft, in: Ubg 2010, S. 266-274.

KUßMAUL, HEINZ/PFIRMANN, ARMIN/MEYERING, STEPHAN/SCHÄFER, RENÉ: Ausgewählte Anwendungsprobleme der Zinsschranke, in: BB 2008, S. 135-140.

KUßMAUL, HEINZ/RICHTER, LUTZ: Die Ersetzung des körperschaftsteuerlichen Vollanrechnungsverfahrens im Kontext von StSenkG, StVergAbG und HBeglG 2004, in: Arbeitspapiere zur Existenzgründung, hrsg. von HEINZ KUßMAUL, Bd. 11, 2. Aufl., Saarbrücken 2004.

KUßMAUL, HEINZ/RUINER, CHRISTOPH: Ausgewählte Charakteristika der *Limited* mit ausschließlichem Verwaltungssitz in Deutschland im Licht der aktuellen Gesetzesänderungen, in: IStR 2007, S. 696-700.

KUßMAUL, HEINZ/RUINER, CHRISTOPH/SCHAPPE, CHRISTIAN: Ausgewählte Gestaltungsmaßnahmen zur Vermeidung der Anwendung der Zinsschranke, in: GmbHR 2008, S. 505-514.

Kußmaul, Heinz/Ruiner, Christoph/Schappe, Christian: Die Einführung einer Zinsschranke im Rahmen der Unternehmensteuerreform 2008, in: Arbeitspapiere zur Existenzgründung, hrsg. von Heinz Kußmaul, Bd. 25, Saarbrücken 2008.

Kußmaul, Heinz/Ruiner, Christoph/Schappe, Christian: Problemfelder bei der Anwendung der Zinsschranke auf Personengesellschaften, in: DStR 2008, S. 904-910.

Kußmaul, Heinz/Schwarz, Christian: Rechtsform und Besteuerung – Personengesellschaften und Kapitalgesellschaften: Belastungsvergleich, in: StB 2012, S. 426-430.

Kußmaul, Heinz/Zabel, Michael: Auswirkungen der Änderungen der §§ 8b und 15 KStG durch das Gesetz zur Umsetzung der Protokollerklärung der Bundesregierung zur Vermittlungsempfehlung zum Steuervergünstigungsabbaugesetz („Korb II"), in: BB 2004, S. 577-580.

Lang, Friedbert: Besteuerung von Körperschaften und ihren Anteilseignern nach der Unternehmenssteuerreform 2001, Achim 2000.

Lang, Joachim: § 8, in: Steuerrecht, hrsg. von Klaus Tipke und Joachim Lang, 20. Aufl., Köln 2010.

Lippross, Otto-Gerd: Umsatzsteuer, 23. Aufl., Achim 2012.

Loschelder, Friedrich: § 9 EStG, in: Einkommensteuergesetz, begr. von Ludwig Schmidt, hrsg. von Heinrich Weber-Grellet, 31. Aufl., München 2012.

Loschelder, Friedrich: § 12 EStG, in: Einkommensteuergesetz, begr. von Ludwig Schmidt, hrsg. von Heinrich Weber-Grellet, 31. Aufl., München 2012.

Mende, Sabine/Huschens, Ferdinand: Neuerungen im Bereich der Umsatzsteuer infolge des Steueränderungsgesetzes 2001, in: INF 2002, S. 193-200, 232-235.

Mitschke, Joachim: Erneuerung des deutschen Einkommensteuerrechts – Gesetzentwurf und Begründung, Köln 2004.

Mitschke, Joachim: Integration von Steuer- und Sozialleistungssystem – Chancen und Hürden, in: StuW 1994, S. 153-162.

Mitschke, Joachim: Steuerpolitik für mehr Beschäftigung und qualitatives Wachstum, in: Wege aus dem Steuerchaos, hrsg. von Stefan Baron und Konrad Handschuch, Stuttgart 1996.

Mysen, Michael: Das Alterseinkünftegesetz. Die steuerliche Berücksichtigung von Vorsorgeaufwendungen nach § 10 EStG, in: NWB vom 06.12.2004, Fach 3, S. 13095-13118.

Niemann, Ursula: Verdeckte Gewinnausschüttung und Halbeinkünfteverfahren – Verfahrensrechtliche Fallstricke für die Ausschüttungsempfänger –, Bonn 2004.

Niermann, Walter: Die Neuregelung der betrieblichen Altersvorsorgung durch das Altersvermögensgesetz (AVmG) aus steuerrechtlicher Sicht, in: DB 2001, S. 1380-1386.

Ottersbach, Jörg H.: Unternehmenssteuerreform 2001: Gewerbesteueranrechnung nach § 35 EStG, in: StB 2001, S. 242-245.

Otting, Olaf: Verfassungsrechtliche Grenzen der Bestimmung des Gewerbesteuerhebesatzes durch Bundesgesetz, in: StuB 2004, S. 1222-1225.

Plenker, Jürgen/Schaffhausen, Heinz-Willi: Steuerermäßigung für haushaltsnahe Beschäftigungsverhältnisse, haushaltsnahe Dienstleistungen und Handwerkerleistungen ab 2009, in: DB 2009, S. 191-197.

RADEISEN, ROLF-RÜDIGER: Ort der sonstigen Leistung im USt-Recht ab dem 1.1.2010, in: DB 2009, S. 2229-2236.

RICHTER, LUTZ: Ansätze einer Konzernbesteuerung in Deutschland, Frankfurt am Main u.a. 2003.

RICHTER, LUTZ: Die geplante gesetzliche Regelung vororganschaftlicher Verluste im Rahmen eines Entwurfs eines Gesetzes zur Reform der Gewerbesteuer, in: GmbHR 2003, S. 1311-1314.

RICHTER, LUTZ: Kritische Beurteilung der gewerbesteuerlichen Auswirkung von § 8b Abs. 5 KStG durch das Jahressteuergesetz 2007, in: BB 2007, S. 751-754.

RISTHAUS, ANNE: Steuerliche Fördermöglichkeiten für eine zusätzliche private Altersvorsorge nach dem Altersvermögensgesetz (AVmG), in: DB 2001, S. 1269-1281.

RONDORF, HANS-DIETER: Rechnungserteilung und Vorsteuerabzug aus Rechnungen ab 2004, in: NWB vom 14.06.2004, Fach 7, S. 6275-6308.

ROSE, GERD: Betrieb und Steuer, 1. Buch: Die Ertragsteuern, 15. Aufl., Wiesbaden 1997.

ROSE, GERD/WATRIN, CHRISTOPH: Umsatzsteuer: mit Grunderwerbsteuer und kleineren Verkehrsteuern, 17. Aufl., Berlin 2011.

SCHAFLITZL, ANDREAS/STADLER, RAINER: Die grunderwerbsteuerliche Konzernklausel des § 6a GrEStG, in: DB 2010, S. 185-189.

SCHANZ, GEORG VON: Der Einkommensbegriff und die Einkommensteuergesetze, in: Finanzarchiv 1896, S. 1-87.

SCHEFFLER, WOLFRAM: Besteuerung von Unternehmen, Bd. 1, Ertrag-, Substanz- und Verkehrsteuern, 12. Aufl., Heidelberg 2012

SCHMIDBAUER, WILHELM/SCHMIDBAUER, BERNHARD: Die Besteuerung von Renten und Pensionen nach dem Alterseinkünftegesetz, Berg 2004.

SCHMIDT, BÄRBEL: Wiedereinführung des halben durchschnittlichen Steuersatzes für Veräußerungsgewinne, in: DB 2000, S. 2401-2403.

SCHOOR, HANS WALTER: Steuerbegünstigte Veräußerung oder Aufgabe eines Mitunternehmeranteils, in: StuB 2001, S. 1051-1061.

SCHUMACHER, PETER: § 8b KStG, in: UntStRefG, hrsg. von VOLKER BREITHECKER u.a., Berlin 2007.

SCHWEIZER, REINHARD: Steuerlehre, 14. Aufl., Herne 2012.

SEER, ROMAN: § 2, in: Steuerrecht, hrsg. von KLAUS TIPKE und JOACHIM LANG, 21. Aufl., Köln 2013.

SEER, ROMAN: § 15, in: Steuerrecht, hrsg. von KLAUS TIPKE und JOACHIM LANG, 21. Aufl., Köln 2013.

SEER, ROMAN: § 16, in: Steuerrecht, hrsg. von KLAUS TIPKE und JOACHIM LANG, 21. Aufl., Köln 2013.

SELCHERT, FRIEDRICH WILHELM: Grundlagen der betriebswirtschaftlichen Steuerlehre, 5. Aufl., München/Wien 2001.

SIEGEL, THEODOR/BAREIS, PETER: Strukturen der Besteuerung – Betriebswirtschaftliches Arbeitsbuch Steuerrecht: Grundzüge des Steuersystems in Strukturübersichten, Beispielen und Aufgaben, 4. Aufl., München/Wien 2004.

SOPP, KARINA: Umsatzbesteuerung beim Handel in der EU, in: Bilanz-, Prüfungs- und Steuerwesen, hrsg. von KARLHEINZ KÜTING, CLAUS-PETER WEBER und HEINZ KUßMAUL, Bd. 18, Berlin 2010.

STÖCKER, ERNST E.: § 24 UStG, in: Umsatzsteuer-Kommentar, begr. von KARL PETER, hrsg. von ARMIN BURHOFF und ERNST E. STÖCKER, Herne/Berlin (Loseblatt), Stand: November 2012.

THEISEN, MANUEL RENÉ/ZELLER, FLORIAN: Neues zur Behandlung von Promotionskosten – Zugleich Anmerkung zum BFH-Urteil vom 27.05.2003 VI R 33/01, DB 2003 S. 1485 –, in: DB 2003, S. 1753-1759.

WACKER, ROLAND: § 15 EStG, in: Einkommensteuergesetz, begr. von LUDWIG SCHMIDT, hrsg. von HEINRICH WEBER-GRELLET, 31. Aufl., München 2012.

WACKER, ROLAND: § 16 EStG, in: Einkommensteuergesetz, begr. von LUDWIG SCHMIDT, hrsg. von HEINRICH WEBER-GRELLET, 31. Aufl., München 2012.

WEBER-GRELLET, HEINRICH: § 2 EStG, in: Einkommensteuergesetz, begr. von LUDWIG SCHMIDT, hrsg. von HEINRICH WEBER-GRELLET, 31. Aufl., München 2012.

WICHERT, SILKE: Steuerermäßigung bei Einkünften aus Gewerbebetrieb, in: NWB vom 11.12.2007, Fach 3, S. 14849-14858.

WÖHE, GÜNTER: Betriebswirtschaftliche Steuerlehre, Bd. 1, 1. Halbband: Die Steuern des Unternehmens – Das Besteuerungsverfahren, 6. Aufl., München 1988.

ZENTHÖFER, WOLFGANG: Teil B, in: Körperschaftsteuer, hrsg. von EWALD DÖTSCH u.a., 16. Aufl., Stuttgart 2012.

ZENTHÖFER, WOLFGANG: Teil C 3, in: Körperschaftsteuer, hrsg. von EWALD DÖTSCH u.a., 16. Aufl., Stuttgart 2012.

ZENTHÖFER, WOLFGANG: Teil C 4, in: Körperschaftsteuer, hrsg. von EWALD DÖTSCH u.a., 16. Aufl., Stuttgart 2012.

Stichwortverzeichnis

A

Abgaben 2
   Beiträge 2
   Gebühren 2
   Steuern 1
Abgeltungssteuer 18, 20, 41, 43
   Kirchensteuer 105
Abgeordnetenbezüge 52
Abzugsverbot
   hälftiges 130
Alleinerziehende
   Entlastungsbetrag 70
Altersentlastungsbetrag 69
Altersvorsorge 49, 78
   Riester-Rente 78
   Rürup-Rente 49
Altersvorsorgeaufwendungen
   Aufwendungen für die Alterssicherung
   72
Annexsteuer 15, 103
Anrechnungsverfahren 109, 126
Äquivalenzprinzip 135
Arbeitnehmer-Pauschbetrag 39, 66
Arbeitsmittel 64
Aufwendungen
   abziehbare 124
   gemischt veranlasste 59
   nicht abziehbare 124
Aufwendungen für ein häusliches
   Arbeitszimmer 61
Aufwendungen für eine freiwillige
   Unfallversicherung 66
Ausfuhr 162, 173, 185
Außergewöhnliche Belastungen 82
Außerordentliche Einkünfte 88

B

Bedarfsbewertung 150
Beiträge 2
Bemessungsgrundlage
   Grunderwerbsteuer 192
   Umsatzsteuer 182
Bereicherung
   Wert der 150
Bestimmungslandprinzip 162, 176
Beteiligung am allgemeinen
   wirtschaftlichen Verkehr 32
Betriebsausgaben 58, 84, 133
   abzugsfähige 222
Betriebsvermögen 152
Betriebsvermögensvergleich 112
Biersteuer 200
   Bemessungsgrundlage 204
Bilanzrechtsmodernisierungsgesetz 259
Bildungsaufwendungen
   beruflich veranlasste 63

C

CCCTB 19

D

Dauerfristverlängerung 188
Dividendenfreistellung 125
Doppelbesteuerungsabkommen 11
Doppelte Haushaltsführung 63
Drittlandsgebiet 162, 172, 173, 174
Dualismus der Unternehmensbesteuerung
.... 109
Durchschnittsteuersatz 10

E

Ehegattenveranlagung 87
Einfuhr 161, 162, 167, 172
Einfuhrumsatzsteuer 162
Einkommensteuer 21
   Arbeitsmittel 64
   Arbeitszimmer 61
   außergewöhnliche Belastungen 82
   beschränkt abzugsfähige
      Sonderausgaben 72
   beschränkte Steuerpflicht 23
   Bildungsaufwendungen 63
   Charakteristik 21
   Definition des Gewerbebetriebs 31
   Eingangssteuersatz 86
   Einkommen 70
   Einkünfte aus Gewerbebetrieb 36
   Einkünfte aus Kapitalvermögen 41
   Einkünfte aus Land- und Forstwirtschaft
   36
   Einkünfte aus nichtselbstständiger
      Arbeit 39

Einkünfte aus selbstständiger Arbeit .. 38
Einkünfte aus Vermietung und
  Verpachtung 46
Einkunftsarten................................... 31
Entwicklung...................................... 21
Erhebungsformen 98
erweitert beschränkte Steuerpflicht 23
Erwerbsaufwendungen 58
Erwerbsbezüge 58
Gesamtbetrag der Einkünfte 69
Höchstbetragsrechnung 76
Mindestbesteuerung........................... 71
objektives Nettoprinzip................. 24, 29
Quellentheorie 27
Reinvermögenszugangstheorie 27
Sonderausgaben 71
Sonstige Einkünfte 47
Spitzensteuersatz 86
Steuerbefreiungen 28
Steuerbetragsermäßigungen 93
Steuerobjekt 24
Steuersubjekt 22
Steuertarif 84
Steuertarifermäßigung 88
subjektives Nettoprinzip 24, 31
Tarifermäßigung 88
Veranlagung 87
Veräußerungsgewinn......................... 32
Verlustbehandlung....................... 35, 67
zu versteuerndes Einkommen............ 83
Einkünfte aus Gewerbebetrieb.......... 32, 36
  negative Merkmale 32
  positive Merkmale 32
Einkünfte aus Kapitalvermögen 41
  Abgeltungssteuer 43
  Optionsmöglichkeit 45
  Teileinkünfteverfahren 41, 44
Einkünfte aus Land- und Forstwirtschaft 36
Einkünfte aus nichtselbstständiger Arbeit
  39
Einkünfte aus selbstständiger Arbeit 38
Einkünfte aus Vermietung und
  Verpachtung 46
Einkünfteermittlung
  Abgrenzungsprobleme..................... 56
  Dualismus der Einkommensteuer...... 54
Einkünfteerzielungsabsicht 27
Einlagekonto
  steuerliches 129
Einlagen 115

offene 115
Einnahmen
  Erzielung...2
  steuerfreie..................................... 114
Einzelunternehmen 217
Einzelveranlagung.............................. 87
Energiesteuer................................... 198
Entlastungsbetrag für Alleinerziehende.. 70
Entnahmen 115
Erbanfallsteuer 149
Erbschaft- und Schenkungsteuer...... 149
  beschränkte Steuerpflicht............. 149
  Besteuerungsverfahren 157
  Charakteristik 149
  Freibeträge 154
  Optionsverschonung 154
  Rechtfertigung............................. 149
  Regelverschonung....................... 153
  Steuerbefreiungen 154
  Steuerobjekt 150
  Steuersubjekt.............................. 149
  Steuertarif................................... 155
  unbeschränkte Steuerpflicht............. 149
Erträge
  abziehbare 124
Ertragswertverfahren....................... 151
Erwerb von Todes wegen................ 150
Erwerbsaufwendungen
  nicht abziehbare 60
Existenzminimum 85

F

Fahrtkosten....................................... 62
Familienbesteuerung......................... 87
  Ehegattenveranlagung.................. 87
  Einzelveranlagung........................ 87
Finanzausgleich.................................4
  horizontaler 4
  vertikaler 4
Freibetrag 10, 154
Freigrenze 10, 51
Fünftelungsregelung 35, 89

G

Gebühren 2
Gemeiner Wert 152
Gemeinschaftsteuer......................5, 21
Gesellschafter
  stiller 139
Gesellschafter-Fremdfinanzierung........ 119
Gesetzesauslegung

Methoden 12
Gewerbeertrag 137
   Ermittlung 138
Gewerbesteuer 117, 135
   Anrechnung der Einkommensteuer 93
   Besteuerungsverfahren 147
   Charakteristik 135
   Entwicklung 135
   Gewerbeertrag 137
   Gewerbeverlust 144
   Hebesatz 145
   Hinzurechnungen 138
   Kritik 148
   Kürzungen 142
   Rechtfertigung 135
   Schachtelprivileg 142
   Steuermessbetrag 145
   Steuerobjekt 136
   Steuersubjekt 136
   Steuertarif 145
   Umlage 4
   Unterschiede Personen- und
      Kapitalgesellschaften 222
   Zerlegung des einheitlichen
      Steuermessbetrags 146
Gewerbesteueranrechnung 93
Gewerbesteuerumlage 4
Gewerbeverlust 144
Gewinnausschüttungen
   offene 115
   verdeckte 115
Gewinneinkunftsarten 31
Gewinnerzielungsabsicht 32, 36, 38
GKKB 19
Grundbesitzwert 225
Grunderwerbsteuer 191
   Steuersubjekt 192
Grundfreibetrag 85
Grundsteuer 159
   Charakteristik 159
   Hebesatz 160
   Rechtfertigung 159
   Steuerbemessungsgrundlage 159
   Steuersubjekt 159
   Steuertarif 159

H

Halbeinkünfteverfahren 109
Halbsteuersatzregelung 35, 90
Halbunternehmer 177
Härteausgleich 83

Haushaltsfreibetrag 70
Haushaltsnahe Beschäftigungsverhältnisse
.... 97
Häusliches Arbeitszimmer 61, 63
Hebesatz 145, 160

I

Innergemeinschaftlicher Handel 175
Ist-Besteuerung 187

K

Kapitalertragsteuer 98, 130
Kapitalgesellschaft 128, 213
Kinderfreibetrag 83
Kirchensteuer 103
Kleinunternehmer 179, 187
Kohortenprinzip 39
Konzernbegriff
   erweiterter 122
Körperschaftsteuer 109
   Abgeltungssteuer 118
   Anrechnungsverfahren 109, 126
   ausschüttbarer Gewinn 129
   beschränkte Steuerpflicht 111
   Besteuerungsverfahren 126
   Charakteristik 109
   Entwicklung 109
   Halbeinkünfteverfahren 109
   neutrales Vermögen 129
   Steuerbemessungsgrundlage 112
   Steuerliches Einlagekonto 129
   Steuerobjekt 112
   Steuersatz 126
   Steuersubjekt 110
   Teileinkünfteverfahren 109
   Trennungsprinzip 115
   unbeschränkte Steuerpflicht 110
   verdeckte Gewinnausschüttung 115
   Verlustabzug 126
   Verlustverrechnung 126
Kraftfahrzeugsteuer 193

L

Laufende Besteuerung 222
Lebensführung
   private 28, 60
Leibrente 48
Leistungen aus Altersvorsorgeverträgen . 52
Leistungsfähigkeitsprinzip 135
Liebhaberei 28
Lohnsteuer 7, 100

Lohnsteuerklassen 100
Lohnsteuerpauschalierung 101

M

Mindestbesteuerung 145
Mindestbeteiligungslaufzeit 132
Mindestbeteiligungsquote 132
Mitunternehmerinitiative 32
Mitunternehmerkonzeption 222
Mitunternehmerrisiko 32
Mitunternehmerschaft 94

N

Nachhaltigkeit 32, 36, 38
Negative Einkünfte aus
    Verlustzuweisungsgesellschaften 69
Nettoprinzip
    objektives 24, 29
    subjektives 24
Nonaffektation 1
Nulleinkünfteverfahren
    modifiziertes 125, 133
Nutzungsvergütung 34, 88
Nutzungsvergütungen 53

O

Objektsteuer 135, 159
Objektsteuercharakter
    Gewerbesteuer 136, 142
    Grundsteuer 159
Organschaft 125

P

PC
    Abziehbarkeit 64
Pensionsrückstellungen 222
Person
    nahestehende 44
Personensteuer 21, 149
Private Veräußerungsgeschäfte .. 27, 46, 50

Q

Quellentheorie 21, 27

R

Realsplitting 50, 72
Realsteuer 135, 159
Rechtsnormen 10
    Doppelbesteuerungsabkommen 11
    Gesetze 10
    supranationales Recht 11
    Verordnungen 11

Reinvermögenszugangstheorie 21, 27
Riester-Rente 78
Rürup-Rente 49

S

Sachinbegriff 47, 52
Sachwertverfahren 151, 159
Schachtelprivileg 117
    gewerbesteuerliches 142
    internationales 144
Schenkung unter Lebenden 150
Selbstständigkeit 36, 38
Sitz 110, 111
Sockelbetrag 71, 126
Solidaritätszuschlag 106
Soll-Besteuerung 187
Sonderausbildungsfreibetrag 83
Sonderausgaben 80
    beschränkt abzugsfähige 72
Sondervergütungen 222
Sonstige Einkünfte 47
Sonstige Leistungen 52
Sparer-Pauschbetrag 43
Spenden 80, 124, 144
Splittingtarif 87
Splittingverfahren 87
Steuerarten 15
    Systematisierung 15
Steueraufkommen 3, 13
Steuerbare Einkünfte 27
Steuerbefreiungen
    Einkommensteuer 28
    Erbschaft- und Schenkungsteuer 154
    Grundsteuer 159
    Umsatzsteuer 185
Steuerbelastung
    Beispiel 213, 217
    Einflussfaktoren 219
Steuerbemessungsgrundlage 10
    Einkommensteuer 24
    Gewerbesteuer 145
    Grundsteuer 159
    Kirchensteuer 103
    Solidaritätszuschlag 106
Steuerbetragsermäßigungen 93, 97
Steuerbilanz
    derivative 112
Steuerbilanz-Ergebnis 113
Steuerdestinatar 7
Steuerertragshoheit 3
Steuerfreie Einkünfte 28

Steuergesetzgebungshoheit 3
Steuergläubiger 7
Steuerharmonisierung 18
Steuerharmonisierung direkte Steuern.... 19
Steuerharmonisierung indirekte Steuern 18
Steuerhoheit 2
    Grundlagen 2
    räumliche 3
    sachliche 3
Steuermessbetrag
    Gewerbesteuer 136, 145
    Grundsteuer 159
    Zerlegung 146
Steuern
    Abgrenzung 2
    Merkmale 1
Steuerobjekt 9
    Einkommensteuer 24
    Erbschaft- und Schenkungsteuer 150
    Gewerbesteuer 136
    Körperschaftsteuer 112
    Umsatzsteuer 167
Steuerpflicht
    beschränkte 9, 23, 149
    erweitert beschränkte 23
    erweitert unbeschränkte 23
    unbeschränkte 9, 23, 149
Steuerpflichtige Einkünfte 28
Steuerrechtsverhältnis 7
    Begriff 7
    Beteiligte 7
Steuersatz 10
    Kirchensteuer 104
    Körperschaftsteuer 126
    Solidaritätszuschlag 106
Steuerschuldner 7
Steuerschuldverhältnis 7
    Beteiligte 7
    Merkmale 9
Steuersubjekt 9
    Einkommensteuer 22
    Erbschaft- und Schenkungsteuer 149
    Gewerbesteuer 136
    Grunderwerbsteuer 192
    Grundsteuer 159
    Körperschaftsteuer 110
    Umsatzsteuer 164
Steuersystem 13
    Steueraufkommen 13
    Überblick 13

Steuertarif 10
    Einkommensteuer 84
    Erbschaft- und Schenkungsteuer 155
    Gewerbesteuer 145
    Grundsteuer 159
    Umsatzsteuer 183
Steuertatbestand 8
Steuerträger 7
Steuerverwaltungshoheit 6
Steuerzahler 7
Subjektives Nettoprinzip 31
T

Tabaksteuer 205
    Charakteristik 205
    Steuertarif 211
Tausch
    Umsatzsteuer 166
Teileinkünfteverfahren 41, 44, 109, 117, 118
Telefonkosten
    Einkommensteuer 65
Thesaurierungsbegünstigung 90
Trennungsprinzip 113, 115, 222
U

Überschusseinkunftsarten 39
Umsatzsteuer 161
    Anzahlung 187
    Bemessungsgrundlagen 182
    Besteuerungsformen 187
    Besteuerungsverfahren 188
    Bestimmungslandprinzip 162
    Charakteristik 161
    Differenzbesteuerung 182
    Einfuhrumsatzsteuer 162
    Entwicklung 161
    Erwerbsschwelle 177, 178
    Identifikatikonsnummer 178
    innergemeinschaftlicher Erwerb 177
    innergemeinschaftlicher Handel 175
    Kleinunternehmer 187
    pro-rata-temporis Abzug 163
    Rechtfertigung 161
    Sofortabzug 163
    steuerbare Umsätze 167
    Steuerbefreiungen 171, 185
    Steuerobjekt 167
    Steuersubjekt 164
    Steuertarif 183
    Umsatzsteuersysteme 162

Ursprungslandprinzip 162, 176
Vorsteuerabzug 183
Zusammenfassende Meldung 188
Unterhaltsleistungen 50
Unternehmensidentität 145
Unternehmensteuerreform 2008 20
Unternehmer 164
Unternehmerfähigkeit 164
Unternehmeridentität 145
Ursprungslandprinzip 162, 175

V

Veräußerungsgeschäft
privates 27, 46, 50
Veräußerungsgewinn 37
Begünstigungen 32
Veräußerungsverlust 37
Verlustabzug 70, 126
eingeschränkter 35, 51
Verlustausgleich 67
eingeschränkter 35, 51
horizontaler 68
vertikaler 68
Verlustrücktrag 70
Verlustverrechnung 67
Verlustvortrag 70
Verlustzuweisungsgesellschaften 69
Vermögensverwaltung 32, 47
Verpflegungsmehraufwendungen 65

Versicherungsteuer 195
Bemessungsgrundlage 197
Charakteristik 195
Versorgungsbezüge 50
Versorgungsfreibetrag 39
Verwendbares Eigenkapital 42, 128
Vorsorgeaufwendungen 72
Höchstbetragsrechnung 76
übrige Vorsorgeaufwendungen 75
Vorsteuerabzug 183
Ausschluss 184
Berichtigung 186
teilweiser Ausschluss 186
Voraussetzungen 183

W

Welteinkommen 23, 112
Werbungskosten 59, 84
Wiederkehrende Bezüge 48

Z

Zinsaufwendungen 119
Zinsen 66
Zinsschranke 20, 61, 66, 119, 138
Zugewinnausgleich 155
Zugewinngemeinschaft 155
Zuschlag zum Versorgungsfreibetrag 39
Zweckzuwendungen 150

Ein Wissenschaftsverlag der
Oldenbourg Gruppe

Bernd Camphausen

Strategisches Management
Planung, Entscheidung, Controlling

3. Auflage 2013
VIII, 225 Seiten
broschiert
ISBN 978-3-486-71944-4
€ 29,80

Managementwissen für Studium und Praxis

Aktuelle Themen der Strategie und Internationalisierung

Das vorliegende Lehrbuch bietet eine komprimierte, anschauliche und praxisorientierte Darstellung des Prozesses des Strategischen Managements. Schwerpunkte dabei sind: Zielsetzung, Umweltanalyse, Unternehmensanalyse, Wahl der Strategie, Implementierung der Strategie sowie Kennzahlen der wertorientierten Unternehmensführung. Darüber hinaus werden Konzepte zum Internationalen Management dargestellt. Das Buch gibt mit einer Vielzahl von Abbildungen, den Praxisbeispielen und einem systematischen Aufbau einen sehr guten Überblick über die aktuellen Themen der Strategie und Internationalisierung.

Das Buch richtet sich an Studierende der Wirtschaftswissenschaften und an Studierende angrenzender Fächer mit Schwerpunkt oder Vertiefung in Betriebswirtschaftslehre. Praktiker können Anregungen für die Entwicklung und Gestaltung von Strategien gewinnen.

Dr. Bernd Camphausen ist Professor für Betriebswirtschaftslehre, insbesondere Unternehmensführung an der Fachhochschule Dortmund.

Bestellen Sie in Ihrer Fachbuchhandlung
oder direkt bei uns: Tel: +49 89/45051-248
Fax: +49 89/45051-333 | verkauf@oldenbourg.de

www.oldenbourg-verlag.de

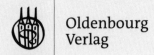 Ein Wissenschaftsverlag der Oldenbourg Gruppe

Roland Alter

Strategisches Controlling
Unterstützung des strategischen Managements

2011
XI, 456 Seiten
gebunden
Dozentenfolien im Internet
ISBN 978-3-486-70266-8
€ 34,80

Die richtigen strategischen Entscheidungen treffen

Das Buch vermittelt anwendungsnahes Wissen für die zunehmend komplexen Aufgaben im Brennpunkt von strategischem Management und klassischem Controlling. Es nutzt eine praxisorientierte Struktur des strategischen Managements und erläutert Schritt für Schritt die Aufgaben und Instrumente des strategischen Controllings.
Zahlreiche Anschauungsbeispiele aus namhaften Unternehmen und über 200 Abbildungen erleichtern das Verständnis. Unterstützt wird der Praxisbezug durch die Programmstruktur für einen Strategieworkshop, um den Input auch im eigenen Unternehmen umzusetzen.

> Das Buch richtet sich an Studierende an Hochschulen und Universitäten sowie an Führungskräfte und Spezialisten, insbesondere Controller, die sich mit strategischen Fragen beschäftigen.

Prof. Dr. Roland Alter ist Professor für Organisation und Allgemeine Betriebswirtschaftslehre an der Hochschule Heilbronn.